Jahrbuch StadtRegion 2015/2016
Schwerpunkt: Planbarkeiten

Jahrbuch StadtRegion 2015/2016

herausgegeben von
Frank Othengrafen, Hannover
Brigitta Schmidt-Lauber, Wien
Christine Hannemann, Stuttgart
Jörg Pohlan, Hamburg
Frank Roost, Dortmund

Frank Othengrafen • Brigitta Schmidt-Lauber •
Christine Hannemann • Jörg Pohlan • Frank
Roost (Hrsg.)

Jahrbuch StadtRegion 2015/2016
Schwerpunkt: Planbarkeiten

Herausforderungen und Dynamiken räumlicher Planung

Verlag Barbara Budrich
Opladen • Berlin • Toronto 2016

Bibliografische Information der Deutschen Nationalbibliothek
Die Deutsche Nationalbibliothek verzeichnet diese Publikation in der Deutschen
Nationalbibliografie; detaillierte bibliografische Daten sind im Internet über
http://dnb.d-nb.de abrufbar.

Geographisches Institut
der Universität Kiel
ausgesonderte Dublette

Inv.-Nr. 17/A 436801

Gedruckt auf säurefreiem und alterungsbeständigem Papier.

Alle Rechte vorbehalten.
© 2016 Verlag Barbara Budrich, Opladen, Berlin & Toronto
www.budrich-verlag.de

ISBN **978-3-8474-0786-7 (Paperback)**
eISBN 978-3-8474-0909-0 (eBook)

Das Werk einschließlich aller seiner Teile ist urheberrechtlich geschützt. Jede Verwertung außerhalb der engen Grenzen des Urheberrechtsgesetzes ist ohne Zustimmung des Verlages unzulässig und strafbar. Das gilt insbesondere für Vervielfältigungen, Übersetzungen, Mikroverfilmungen und die Einspeicherung und Verarbeitung in elektronischen Systemen.

Umschlaggestaltung: disegno visuelle kommunikation, Wuppertal – www.disenjo.de
Typographisches Lektorat: Anja Borkam, Jena
Druck: paper & tinta, Warschau
Printed in Europe

Inhaltsverzeichnis

Editorial 9

Schwerpunkt

Thorsten Wiechmann
    Die Planung des Unplanbaren – Zur Wirklichkeit von Stadt- und
    Regionalplanung zwischen Utopie und Ohnmacht 23

Dietrich Fürst
    Denkfallen bei planerischen Abwägungs- und
    Bewertungsverfahren – Erkenntnisse aus den
    Kognitionswissenschaften 43

Axel H. Schubert
    „Ökologische" Leitbilder als emotionale Kulturtechnik an den
    Grenzen der Planbarkeit 60

Christian Strauß
    Repräsentation, Rationalitäten und Umsetzbarkeit: Stadtumbau
    Ost im Lichte der Planbarkeit 82

Georg Franck
    Vom Wiener Ring nach Zürich-West: Chancen einer Renaissance
    des Städtebaus 99

Thomas Hengartner
    Kulturwissenschaftliche Stadtforschung oder: Die Urbanisierung
    der Urbanität. Prolegomena zur Reformulierung eines Konzepts 112

Inhaltsverzeichnis

Berichte und Kommentare

Ana Rogojanu
Gemeinsam bauen und wohnen: Zur Differenz zwischen
geplantem und angeeignetem Raum 135

Yuca Meubrink
Segregation durch Architektur als Produkt Londoner
Wohnungspolitik 152

Jan Lange und Jonas Müller
Planungspraxis im Fokus 167

*Magdalena Konieczek-Woger, Jacob Köppel, Laura Bornemann,
Sebastian Gerloff, Inken Schmütz, Mario Timm, Henry Wilke*
Stadtplanung heute – Stadtplanung morgen. Eine
Berufsfeldanalyse. 179

Rezensionen

Schlaffer, Hannelore (2013): Die City. Straßenleben in der geplanten
Stadt. Springe, Verlag zu Klampen.
Besprochen von Christian Holl 197

El-Mafaalani, Aladin; Kurtenbach, Sebastian und Strohmeier, Klaus Peter
(Hg.) (2015): Auf die Adresse kommt es an... Segregierte Stadtteile als
Problem- und Möglichkeitsräume begreifen. Weinheim: Beltz.
Besprochen von Rainer Neef 199

Lothar Bertels (Hg.) (2015): Gotha im Wandel
1990 – 2012. Transformation einer ostdeutschen Mittelstadt.
Wiesbaden: Springer VS.
Besprochen von Bernhard Schäfers 204

Läpple, Dieter; Kröger, Sebastian; Peters, Babette und Schreiner,
Sarah C. (2015): Kreativer Archipel. Orte der Kreativen in Hamburg
und der HafenCity. Materialien zur HafenCity, Bd. 2. Hamburg:
Junius Verlag.
Besprochen von Joachim Thiel 207

Inhaltsverzeichnis

Frank, Sybille; Gehring, Petra; Griem, Julika und Haus, Michael (Hg.)
(2014): Städte unterscheiden lernen. Zur Analyse interurbaner
Kontraste: Birmingham, Dortmund, Frankfurt, Glasgow
(Interdisziplinäre Stadtforschung Band 19). Frankfurt am Main: Campus
Verlag.
Barbehön, Marlon; Münch, Sybille; Haus, Michael und Heinelt, Hubert
(2015): Städtische Problemdiskurse. Lokalpolitische Sinnhorizonte im
Vergleich (Modernes Regieren. Schriften zu einer
neuen Regierungslehre Band 12). Baden-Baden: Nomos Verlag.
Besprochen von Jens Wietschorke 209

Dokumentation und Statistik

Caroline Baumgart; Stefan Kaup; Frank Osterhage; Karsten Rusche;
Stefan Siedentop; Ralf Zimmer-Hegmann,
Monitoring StadtRegionen 219

Die Autorinnen und Autoren 265

Die Rezensentinnen und Rezensenten 267

Editorial

Seit geraumer Zeit unterliegt „Planung" einem deutlichen Wandel. Die Grenzen zwischen Stadtplanung, Landschaftsplanung, Städtebau und Architektur scheinen zunehmend zu verwischen. Neben der analysierenden, konzeptionellen und vermittelnden Funktion wächst in der Stadtplanung(sforschung) zugleich sichtbar das Interesse an Fragen der urbanen Alltagspraxis, wobei die Impulse oft aus der Geographie, der Soziologie und zunehmend auch aus den Kulturwissenschaften stammen. Die Verständigung über Fächergrenzen hinweg verspricht einen wichtigen Beitrag zum Verständnis von Stadt- und Regionalplanung – dies zeigen nicht zuletzt auch interdisziplinäre Vernetzungen wie an der HafenCity Universität Hamburg oder der Bauhaus-Universität Weimar.

Zudem führen auch pluralistische Wertesysteme bzw. „widersprüchliche Rationalitäten" (Siebel 2006: 208) dazu, dass die Anforderungen an Stadt- und Regionalplanung immer komplexer werden und zwischen den verschiedenen in Planungsprozessen beteiligten Akteuren oftmals keine Übereinstimmungen hinsichtlich planerischer Zielsetzungen oder Instrumente gefunden werden können. Damit drängt sich die Frage auf, wie weit Städte überhaupt „planbar" sind und inwiefern Planung in der Lage ist, die räumliche Entwicklung in der Realität zu koordinieren und zu steuern.

Neben Politiker*innen und wirtschaftlichen Akteuren wirken nicht zuletzt die in den geplanten Räumen lebenden und sich diese Räume aneignenden Menschen selbst als gestaltende Subjekte auf das Ergebnis der Planung ein. Planung ist kein machtfreier Raum. Als solches ist Geplantes auch stets Ausdruck gesellschaftlicher und sich mit der Zeit wandelnder, also historischer Leitbilder für zu planende Räume, die einem laufenden Aushandlungsprozess zwischen verschiedenen Akteuren unterliegen. Um die Gestaltung von Nachbarschaften, Stadtquartieren, Städten und Regionen wird gestritten – mit unterschiedlichen Vorstellungen, Wertesystemen und Raumverständnissen (u.a. Davy 2007; Hengartner 2000). Vorhaben wie Stuttgart 21, der Ausbau der Energietrassen im Rahmen der Energiewende oder die zahlreichen „Recht auf Stadt"-Initiativen weisen auf ein steigendes gesellschaftliches und wissenschaftliches Interesse an räumlichen Visionen und an Mitgestaltung hin. Gleichzeitig regt die breite öffentliche Aufmerksamkeit bei misslungenen Planungen (z.B. wenn Kostensteigerungen oder Terminverzögerungen auftreten oder wenn die ursprüngliche Intention einer „gut gemeinten" Planung in der Praxis nicht angenommen wird) das Überdenken gewohnter Pfade an.

Um den vielfältigen, teilweise auch überlappenden und „unscharfen" Wahrnehmungen, Erwartungen und Handlungen in Zeit und Raum entsprechen zu können, schlussfolgern die Planungswissenschaftler Luuk Boelens

Editorial

und Geert de Roo (2016) in ihrem Konzept des „*planning of undefined becoming*", dass sich unser Verständnis von Planung ändern muss: Planung soll sich demnach nicht (länger) auf die Umsetzung eines Plans als Endprodukt konzentrieren, sondern eine situative Interpretation und ergebnisoffene Aushandlung verschiedener Intentionen und Erwartungen einfordern bzw. erlauben, ohne dass das endgültige Ziel bereits feststeht. Dies kann auch und v.a. als Ausdruck der Einsicht verstanden werden, Fragen der urbanen Alltagspraxis stärker berücksichtigen zu müssen. Gleichzeitig könnte dieser Ansatz dazu beitragen, die aktuell diskutierte Diskrepanz (Marcus 2008; Westin 2014) in vielen planerischen bzw. städtebaulichen Vorhaben zwischen eigentlichen Planungszielen („Schaffung lebendiger, attraktiver Stadtteile") und realisierten Planungen („langweilige, mono-strukturierte Wohnsiedlungen") zu erklären sowie zu einem besseren Verständnis von Planung und Planbarkeit beizutragen.

Eine breite interdisziplinäre Verständigung in Sachen Urbanität und Stadtentwicklung lässt sich inzwischen auf Tagungen und Kongressen beobachten, bei denen nicht nur Architekt*innen, Planer*innen, Soziolog*innen oder Geograph*innen eingebunden sind, sondern zunehmend auch Kulturwissenschaftler*innen oder performativ-interaktionistisch tätige Akteur*innen, die künstlerische Aktionen im öffentlichen Raum tätigen oder neue Formen der Beteiligung suchen, in Sachen Planung mitsprechen bzw. mitzusprechen beanspruchen. So organisierten Student*innen des Instituts für Europäische Ethnologie der Humboldt Universität Berlin im April 2015 eine Tagung zum Thema „Wie plant die Planung?" und im Oktober 2015 veranstaltete das Institut für Europäische Ethnologie der Universität Wien die Konferenz „Wir sind nie urban gewesen". Bei beiden Konferenzen, die exemplarisch für eine Vielzahl weiterer Veranstaltungen stehen, traten Architekt*innen, Ethnolog*innen, Planer*innen und weitere Expert*innen in Austausch miteinander über Urbanität, Planung und Stadtentwicklung. Der Dialog zwischen gestaltenden, reflexiven und konstruktivistischen Perspektiven hat unzweifelhaft Konjunktur (vgl. auch Lange, Müller 2016; Schmidt-Lauber 2010).

Die Ausweitung der interdisziplinären Verständigung über geplante und gemachte Räume in jüngster Zeit interpretieren wir als Ergebnis unterschiedlicher Einflussfelder und aktueller ökologischer, ökonomischer und sozialer Herausforderungen in einer global vernetzten Welt (erkennbar z.B. in Erscheinungen wie Klimawandel, Finanzkrisen etc. oder in aktuellen gesellschaftlichen Herausforderungen wie der Bewältigung der Flüchtlingsströme), die interdisziplinäre Betrachtungsweisen verlangen. Weiterhin ist der breite Dialog wohl auch dem Umstand geschuldet, dass sich die Planung – wiewohl ob ihrer Heterogenität an Ausrichtungen und Ansätzen eigentlich nicht im Singular zu benennen – nach der sozialwissenschaftlichen Wende wie andere

Editorial

Disziplinen auch vom cultural turn inspirieren ließ, um Bedeutungen, Bilder und lebensweltliche Praxen stärker berücksichtigen zu können (vgl. Othengrafen 2012; Reimer 2012). Und die Kulturwissenschaften wiederum haben ihrerseits durch die Wiederentdeckung der materiellen Dimension auch die gebaute und gemachte Umwelt als relevantes Themenfeld (wieder)entdeckt (u.a. Lang 2000; Hengartner 2000).

Mit Blick auf Planbarkeit(en) und die Kernaufgaben von Stadt- und Regionalplanung bedarf es aus unserer Sicht somit einer Reflexion des disziplinären Selbstverständnisses und Planungsbegriffs sowie einer Einbindung alltagsweltlicher Analysen. Folgende Forschungsfragen stehen deshalb im Vordergrund des Jahrbuchs 2015/16: Was ist das Selbstverständnis von Stadt- und Regionalplanung? Wie lässt sich eine „Kultur der Planung" beschreiben (Lang 2000)? Was ist der implizite *style of reasoning* (Beck 1997, 13ff.) von Planer*innen? Wo liegen Möglichkeiten und Grenzen der Plan- und Gestaltbarkeit der räumlichen Umwelt? Wie können urbane Alltagspraktiken stärker erfasst und berücksichtigt werden? Diesem Anliegen verschreibt sich der Themenschwerpunkt *Planbarkeiten* des Jahrbuchs 2015/16, das einen Perspektivenaustausch zwischen gestaltend-planenden und analysierenden Zugängen gebauter und gelebter Realität sucht. Dynamiken und Logiken von Stadt- und Regionalplanung sollen an konkreten Beispielen aus Sicht verschiedener Disziplinen reflektiert werden. Die Beiträge des Schwerpunktes thematisieren „Planung" von außen und innen, d.h. aus der Sicht von Stadt- und Regionalplanung sowie aus Sicht anderer Disziplinen, sie blicken kritisch und plural auf planerisches Handeln und versuchen, die Herausforderungen und Grenzen räumlicher Planungen vor dem Hintergrund unterschiedlicher disziplinärer Zugänge theoretisch zu fassen.

Im ersten Beitrag des Themenschwerpunktes widmet sich der Geograph und Planungswissenschaftler *Thorsten Wiechmann* der Frage von Macht und Ohnmacht in Planungsprozessen. Seiner Meinung nach lässt sich die Entwicklung von Städten und Regionen als komplexe soziale Systeme nur bis zu einem gewissen Grad bewusst steuern, so dass oftmals eine Diskrepanz zwischen planerischen Utopien bzw. Strategien und alltäglichen Erfahrungen zu beobachten ist. Als Lösung fordert Wiechmann, dass Planung als Teil einer umfassenden Strategieentwicklung verstanden werden sollte, die auch emergente Entscheidungsprozesse und informale Handlungsregeln berücksichtigt. Dadurch werden Unsicherheiten über Ziele und Entscheidungsfolgen reduziert und besser informierte Entscheidungen im Bewusstsein um die begrenzte Planbarkeit von Strategien möglich.

Der Planungswissenschaftler *Dietrich Fürst* nähert sich dem Thema „Planbarkeiten", indem er potenzielle Denk- und Entscheidungsfallen identifiziert, die in Planungsprozessen eine Rolle spielen. In Anlehnung an Daniel

Editorial

Kahnemans „Thinking fast and slow" zeigt er, dass Planer*innen nicht frei von individualpsychologischen und gruppenpsychologischen Einflüssen sind und somit keine objektiven und rationalen Entscheidungen treffen können. Vielmehr unterliegen Planer*innen – v.a. in Verbindung mit Prognosen, Bewertungen und Abwägungsprozessen – vielfältigen Denkfallen. Diese werden darüber hinaus durch Bedingungen der Zeitknappheit, der Akteursvielfalt und der Informationsüberlastung etc. begünstigt.

Einen ähnlichen Ansatz verfolgt der in Basel tätige Stadtplaner *Axel Schubert*, indem er untersucht, inwiefern die Praxis des Planens die Problemwahrnehmung von Planer*innen verändert. Er tut das insbesondere, indem er die emotionale Dimension dieser Praxis in den Blick nimmt und damit weder vom individuellen Handeln und (moralischen) Urteilen abstrahiert, noch von den üblicherweise unberücksichtigten emotionalen Wirkungen planerischer Produkte. Mit diesem kulturkritischen Blick auf planerische Praxis kann Schubert zeigen, wie der gesellschaftliche Umgang mit heute gebräuchlichen „ökologischen" Leitbildern auf die Binnenwahrnehmung von Planungsbeteiligten zurückwirkt.

Der Stadt- und Regionalplaner *Christian Strauß* reflektiert in seinem Beitrag das Begriffsverständnis von Planbarkeit im Bund-Länder-Förderprogramm Stadtumbau Ost. Dabei zeigt er, dass Planbarkeit mit Blick auf die Planinhalte demnach nicht allein durch die Entwicklung geeigneter Konzepte erreicht wird, sondern durch die konkrete Umsetzung vor Ort und die Einbeziehung lokaler Akteure geprägt wird. Die entwickelten Konzepte übernehmen hier eher eine Verständigungs- und Orientierungsfunktion und dienen eher weniger einem Planungsabschluss.

Für eine notwendige Überprüfung und Neukonzeptionalisierung von Städtebau- und Planungsprozessen argumentiert auch der in Wien tätige Architekt und Stadtplaner *Georg Franck* in seinem Beitrag, wofür er das Konzept der Allmende im Sinne einer Gemeinschaftsproduktion stark macht. Über eine peer-to-peer Produktion solle das Gemeinschaftsgut „gute Adresse" entstehen. Anhand eines Experiments einer Studierendengruppe zur Nachverdichtung in Zürich-West, welche im peer-to-peer-Modus arbeitete und vor dem Hintergrund der Entwicklung des Städtebaus seit dem 19. Jahrhundert hin zum „New Urbanism" fordert Franck eine Renaissance des Städtebaus als „team sport". Auch der Schweizer Kulturwissenschaftler *Thomas Hengartner* präsentiert einen programmatischen Beitrag, in dem er das Nachdenken über eine neue Urbanität – verstanden als Urbanisierung der Urbanität – einfordert. Hierfür schlägt er die Integration des Bourdieuschen Habituskonzepts in Urbanitätsvorstellungen vor und macht ebenso auf die Bedeutung situativ-performativer Verhandlungen für die Planung von Stadt, eine notwendige Neubewertung des für klassische Urbanitätsdefinitionen

Editorial

konstitutiven Faktors Dichte, die Verflechtungen zwischen Planung und Bricolage und nicht zuletzt auch die politische Dimension von (Stadt-) Planung aufmerksam.

Die Rubrik „Berichte und Kommentare" wird von *Ana Rogojanu* eingeleitet. Die Europäische Ethnologin aus Wien widmet sich aus einer kulturwissenschaftlichen Perspektive und mit einem raumtheoretischen Fokus der Frage nach der Kongruenz zwischen Planung und Nutzung sowie der Historizität gebauter Wohnprojekte. Am Beispiel eines religiös konnotierten Bauprojektes aus den 1980er Jahren in Wien spürt sie den erinnerten Planungsprozessen nach, kontextualisiert das Projekt im Rahmen kommunaler und privater Wohnprojekte und thematisiert die (Grenzen der) Flexibilität angesichts biographischer und familiärer Transformationen.

Yuca Meubrink, ebenfalls Europäische Ethnologin, thematisiert die Segregation sozialer Milieus durch Architektur innerhalb eines Gebäudes. Hierfür kontextualisiert sie moderne Luxuswohngebäude mit separaten Eingängen für Arme und Reiche in London als Mittel und Folge kommunaler Wohnungspolitik und zeigt die architektonische und ästhetische Produktion von sozialen Positionen an exemplarischen Häusern auf.

Anschließend liefern die Europäischen Ethnologen *Jan Lange* und *Jonas Müller* einen Tagungsbericht zum eingangs erwähnten und von ihnen organisierten Symposium „Wie plant die Planung?", das im April 2015 an der Humboldt-Universität zu Berlin stattfand und das Raum- und Stadtplaner*innen, Architekt*innen, Geograph*innen, Soziolog*innen mit (Europäischen) Ethnolog*innen ins Gespräch brachte.

Den Abschluss in der Rubrik *Berichte und Kommentare* bildet ein Beitrag der Stadt- und Regionalplaner*innen *Laura Bornemann, Sebastian Gerloff, Magdalena Konieczek-Woger, Jacob Köppel, Inken Schmütz, Mario Timm* und *Henry Wilke* zur Berufsfeldanalyse von Stadtplaner*innen. Der studentische Beitrag skizziert mittels einer bundesweiten Umfrage unter Praktiker*innen und weiterer Erhebungen das Aufgabenspektrum, die Anforderungen sowie die fachlichen Qualifikationen angehender Absolvent*innen.

Den neunten Band des Jahrbuchs StadtRegion vervollständigt die Rubrik *Rezensionen*. Dabei handelt es sich um Titel, die entweder 2016 oder 2015 erschienen sind. Aus der Fülle der infrage kommenden Titel haben wir letztlich sechs Titel ausgewählt, die insgesamt einen guten Eindruck über das interdisziplinäre und thematisch weit gefächerte Spektrum der Stadt- und Regionalforschung geben.

Die Rubrik *Dokumentation und Statistik* präsentiert auch in diesem Jahr ein *Monitoring der Städte und Regionen*, das gleichzeitig Bestandteil des Projektes Geomonitoring am Institut für Landes- und Stadtentwicklungsforschung gGmbH (ILS) in Dortmund ist. Übergeordnetes Ziel des Geomonito-

Editorial

ring-Projektes ist es, auf unterschiedlichen räumlichen Ebenen – der Stadtregion, der Städte und Gemeinden sowie untergemeindlichen Raumeinheiten – einen Datenbestand zu schaffen, den es in vergleichbarer Form für Deutschland noch nicht gibt und der neue Möglichkeiten für die empirische Untersuchung von urbanen Entwicklungen bietet. In dem diesjährigen Monitoring nutzen *Caroline Baumgart, Stefan Kaup, Frank Osterhage, Karsten Rusche, Stefan Siedentop* und *Ralf Zimmer-Hegmann* die Zusammenführung der Datengrundlagen auf den unterschiedlichen räumlichen Ebenen insbesondere, um die Bevölkerungs-, Flächen- und Siedlungsentwicklung sowie die Trends in Arbeitsmarkt- und Sozialstrukturen für Städte und Stadtregionen zu analysieren und vorzustellen.

Für die Redaktion *Frank Othengrafen* und
Brigitta Schmidt-Lauber im April 2016

Literatur

Beck, Stefan (1997): Umgang mit Technik. Kulturelle Praxen und kulturwissenschaftliche Forschungskonzepte. Berlin: Akademie Verlag.
Boelens, Luuk; de Roo, Gert (2016): Planning of undefined becoming: First encounters of planners beyond the plan, in: Planning Theory, 15, pp. 42-67.
Davy, Benjamin (2007): Raumplanung ohne Präservativ, PNDonline, Ausgabe I 2007. http://www.planung-neu-denken.de/content/view/45/41: 20.06.2012.
Lang, Barbara (2000): Zur Ethnographie der Stadtplanung: Die planerische Perspektive auf die Stadt, in: Hengartner, Thomas; Kokot, Waltraud; Wildner, Kathrin (Hg.): Kulturwissenschaftliche Stadtforschung. Berlin: Dietrich Reimer Verlag GmbH, S. 55-68.
Lange, Jan; Müller, Jonas (2016): Wie plant die Planung? Berliner Blätter 71. Berlin: Panama.
Hengartner, Thomas (2000): Die Stadt im Kopf. Wahrnehmung und Aneignung der städtischen Umwelt, in: Hengartner, Thomas; Kokot, Waltraud; Wildner, Kathrin (Hg.): Kulturwissenschaftliche Stadtforschung. Berlin: Dietrich Reimer Verlag GmbH, S. 87-106.
Othengrafen, Frank (2012): Uncovering the Unconscious Dimensions of Planning. Using Culture as a Tool to Analyse Spatial Planning Practices. Farnham: Ashgate.
Reimer, Mario (2012): Planungskultur im Wandel. Das Beispiel der REGIONALE 2010. Detmold: Verlag Rohn.
Schmidt-Lauber, Brigitta (2010) (Hg.): Mittelstadt. Urbanes Leben jenseits der Metropole. Frankfurt am Main: Campus.

Editorial

Siebel, Walter (2006): Wandel, Rationalität und Dilemmata der Planung, in: Selle, Klaus (Hg.): Zur Räumlichen Entwicklung beitragen: Konzepte, Theorien, Impulse; Planung Neu Denken [Bd. 1]. Dortmund: Rohn-Verlag, S. 195-209.
Westin, Sara (2014): The paradoxes of planning. A psycho-analytical perspective. Farnham: Ashgate.

Schwerpunkt

Abstracts

Die Planung des Unplanbaren – Zur Wirklichkeit von Stadt- und Regionalplanung zwischen Utopie und Ohnmacht

Thorsten Wiechmann

What is German planning practice able to contribute to the solution of complex societal problems in cities and regions? How big is the gap between planning utopias and the daily experience of powerlessness of planning? It is obvious that only to a very limited extend complex societal systems are deliberately plannable. The paper addresses this issue from the perspective of strategy research. By including the emergence of strategies in planning considerations strategy research opens up the spectrum of options for planning actions. Accordingly, planning should be embedded in a comprehensive strategy development that considers emergent decision processes and informal norms.

In addition, the question of power and powerlessness in planning processes is addressed against the background of the political economy of planning. The aim is to contrast the sometimes unrealistic expectations towards city and regional planning with more realistic assumptions and, by doing this, also to provide answers to the question, how success of planning should be assessed.

Denkfallen bei planerischen Abwägungs- und Bewertungsverfahren – Erkenntnisse aus den Kognitionswissenschaften

Dietrich Fürst

Following Kahneman's „Thinking fast and slow", the article tries to show potential pitfalls for planner's deliberating and assessing behaviours. The notion "cognitive pitfalls" is then extended to group dynamic findings and administrative routines with potentials to reduce rationality in planner's actions. However, the one-to-one transfer of such social-psychological insights on planner's activities will be viewed critically since the context conditions of planning and the public discussion of plans probably could counterbalance the effects of cognitive pitfalls. Nonetheless, being subject to information overload, time stress and a great number of opposing interests planners tend to substitute curtailed processes for extensive planning schemes which then open the path for sub-conscious influences which might restrict rational planning behaviour in favour of Kahneman's „thinking fast".

Ökologische Leitbilder als emotionale Kulturtechnik an den Grenzen der Planbarkeit

Axel H. Schubert

This article examines whether the (re)production of overall concepts which address the "ecological" crisis could be understood as cultural technique. For this purpose it is referred to a model of planning practice that conceptualizes planning as oscillation between irritation and confidence. With the examples of *Sustainability* and the *City of Short Distances* it is argued that the use of such overall concepts is an emotionally operating cultural technique. Finally the article focusses on the underlying aspects of power. Due to the fact that those overall concepts do not meet their own expectations, they have an unjustifiable, ideological character. Thus their sedative power turns into a depoliticizing effect. In consequence – even unconsciously – (re)producers of such concepts contribute to stabilize relations of power. This requires a critique, questioning the ideological character of those overall concepts. However, thereby the limits of predictability in planning are reached.

Abstracts

Repräsentation, Rationalitäten und Umsetzbarkeit: Stadtumbau Ost im Lichte der Planbarkeit

Christian Strauß

Municipalities in East Germany respond to the consequences of demographic change and of the urban shrinkage by defining urban development objectives in order to improve sustainable settlement structures. This planning process is influenced by the East German Urban Regeneration Funding Programme called "Stadtumbau Ost".

This chapter reflects on the term predictability of planning in the understanding of the Stadtumbau Ost programme. This is done by raising three questions: Do the integrated urban regeneration concepts represent the intended spatial development? Which types of rationalities can be identified within the planning process? And is it possible to implement the content of the concepts?

The chapter concludes that the East German Urban Regeneration Funding Programme promotes a specific understanding of the term predictability of planning with regard to representations and rationalities as well as to implementability of planning. This is because the content of the concepts is further negotiated and concretised after the planning process, the planning process integrates different types of rationalities and the interrelations between the content of the concepts and the objects of funding improve the implementation of the planning objectives.

Vom Wiener Ring nach Zürich-West: Chancen einer Renaissance des Städtebaus

Georg Franck

Urban design is the architecture of urban streets and places, thus connecting central public planning and individual object architecture. This compound has turned into a blank since the conventions broke down that up to then had regulated the cooperation of the architectures forming the inner walls of outer space. Since is out of question to reanimate deceased conventions, the cooperation to be reactivated has to be described in alternative terms. The alternative suggested in this contribution is the concept of commons, which means the description of outer urban space as a basin in which the abutting owners and the architects in charge collectively grow the good "good addresses". As a contemporary paradigm of the commons mode of production, software design in the mode of peer-to-peer and open source is made use of. As a feasibility test, an experiment is reported where a student group worked out, in the mode of peer-to-peer and open source, a redevelopment plan for Zürich-West.

Kulturwissenschaftliche Stadtforschung oder: Die Urbanisierung der Urbanität. Prolegomena zur Reformulierung eines Konzepts

Thomas Hengartner

The essentials of the concept of urbanism – as a dispositive modelling urban ways of life and as a frame for the interpretation of urban life – have been formulated against the background of modernization, industrialization und urbanization at the last but one turn of century. Till this day they continue to have an effect as framework for the thinking about (western) cities (e.g. the importance of density or the notion of cities as laboratories). The contribution suggests thinking about a new urbanism, or elsewise about the urbanization of urbanism. This "second urbanization" is not a straight and linear continuation of the preliminary one, but contains and includes also uncertainty, contingency, mash up and various negotiations. Examples discussed are, among others, the integration of Bourdieus concept of habitus into the notion of urbanism, the significance of situational and performative negotiations for urban planning, a critical evaluation of the importance of density, the interrelationships between planning and bricolage and not least the political dimension of (urban) planning.

Thorsten Wiechmann

Die Planung des Unplanbaren –
Zur Wirklichkeit von Stadt- und Regionalplanung
zwischen Utopie und Ohnmacht

Zusammenfassung: Was kann die deutsche Planungspraxis zur Lösung komplexer gesellschaftlicher Probleme in Städten und Regionen überhaupt noch leisten? Wie groß ist die Kluft zwischen planerischen Utopien und der alltäglichen Erfahrung von planerischer Ohnmacht? Es ist offensichtlich, dass sich komplexe soziale Systeme nur zu einem kleinen Teil absichtsvoll planen lassen. Der Beitrag behandelt diese Problematik aus Sicht der Strategieforschung, die die Emergenz von Strategien in planerische Überlegungen einbezieht und so das Spektrum planerischer Handlungsoptionen öffnet. Planung muss danach in eine umfassendere Strategieentwicklung eingebettet werden, die emergente Entscheidungsprozesse und informale Handlungsregeln berücksichtigt.
Die Frage von Macht und Ohnmacht in Planungsprozessen wird darüber hinaus auch vor dem Hintergrund von Überlegungen zur politischen Ökonomie von Planung behandelt. Ziel ist es, den mitunter unrealistischen Erwartungen an Stadt- und Regionalplanung lebensnähere Annahmen gegenüber zu stellen und damit auch Antworten auf die Frage zu geben, woran der Erfolg von Planung gemessen werden sollte.

> The greatest thing about London is that it's unplannable. The worst thing about it is that it's unplanned.

Das Eingangszitat stammt von Peter Wynne Rees, dem früheren Planungsdezernenten der City of London (Pickford 2014). Er umschrieb damit seine jahrzehntelangen Erfahrungen als Chefplaner des historischen und wirtschaftlichen Zentrums von Greater London. In seiner ernüchternden Bilanz dominieren übermächtige Developer, schwache Stadträte, seelenlose Architektur, zu viel externes Geld und Politiker, die verzweifelt Tatkraft demonstrieren wollen, die chaotische städtebauliche Entwicklung von Londons Innenstadt. Die Stadtplanung steht dem sprunghaften und unkontrollierbaren Wachstum weitgehend ohnmächtig gegenüber. Gleichwohl zieht das Londoner Zentrum Menschen aus aller Welt an, die den Ort zu einem Zentrum von Kreativität und globaler Ökonomie machen. Das Emergente, Spontane, Unplanbare macht für sehr viele Menschen gerade den Reiz von London aus. Die unkontrollierte eigendynamische Entwicklung führt aber auch zu ineffizienten, nicht nachhaltigen baulichen Strukturen, zur Verdrängung von sozial Benachteiligten und der Mittelschicht, leerstehenden Spekulationsobjekten und Reichenghettos. Was kann Raumplanung, was können Stadt- und Regionalplanung in derart komplexen gesellschaftlichen Settings überhaupt noch leisten? Wie groß ist die Kluft zwischen planerischen Utopien und der alltäglichen Erfahrung von planerischer Ohnmacht?

Der nachfolgende Beitrag behandelt die Frage der (Un)Planbarkeit komplexer gesellschaftlicher Probleme in Städten und Regionen mit Blick auf die deutsche Planungspraxis. Anders als die traditionellen Planungstheorien erlauben neuere, von der managementtheoretischen Strategieforschung befruchtete planungstheoretische Ansätze auch die Emergenz von Strategien in planerische Überlegungen einzubeziehen und so das Spektrum planerischer Handlungsoptionen zu öffnen. Darüber hinaus wird die Frage von Macht und Ohnmacht in Planungsprozessen auch vor dem Hintergrund von Überlegungen zur politischen Ökonomie von Planung behandelt. Ziel ist es, den mitunter unrealistischen Erwartungen an Stadt- und Regionalplanung lebensnähere Annahmen gegenüber zu stellen und damit auch Antworten auf die Frage zu geben, woran der Erfolg von Planung gemessen werden sollte.

1 Raumplanung zwischen gemeinwohlorientierter Gesamtplanung und investorengeleiteter Projektplanung

In der Tradition deutscher Raumplanung nach Baugesetzbuch und Raumordnungsgesetz stand nach dem Erlass bundeseinheitlicher Rechtsvorschriften ab den 1960er Jahren die so genannte Angebots- oder auch Vorratsplanung im Mittelpunkt. Untereinander koordiniert nach dem Gegenstromprinzip reglementierten Landesentwicklungs-, Regional- und Bauleitpläne mögliche Flächennutzungen. Ob und inwieweit diese Nutzungen dann tatsächlich realisiert wurden, entzog sich regelmäßig dem Einfluss der Raumplanung. Effektiv steuerten diese Pläne oftmals mehr durch ihre Ausschlusswirkungen in Bezug auf unzulässige Nutzungen (Negativplanung) als durch die Festlegung von zulässigen bzw. erwünschten Nutzungen (Positivplanung). Nach der Wiedervereinigung wurde mit der Einführung des vorhabenbezogenen Bebauungsplans auch ein planungsrechtliches Instrument geschaffen, mit dem bereits konkret avisierte Projekte gemeinsam mit den Vorhabenträgern realisiert werden konnten. Seither werden gemeindliche Bebauungspläne oft erst aufgestellt, wenn der Baubeginn absehbar und in einem städtebaulichen Vertrag geregelt ist. Bei derart kurzfristigen, punktuellen Planungen üben die Investor*innen naturgemäß erheblichen Einfluss aus. Umso wichtiger werden in einem solchen Planungssystem örtliche und überörtliche Gesamtpläne, sowohl in Form von rechtlich bindenden Flächennutzungs- und Regionalplänen als auch in Form von informellen städtebaulichen Rahmenplänen und regionalen Entwicklungskonzepten. Ein gemeinwohlorientierter Interessenausgleich zur Sicherung einer sozialgerechten Bodennutzung erscheint hier sehr viel eher möglich als auch der Ebene einzelner Investorenprojekte (vgl. Sparwasser 2006).

Einheitliche Zielvorstellung von Raumordnungsgesetz und Baugesetzbuch ist eine nachhaltige städtebauliche bzw. räumliche Entwicklung, die die sozialen und wirtschaftlichen Ansprüche an den Raum mit seinen ökologischen Funktionen auch in Verantwortung gegenüber künftigen Generationen in Einklang bringt. Die Frage, welche Effekte das deutsche Planungssystem im Hinblick auf dieses Ideal erzielt, wie wirksam die Rahmenvorgaben von Raumordnungsplänen oder Flächennutzungsplänen sind, lässt sich allerdings angesichts des Mangels an entsprechenden Evaluationsstudien schwerlich beantworten. Im Grunde ist es erstaunlich und wenig verständlich, wie selten hierzu seit Einführung einer flächendeckenden Raumplanung geforscht wurde.

Liegen in Bezug auf "weiche" Formen der Regionalentwicklung inzwischen einige Erfahrungen vor, hat eine systematische Evaluierung von "harten" Flächennutzungs- oder Regionalplänen in Deutschland bis heute nicht stattgefunden. Hierfür lassen sich eine Reihe von Gründen anführen (vgl. Wiechmann; Beier 2004): so ist die Erfolgskontrolle komplexer Sachverhalte methodisch schwierig, operationalisierte Parameter sind in den Planwerken selten zu finden, eine Evaluierung könnte unbequeme Ergebnisse erbringen, oftmals ist die Validität von Evaluationsstudien gering und knappe Zeithorizonte, eine dünne Personaldecke und geringe Budgets lassen in Planungsbehörden den Verantwortlichen kaum Spielraum für die Evaluierung der selbst verfassten Pläne und Konzepte. Gleichwohl mehren sich die Stimmen, die eine systematische Evaluierung von Stadt- und Regionalplanung anmahnen.

Die methodisch wohl anspruchsvollste jüngere Untersuchung von Zaspel (2011) zur Wirkungsabschätzung regionalplanerischer Instrumente bei der regionalen Gewerbeflächenpolitik kommt zu dem Schluss, dass die klassischen auf eine großräumige Steuerung ausgerichteten positivplanerischen Instrumente, das Zentrale-Orte-System und die Eigenentwicklung, nur eine eingeschränkte Effektivität erreichen. Dagegen erreichen die negativplanerischen Instrumente zur Standortsteuerung durch eine umfangreiche Ausweisung von Vorranggebieten zum Freiraumschutz eine relativ hohe Effektivität (ebd.: 270).

Offensichtlich funktionieren Stadt- und Regionalplanung nicht so, wie es in der frühen Phase der bundesdeutschen Planung, als sich das heutige Raumplanungssystem im Wesentlichen ausdifferenzierte, unterstellt wurde. Es reicht eben nicht aus, über die Erstellung von räumlichen Plänen Entscheidungsprämissen für künftige raumrelevante Handlungen zu formulieren.

Der amerikanische Politikwissenschaftler Aaron Wildavsky brachte die Steuerungsutopien der frühen Planung einmal auf den Punkt, als er Planung als die – faktisch offensichtlich unerreichbare – Fähigkeit definierte, die Zukunft zu kontrollieren (Wildavsky 1973: 128). Pressman und Wildavsky (1973) zeigten in ihrer berühmten Fallstudie „Implementation. How Great Expectations in Washington are Dashed in Oakland", dass es bei der Implementation politischer Programme an unzähligen Entscheidungspunkten zu Strategieveränderungen kommt und die Politikinhalte dabei permanent an die Politikadressat*innen angepasst werden. Wichtige Etappen der Strategieformulierung werden zwangsläufig in die Implementationsphase verlagert.

Die simple Idee, die dem traditionellen planerischen Denken zugrunde lag, dass nämlich in Plänen artikulierte und bestätigte Strategien sich in der Zukunft auf unproblematische Weise auch verwirklichen lassen, hat sich als schwerwiegender Irrtum entpuppt. Der kurzen Phase der Planungseuphorie in den 1960er und 1970er Jahren folgte eine Dauerkrise der Raumplanung, die aufgrund ihrer schwachen institutionellen Position über die Formulierung von abstrakten Zielen hinaus kaum Einfluss auf den Vollzug raumwirksamer Maßnahmen hat.

Die Planungstheorie hat das Scheitern der frühen Planungsutopien reflektiert und ab den 1970er Jahren stärker den Charakter von Planung als politischer Prozess betont. Während Scharpfs (1973: 38) Definition von Planung als der „vorwegnehmenden Koordination einzelner Handlungsbeiträge und ihre Steuerung über längere Zeit" noch von einem weitgehend ungebrochenen Glauben an das Steuerungspotential der Planung kündet, betonen führende planungstheoretische Arbeiten der 1980er Jahre schon die Grenzen der Planung. So verstanden die Vertreter des „Strategic Choice Approach" Planung als das kollektive Management von Unsicherheiten im Kontext eines kontinuierlichen Prozesses der Entscheidungsfindung, bei dem wiederholt zwischen alternativen Handlungsverläufen gewählt werden muss, obwohl man über die zukünftigen Implikationen dieser Wahl nur unvollständiges Wissen hat (Friend, Jessop 1977: 97).

> „Planning is a decision process in which uncertainties are managed continuously through time. ... It can be seen as a craft through which people can develop their capacity to think and act creatively in coping with the complexities that beset them in practice." (Friend, Hickling 1987: 273)

Spätestens mit den Arbeiten des amerikanischen Planungswissenschaftlers John Forester fanden dann auch Fragen von ungleich verteilter Macht in Planungsprozessen Eingang in die Planungstheorie:

> „Planning is the guidance of future action. In a world of intensively conflicting interests and great inequalities of status and resources, planning in the face of power is at once a daily necessity and a constant ethical challenge." (Forester 1989: 3)

Planungspraxis und Planungstheorie haben in den vergangenen 40 Jahren hinlänglich bewiesen, dass das Steuerungspotenzial der Raumplanung begrenzt ist. Sie kann nur in Ausnahmen festlegen, was zu tun ist, um ihre Ziele zu erreichen. Strategien entstehen offensichtlich nicht nur durch Planung. Sie entstehen auch intuitiv durch unzählige Entscheidungen autonomer Akteure. Erst das Zusammenspiel von emergenten Strategien, das Umsetzen oder auch Scheitern kalkulierter Strategien erzeugt insgesamt ein Entscheidungsmuster, das die räumliche Entwicklung steuert.

2 Zur (Un-)Planbarkeit von Strategien

Für die renommierte Planungswissenschaftlerin Patsy Healey gehört Strategieentwicklung zu den anspruchsvollsten und machtvollsten Eigenschaften der planerischen Steuerung des Raumes. „Strategy making and strategy ‚acknowledging' in the flow of action is one of the most demanding and powerful characteristics of a style of governance which adopts a planning approach" (Healey 2006: 244). Sie interpretiert strategische räumliche Planung als einen Prozess des bewussten Paradigmenwandels. Eine so verstandene strategische räumliche Planung setzt auf kollektive Lernprozesse, auf Konsensbildung und die Veränderung von Routinen. Nicht das Planungsziel, sondern der Planungsprozess steht im Vordergrund. Der Plan selber verliert seinen normativen Charakter oder, wie es Andreas Faludi formuliert, „The strategic plan is no more than a momentary reflection of agreements." (Faludi 1989: 138). In der ursprünglichen technischen Bedeutung des Wortes geht es hier nicht mehr um Planung, sondern um das strategische Management des Raumes: „Formulating and implementing strategy is one of the most challenging tasks of management." (De Wit, Meyer 2004) Pläne werden reduziert auf ein unter Umständen verzichtbares Instrument strategischen Managements.

Fragen der Strategieentwicklung und der strategischen Planung spielen sowohl in den Wirtschafts- als auch in den Planungswissenschaften eine bedeutende Rolle. Dennoch plädieren bis heute nur wenige Autoren für einen offenen Umgang und eine interdisziplinäre Befassung mit der Strategieforschung (vgl. Bryson 2004; Hutter 2006; Hutter, Wiechmann 2005; Wiechmann 2008; Krüger 2013). Ein Austausch fand zwischen den verschiedenen Disziplinen in der Vergangenheit kaum statt.

> „It is striking how little cross-fertilization there is ... Attempting to bridge these gaps would be productive, because each literature has something important to contribute to strategic planning for places, organizations and networks." (Bryson 2004: 57)

Die vertiefte Beschäftigung mit den unterschiedlichen disziplinären Diskursen vermittelt zudem ein sehr heterogenes und vielfältiges Bild auch innerhalb dieser Diskurse. So sind Unternehmensstrategien keineswegs immer primär zweckrational, wettbewerbsorientiert und organisationsbezogen. De

Wit und Meyer (2004) beschreiben in Bezug auf Unternehmensstrategien zehn fundamentale Paradoxien, mit denen Strategen umzugehen haben. Beim Prozess der Strategieentwicklung gehe es zuvorderst um das Paradox von „Deliberateness" und Emergenz, also um die widersprüchlichen Perspektiven von Rationalisten und Inkrementalisten. Auf der Ebene von Unternehmensnetzwerken sei das Paradox von Kooperation und Konkurrenz in strategischen Allianzen die zentrale Herausforderung. Diese und weitere Paradoxien belegen, dass die ökonomische Strategieforschung die Herausforderungen der Strategieentwicklung differenzierter beleuchtet als vielfach angenommen.

In der Raumentwicklung lassen sich Fälle anführen, wo ein breiter Zielkonsens und eine hohe Prozessakzeptanz schlanke Entscheidungsprozesse mit nur geringem Konfliktniveau ermöglichen, was Managementansätze erleichtert. Die der Projektorientierung der Planung unterliegende Handlungslogik ist ebenso managementorientiert wie neuere konzeptionelle Ansätze des Stadtmanagements und des Regionalmanagements. Von der Fähigkeit, innovatorische Kraft zu entwickeln und selbst Managementaufgaben wahrzunehmen, hängt nach Ritter (1998: 20) sogar insgesamt die künftige Bedeutung und Wirksamkeit der staatlichen Kernaufgabe Raumplanung ab.

Während der öffentliche Bereich lange Jahre in Planungsphobie verharrte, entwickelten sich Planungstheorie und Planungspraxis im privatwirtschaftlichen Bereich weiter. Dies gilt nicht zuletzt für die strategische Planung (Ritter 2006: 135). Die theoretischen Grundlagen der Strategieforschung liegen daher unbestreitbar sowohl im strategischen Management als auch in der öffentlichen Planung. In der stärkeren Verknüpfung der unterschiedlichen Diskurse in der Organisationsforschung, der Managementtheorie, der Verwaltungs- und Politikwissenschaft wie auch der Planungstheorie liegt ein großes Potenzial zur Entwicklung theoretischer Grundlagen für die regionale Strategieentwicklung in komplexen und dynamischen Umwelten (vgl. Albrechts 2001, 2004; Sartorio 2005, Wiechmann 2008). Natürlich kann es dabei nicht um eine naive Übertragung von betriebswirtschaftlichen Unternehmensansätzen auf Städte und Regionen gehen. Vielmehr geht es aus Sicht der Raumplanung um Anregungen für die strategische Stadt- und Regionalentwicklung aus anderen gesellschaftlichen Bereichen und um die Entwicklung von allgemeinen theoretischen Grundlagen für die räumliche Strategieentwicklung in komplexen und dynamischen Umwelten.

> „The current public sector may well be the increasing recipient of strategy management models and techniques but it also has much to give to the discipline of strategy" (Ferlie 2002: 296).

Die angelsächsische Organisations- und Managementtheorie unterscheidet prinzipiell zwei einander diametral gegenüberstehende Strategiemodelle: das lineare und das adaptive Modell (Chaffee 1985; vgl. auch Whittington 1993; Mintzberg et al. 1999; Wiechmann 2008).

Die Planung des Unplanbaren

2.1 Lineare Ansätze in der Strategieforschung

Oft wird mit dem Begriff Strategie einfach ein Plan, eine systematische Absicht assoziiert. Dies entspricht auch im Wesentlichen dem am weitesten verbreiteten, klassischen Denkansatz der Strategieforschung, dem linearen Modell. Diesem liegt die Vorstellung zu Grunde, dass Strategien mittels eines überlegten und bewussten Planungsprozesses absichtsvoll umgesetzt werden. Dieser lineare Prozess besteht aus einer formalisierten Analyse, einer darauf beruhenden Strategieformulierung und einer sich anschließenden Umsetzungsphase, der Strategieimplementierung. Methodisches Grundgerüst der meisten analytisch-rationalen Ansätze ist das SWOT-Modell. Lineare Ansätze bauen auf einer Reihe von Prämissen auf:

- Strategiefindung ist ein bewusster Entscheidungsprozess rational handelnder Akteure, der gesteuert werden muss.
- Strategien müssen auf einer umfassenden Analyse aufbauen.
- Die Verantwortung für die Strategieformulierung liegt beim Strategen, der als Führungskraft „oben" in der Organisationshierarchie angesiedelt ist und den Prozess kontrolliert.
- Die aus dem Entscheidungsprozess hervorgehenden Strategien sind explizit und vollständig zu formulieren.
- Im letzten Arbeitsschritt wird die Strategie umgesetzt.

Um der Komplexität der realen Welt zu beggnen, schlagen die Vertreter linearer Ansätze vor, Modelle zu konstruieren, welche die für den Strategen wichtigen Faktoren abbilden. Unter der Annahme vollständiger Informationsversorgung und -verarbeitung soll die Komplexität durch zweckgerichtete Planung und ein Ordnungssystem zur Zielerreichung beherrscht werden. Für Whittington (1993: 17) lassen diese Prämissen ein Bild entstehen, in dem der planende Stratege als General in seinem Zelt sitzt und Befehle an die Front sendet.

2.2 Adaptive Ansätze in der Strategieforschung

Adaptive Ansätze erlebten eine weite Verbreitung in den 1970er Jahren, als das stabile sozioökonomische Modell der Nachkriegszeit, der Fordismus, in eine anhaltende Krise geriet und mit ihm eine Planung, die die Krise weder vorhergesagt hatte, noch ihr Erfolg versprechende Strategien entgegen setzen konnte. Adaptive Strategieansätze setzen insbesondere an der empirischen Beobachtung an, dass lineare strategische Planungsansätze regelmäßig „versagen" (Wildavsky 1973). Betrachtet man einmal Strategien nicht im Hinblick auf die in die Zukunft gerichteten Ziele und das, was sie leisten sollen, sondern hinsichtlich ihrer tatsächlichen Ergebnisse, so zeigt sich in der Regel, dass nur ein Teil der realisierten Strategien bewusst geplant war. Der Begriff „Strategie" bekommt hier eine neue Bedeutung: Er steht für ein Endscheidungsmuster, ein konsistentes Verhalten. Aus der beabsichtigten Strategie werden nach Mintzberg et al. (1999: 23) einige Aspekte erfolgreich realisiert, andere hingegen nicht verwirklicht. Realisierte Strategien beruhen zu einem erheblichen Anteil *auch* auf sich herausbildenden, „emergenten" Strategien. Dies ist dann der Fall, wenn ein realisiertes Entscheidungsmuster zwar mit der Zeit ein konsistentes Verhalten zeigt, dieses aber im Vorfeld nicht explizit geplant war.

Auch die adaptiven Ansätze bauen auf bestimmten Prämissen auf:

- Monokausales Ursache-Wirkung bzw. Ziel-Mittel-Denken wird den Interdependenzen in komplexen Systemen nicht gerecht.
- Eine bewusste Kontrolle der komplexen realen Umwelt ist ausgeschlossen.
- Strategieentwicklung muss die Form eines Prozesses annehmen, in der Formulierung und Umsetzung letzten Endes nicht unterschieden werden können.
- Strategieentwicklung erfolgt nicht top-down, sondern durch kollektives Lernen und Anpassen.
- Aufgabe des Strategen bzw. der Strategin ist es nicht, bewusste Strategien zu konzipieren, sondern den Prozess des strategischen Lernens so zu gestalten, dass neue Strategien entstehen können.

Der lineare Ziel-Mittel-Prozess verkehrt sich in adaptiven Strategieansätzen in einen Mittel-Ziel-Prozess um. Statt nach den geeigneten Mitteln zur Erreichung vorgegebener Ziele zu fragen, werden in einem kontinuierlichen Prozess der Anpassung an die Umwelterfordernisse nur jene Ziele ausgewählt, von denen man vernünftigerweise annehmen kann, dass sie mit den gegebenen Mitteln realisiert werden können. Strategisches Verhalten konzentriert sich in diesem Verständnis auf das graduelle Justieren von Routinen als Reaktion auf eine dynamische Umwelt. Artikulierte Strategien können sich in Handlungsroutinen spiegeln und so Entwicklungspfade beeinflussen.

Die Planung des Unplanbaren

Tabelle 1 stellt die beiden Modelle noch einmal in der Übersicht dar:

Tabelle 1: Lineare und adaptive Strategiemodelle im Vergleich

	Lineares Strategiemodell der Rationalisten	Adaptives Strategiemodell der Inkrementalisten
Strategiebegriff	Strategie als Plan	Strategie als Muster
Akteure	rational und informiert	begrenzt rational und intuitiv
Ausgangsbasis	interne und externe Analyse	Entdecken konsistenter Handlungen
Zeitperspektive	Prognostisch	Retrospektiv
Vorgehen	formale Planung	kollektives Lernen
Strategieformulierung	vollständig und explizit	unvollständig und implizit
Steuerungsmodus	zentrale Implementation	adaptives, graduelles Justieren
Interaktion	auf Strategen und Experten beschränkt	partizipativ in kollektiven Prozessen
Ziel-Mittel-Verhältnis	Ziel-Mittel-Prozess	Mittel-Ziel-Prozess
Strategieinhalte	definierte Ziele und erforderliche Mittel	Verhaltensmuster und Routinen
Zweck	Entscheidungshilfe und absichtsvolle Steuerung	Entscheidungsheuristik, Mobilisierungseffekt

Quelle: verändert nach Wiechmann (2008: 44)

Es ist offensichtlich, dass beide Denkansätze Schwächen aufweisen und sich daher seit einigen Jahren fundamentaler Kritik ausgesetzt sehen. In der Strategieforschung gilt seit den 1980er Jahren die lineare strategische Planung als diskreditiert (Hamel 1997: 22). Dem umfassenden Steuerungsanspruch rationaler Ansätze wird widersprochen und ein inkrementelles, anpassungsbereites Verhalten gefordert. Auf Grund der begrenzten kognitiven Fähigkeiten der handelnden Akteure erscheinen alle Versuche, die für die Strategieentwicklung wichtigen Daten zu sammeln und zu analysieren, fehlerhaft und unvollständig.

Die Vorstellung einer linearen Abfolge von Planungsschritten blendet aber auch die politische Rationalität von Planung aus und taugt daher weder zur Beschreibung realer Planungsprozesse noch zur Formulierung anwendungsnaher Schlussfolgerungen.

„Denn der wesentliche Unterschied zwischen der Logik der Informationsverarbeitung und der Logik der politischen Konsensfindung liegt darin, dass Prozesse der Informationsverarbeitung idealtypisch weitgehend linear-konsekutiv ablaufen, während politische Prozesse der Suche nach Mehrheiten gelten, wofür Wechsel der Arenen, Rücksprünge im Prozess (bis hin zur Prüfung, ob die Problemdefinition richtig gewählt wurde) und gelegentlich auch der Wechsel der jeweils dominanten Akteure charakteristisch sind." (Fürst 2001: 27)

Die nach wie vor gängige Phaseneinteilung negiert den dynamischen Charakter politischer Planungsprozesse, die von Rückkopplungsschleifen und Lernprozessen geprägt sind. Die Abfolge der einzelnen Phasen kann mitunter auch auf den Kopf gestellt werden. So bleiben Ziele oft ohne Steuerungswirkung, weil sie erst nach einem Konsens über einen konkreten Aktionsplan „nachformuliert" werden. Oftmals werden auch bestimmte Ereignisfolgen erst im Nachhinein als vermeintlich rationale Entscheidungen rekonstruiert. So erfolgte zum Beispiel die Festlegung der Fördergebiete für den Stadtumbau in einer ostdeutschen Großstadt aufgrund des programmtechnisch erzeugten Zeitdrucks in einer Ad-hoc-Sitzung erfahrener Stadtplaner. Die Ergebnisse der bereits zuvor in Auftrag gegebenen wissenschaftlich untermauerten Analysen durch ein Planungsbüro lagen erst Wochen später vor, bestätigten aber weitgehend die spontane Entscheidung der Stadtplaner. In der Folge wurde für die Begründung der (unveränderten) Festlegung der Stadtumbaugebiete durchweg auf die durchgeführte wissenschaftliche Analyse verwiesen (Wiechmann 2010).

2.3 Kritische Einordnung der Strategiemodelle

Kritik an den adaptiven Ansätzen macht sich v. a. an der mangelnden Anwendbarkeit ihrer Schlussfolgerungen fest. Die grundsätzliche Skepsis gegenüber absichtlichen Steuerungsversuchen lässt wenig Spielraum für die handelnden Akteure. Die Kunst des sich „Durchwurschtelns" als eine Variante des adaptiven Ansatzes kann zu einer Richtungslosigkeit führen, der jede strategische Komponente fehlt. Kurzfristige Nutzenerwägungen können vorausschauend argumentierende Konzepte dominieren.

Dennoch hat die Einbeziehung emergenter Strategien in die Planungsansätze weit reichende Folgen für die Strategieentwicklung. Es geht nicht mehr nur darum, Ziele zu definieren und die zur Umsetzung notwendigen Mittel einzusetzen. Neben die formale Planung treten andere Möglichkeiten, eine Strategie zu entwickeln. Strategien entstehen auch aus alltäglichen Handlungsroutinen und durch spontane Entscheidungen „aus dem Bauch heraus". Damit gewinnt die Aufgabe an Bedeutung, sich herausbildende Strategien zu erkennen.

Die Kritik an beiden Denkansätzen lässt keine einfachen Antworten auf die Grundprobleme strategischer Steuerung zu: „Certainty is stolen away from every side" (Whittington 1993: 134). Heutige Ansätze basieren deshalb nicht mehr allein auf einem der beiden Strategiemodelle. Anders als im klas-

Die Planung des Unplanbaren

sischen Planungsmodell gehen sie davon aus, dass sich die eigentliche Strategiebildung einem zentral gesteuerten Entscheidungsprozess entzieht. Wenn Strategien „auftauchen" können und sich herausbilden, dann entfallen zentrale Prämissen rationaler Planung. Strategieentwicklung wird „unplanbar".

Von Strategien wird jedoch erwartet, dass sie eine wichtige Funktion erfüllen: Sie sollen Komplexität reduzieren und dabei konsistentes Verhalten fördern. Sie sollen die „großen Fragen" lösen und die handelnden Akteure entlasten, damit diese sich auf die Details, die konkreten Handlungen und Routinen, konzentrieren können. Für Mintzberg et al. (1999: 258) liegt daher der Schlüssel zum Erfolg darin, einerseits das kollektive Lernen aufrechtzuerhalten und andererseits funktionierende Strategien weiterzuverfolgen. Bereits 1967 hatte Amitai Etzioni in Reaktion auf Lindbloms „disjointed incrementalism" das Konzept des „mixed scanning" entwickelt, das ein inkrementelles Vorgehen im Rahmen einer übergeordneten Perspektive vorsah. Daran zeigt sich exemplarisch, dass es nicht darum geht, zwischen linearem oder adaptivem Modell der Strategieentwicklung zu wählen, sondern um ein Verständnis der Strategieentwicklung, das die von beiden Ansätzen vorgetragenen Argumente zu integrieren erlaubt.

Emergente und geplante Strategien müssen nicht zwangsläufig als Gegensätze verstanden werden. Geplante Emergenz ist sowohl theoretisch plausibel als auch empirisch nachweisbar (Grant 2003). Hutter und Wiechmann (2005) haben dies am Beispiel des Stadtumbaus in Ostdeutschland dargestellt. Im Stadtumbauprozess stellen die Strategien der Wohnungsunternehmen sich aus Sicht der Kommunen zumindest als teilweise emergente Phänomene dar, mit denen die Unternehmen vor allem ihre ökonomischen und sozialen Probleme im Rahmen des deutlich umfassenderen kommunalen Strategieprozesses zu lösen suchen. Lineare Planungsansätze würden es in diesem Zusammenhang nahe legen, dass die Stadtplanung den strategischen Prozess von seinem Ende her bestimmt, beispielsweise im Sinne eines fixen Leitbildes der Siedlungsstruktur zum Abschluss des Stadtumbaus. Maßnahmen der Wohnungsunternehmen, die damit nicht in Einklang stünden, würden negativ bewertet und müssten möglichst verhindert werden. Ein stärker adaptives Strategieverständnis würde hingegen einen andersartigen Ansatz nahe legen. Bei einer geplanten und gleichzeitig emergenten Stadtumbaustrategie könnte es aus Sicht der Stadtplanung beispielsweise darum gehen, die Strategie nicht von ihrem Ende her zu bestimmen, sondern in Bezug auf den Prozess. Sie würde dann vorrangig darauf hinwirken, dass die Unternehmen strategische Aussagen der Stadtplanung als Gesichtspunkt bei ihren Entscheidungen über Abriss oder Sanierung und Modernisierung berücksichtigen. Lernprozesse bei allen Beteiligten in allen Phasen des Prozesses würden in den Fokus rücken.

Derartige Lernprozesse würden nicht dazu führen, dass eine Planbarkeit im Sinne der linearen Strategieentwicklung wiederhergestellt würde. Der –

nach adaptivem Modell ohnehin illusionäre – Steuerungsanspruch wäre weitaus bescheidener. Es ginge um das Befördern und Verstärken erwünschter Strategien in Form von in der Praxis erkennbaren, konsistenten Entscheidungsmustern, um die Reduktion von Unsicherheiten über Ziele und Entscheidungsfolgen sowie um besser informierte Entscheidungen im Bewusstsein um die begrenzte Planbarkeit von Strategien im komplexen Umwelten.

3 Macht und Interessen in der Stadt- und Regionalplanung

Die eingangs beschriebene Kluft zwischen planerischen Utopien und der alltäglichen Erfahrung von planerischer Ohnmacht würde allerdings auch die die stärkere Orientierung auf Lernprozesse nicht automatisch verringern. Hierzu ist vielmehr auch eine stärkere Berücksichtigung von Machtfragen erforderlich, als dies in frühen planungstheoretischen Ansätzen der 1960er und 1970er Jahre der Fall war. Die Thematisierung von Macht in Planungsprozessen verbindet sich insbesondere mit dem Namen John Forester und seinen planungstheoretischen Arbeiten über „Planning in the Face of Power" (Forester 1989). Zwar war auch früheren Generationen von Planungswissenschaftlern die Bedeutung von politischer Macht für die Implementation planerischen Festlegungen durchaus bewusst. Schon die wohl erste empirische Studie der Planungswissenschaft, die berühmte Studie von Meyerson und Banfield (1955) über Public Housing in Chicago, zeigte eindrucksvoll, dass die Vorstellung von linearen Planungsabläufen naiv und simplifizierend war, da Planung in der gesellschaftlichen Praxis einen hochgradig politischen Charakter hatte. Dennoch wurde in weiten Kreisen der Fachwelt die technisch verstandene Aufgabe der Planung nicht als politische Lenkung von Gesellschaft und Wirtschaft betrachtet. Planung hatte vielmehr nach externen Zielvorgaben des übergeordneten politischen Systems das Funktionieren eines Raumes oder eines Ortes zu gewährleisten. Planung schuf einen Rahmen für die soziale und wirtschaftliche Entwicklung der Gesellschaft, verstand sich dabei aber als Teil der durchführenden Verwaltung, nicht der politischen Aushandlung. Es ging um die technische Optimierung von Entscheidungsprozessen, um Verfahren zur Reduktion von Komplexität und um Handlungsspielräume und Grenzen von Planung, die von der Politik gesetzt wurden.

Es war John Forester vorbehalten, sich auf Basis seines Ansatzes des „Critical Pragmatism" (Forester 1993) kritisch mit der politischen Rolle des Planers und den realweltlichen Hindernissen von Planung auseinanderzusetzten. Die Kernidee dieses Ansatzes ist es, Planung als die Restrukturierung der Kommunikation zwischen Stakeholdern mit divergierenden und widerstreitenden Interessen und großen Ungleichheiten in Bezug auf Macht und Ein-

Die Planung des Unplanbaren

fluss zu verstehen. Der Planer wird hier nicht als durch sein Fachwissen überlegener Entscheider oder als neutraler Moderator gesehen, sondern als ein pragmatischer Spezialist, der inklusive und partizipative Formen kollektiven Handelns unterstützt. Je politischer eine Situation sich darstellt, umso stärker bedarf es der Improvisation, um das Mögliche auch zu erreichen.

Im deutschsprachigen Raum fehlt es bis heute an vergleichbaren planungstheoretischen Ansätzen. Generell lassen sich unter Zugrundelegung des „Akteurzentrierten Institutionalismus" Akteure in politischen Prozessen durch unterschiedliche Fähigkeiten (Handlungsressourcen), Wahrnehmungen und Präferenzen (Handlungsorientierungen) unterscheiden (Scharpf 2000: 86). In Anlehnung an Ansätze der Neuen politischen Ökonomie hat sich Weichhart (2000: 66 ff.) mit den primären Intentionen von Planungsbeteiligten in einem unveröffentlichten Gutachten über die Regionalentwicklung im Salzburger Zentralraum auseinandergesetzt. Wird in der traditionellen Planungsliteratur oft der Eindruck erweckt, Raumplanung sei eine auf Interessenabwägung und Gemeinwohl ausgerichtete Institution zur Produktion zweckrationaler Entscheidungen, an der im wesentlichen politische Gremien und die planende Verwaltung sowie weitere Träger öffentliche Belange bzw. Planungsbetroffene im Rahmen formalisierter Beteiligungsverfahren mitwirken, so zeichnet Weichhart ein deutlich vielschichtigeres Bild. Tatsächlich waren an der Raumentwicklung schon immer weitaus mehr Akteure beteiligt: neben den verschiedensten Verwaltungseinheiten (staatliche Verwaltung auf EU-, Bundes- und Landesebene, Kreis- und Kommunalverwaltung, Fachämter) und politischen Entscheidern (EU-, Bundes-, Landes- und Kommunalpolitiker, Parteifunktionäre) zählen hierzu sehr unterschiedliche Interessengruppen (Verbände, Kammern, Kirchen, Gewerkschaften, gemeinnützige Stiftungen, öffentliche Forschungseinrichtungen), die Medien (Journalisten und Herausgeber), private Dienstleister (Planer, Architekten, Consultants, Gutachter, Anwälte, Institute), Investoren (Betriebe, Kapitalgesellschaften, Entwickler, Bauträger, Public Private Partnerships), Grundbesitzer (private Haus- und Grundbesitzer, Bauern, öffentliche und private Gesellschaften) sowie Planungsbetroffene (Bürger, Bürgerinitiativen, Anrainer, Unterprivilegierte, Nichterwerbspersonen) (vgl. Abbildung 1).

Nach Weichhart (2006) sind Grundbesitzer und Investoren primär an einer monetären Ertragsoptimierung ausgerichtet. Politische Akteure zielen dagegen auf die Disposition über Budgetmittel, Wählerloyalität und die Erhöhung des Standortnutzens für die eigene Klientel. Die am Planungsprozess beteiligten Dienstleister, wie Planungsbüros, Architekten und Consultants, sind zuvorderst an Aufträgen und wirtschaftlichem Erfolg interessiert. Letzteres ist auch bei den Medienvertretern anzunehmen, die zudem die Auflage ihrer Zeitung oder die Einschaltquote ihres Programms steigern möchten. Darüber hinaus gibt es die im engeren Sinne Planungsbetroffenen, also solche Akteursgruppen, die von den Auswirkungen planerischer Entscheidungen unmittelbar betroffen sind. Dabei kann es sich um Anwohner oder anderweitige „Raumnutzer", etwa zu Freizeit- oder Erwerbszwecken, handeln. Ihr Agieren dient oftmals der Erhaltung oder Verbesserung der persönlichen Lebensqualität, die Interessen können aber individuell sehr unterschiedlich liegen.

Die Optimierung der Standortstrukturen, die nach Weichhart das eigentliche Ziel der Raumplanung sein sollte, stehe dagegen bei keiner Akteursgruppe im Zentrum des Handelns. Die Regionsinteressen würden mangels einer adäquaten Institutionalisierung nicht von der Region selbst, sondern von „Statthaltern" in den für Regionalplanung und Strukturpolitik zuständigen Fachverwaltungen vertreten.

> „Vor allem aber gibt es kein Entscheidungssubjekt beziehungsweise kein kollektives Entscheidungsgremium, dessen primäre Intentionalität tatsächlich die regionalen Interessen abdecken würde und das als autonomer Initiator oder Impulsgeber für regionsbezogene Planungsaktivitäten wirksam werden könnte." (Weichhart 2006: 161)

Abbildung 1: Primäre Intentionen regionaler „Stakeholder"

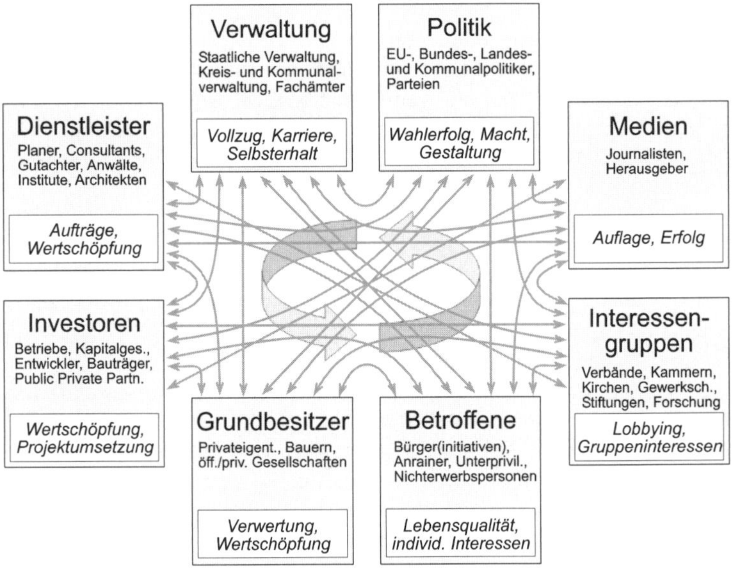

	Verwaltung Staatliche Verwaltung, Kreis- und Kommunalverwaltung, Fachämter	**Politik** EU-, Bundes-, Landes- und Kommunalpolitiker, Parteien	
Dienstleister Planer, Consultants, Gutachter, Anwälte, Institute, Architekten	*Vollzug, Karriere, Selbsterhalt*	*Wahlerfolg, Macht, Gestaltung*	**Medien** Journalisten, Herausgeber
Aufträge, Wertschöpfung			*Auflage, Erfolg*
Investoren Betriebe, Kapitalges., Entwickler, Bauträger, Public Private Partn.			**Interessengruppen** Verbände, Kammern, Kirchen, Gewerksch., Stiftungen, Forschung
Wertschöpfung, Projektumsetzung	**Grundbesitzer** Privateigent., Bauern, öff./priv. Gesellschaften	**Betroffene** Bürger(initiativen), Anrainer, Unterprivil., Nichterwerbspersonen	*Lobbying, Gruppeninteressen*
	Verwertung, Wertschöpfung	*Lebensqualität, individ. Interessen*	

Quelle: Wiechmann (2008: 117)

Abbildung 1 verdeutlicht, dass sehr viele „Stakeholder" an der Raumentwicklung mitwirken. Räumliche Strukturen werden nicht in erster Linie von Planer*innen verändert oder entwickelt, sondern „durch das Planen, Entscheiden

Die Planung des Unplanbaren

und Handeln vieler Akteure" (Selle 2005: 111). Wenn überhaupt, wirken Planer*innen an diesen Prozessen nur mit. So wie alle anderen Akteure verfolgen auch sie dabei spezifische Interessen. Die bei kommunalen oder staatlichen Planungsstellen angestellten Planer*innen sind als Teil der öffentlichen Verwaltung grundsätzlich dem abstrakten Gemeinwohl verpflichtet. Im Planungsalltag stehen jedoch auch hier konkrete Interessen, wie der Verwaltungsvollzug, die Erhaltung der eigenen Planungsstelle oder das persönliche berufliche Fortkommen im Fokus. Privatwirtschaftlich agierende Planer*innen in Büros, Consultings oder Instituten sind zunächst an (Folge-) Aufträgen und Einkommen durch Wertschöpfung interessiert. Mit ihren spezifischen primären Intentionen treffen diese Planer*innen nun in einem sehr komplexen räumlichen Interaktionsprozess auf eine Vielzahl weiterer Akteure, die ihrerseits spezifische Motive und Interessen einbringen. Die unterschiedlichen, aufeinander prallenden Interessen erzeugen Konflikte und erfordern die Suche nach Kompromissen.

Komplexe soziale Systeme lassen sich nur zu einem kleinen Teil absichtsvoll planen. Viele Entwicklungen sind emergenter Natur. Allerdings bedeutet dies nach Mayntz (2000) nicht, dass emergent mit ungeplant gleichzusetzen sei. Im Gegenteil, soziale Strukturen und gesellschaftliche Institutionen seien vielmehr das Ergebnis ständiger, geplanter Problemlösungsversuche, mit denen auf ungeplante Emergenz reagiert würde. Das „Fließband-Produktionsmodell" (Héritier 1993: 11) von Planung suggeriert jedoch eine logische Abfolge funktional getrennter, aufeinander aufbauender Schritte, die in Wahrheit sich vielfach überschneiden, wiederholen und simultan verlaufen. Planungsentscheidungen basieren nicht auf der privilegierten Rolle von Planer*innen und öffentlichen Akteuren, sondern auf einem lose gekoppelten Zusammenwirken einer Vielzahl von Beteiligten aus dem privaten und öffentlichen Bereich. Die Beachtung der Interaktion der relativ autonomen Akteure in Netzwerken führt zu einer gänzlich anderen steuerungstheoretischen Perspektive. Tausch- und Aushandlungsprozesse zwischen den Akteuren werden zur Basis des Handelns.

In Bezug auf komplexe Systeme und Organisationen ist die Steuerungsfähigkeit von formalen Plänen auch unter günstigen, planungsfreundlichen Bedingungen begrenzt. Daraus folgt, dass räumliche Strategieentwicklung nicht auf die Erstellung und Umsetzung von Plänen reduziert werden darf. Das bedeutet umgekehrt jedoch nicht, dass eine formalisierte Planung die Strategieentwicklung nicht unterstützen könne. Sie kann durchaus Prioritätensetzungen vorbereiten. Sie kann getroffene Vereinbarungen kodifizieren und legitimieren. Sie kann auch an der Entwicklung geeigneter Instrumente und Maßnahmen zur Umsetzung einer Strategie mitwirken. In jedem Fall aber muss Planung, muss die Erstellung von Plänen eingebettet sein in eine umfassendere Strategieentwicklung, die auch emergente Entscheidungsprozesse und informale Handlungsregeln berücksichtigt.

Thorsten Wiechmann

4 Fazit

Die Raumplanung geriet in den 1970er Jahren in eine Krise, von der sie sich nie ganz erholt hat. Heute ist in Theorie und Praxis anerkannt, dass es eben nicht ausreicht, lediglich einen Regional- oder Bebauungsplan zu beschließen, ohne auch ein gemeinsames Verständnis über planerische Zielsetzungen und damit letztlich gemeinsame raumbezogene Sinnzuschreibungen zu erzeugen. Aus Sicht der Organisationstheorie lassen sich im Wesentlichen zwei Begründungszusammenhänge für die begrenzte Leistungsfähigkeit von Plänen im Rahmen von Entscheidungsprozessen anführen: erstens der emergente Charakter von organisationalen Entscheidungsprozessen und zweitens der dynamische Charakter von politischen Planungsprozessen. Angesichts der begrenzten Steuerungsfähigkeit von Plänen greift das bekannte Zitat „Pläne sind nichts, Planung ist alles" zu kurz. Der Prozess der Planung ist sicherlich von größerer Bedeutung als das formale Ergebnis in Form eines Plans. Planung ist aber nicht „alles", sondern nur ein Hilfsmittel der Strategieentwicklung, dessen Wert in einer konkreten Entscheidungssituation von den jeweils gegebenen Rahmenbedingungen abhängt und der Ergänzung durch andere Hilfsmittel bedarf. Dabei ist generell festzustellen, dass im Bereich des strategischen Managements neuere Ansätze zum Einsatz strategischer Planung auf organisationales Lernen und die Fähigkeit des Unternehmens, sich veränderten Umwelten anzupassen, fokussieren.

Planer*innen, die nicht nur auf absichtsvolle, rationale Strategien, sondern auch auf emergente Strategien abzielen, unterliegen weniger einer technischen als einer politischen Logik. Durch die öffentliche Vermittlung von Themen befördern sie kollektive Lernvorgänge und beeinflussen Denkstrukturen und liefern so den Akteuren in Entscheidungssituationen einen Bezugsrahmen. Strategische „Planung" in diesem Sinne erhält jedoch weder den Charakter einer Vorwegnahme späterer Entscheidungen, noch den eines rationalen Suchprozesses nach Mitteln, die von einer gegebenen Ausgangssituation zu einem gegebenen Ziel führen. Vielmehr geht es um das Besetzen von Themen, um die Lenkung öffentlicher Wahrnehmung.

Mit dem Planungsbegriff lassen sich diese Aufgaben nur noch schlecht umschreiben. Wenn Planer*innen neben dem Bemühen um kollektiv definierte Zielvorgaben, planmäßiges Vorgehen und technische Lösungen auch das graduelle Justieren an emergenten Strategien, retrospektive Interpretationen und kollektives Lernen in das Zentrum ihrer Arbeit rücken, dann geht ihr Tätigkeitsprofil weit über Planung hinaus. Selle (2005) beschreibt ihre Arbeit treffend als einen Beitrag öffentlicher Akteure zur räumlichen Entwicklung. Planer*innen verlassen dabei ihre disziplinäre Domäne und werden zu Mitwirkenden im strategischen Prozess der räumlichen Governance. Hierbei können öffentliche Akteure von der Management- und Organisationstheorie profitieren, wenn sie die Erkenntnisse zur Strategieentwicklung in komplexen und dynamischen Umwelten verarbeiten, ohne dem Irrtum einer naiven Übertragung von Unternehmensansätzen auf Städte und Regionen zu unterliegen.

Eine Reflexion und Neubestimmung des Selbstverständnisses von Planerinnen und Planern wird auch vonnöten sein, um den gesellschaftlichen Wert von Stadt- und Regionalplanung überzeugender als in der Vergangenheit darzustellen. Traditionell wurde die Leistungsfähigkeit von Planung daran gemessen, ob die Planvorgaben „wie geplant" umgesetzt wurden. Ein derartiger Evaluationsansatz ist eng mit dem linearen Modell der Strategieentwicklung verbunden und nur bei operativen Plänen zur Lösung technischer Aufgaben angemessen.

Dem gegenüber steht die Komplexität räumlicher Entwicklungsprozesse, die sich beispielsweise in einem Nebeneinander von Planung und Implementation äußert, weshalb sich Ursachen und Wirkungen nur bedingt voneinander trennen lassen. Bei strategischen Plänen der Raumplanung hat das traditionelle Evaluationsmodell daher nie funktioniert und maßgeblich zu einer kritischen Einschätzung ihrer Leistungsfähigkeit beigetragen (Wiechmann, Beier 2004).

Eine Alternative zu den linearen Bewertungsmethoden bieten insbesondere Ansätze, die danach fragen, was die Beteiligten im Rahmen des Planungsprozesses gelernt haben und welchen Einfluss der Plan auf nachfolgende Entscheidungen hatte. Es ist durchaus möglich, wenn nicht sogar die Regel, dass Akteure im Laufe eines Planungsprozesses ihre Ziele und Maßnahmen hinterfragen und korrigieren. Sofern dies Ausdruck eines Lernprozesses ist, wäre es unangemessen, auf ein Scheitern der Planung zu schließen. Wichtiger als die Frage, ob eine beabsichtigte Strategie realisiert wurde, ist die Frage, ob die tatsächlich realisierte Strategie rückblickend aus Sicht der Beteiligten erfolgreich war.

Die gegenseitigen Lernpotenziale der unterschiedlichen Diskurse zur strategischen Planung in der Organisationsforschung, der Managementtheorie, der Verwaltungs- und Politikwissenschaft wie auch der Planungstheorie sind noch nicht annähernd ausgeschöpft. Es ist an der Zeit, die disziplinären Ansätze zusammenzuführen und die Strategieforschung als interdisziplinäres Forschungsfeld zu etablieren. Dies würde nicht zuletzt helfen, die mitunter unrealistischen Erwartungen an Stadt- und Regionalplanung zu reduzieren und die tatsächlichen Erfolge besser als in der Vergangenheit herauszustellen.

Dies würde nichts daran ändern, dass eine Stadt wie London unplanbar bleibt. Es würde aber für die Planung neue Optionen eröffnen, das Emergente, Spontane und Unplanbare im Rahmen der „Geplanten Emergenz" zum Gegenstand von Planung zu machen. Die Kluft zwischen planerischen Utopien und der alltäglichen Erfahrung von planerischer Ohnmacht wird dabei nicht überwunden. Es würden aber Wege aufgezeigt, auch unter komplexen räumlichen Bedingungen strategisch zu planen.

Literatur

Albrechts, Louis (2001): In Pursuit of New Approaches to Strategic Spatial Planning. A European Perspective, in: International Planning Studies, 6, pp. 293-310.

Albrechts, Louis (2004b): Strategic (spatial) planning reexamined, in: Environment and Planning B: Planning and Design, 31, pp. 743-758.

Bryson, John M. (2004): Comment 1 (on John Friedmann, Hong Kong, Vancouver and Beyond: Strategic Spatial Planning and the Longer Range, same issue), in: Planning Theory & Practice, 5, pp. 57-58.

Chaffee, Ellen E. (1985): Three Models of Strategy, in: Academy of Management Review, 10, pp. 89-98.

De Wit, Bob; Meyer, Ron (2004): Strategy. Process, Content, Context. An International Perspective. 3. Aufl., London: South Western.

Faludi, Andreas (1989): Conformance versus performance: implications for evaluations, in: Impact Assessment Bulletin, 7, pp. 135-151.

Ferlie, Ewan (2002): Quasi Strategy: Strategic Management in the Contemporary Public Sector, in: Pettigrew, Andrew; Thomas, Howard; Whittington, Richard (Hg.): Handbook of Strategy and Management. London: SAGE Publishing, pp. 279-298.

Forester, John (1989): Planning In The Face Of Power. Berkeley et al.: University of California Press

Forester, John (1993): Critical Theory, Public policy and Planning practice: Toward a critical pragmatism. New York:State University of New York Press.

Friend, John; Hickling, Allen (1987): Planning under pressure. The strategic choice approach. 1st Ed., Oxford: Pergamon.

Friend, John; Jessop, Neil (1977): Local Government and Strategic Choice - An Operational Research Approach to the Processes of Public Planning. 2nd Ed., Oxford: Pergamon.

Fürst, Dietrich (2001): Planung als politischer Prozess, in: Fürst, Dietrich.; Scholles, Frank (Hg.): Handbuch Theorien + Methoden der Raum- und Umweltplanung. Dortmund: Rohn, S. 25-36.

Grant, Robert M. (2003): Strategic Planning in a Turbulent Environment: Evidence from the Oil Majors, in: Strategic Management Journal, 24, pp. 491-517.

Hamel, Gary (1997): Vorwort von Gary Hamel, in: Crainer, Stuart (Hg.): Die ultimative Managementbibliothek. 50 Bücher, die sie kennen müssen. Frankfurt und New York: Campus, S. 13-24.

Healey, Patsy (2006): Collaborative Planning: shaping places in fragmented societies. 2nd Ed., Houndmills and New York: Palgrave MacMillan.

Héritier, Adrienne (1993): Einleitung. Policy-Analyse. Elemente der Kritik und Perspektiven der Neuorientierung, in: dies. (Hg.): Policy-Analyse – Kritik und Neuorientierung. Opladen: VS, S. 9-36.

Hrebiniak, Lawrence G.; Joyce, William F. (1984): Implementing Strategy. New York und London: Macmillan.

Hutter, Gérard (2006): Strategische Planung. Ein wiederentdeckter Planungsansatz zur Bestandsentwicklung von Städten, in: RaumPlanung, 210, S. 210-214.

Hutter, Gérard; Wiechmann, Thorsten (2005): Stadtumbau als strategischer Prozess – Möglichkeiten der Kommunikation kommunaler Akteure für neue gemeinsame

Die Planung des Unplanbaren

Prioritäten am Beispiel Dresden, in: Weiske, Christine; Kabisch, Sigrun; Hannemann, Christine (Hg.): Kommunikative Steuerung des Stadtumbaus – Interessengegensätze, temporäre Koalitionen und Entscheidungsstrukturen in schrumpfenden Städten. Wiesbaden: VS, S. 131-154.
Krüger, Thomas (2013): Alles Management? Fortgesetzte Anregungen aus der Managementforschung für die Planungstheorie, in: Raumplanung, 167, S. 14-19.
Mayntz, Renate (2000): Individuelles Handeln und gesellschaftliche Ereignisse. Zur Mikro-Makro-Problematik in den Sozialwissenschaften, in: Max-Planck-Gesellschaft (Hg.): Wie entstehen neue Qualitäten in komplexen Systemen? 50 Jahre Max-Planck-Gesellschaft 1948-1998. Dokumentation des Symposiums zum 50jährigen Gründungs-jubiläum der Max-Planck-Gesellschaft am 18. Dezember 1998 in Berlin. Göttingen: Vandenhoeck & Ruprecht, S. 95-104.
Mintzberg, Henry; Ahlstrand, Bruce; Lampel, Joseph (1999): Strategy Safari, Eine Reise durch die Wildnis des strategischen Managements. Wien: Wirtschaftsverlag Ueberreuter.
Pickford, James (2014): City's former planning chief on why London is 'unplannable', in: Financial Times, 14. November 2014. http://www.ft.com/intl/cms/s/2/5fc42b9e-6670-11e4-8bf6-00144feabdc0.html: 19.10.2015.
Pressman, Jeffrey L.; Wildavsky, Aaron (1973): Implementation. How Great Expectations in Washington are Dashed in Oakland. Los Angeles et al: University of California Press.
Ritter, Ernst-Hasso (1998): Stellenwert der Planung in Staat und Gesellschaft, in: ARL (Hg.): Methoden und Instrumente räumlicher Planung. Hannover: Verlag der ARL, S. 6–22.
Ritter, Ernst-Hasso (2006): Strategieentwicklung heute – Zum integrativen Management konzeptioneller Politik (am Beispiel der Stadtentwicklungsplanung), in: Selle, K. (Hg.): Planung neu denken. Zur räumlichen Entwicklung beitragen. Konzepte. Theorien. Impulse [Bd. 1]. Dortmund: Rohn, S. 129-145.
Sartorio, Francesca S. (2005): Strategic Spatial Planning. A Historical Review of Approaches, its Recent Revival, and an Overview of the State of the Art in Italy, in: DISP 162, S. 26-40.
Scharpf, Fritz W. (1973): Planung als politischer Prozess. Aufsätze zur Theorie planender Demokratie. Frankfurt a. M.: Suhrkamp.
Scharpf, Fritz W. (2000): Interaktionsformen – Akteurzentrierter Institutionalismus in der Politikforschung. Opladen: VS.
Selle, Klaus (2005): Planen. Steuern. Entwickeln. Über den Beitrag öffentlicher Akteure zur Entwicklung von Stadt und Land. Dortmund: Rohn.
Sparwasser, Rainer (2006): Stadtplanung und Raumplanung – Herausforderung Einzelhandel oder: Braucht der Einzelhandel mehr Steuerung, in: NVwZ, 3, S. 249-368.
Weichhart, Peter (2000): Regionalentwicklung im Salzburger Zentralraum. Handlungs-strategien der Stadt Salzburg. Versuch einer regionalwissenschaftlichen und planungs-theoretischen Begründung. Endbericht. Unveröffentlichtes Gutachten im Auftrag der Magistratsabteilung 9, Stadtplanung und Verkehr.
Weichhart, Peter (2006): Interkommunale Kooperation: zwischen Notwendigkeit und Verweigerung, in: Biwald, Peter; Hack, Hans; Wirth, Klaus (Hg.): Interkommunale Kooperation. Zwischen Tradition und Aufbruch. Wien und Graz: Neuer Wissenschaftlicher Verlag, S. 151-166.

Whittington, Richard (1993): What is strategy – and does it matter? London and New York: Routledge.

Wiechmann, Thorsten (2008): Planung und Adaption – Strategieentwicklung in Regionen, Organisationen und Netzwerken. Dortmund: Rohn.

Wiechmann, Thorsten (2010): Warum Pläne nicht ausreichen – Zur Übertragbarkeit von Managementansätzen auf regionale Governanceprozesse, in: Hutter, Gérard; Wiechmann, Thorsten (Hg.): Strategische Planung – Zur Rolle der Planung in der Strategieentwicklung für Städte und Regionen, in: Planungsrundschau 18, Berlin, S. 17-41.

Wiechmann, Thorsten; Beier, Markus (2004): Evaluationen in der Regionalentwicklung – Eine vernachlässigte Herausforderung für die Raumplanung, in: Raumforschung und Raumordnung 6, S. 387-396.

Wiechmann, Thorsten; Hutter, Gérard (2008): Die Planung des Unplanbaren – Was kann die Raumplanung von der Strategieforschung lernen?, in: Hamedinger, Alexander; Frey, Oliver; Dangschat, Jens S.; Breitfuss, Andreas (Hg.): Strategieorientierte Planung im kooperativen Staat. Wiesbaden: Springer VS.

Wildavsky, Aaron (1973): If Planning is Everything, Maybe it's Nothing, in: Policy Sciences, 4, pp. 127-153.

Dietrich Fürst

Denkfallen bei planerischen Abwägungs- und Bewertungsverfahren – Erkenntnisse aus den Kognitionswissenschaften

Zusammenfassung: In Anlehnung an Kahnemans „Thinking fast and slow" wird zunächst gezeigt, welche potenziellen Denkfallen auch im planerischen Abwägen und Bewerten auftreten können. Die Kategorie der Denkfallen wird dann erweitert um solche aus gruppendynamischen Erkenntnissen und Routinen des typischen Verwaltungshandelns. Eine „eins-zu-eins-Übertragung" auf planerisches Verhalten ist allerdings mit Skepsis zu sehen: Die Kontextbedingungen der Planung und ihrer Diskussion in der Öffentlichkeit bilden ein Gegengewicht gegen mögliche Denkfallen. Gleichwohl sind auch Planer*innen nicht gefeit dagegen: Informationsüberlastung, Zeitstress, Vielfalt und Vielzahl von Widerständen und Trägern von Belangen verleiten zu verkürzten Planungs- und Entscheidungsprozessen, in denen unbewusste Reaktionsmuster rationales Verhalten restringieren.

1 Einführung

Mit Denkfallen sollen im Folgenden Ursachen von Fehleinschätzungen und Fehlentscheidungen bezeichnet werden, die auf unterbewussten emotionalen, affektiven und erfahrungsbasierten Einflüssen beruhen, die dem konkreten Gegenstand der Entscheidung jedoch nicht angemessen sind. Solche Denkfallen sind zu unterscheiden von Denkfehlern als Folge unzureichender Information, falscher Prämissen oder fehlerhafter Vorstellungen (Theorien) über Zusammenhänge, was bei Prognosen nicht selten ist.

Menschen sind in ihren Entscheidungen häufig sehr viel weniger rational im Sinne mathematisch-rationaler Kalküle, wie von Theoretiker*innen des „homo oeconomicus" angenommen wird. Vielmehr wird unser Verhalten emotional und affektiv sowie durch unbewusste Mobilisierung früherer Erfahrungen gesteuert (Roth 2010), wenn man von „automatisierten Entscheidungen" (Routinehandeln) absieht. Ein Grund für dieses Verhalten ist das „principle of least effort" (Zipf 1949) – mit wenig Informationsaufwand „richtige" Entscheidungen treffen zu können. Ein anderer Grund ist evolutionsgeschichtlich zu sehen: Schnelles Reagieren zur Gefahrenabwehr oder zur

Ausnutzung von Jagdchancen verlangte eher reaktives, mit wenig Information auskommendes Entscheidungsverhalten.

Bewerten und Abwägen sind die Grundlage der planerischen Arbeit. Planungsverfahren haben es mit einer Fülle von qualitativen Entscheidungen zu tun, die nicht von mathematischen Verfahren unterstützt werden können. Das Planungsrecht ist entsprechend voll von abwägungsbedürftigen Begriffen, die mit „möglichst", „angemessen", „erforderlich", „erheblich" etc. gefasst sind, aber lediglich Richtungen der Entscheidungen vorgeben können. Selbst scheinbar objektive Bewertungsverfahren wie die Nutzwertanalyse oder die Risikoanalyse enthalten Wertentscheidungen, etwa in der Zahl der Werthierarchie-Stufen, in der Zahl der verwendeten Kriterien, in der Gewichtung der einzelnen Kriterien zueinander, in der Berücksichtigung von Alternativen. Wie immer auch die Ergebnisse solcher Verfahren gewonnen sein mögen, sie sind interpretationsbedürftig – auch darin gehen Wertungen ein.

Walter Schönwandt (1986) war einer der ersten Planungswissenschaftler, der auf Denkfallen aufmerksam machte, etwa zur gleichen Zeit, als der Psychologe Dietrich Dörner seine Forschungen zur „Logik des Misslingens" in Bamberg durchführte (Dörner 1989). Hier interessieren vor allem Denkfallen, die darauf zurückzuführen sind, dass wir vorschnell urteilen, uns von Emotionen leiten lassen, aus Impuls-Informationen die falschen Schlüsse ziehen etc. Der Nobelpreisträger Daniel Kahneman (2011) hat sich dieser Thematik besonders angenommen. Er unterscheidet zwei Systeme, die unser Verhalten beeinflussen: das sehr stark vom Unterbewussten, also von Affekten und Emotionen gesteuerte System 1 und das vom Bewusstsein gespeiste System 2. System 1 ist dasjenige, das auf Emotionen, Instinkten und angeborenen Reflexen beruht; System 2 ist dagegen in der Lage, durch bewusstes Wahrnehmen und Entscheiden Handlungen rational zu beeinflussen. „System 1 operates automatically and quickly, with little or no effort and no sense of voluntary control. System 2 allocates attention to the effortful mental activities that demand it, including complex computations. The operations of System 2 are often associated with the subjective experience of agency, choice, and concentration" (ebd.: 20-21). System 2 ist also langsam und aktiv, System 1 ist reaktiv, springt auf die ersten starken Reize an und prägt mit seiner Voreingenommenheit auch das System 2. Dieses Denken in sog. „dual process theories" ist in den Kognitionswissenschaften nicht ganz so neu und hat eine vergleichsweise große Verbreitung gefunden, auch in den „behavioral economics", einem auf sozialpsychologischer Forschung basierten Zweig der Wirtschaftswissenschaften (Matzler, Uzelac, Bauer 2014: 252; Ariely 2009), und hat weitgehend die früheren Vorstellungen über den Einfluss der rechten und linken Gehirnhälfte zurückgedrängt.

Denkfallen bei planerischen Abwägungs- und Bewertungsverfahren

Dass damit unser Denken und Entscheiden kanalisiert werden kann, dass wir folglich auch zu vorschnellen Schlüssen kommen (die nicht immer die Wirklichkeit korrekt abbilden oder bewerten), liegt auf der Hand. Viele Psycholog*innen, insbesondere Neurobiolog*innen, gehen davon aus, dass unser Verhalten weitgehend von System 1 bestimmt werde und nur ca. 10% auf bewusstem Entscheiden beruht. Gerhard Roth (2007: 314 ff.) geht sogar so weit, die rationale Willensfreiheit des Individuums (nicht: Entscheidungsfreiheit) generell in Zweifel zu ziehen. Solche Zahlen sind gegriffen und haben keinen besonderen wissenschaftlichen Wert, sondern sind eher Symbole für die ungleichen Einflussmöglichkeiten der beiden Systeme. Aber der Einfluss des emotionalen Unterbewussten ist umso größer, je komplexer das Problem, je höher der Zeitdruck und je drängender der Entscheidungszwang ist.

Im Folgenden wird auf einige Denk- und Entscheidungsfallen aufmerksam gemacht, die auch in Planungsprozessen eine Rolle spielen können.

2 Das emotionale Unterbewusste prägt unser Entscheidungsverhalten

Rationale Planer*innen werden wahrscheinlich nicht zustimmen, dass sie sich von nicht-rationalen Einflüssen beeinflussen ließen. Aber die Forschung verweist auf verblüffende Zusammenhänge, die man zumindest zur Kenntnis nehmen sollte, auch wenn sie im konkreten Handlungsfeld möglicherweise nicht relevant sind. Zu unterscheiden sind dabei Grundeinstellungen und situative Vorprägungen. Grundeinstellungen können Pessimismus/Optimismus, Ängstlichkeit/Risikoneigung, Toleranz/Intoleranz, ideologische Vorprägungen (z.B. neo-liberal, sozialdemokratisch, „grün") u.ä. sein. Situative Vorprägungen sind Illusionen und intuitive Gewissheiten, Vorurteile u.ä. Sie entstehen aus der Situation heraus, weil Wahrnehmungen über System 1 in bestimmter Weise voreingestellt werden.

Den Anregungen Kahnemans folgend, lassen sich einige der für Planer*innen relevanten Effekte der fehlerlastigen Beziehungen kurz skizzieren.

- *Priming*: Darunter versteht man Voreinstellungen und unbewusste Assoziationen. Sie sind wirksam, wenn dem kognitiven Akt ein emotional besetztes Ereignis vorausgeht, das im „Unterbewussten" (System 1) hängen bleibt. Das Fukushima-Erlebnis hatte diesen priming-effect: Danach wurden Reaktor-Gefahren sehr viel düsterer eingeschätzt als vorher, obwohl sich in Deutschland die Rahmenbedingungen nicht geändert hatten. Priming-Effekte können verstärkt werden, wenn sie durch psychische Dispositionen unterstützt werden: Ängstliche Personen, pessimistische Personen, zu Depression neigende Personen können von negativen priming-effects stärker berührt werden und sich entsprechend verhalten. Selbst die Naturwissenschaften sind voll von Beispielen, in denen Voreinstellungen, auch überkommene Denkmuster (die nicht hinterfragt werden), die Ergebnisse beeinflussen und verzerren (Sheldrake 2012: 302 ff.). In der Planung findet man Priming-Effekte vor allem in Szenarien zukünftiger Entwicklung, die von emotionalen Eindrücken der Gegenwart beeinflusst werden.

- *Illusion of truth*: Auch hier wirken Vorprägungen, indem sie die Wahrscheinlichkeiten beeinflussen, die Ereignissen zugeordnet werden. Das kann bis in subtile Details gehen, dass besonders betonte Informationen als „wahrscheinlicher" als weniger prononcierte empfunden werden, weil sie mit der Voreinstellung verknüpft werden: was wichtig ist, wird stärker betont. Es hat aber auch mit der Trägheit des Denkens zu tun: Einfachere Lösungen werden komplizierteren vorgezogen. In der Planung kommt dieser Effekt häufig vor: wir empfinden etwas als sehr plausibel und hinterfragen es nicht. Oder wir gehen von etwas aus, weil wir von dessen Richtigkeit überzeugt sind, und merken erst später, dass die Voraussetzungen nicht gegeben sind. Bent Flyvbjerg meint, solche Phänomene im Zusammenhang mit Entscheidungen über Großprojekte beobachten zu können: Weil Politiker*innen an den Nutzen der Großprojekte glauben, wird den Kosten nur geringes Gewicht eingeräumt (Flyvbjerg 2007; Flyvbjerg et al. 2003).
- *Illusion of validity/skills*: Gemeint sind Illusionen über die eigene Fähigkeit, zukünftige Ereignisse richtig zu bestimmen. Selbstbewusste Personen vertrauen ihren Intuitionen in besonders starkem Maße und tendieren dazu, aufwendigere Überlegungen zugunsten intuitiven Entscheidens zurückzustellen: „If System 1 is involved, the conclusion comes first and the arguments follow." (Kahneman 2011: 45). Was allerdings nicht heißt: „Bauch-Entscheidungen" (Gigerenzer) seien grundsätzlich fehlerhaft – im Gegenteil können sie Menschen überhaupt erst entscheidungsfähig machen, wenn die Abwägungsprozesse zu kompliziert werden (Gigerenzer 2007: 49 ff. und 103 ff.).
- *Illusion of understanding*: Dieser Effekt ist der „illusion of truth" sehr ähnlich, bezieht sich aber auf Darstellungen Dritter, die auf den ersten Blick einleuchtend sind und erst bei näherem Nachdenken erkennen lassen, dass ihr Inhalt weit komplizierter ist. Man hält beispielsweise Ursache-Wirkungs-Beziehungen, in denen der Ausgang positiv ist, für wahrscheinlicher als Ursache-Wirkungs-Beziehungen, die zu fehlerhaften oder negativen Ergebnissen führen. Dazu gehören auch „Verständnis-Illusionen". Darunter versteht man die Illusion, etwas verstanden zu haben, obwohl das Verstandene nur auf wenigen Merkmalen beruht. Aber

Denkfallen bei planerischen Abwägungs- und Bewertungsverfahren

bei Hörer*in/ Leser*in mobilisiert es eine Reihe von zusätzlichen Kriterien im Unterbewusstsein und schafft damit hohe Plausibilität, bis hin zum Eindruck der „Alternativlosigkeit". Das wird auch häufig als „haloeffect" bezeichnet: von einem beobachteten Merkmal schließt man unbewusst auf eine Reihe anderer Merkmale, die gar nicht genannt wurden, aber vom Betrachter automatisch „aufgerufen" werden. Ein Beispiel dafür ist der unter Pädagogen bekannte „Kevin-Effekt": Jungen mit dem Namen „Kevin" werden vorschnell als den sozial benachteiligten Schichten zugeordnet und entsprechend negativer bewertet. Mädchen mit dem Namen „Sophie" werden dagegen dem „gutbürgerlichen" Haushalt zugeordnet und positiver bewertet (vgl. Geschke 2012: 35). Illusion of understanding betrifft besonders die Einschätzung von Risiken – man richtet sein Verhalten nur an wenige Merkmalen aus, aber tritt der Risikofall ein, neigen Richter zum Urteil: „Der Handelnde hätte das Risiko erkennen müssen": „Actions that seemed prudent in foresight can look irresponsibly negligent in hindsight" (Kahneman 2011: 203). In der Planung wirkt dieser Effekt häufig, wenn es um Neuerungen geht: Als beispielsweise Innenstadt-Fußgängerzonen eingerichtet wurden, hatten viele Planer*innen diese skeptisch eingeschätzt, weil sie der Einzelhandels-Lobby zu viel Glauben schenkten.

- *Seeing causes and intentions*: Dieser Effekt bezieht sich darauf, dass wir gewohnt sind, Zusammenhänge nicht als lediglich „korreliert" zu betrachten, sondern ihnen Bedeutung zu geben, und zwar in Form von Ursache-Wirkung-Beziehungen. Dem unterliegen vor allem sozialwissenschaftliche Plausibilitäten, die nur schwer empirisch zu prüfen sind. Management-Theorien sind nicht selten so „gestrickt": Es klingt plausibel, dass bestimmte Management-Verhaltensweisen bestimmte Ergebnisse hervorrufen, auch wenn der Zusammenhang empirisch nicht nachzuweisen ist (vgl. dazu Rosenzweig 2008). Dieses Bedürfnis, Wahrnehmungen auf ein „stimmiges" Bild zu reduzieren, führt häufig zu Fehlinterpretationen. Auch die sog. „kognitive Dissonanzreduktion" spielt hinein: Kognitive Dissonanzreduktion tritt auf, wenn Voreinstellungen durch praktische Ereignisse enttäuscht werden, aber der Betreffende das nicht hinnehmen kann – weil „nicht sein kann, was nicht sein darf". Das Bedürfnis, Inkonsistenzen zwischen Beobachtungen und für wahr gehaltene Voreinstellungen auszugleichen, ist weit verbreitet: „We are pattern seekers, believers in a coherent world […]. We do not expect to see regularitiy produced by a random process". (Kahneman 2011: 115) Wenn beispielsweise gerade intensiv über das Auftreten von Tsunamis gesprochen/geschrieben wurde, sind Prognosen, dass auch Kalifornien in absehbarer Zukunft von Erdbeben oder Tsunamis heimgesucht werden könnte, sehr viel wahrscheinlicher.

- *Basic assessments*: Das sind Vorurteile, die auf der Basis von wenigen Informationen getroffen werden. Bestimmte Signale erhalten dabei ein besonders starkes Gewicht und bestimmen das Denken. Basic Assessments sind weit verbreitet – sie verbinden sich mit emotionalen oder wertgebundenen Voreinstellungen, die aktuell nicht hinterfragt werden. So werden Unternehmen, die attraktive Produkte herstellen, eher als „finanziell gesund" wahrgenommen, als solche mit weniger attraktiven Produkten (auch wenn die Beziehung schwach ist). Solche „basic assessments" spielen bei Werbungen und Wahlplakaten eine große Rolle, kommen aber auch bei Planungen vor, wenn wenige, aber einflussreiche Kriterien die Planung bestimmen – und sich hinterher herausstellt, dass Vieles übersehen wurde.
- *Trügerische Erkenntnisgewinnungs-Regeln von System 1*: Sie betreffen vor allem statistische Zusammenhänge (vgl. Bazerman; Moore 2008). Dazu gehört, dass man aufgrund kleiner statistischer Mengen weittragende Aussagen macht, obwohl gerade kleine Stichproben „Ausreißer" an den Extremen sehr viel wahrscheinlicher werden lassen: „our mind is strongly biased toward causal explanations and does not deal well with 'mere statistics'" (Kahneman 2011: 182). Bei Ereignissen mit mehreren Einfluss-Variablen werden einige, die als besonders plausibel gelten, als determinierend herangezogen, obwohl ihr wahrer Einfluss unbestimmt ist (z.B. Schulerfolge von Kindern werden primär auf die Schulgröße reduziert; Ausländern traut man eine höhere Kriminalitätsrate zu). Eine besonders trügerische Illusion ist diejenige, dass „Männer die Geschichte" machen (Treitschke). Vorstandsvorsitzende von großen Unternehmen unterliegen gern dieser Illusion – obwohl der Unternehmens-Erfolg meist Ergebnis vieler Zusammenhänge und Einflüsse ist.
- *Substitution effects*: Hierbei werden Bewertungen insgeheim nach Vorlieben/Abneigungen getroffen, obwohl nach außen ein rationaler Abwägungsvorgang simuliert wird. Dieses Verhalten tritt vor allem bei Unsicherheit und geringer Informationsdichte auf – man verlässt sich auf „sein Gefühl"/ „seine Intuition", die aber primär Vorlieben/Abneigungen und nicht rationale Abwägungen ausdrücken. Solche Bewertungs-Verzerrungen kommen leicht bei Risiko-Bewertungen vor: wenn die Planer*innen vom Projekt überzeugt sind, führt das dazu, dass die Kosten zu niedrig und die benötigte Realisierungs-Zeit zu kurz bemessen werden (vgl. Kahnenmann 2011: 249 f.) – „the emotional tail wags the rational dog" (ebd.: 140).
- *Anchoring effects*: Gemeint sind Einschätzungs-Verzerrungen als Folge vorangegangener Eindrücke, die wie „Anker" das weitere Denkverhalten „festhalten". Beispiel: Die vermeintlich weibliche Schwäche im Umgang mit technischen Fächern führt auch in der Schule zu ungewollten Filter-Effekten. In französischen Schulen machte man die Erfahrung, dass das

Fach „Geometrie" Mädchen abschreckte – sie fühlten sich nicht kompetent: Änderte man den Begriff in „Zeichnen", konnten Mädchen nicht nur mithalten, sondern waren vielfach auch besser als Jungen. Oder: Bei Kaufverhandlungen bestimmt der erste genannte Preis das weitere Geschehen, weil er zum „Anker" für die Verhandlungen wird. Anchoring effects sind eng mit priming effects verbunden. Anchoring effects bestimmen häufig unser Verhalten: Wenn gerade wieder ein Flugzeug abgestürzt ist, mindert sich die Bereitschaft, ein Flugzeug zu nehmen – obwohl objektiv die Wahrscheinlichkeit von Flugzeugabstürzen sich nicht geändert hat.

Die Bedeutung von System 1 für unser Denken, Wahrnehmen und möglicherweise auch Handeln wird in neuen psychologischen Untersuchungen immer wieder nachgewiesen (vgl. Bargh 2007). Das gilt vor allem dort, wo – wie in der Planung – Entscheidungen unter Unsicherheit und Ungewissheit zu treffen sind und wo Bewertungen einen großen Stellenwert haben.

Aber es gibt auch weitere Denkfallen, die mit dem Einfluss von Gruppen auf individuelles Verhalten zu tun haben.

3 Irrtümer durch Group-Think-Effects

Gruppen üben soziale Zwänge aus. Diese wirken sehr subtil und unbewusst. Wer schon mal in einer Jury oder einer Bewertungskommission saß, weiß, wie sich in der Gruppe schnell ein „main-stream" des Denkens herausstellt, das alle diejenigen, die in ihrem Urteil unsicher sind, einfängt. Das ist vor allem dann der Fall, wenn die eigene Urteilsbildung durch den Umfang der dafür zu bearbeitenden Informationen und die Schwierigkeit, an Kontrollinformation zu kommen, erschwert wird. Gruppenentscheidungen finden in erster Linie dort statt, wo der Einzelne tendenziell überfordert ist, sich ein umfassendes Urteil zu bilden. Wenn dann die Zeit für den Einzelnen nicht ausreicht, sich adäquat auf die Gruppenentscheidung vorzubereiten, wächst die Bereitschaft, sich dem „main stream" anzuschließen. Gruppen unterstützen aber die Bereitschaft, sich auf die Gruppe zu verlassen, weil man selbst nicht die Verantwortung für das Ergebnis trägt, sondern die Gruppe (Phänomen der „kollektiven Unverantwortlichkeit"). Dabei gewinnen rhetorisch überlegene Akteure, Menschen mit natürlicher Autorität oder Akteure mit starker Aura des „Gutinformierten" und „Urteilsstarken" erhebliche Definitionsmacht, der sich andere fügen.

Groupthink-Effekte werden durch den sozialen Druck der Gruppe induziert, konsensorientiert zu handeln, aber auch durch das „principle of least effort", plausible Lösungen zu präferieren. Eine neuere Studie von Ökonomen der Universität Oxford kann aufgrund statistischer Analysen eines Experiments den Nachweis erbringen, dass der Konsensdruck in Gruppen in der Tat individuelle Kritik zurückdrängt und die Gruppe eher konservativ entscheiden lässt (Gole, Quinn 2014). Allerdings sind dort, wo Verhalten wesentlich von Interessen bestimmt wird (interessen-geleitete Diskurse, typisch für Mitgliederversammlungen von Governance-Arrangements), Group-Think-Effekte möglicherweise weniger zu erwarten als in Arbeitsgruppen, in denen sich im Laufe der Zeit ein gewisser „Corps-Geist" ausbildet und Diskurse/die intellektuelle Auseinandersetzung eine wesentlich größere Rolle spielen (ideengeleitete Diskurse). Planungsprozesse werden von solchen Diskursen geprägt: Aber sie werden auch wesentlich von Arbeitsgruppen beeinflusst, in denen die ideen-geleiteten Diskurse dominieren und sich Corps-Geist-Denken leichter einstellen kann.

Deshalb haben Soziolog*innen und Sozialpsycholog*innen versucht, solche Aussagen zu differenzieren, indem sie sie an bestimmte Voraussetzungen binden. Allerdings sind solche Voraussetzungen nicht eindeutig bestimmbar (vgl. Esser 1998; Park 1990). Sicherlich gehört dazu, dass Gruppendruck für den Einzelnen erkennbar ist, dass der Zwang zu konformem Verhalten aus der Natur der Sache (Zeitdruck) oder aus internen Strukturen der Gruppe (starke Führung mit Sanktionspotenzial) begründet ist. Aber es muss eine Reihe weiterer Faktoren geben, die dabei relevant sind, z.B. bestimmte „Denkkulturen" (relativ geschlossen), bestimmte Loyalitätsnormen (nicht vom Denken der „professional community" abzuweichen), Vertrauen in die Urteilskraft der Anderen etc. Sozialpsychologische Untersuchungen haben sich bisher schwer getan, hierzu klare Aussagen zu machen (Esser 1998: 138 f.) – zu groß ist die Zahl der Einflussfaktoren und zu schwierig ist es, das Konzept „group think" zu operationalisieren. Group Think ist zudem kein unausweichliches Schicksal – man kann ihm entgehen, wenn man gezielt kritisches Potenzial einbaut, den Diskurs moderieren lässt, systematisch alle verfügbaren Alternativen gleichermaßen berücksichtigt etc.

Group Think-Effekte spielen eine größere Rolle bei Risikobewertungen. Üblicherweise neigen Entscheider zwar dazu, Risiken wesentlich höher als potenzielle Gewinne einzuschätzen (Bilgin 2012). Aber Group Think kann dazu führen, dass sich in der Gruppe ein Bewusstsein für „Beherrschbarkeit der Risiken" einstellt und die Risiken niedriger bewertet werden (Turner et al. 1992). Das bekannteste Beispiel für „group think" ist das „Schweinebucht-Debakel", als der amerikanische Präsident Kennedy die Fehlentscheidung zum Angriff auf Kuba traf, weil die ihn beratende Gruppe von Fachleuten sich in die Vorstellung versteifte, der Angriff sei risikolos (was er nicht war, weil die Information darüber den Kubanern vorher zuging) (vgl. Janis 1982: 14 ff.). Allerdings sind die Befunde unklar. Denn auch das Gegenteil wurde beobachtet: Gruppen können sich in Risiko-Ängste „hineinreden" („risk shift": Janis 1982). In jedem Falle sind Group Think-Effekte eine reale Gefahr. Group Think-Effekte sind bei Planer*innen häufig, die in gleichen Denkmustern sozialisiert wurden, gleichartige Theoreme in ihrer Ausbildung und praktischen Arbeit verinnerlicht haben und möglicherweise gleichartigen ideologischen Voreinstellungen folgen. Ökologische Risikoanalysen, Raumverträglichkeitsanalysen und ähnliche Bewertungsverfahren, bei denen der Rechenalgorithmus nur unzureichende Ergebnisse liefert und es immer noch primär auf das Urteilsvermögen der Beteiligten ankommt, liefern anschauliche Beispiele.

Vom „Group Think" zu trennen sind Mitläufer-Effekte, die darauf zurückzuführen sind, dass man sich Meinungen/Ansichten anderer zu eigen macht und sich dadurch eine Art „main-stream" des Denkens herausbildet, das im günstigsten Falle eine Art Konsens am Ende eines längeren Diskurses sein kann. Typische Herdeneffekte erleben wir nicht nur an den Börsen, sondern auch bei der Beurteilung von Politikern, Kunstwerken, Gebäuden etc. Das wird noch dadurch unterstützt, dass unsere modernen Gesellschaften eher konformistisches Verhalten honorieren und abweichendes Verhalten negativ behandeln. Im Falle von Planer*innen wirkt hier: was andere Planer*innen denken, was Expert*innen an Denkmustern vorgeben, was modisch „in" ist (vgl. dazu auch: McRaney 2012: 159 ff.).

4 Denkfehler, die durch institutionelle Bedingungen der Entscheidungsfindung beeinflusst werden

Institutionelle und technische Rahmenbedingungen können den Entscheidungsprozess negativ beeinflussen. Das ist vor allem dann der Fall, wenn Entscheidungen bestimmten institutionellen Regeln zu folgen haben, die aber dem Problem nicht angemessen sind. Verwaltungs-Entscheidungen sind mitunter Opfer dieser Fehlerquelle. Sie basieren häufig auf einem standardisierten Fallmanagement, das zu wenig die individuelle Fallsituation berücksichtigen kann, sind auch stark von den Seh- und Denkgewohnheiten einer fachlichen Disziplin beeinflusst (Verhaltensmuster, die bereits in der fachlichen Ausbildung gelernt werden) und sind auch schwer zu korrigieren, weil sich das Feld der Akteure jeweils selbst bestärkt und Denkmuster reproduziert. Solche Denkfehler sind von jenen zu unterscheiden, die Folge von Flüchtigkeiten, Zeitdruck, Überkomplexität der Materie, fehlendem Wissen über die Folgen alternativer Entscheidungen u.ä. sind.

Noch problematischer sind falsch geleitete Informationsflüsse in Organisationen, z.B.

- über organisationsbedingte Dominanz von Werten/Dogmen, die automatisch andere Werte/Ziele bei Abwägungen erheblich untergewichten;
- technisch und institutionell bedingter Zeitdruck, der zu Fehlverhalten führt;
- technisch und institutionell bedingte Begrenzungen der Informationsbeschaffung und -auswertung (bei mathematischen Modellen oder bei Überlastung des zu knappen Personals nicht selten);
- fehlerhafte Routinen (z.B. bei Prognosen: lineare Verlängerung der Vergangenheit in die Zukunft, zu selektive Sammlung der Information);
- institutionell bedingter Verzicht auf Alternativenprüfung.

Institutionelle Regelungen können gerade bei komplexen Entscheidungsfällen zu Denkfehlern verleiten (Dörner, Schaub 1995), z.B. weil die Entscheidungssituation zu vereinfacht abgebildet wird – im Gegensatz zu „simple heuristics that make us smart" (Gigerenzer et al. 2001). Oder es müssen zu viele Ziele/Belange gleichzeitig abgewogen werden. Der damit verbundene Handlungsstress verleitet zu Ausweichreaktionen, die nicht immer problemadäquat sind, z.B. Verlass auf externe Gutachter, Rekurs auf bekannte Lösungen, Verzicht auf Informationskontrollen. Insofern kann auch Überfülle an Information ein Einflussfaktor für Denkfallen sein.

Solche Reaktionen werden von einigen Autor*innen befürchtet, die sich mit dem Problem von „big data", d.h. der über Internet generierten Informationsfluten und deren Auswirkungen auf Entscheidungsverhalten befassen (vgl. Hill 2014: 220 f.). Jedoch ist Überfülle ein relativer Begriff – abhängig von der verfügbaren Kapazität der Informationsverarbeitung und diese wiederum hängt von der verfügbaren Zeit, den verfügbaren Ressourcen und dem verfügbaren Know-How ab. Überfülle bedeutet deshalb für unterschiedliche Akteure sehr Unterschiedliches – diejenigen, die Neulinge sind, haben damit mehr Probleme als jene, die „alte Hasen" sind und auf Routinen der Komplexitäts-Reduktion und auf reflektierte Intuition zurückgreifen können. Aber auch solche Routinen und Intuitionen sind nicht ohne Tücken, weil sie möglicherweise unkritisch übernommene Filter darstellen, die zu Fehlinterpretationen der Situation und damit zu Fehlentscheidungen führen können.

5 Denkfallen – Governance-Planungskultur

Die Planungskultur (dazu: Othengrafen 2012: 51 f.), die gemeinsame „belief systems", Werthaltungen und Umgangsweisen für die Behandlung von Planungsaufgaben vermittelt, kann Denkfallen verstärken: Routinen werden nicht hinterfragt, die Wachsamkeit gegenüber Denkfehlern kann reduziert und das Denken in Alternativen eingeschränkt sein. Auch wenn dieser Ein-

Denkfallen bei planerischen Abwägungs- und Bewertungsverfahren

fluss in offenen Planungsverfahren wegen der zahlreichen Kontrollen wohl eher als gering einzuschätzen ist, können sich diese Beziehungen in einigen Fällen als stark erweisen, nämlich dann, wenn Planungskultur im Kontext spezifischer Governance-Arrangements wirkt. „Spezifische Governance-Arrangements" sind dabei solche, in denen die Bindung der Akteure durch längerfristige Kooperation eng ist und sich Denkmuster sowie Werthaltungen der Beteiligten weitgehend angenähert haben.

Governance-Arrangements leben von Kommunikation und kognitiver Beeinflussung und drücken i.d.R. eine spezifische Planungskultur aus resp. werden von der regionalen Planungskultur beeinflusst. Aber sie entwickeln sie auch. Wesentlich sind dabei Beziehungen zu Personen und Handlungsobjekten, die durch Handlungsorientierung und Interaktionsorientierung charakterisiert werden können. Handlungsorientierung bezeichnet das Verhältnis des Einzelnen zum Objekt seines Handelns (Subjekt-Objekt-Beziehung), Interaktions-Orientierung bezieht sich auf das Verhältnis der Akteure zueinander (Subjekt-Subjekt-Beziehung). Handlungsorientierung kann egoistisch oder gemeinwohlbezogen, materiell oder ideell, funktional oder territorial u.ä. ausgerichtet sein. Interaktionsorientierung bezeichnet Werthaltungen gegenüber anderen Akteuren wie beispielsweise: kompetitiv vs. kooperativ; solidarisch vs. egoistisch u.ä.. Handlungsorientierung wird wesentlich durch das „Narrative" der Gruppe geprägt, ob es ihr durch ihre Interaktion gelingt, ein kollektives Engagement für das Thema zu entwickeln, d.h. enge Eigeninteressen in „wohlverstandene Eigeninteressen" zu verwandeln. Insofern wird Governance-Handeln entscheidend beeinflusst von emotional-kognitiven Prozessen: Es geht um Wandel von Einstellungen (belief systems), um veränderte Vorstellungen vom Thema und seinen Lösungsmöglichkeiten, um Ideen und deren motivierende (steuernde) Kraft etc., aber auch um die Weckung von Engagement. Vor allem der Kraft der Ideen kommt großes Gewicht zu und ist wesentlicher Kern der Dynamik von Governance-Arrangements.

Hier können Group-Think-Effekte wirksam werden: bestimmte Denkmuster und belief-systems werden nicht mehr in Frage gestellt – man denkt eben so in dieser Gruppierung. In Governance-Arrangements ist damit umso eher zu rechnen, wenn solche Arrangements gleichzeitig auch die kollektive Verantwortungslosigkeit erhöhen – was häufig der Fall ist: Der Einzelne fühlt sich in der Gemeinschaft aufgehoben und ist weniger kritisch mit sich selbst, weil er sich darauf verlässt, die Anderen werden schon korrigierend eingreifen.

Es ist damit zu rechnen, dass Denkfallen in Verwaltungen eher häufiger werden. Diese Vermutung basiert auf drei Argumenten: Mit zunehmender Dezentralisierung und Erweiterung der Entscheidungsspielräume der Sachbearbeiter*innen sinkt auch die Kontrollintensität traditioneller Hierarchien –

Dietrich Fürst

„Fehlentscheidungen" werden immer weniger in der Verwaltung selbst als über externe Rechtswege korrigiert. Zweitens nimmt die Bereitschaft ab, viel Zeit in kollektiven Koordinations- und Konsensrunden zu verbringen: eher verlässt sich der Einzelne auf die „Weisheit" der Gruppe, was ihm Kosten der Vorbereitung ersparen kann. Drittens bewirkt die wachsende Arbeitsbelastung bei zunehmender Ausdünnung der Personaldecke, dass man sein Zeitmanagement ändert: Man beschäftigt sich dann weniger mit Dingen, die nicht unmittelbar in die eigene Funktionshoheit fallen – der Blick wird eher enger, und man entwickelt eine gewisse Gleichgültigkeit gegenüber dem, was andere tun. Damit sinkt ebenfalls ein mögliches Korrektiv.

Das sind zunächst nur Vermutungen. Ob diese Zusammenhänge in der Praxis wirklich größere Bedeutung erlangen, müsste empirisch geprüft werden. Zudem gibt es kontext- und personenbezogen erhebliche Unterschiede, wie sich diese Beziehungen praktisch auswirken.

6 Denkfallen oder: Lob der Intuition?

Die Steuerung durch unser emotionales Unterbewusstsein, also Kahnemans System 1, spielt uns häufig einen Streich. Gleichwohl spielt Intuition in Bewertungen/Entscheidungen unter Unsicherheit eine große Rolle und nimmt in der Management-Literatur inzwischen einen festen Platz ein (Matzler et al. 2014: 253). Intuition kann sogar als eine „Methode" verstanden werden, um eine Vielzahl von Informationen zu einer schlüssigen Aussage zu verbinden (Matzler et al. 2014: 254). So zeigt eine Untersuchung des Max-Planck-Instituts zur Erforschung von Gemeinschaftsgütern, „dass Entscheider durch die effiziente Verknüpfung intuitiver und bewusster Prozesse zu guten Entscheidungen gelangen." (Glöckner 2008:) Das ist insbesondere dort von großem Vorteil, wo die zu entscheidende Situation sehr komplex, nicht gut strukturiert sowie für das Handeln nicht leicht zu durchschauen ist und folglich ein Übermaß an Informationen verarbeitet werden muss. Das gilt sicherlich auch für Prozesse der Planung, aber auch der Plan-Umsetzung.

Allerdings ist die Verlässlichkeit intuitiven Verhaltens ambivalent zu beurteilen. Bei „Information Overload" kommt es auch bei Manager*innen vor, dass sie sich dysfunktional verhalten, indem sie sich auf wenige herausragende Informationsteile konzentrieren, Routineverhalten anwenden oder das Gesamtbild aus dem Auge verlieren (Sparrow 1999: 144 f.).

Bei der Einschätzung von Intuition für rationales Verhalten kommt es also sehr darauf an, welche Form der Intuition wir meinen und in welcher Entscheidungssituation sich der/die Betreffende befindet. Handelt es sich um „skilled intuition", dann basiert sie auf einem reichen Fundus an Erfahrun-

Denkfallen bei planerischen Abwägungs- und Bewertungsverfahren

gen, die unbewusst aktiviert werden, wenn Situationen auftreten, in denen diese Erfahrung verlangt wird – das ist der „Blink-Effekt" (Gladwell 2005), wenn in Sekundenschnelle das Unterbewusste Alarmsignale gibt und eine richtige Einschätzung induziert. Handelt es sich aber um „ungeübte Intuition", dann sind Fehler unvermeidlich, weil System 1 dominiert und zu wenig von System 2 kontrolliert wird. Das mag bei Planungsprozessen selten vorkommen, aber sollte wenigstens als Problem zur Kenntnis genommen werden.

Professionelles Lernen und Einüben durch Erfahrung führt in der Praxis dazu, dass ungeübte Intuition zu „skilled intuition" wird. Aber jahrelanges Lernen ist nur dort erfolgreich, wo erstens das Umfeld stabil ist (sich Situationen häufig wiederholen und damit lernbar werden) und wo zweitens eine ausreichend lange Zeit verfügbar ist, um aus diesem Umfeld zu lernen. Wo solche Lernprozesse nicht möglich sind, kann Intuition zur „illusion of validity"/"illusion of skills" führen. Das ist das nicht-validierte „Bauchgefühl".

Insofern feiert die Literatur einerseits Intuitionen als „power of thinking without thinking" (Gladwell 2005) oder als „Die Intelligenz des Unbewussten" (Gigerenzer 2008). Aber andererseits warnt sie auch vor damit verbundenen fehlerhaften Trugschlüssen. Einig ist man sich, dass Intuition weitgehend mit System 1 verbunden ist und dass sie deutlich zu unterscheiden ist von bewusstem Entscheiden (Stanovic, West 2000), wenngleich sich beide ergänzen.

7 Sind solche Erkenntnisse auf Planer*innenverhalten zu übertragen?

Die oben genannten Erkenntnisse sind überwiegend in anderen Kontexten gewonnen worden als sie für Planer*innen typisch sind. Die hier vorgenommene Übertragung ist zudem empirisch schlecht abgesichert und basiert nur auf Vermutungen und Analogbeziehungen. Der empirische Test, ob die kognitionswissenschaftlichen Erkenntnisse so einfach auf Abwägen und Bewerten in Planungsprozessen zu übertragen sind, wurde nicht geliefert. Deshalb ist Skepsis angesagt, ob sich solche Befunde einfach auf Planer*innen übertragen lassen. Der erste Anschein lässt vermuten: nein, denn Planer*innen operieren in einem stark kontrollierten Feld. Abwägungs- und Bewertungsergebnisse müssen begründet, möglichst nach wissenschaftlich einwandfreien Verfahren entstanden sein und, soweit dazu externer Expert*innenrat herangezogen wird, muss dieser auf der Grundlage der besten, einschlägigen wissenschaftlichen Erkenntnisse unter Ausschöpfung aller wissenschaftlichen

Mittel und Quellen erfolgen (Kment 2014: 820, für die FHH-Richtlinie). Ihre Bewertungen müssen der öffentlichen Kritik, der Kritik von Fachleuten in Fachressorts, teilweise auch der Wissenschaft und Rechtsprechung standhalten. Wenn es zu gerichtlichen Prozessen kommt, müssen planerische Festlegungen „gerichtsfest" sein. Um diese Gerichtsfestigkeit zu verstärken, wird das Planungsrecht in seinen Vorgaben immer präziser und vermeidet interpretationsbedürftige Begriffe wie „möglichst", „angemessen", „gebührend", „erforderlich", „erheblich". So wurde auch die UVP-Richtlinie der EU-Kommission 2014 präzisiert, indem in Art. 5 Verfahrensregeln gegen Subjektivierung der UVP-Ergebnisse genauer gefasst wurden (Schink 2014). Insofern reduziert der Tatbestand, dass Planung und Abwägen in einem offenen Prozess stattfindet, der vor allem kritischen Einwänden ausgesetzt ist und vergleichsweise hochgradig reflektiert wird, die Gefahr von Denkfallen. (Vgl. Lehrer 2012)

Aber beim zweiten Blick zeigt sich, dass die Wahrscheinlichkeit der Übertragbarkeit doch erheblich ist. Denn erstens ist der Spielraum für Denkfallen auch bei Planer*innen groß – auch wenn die Pläne nach allen Regeln guter Planung rechtssicher gemacht wurden. Das gilt vor allem für Denkfallen in Verbindung mit Prognosen, Bewertungen und Abwägungsprozessen. Zweitens sind Planer*innen in der überwiegenden Zeit ihrer Arbeit mit Themen der Plan-Umsetzung befasst – und diese erfolgt eher unter Bedingungen der Zeitknappheit, der Informationsüberlastung etc., also Bedingungen, die „Denkfallen" begünstigen. Praktisch handelnde Planer*innen sind sich dieser Fehlerquellen zwar formal bewusst, aber im konkreten Einzelfall neigen sie auch schon mal dazu, dieses Bewusstsein auszuschalten. Denn sie verfügen über zahlreiche Mechanismen, zum Beispiel die „illusion of validity/skills", um solche Fehlerquellen nicht wahrhaben zu müssen: Einsprüche von Betroffenen oder Fachressorts können mit dem Verweis auf „übergeordnete Gesichtspunkte", auf „Ermessensspielräume" und frühere Entscheidungen ausgeräumt werden, Gerichte beurteilen nicht die fachlichen Inhalte der Bewertung, sondern lediglich Formfehler. Drittens ist kein kognitiv handelnder Mensch frei von individualpsychologischen und gruppenpsychologischen Einflüssen. Das gilt insbesondere, wenn Stress-Faktoren hinzutreten, was in Prozessen der Plan-Umsetzung nicht selten ist: Informationsüberladung, Zeitdruck, Vielzahl und Vielfalt von Widerständen tragen dazu bei. Viertens gilt auch für Planer*innen, dass deren Verhalten unbewusst von der Art und Weise geprägt wird, wie Betroffene den Einfluss von Institutionen auf ihr Verhalten wahrnehmen, welche „narratives" sich damit verbinden und wie weit sich die Planer*innen vom institutionellen Umfeld einbinden lassen (vgl. Bevir, Rhodes 2003). Das lässt sich am Umgang mit externen Interessenträgern, am Interaktionsverhalten mit anderen Ressorts, an inhaltlichen Schwerpunktsetzungen u.ä. festmachen – es wäre reizvoll, daraufhin Planer*innen in unterschiedlichen institutionellen Kontexten zu untersuchen (Kreise in Niedersachsen, Bezirksregierungen in NRW, Regionalverbände in Baden-Württemberg).

Deshalb ist es notwendig, auf solche Fallstricke aufmerksam zu machen und sie möglichst konstruktiv zu nutzen. So verfährt neuerdings die Management-Literatur (vgl. Khatri, Ng 2000). Matzler et al. (2014: 259) sagen sogar: „We encourage decision makers to accommodate intuitive decision making within organizational cultures and structures, which to date often promote standardized processing and reporting of information [...]. [W]e are well advised to take advantage of the full scope of our cognitive abilities and not to leave it only to the bravest or most farsighted individuals to base their decisions on intuition."

Allerdings bleibt das Problem kognitionswissenschaftliche Denkfallen im Planungsprozess zu identifizieren. Denn was als Denkfallen interpretiert werden könnte, kann in den Arbeitsroutinen des Planungspraktikers leicht untergehen. Folglich sind Planungswissenschaften noch stärker gefordert, dem nachzugehen, was Donald Schön (1983: 354) als „reflection-in-action" bezeichnete: Zu untersuchen, wie professionelles Wissen sich aus der bewussten Auseinandersetzung mit praktischem Handeln entwickelt.

Literatur

Ariely, Dan (2009): Predictably irrational. The hidden forces that shape our decisions. New York: Harper Collins.

Bargh, John A. (2007): Sociology psychology and the unconscious: the automaticity of higher mental processes. New York: Psychology Press.

Bazerman, Max H.; Moore, Don (2008): Judgment in managerial decision making. 7. Aufl., Hoboken/N.J.: Wiley.

Bevir, Mark; Rhodes, Rod A.W. (2003): Interpreting British Governance. London: Routledge.

Bilgin, Baler (2012): Losses loom more likely than gains: Propensity to imagine losses increases their subjective probability, in: Organizational Behavior and Human Decision Processes 118, pp. 203-215.

Dörner, Dietrich (1989): Die Logik des Misslingens. Strategisches Denken in komplexen Situationen. Reinbek: Rowohlt.

Dörner, Dietrich; Schaub, Harald (1995): Handeln in Unbestimmtheit und Komplexität, in: Organisationsentwicklung 14, S. 34-47.

Esser, James K. (1998): Alive and well after 25 years: A review of groupthink research, in: Organizational Behavior and Human Decision Processes 73, pp. 116-141.

Flyvbjerg, Bent; Bruzelius, Nils; Rothengatter, Werner (2003): Megaprojects and risk. The anatomy of ambition. Cambridge/UK: Cambridge Univ. Press.

Flyvbjerg, Bent (2007): Policy and planning for large-infrastructure projects: Problems, causes, cures, in: Environment and Planning B: Planning and Design 34, pp. 578-597.

Geschke, Daniel (2012): Vorurteile, Differenzierung und Diskriminierung – sozialpsychologische Erklärungsansätze, in: Aus Politik und Zeitgeschehen, 16-17, S. 33-37.

Gigerenzer, Gerd (2007): Bauch-Entscheidungen. Die Intelligenz des Unbewussten und die Macht der Intuition. 8. Aufl., München: Goldmann.

Gigerenzer, Gerd; Todd, Peter M.; ABC Research Group (2001): Simple heuristics that make us smart. Oxford: Oxford Univ. Press.

Gladwell, Malcom (2005): Blink. The power of thinking without thinking. New York, Boston and London: Little, Brown.

Glöckner, Andreas (2008): Zur Rolle intuitiver und bewusster Prozesse bei rechtlichen Entscheidungen. Bonn: Max-Planck-Institut zur Erforschung von Gemeinschaftsgütern.

Gole, Tom; Quinn, Simon (2014): Committees and status quo bias: Structural evidence from a randomized field experiment. Discussion Paper Series ISSN 1471-0498. Oxford: University of Oxford: Department of Economics.

Hill, Hermann (2014): Aus Daten Sinn machen: Analyse- und Deutungskompetenzen in der Datenflut, in: Die öffentliche Verwaltung 67, S. 213-222.

Janis, Irving L. (1982): Victims of groupthink. Psychological studies of policy decisions and fiascoes. 2. erw. Aufl., Boston: Houghton Mifflin.

Kahneman, Daniel (2011): Thinking fast and slow. London: Allen Lane.

Khatri, Naresh; Ng, H.Alvin (2000): The role of intuition in strategic decision making, in: Human Relations 53, pp. 57-86.

Kment, Martin (2014): Das naturschutzfachliche Abschneidekriterium – Bewältigung von Grenzen der Messtechnik, in: Deutsches Verwaltungsblatt 129, 13, S. 818-823.

Lehrer, Jonah (2013): Imagine: How creativity works. London: Canongate.

Lehrer, Jonah (2010): How we decide. Boston, New York: Houghton Mifflin.

Matzler, Kurt; Uzelac, Boris; Bauer, Florian (2014): The role of intuition and deliberation for exploration and exploitation success, in: Creativity and Innovation Management 23, pp. 252-262.

McRaney, David (2012): Ich denke, also irre ich. Wie unser Gehirn uns jeden Tag täuscht. München: mvgverlag.

Othengrafen, Frank (2012): Uncovering the unconscious dimensions of planning. Using culture as a tool to analyse spatial planning practices. Farnham, Surrey/England: Ashgate.

Park, Won-Woo (1990): A review of research on groupthink, in: Journal of Behavioral Decision Making, 3, pp. 229-245.

Rosenzweig, Philip (2008): Der Halo-Effekt. Wie Manager sich täuschen lassen. Offenbach: Gabel.

Roth, Gerhard (2010): Verstand oder Gefühl – wem sollen wir folgen?, in: Roth, Gerhard; Grün, Klaus-Jürgen; Friedman, Michel (Hg.): Kopf oder Bauch? Zur Biologie der Entscheidung. Göttingen: Vandenhoek & Ruprecht, S. 15-27.

Denkfallen bei planerischen Abwägungs- und Bewertungsverfahren

Roth, Gerhard (2007): Persönlichkeit, Entscheidung und Verhalten. Warum es so schwierig ist, sich und andere zu ändern. Stuttgart: Klett-Cotta.

Schink, Alexander (2014): Änderung der UVP-Richtlinie und Auswirkungen auf das nationale Recht, in: Deutsches Verwaltungsblatt 129, 14, S. 877-885.

Schön, Donald A. (2003): The reflective practitioner. How professionals think in action. New York: Basic Books.

Schönwandt, Walter (1986): Denkfallen beim Planen. Braunschweig: Vieweg.

Sheldrake, Rupert (2012): The science delusion. Freeing the spirit of enquiry. London: Coronet.

Sparrow, Paul R. (1999): Strategy and cognition: Understanding the role of management knowledge structures, organizational memory and information overload, in: Creativity and Innovation Management, 8, pp. 140-148.

Stanovich, Keith E.; West, Richard F. (2000): Individual differences in reasoning: Implications for the rationality debate?, in: Behavioral and Brain Sciences 23, pp. 645-726.

Turner, Marlene E.; Pratkanis, Anthony R.; Probasco, Preston; Leve, Craig (1992): Threat, cohesion, and group effectiveness: Testing a social identity maintenance perspective on groupthink, in: Journal of Personality and Social Psychology 63, pp. 781–796.

Zipf, George K. (1949): Human behavior and the principle of least effort. An introduction to human ecology. New York: Hafner.

Axel H. Schubert

„Ökologische" Leitbilder als emotionale Kulturtechnik an den Grenzen der Planbarkeit

Zusammenfassung: Im Beitrag wird untersucht, ob die (Re-)Produktion von Leitbildern, mit denen die „ökologische" Krise adressiert wird, als Kulturtechnik verstanden werden kann. Dazu wird ein Modell der Planungspraxis herangezogen, das Planung als Oszillieren zwischen Verunsicherung und Vertrauen konzipiert. Am Beispiel von *Nachhaltigkeit* und der *Stadt der kurzen Wege* wird argumentiert, dass der planerische Gebrauch solcher Leitbilder eine emotional wirksame Kulturtechnik ist. Schließlich werden damit einhergehende Machteffekte behandelt. Indem diese Leitbilder – da sie konzeptionell ihrem Selbstanspruch nicht gerecht werden – ungerechtfertigt-ideologischen Charakter haben, kommt ihrer emotional beruhigenden Kraft eine depolitisierende Wirkung zu. Somit tragen (Re)Produzierende von Leitbildern, wenn auch unbewusst, zur Stabilisierung herrschaftsförmiger Gesellschaftsverhältnisse bei. Darum ist eine entideologisierende Leitbildkritik geboten. Mit ihr werden allerdings die Grenzen der Planbarkeit erreicht.

1 These zur Wirkweise „ökologischer" Leitbilder

Meint Planbarkeit, dass Planer*innen für die Lösung der mit Planung adressierten Probleme geeignete und umsetzbare Pläne vorlegen? Was aber, wenn Planer*innen dies gar nicht primär verfolgen? Was, wenn die Praxis des Planens die Problemwahrnehmung von Planenden verändert oder ihre Bereitschaft, problemadäquate Lösungen vorzuschlagen? Diesbezüglich fragt der Beitrag, wie der gesellschaftliche Umgang mit heute gebräuchlichen „ökologischen" Leitbildern auf die Binnenwahrnehmung von Planungsbeteiligten zurückwirkt. Die These lautet, dass der Umgang mit gängigen, die „ökologische" Krise adressierenden und für die (Re-)Produktion von Raum legitimatorisch bedeutsamen Leitbildern eine *emotional wirkmächtige Kulturtechnik* ist, durch die gesellschaftliche Widersprüche aushaltbar und somit einer grundlegenderen, gesellschaftspolitischen Bearbeitung entzogen werden.[1]

Unter Leitbildhandeln wird eine Planungspraxis verstanden, die explizit oder implizit auf Leitbilder oder Leitvorstellungen Bezug nimmt – sei dies

---

[1] „Ökologie" dient im Beitrag als umgangssprachlicher Platzhalter der eigentlich relevanten Politikfelder wie Friedens-, Migrations-, Ressourcensicherungs- oder Gesundheitspolitik.

„Ökologische" Leitbilder als emotionale Kulturtechnik

beim Agendasetting, bei Aushandlungsprozessen oder der Legitimation von Planungen. Es umfasst das Tun von Planenden als Fachexpert*innen bei der Produktion und Anwendung von Leitbildern, von politischen Auftraggeber*innen als auch von Dritten in ihrem prüfenden Blick auf politisches Handeln und dessen Legitimierung. Leitbildhandeln bezieht sich im Beitrag – auch wenn nicht explizit erwähnt – auf „ökologische" Leitbilder.[2]

Zur Kontextualisierung der These dienen die beiden Folgekapitel. In Kapitel 2 wird ein Planungsverständnis vorgestellt, das emotionale Aspekte einbezieht und Planung als Oszillieren zwischen den Polen von Verunsicherung und Vertrauen konzipiert. Kapitel 3 verweist auf differierende Charakterisierungen der Bedeutungen von Leitbildern in der Planung sowie auf einige Grundannahmen zu den Leitbildern der *nachhaltigen Entwicklung* und der *Stadt der kurzen Wege*. Vor diesem Hintergrund wird in Kapitel 4 gefragt, ob es sich beim Umgang mit „ökologischen" Leitbildern um Kulturtechniken handelt. Dazu werden zentrale Eigenschaften von Kulturtechniken herausgestellt – wie zum Beispiel die Produktion kultureller Ordnung oder das Hineinreichen in den Alltag der Menschen –, auf die die Leitbilder im Anschluss befragt werden. Kapitel 5 ergänzt das Bisherige um den Aspekt der Machtverhältnisse. Mit einem Verweis auf den ideologischen Gehalt der Leitbilder können die durch sie hervorgebrachten Wirkungen, Innovationen und Herrschaftseffekte weiter qualifiziert werden. Abschließend wird kritisch gefragt, ob mit „ökologischen" Leitbildern der Anspruch nach Planbarkeit überhaupt eingelöst werden kann.

Der Beitrag bezweckt damit einen kulturkritischen Blick auf planerische Praxis vor dem Hintergrund der die Moderne in ihrem Fortschrittsoptimismus erschütternden „ökologischen" Krise. Er tut dies insbesondere, indem er die emotionale Dimension dieser Praxis in den Blick nimmt und damit weder vom individuellen Handeln und (moralischen) Urteilen abstrahiert, noch von den üblicherweise unberücksichtigten emotionalen Wirkungen planerischer Produkte.

2 Planen zwischen Verunsicherung und Vertrauen

In ausdifferenzierten Gesellschaften wird dem Umgang mit Unsicherheit, Komplexität und Widersprüchlichkeit ein hoher Stellenwert beigemessen. Ob mit systemtheoretischer Skepsis bezüglich der Planbarkeit bei Luhmann

---

2 Die Ausführungen stehen unter dem Vorbehalt, dass raumplanerische Praxis nicht auf den Umgang mit Leitbildern reduziert werden kann. Auch kann ein generalisierendes Beschreiben von Leitbildhandeln seine tatsächliche Vielfalt samt den unterschiedlichen Wahrnehmungen der beteiligten Akteure nicht abschließend abbilden.

(1997: 776-805) – die letztlich zum „Gefühl einer gewissen Hilflosigkeit" (ebd.: 805) hinsichtlich ökologischer Fragen führe –, oder mit planungstheoretischem Realismus bei Siebel – der insbesondere bezüglich ökologischer Herausforderungen die Rationalität von Planung genau darin sieht, „Widersprüche [...] auszuhalten" und zu befähigen, „zwischen widersprüchlichen Aufgaben zu lavieren" (Siebel 2006: 208f.)[3]. Wird dennoch der Anspruch hochgehalten, reflexiv-bewusst und begründet zu handeln, kann Planung als Versuch verstanden werden, „Entscheidungen von öffentlichem Interesse unter Unsicherheit rational [zu] fällen" (Albers 2015: 200).[4] Doch wie ist es um solch „rationale" Entscheide tatsächlich bestellt?

Urteilen, Handeln und Gefühl sind unauflösbar miteinander verwoben, auch wenn der Einfluss von Emotionen auf Entscheidungen oft „subtil" bleibt und für Handelnde wenig offensichtlich ist (Rothermund, Eder 2011: 179). Letztlich muss „alles, was Vernunft und Verstand als Ratschläge erteilen, für den, der die eigentliche Handlungsentscheidung trifft, emotional akzeptabel sein" (Roth 2009: 175). Und dies gilt auch in der Praxis von Planer*innen. Emotionen wird eine konstitutive Rolle bezüglich Rationalität und Reflexivität zuerkannt, wobei speziell Momente der Irritation und Beunruhigung für Reflexionsprozesse eine zentrale Funktion haben, sowohl als deren Voraussetzung, als auch bei der Urteilsbildung (Schützeichel 2012a: 236-251).

Um solche Abhängigkeiten des Planens von emotionalen Bewertungen besser fassen zu können, habe ich planungstheoretische Ansätze vorgeschlagen, die in einer *emotionalen Rationalität* gründen und damit zur Konzeptualisierung des „emotional turn" in der Planungstheorie beitragen (Schubert 2014). So kann mit der Berücksichtigung von Emotionen beispielsweise differenzierter analysiert werden, wie planende Individuen die widersprüchlichen gesellschaftlichen Bedingungen in ihrer alltäglichen Handlungspraxis handhaben und was es braucht, dass ihnen dies erfolgreich gelingt. Bezüglich der These des Beitrages sind insbesondere zwei Konsequenzen interessant.

Zum einen gilt es anzuerkennen – da alle Produkte staatlichen Handelns auch emotional beurteilt werden – dass „eine emotional neutrale Staatstätigkeit schlicht unmöglich ist" (Heidenreich 2012: 21). Dies umfasst emotionale Wirkungen von Planungen sowohl bei deren Adressaten als auch bei den planenden Akteuren selbst: Wie wird auf Irritationen reagiert, ohne in eine offensichtlich „irrationale" Gefühlspolitik zu verfallen? Wie ist der Umgang mit Gefühlen – und ihrer zumindest impliziten, politischen Steuerung – *normativ begründbar*? (ebd.) Wie können emotionale Wirkungen von eingesetzten Planungsinstrumenten begründet und verantwortet werden?

Zum anderen stellt sich die Frage nach einem angemessenen Verständnis von Planung selbst. Wenn sich „rationale" Entscheide im Umgang mit Unsi-

---

3 Hierzu kritisch: Schubert 2014: 83.
4 Dabei setzt Albers, Walter Rüegg zitierend, dessen Verständnis des Auftrags von Hochschulen in Analogie zu Planung.

„Ökologische" Leitbilder als emotionale Kulturtechnik

cherheit von einer emotionalen Dimension nie frei machen können, scheint ein Konzipieren von Planung solange unpräzise wie eine strenge Rationalität angenommen wird.[5] Darum habe ich vorgeschlagen, den Prozess des Planens als ein Oszillieren zwischen Verunsicherung und (der Bildung von) Vertrauen zu verstehen, da auf die in der Planung stets verbleibenden Ungewissheiten letztlich nicht mit Wissen, sondern nur mit glaubendem Hoffen reagiert werden kann (Schubert 2014: 72ff.). So kann Planung als Versuch gelesen werden, auf ein verunsicherndes Problem mit einer konzeptionellen und dabei vertrauensstiftenden Idee – mit der immer auch eine spezifische Problemsicht einhergeht – zu reagieren (vgl. Abbildung 1). Zum Beispiel wird auf das Problem „es gibt zu viel Autoverkehr" raumplanerisch gerne mit der Idee der „Stadt der kurzen Wege" geantwortet. Wobei eine Idee planerisch dann als erfolgreich gelten kann, wenn sie bei der Vielzahl der beteiligten Akteure ausreichendes Vertrauen bezüglich der je von ihnen erachteten Problemangemessenheit erweckt und somit als Basis für die weitere Problembearbeitung dienen kann. Dabei stellt die noch nicht realisierte Idee erneut einen Quell von Unsicherheit darstellt („die Wege sind aber noch zu lang!"), auf den die Planung mit Lösungsstrategien reagiert („Nutzungsmischung, Dichte, ... !"). Und das Oszillieren erfolgt auch im Detail: Nicht nur die Endprodukte von Planungen (wie behörden- oder rechtsverbindliche Pläne, Entwicklungskonzepte etc.) müssen von Planer*innen, Auftraggeber*innen oder Stakeholdern als ausreichend vertrauenserweckend angenommen werden können; vielmehr muss auch den vielen Schritten in den suchenden, taktierendstrategischen Aushandlungsprozessen ausreichend Vertrauen entgegengebracht werden, um den Planungsfortgang zu sichern (durch ausreichend gute Prognoseannahmen, durch als angemessen erachtete Beteiligungskonzepte etc.). Selbst bei anhaltendem gesellschaftlichen Dissens ist Vertrauen zentral: es kommt in der Annahme der Um- und Durchsetzbarkeit einer Planung zum Ausdruck, die im Vertrauen auf eine ausreichend starke und gesicherte Machtposition gründet. Vertrauen ist also nicht als richtig oder gut zu verstehen, sondern als ein Modus im Umgang mit Unsicherheit, der es gerade trotz Mangel an Zustimmung oder vollständigem Wissen ermöglicht, den Planungsfortschritt zu sichern.

---

5   Streng im Sinne von voller Transparenz, prinzipiell vollständiger Erörterungsfähigkeit aller getroffener Annahmen, Bewusstheit und Beherrschbarkeit bezüglich der Handlungsfolgen für Entscheidende etc. Dies umfasst im Wesentlichen auch die für Planung angenommene, strategische Zweckrationalität. Handlungstheoretisch sollte angesichts von Unsicherheiten jedoch von „begrenzter Rationalität" ausgegangen werden (Schmid 2006: 44ff).

Axel H. Schubert

Abbildung 1: Planung im Spannungsfeld von Vertrauen und Verunsicherung bezüglich Problemen, Aushandlungsprozessen und Produkten

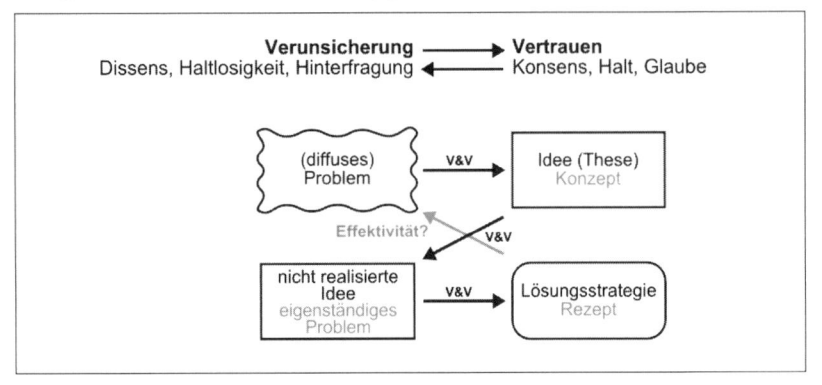

```
        Verunsicherung ────▶ Vertrauen
  Dissens, Haltlosigkeit, Hinterfragung ◀──── Konsens, Halt, Glaube


        (diffuses)      V&V      Idee (These)
         Problem       ────▶      Konzept

              Effektivität?  V&V

       nicht realisierte     V&V    Lösungsstrategie
            Idee            ────▶        Rezept
        eigenständiges
           Problem
```

3 Planungsleitbilder mit Bezug auf die „Öko"-Krise

Mit Leitbildern geht es hier um solche, die einen Bezug zur „ökologischen" Krise aufweisen, die in den Jahren der „Ökologischen Revolution" (Radkau 2011: 124-164) um 1970 verstärkt ins Bewusstsein geriet. Konkret werden das 1992 mit *Rio* für Kommunen unumgänglich gewordene Konzept der *nachhaltigen Entwicklung* und das bezüglich Mobilität seit den späten 1980er Jahren vielbemühte Leitbild der *Stadt der kurzen Wege* herangezogen.[6] Die beiden untereinander kompatiblen Leitbilder können als fachlich und gesellschaftspolitisch anerkannt und populär gelten. Insbesondere ist kein Ruf nach Nicht-Nachhaltigkeit oder langen Wegen vernehmbar.

Nachhaltigkeit soll als ein auf globale und generationsübergreifende Gerechtigkeit zielender Ansatz verstanden werden, der zur Bearbeitung gesellschaftlicher Herausforderungen auf die Integration und gleichwertige Berücksichtigung der drei Dimensionen Soziales, Ökologie und Ökonomie setzt, sowie zur Einlösung der Gerechtigkeitspostulate vor allem auf die Strategien der Effizienz und des grünen Wachstums. Es stehen hier mit einem solch *gängigen Verständnis* also nicht jene „von unten" entwickelten Ansätze im Fokus, die sehr direkt auf eine sozio-kulturelle Transformation im Sinne eines radikalen kulturellen Wandels zielen. Mit der *Stadt der kurzen Wege* ist wiederum jene Leitvorstellung gemeint, mit der eine deutliche Reduktion des

---

6   Die Aussagen des Beitrags treffen auch auf das Schweizer Konzept der energie- und klimapolitischen 2000-Watt-Gesellschaft zu, vgl. www.2000watt.ch (15.09.2015); Schubert 2016.

„Ökologische" Leitbilder als emotionale Kulturtechnik

Autoverkehrs durch hohe Dichte, Nutzungsmischung und attraktive Angebote an städtischen Außenräumen und öffentlichem Verkehr angenommen wird.[7]

Für das Wiedererstarken von Leitbildern in der Planung in den 1980er Jahren werden viele Gründe benannt, z.B. ihre inhaltlich-strategische Orientierungs- und Koordinationsfunktion, ihr Motivationsvermögen, ihre Kraft, sozial zu integrieren, institutionelles Beharrungsvermögen zu überwinden und damit zu Innovation beizutragen (vgl. Becker 1998; Kuder 2008: 184f.; Giesel 2007: 221ff.). Dabei wird der Umgang mit Leitbildern nicht nur als den gesellschaftlichen Bedingungen angemessen erachtet,[8] sondern auch als ideologisch-hegemonial kritisiert, da mit Leitbildern letztlich vorherrschende Interessen und dominierende sozialökonomische und -räumliche Prozesse zum Ausdruck kommen (Bahrdt 1964; Konter 1997).

4 „Öko"-Krise: Leitbildhandeln als Kulturtechnik?

In diesem Kapitel wird geprüft, ob der planerische Umgang mit „ökologischen" Leitbildern als Kulturtechnik verstanden werden kann. Bei Kulturtechniken geht es um Praktiken der „Erzeugung von Kultur" (Siegert 2011: 116). Dabei können Eigenschaften von Kulturen bezüglich drei grundlegender Spannungsfelder differenziert werden: von Kontinuität und Wandel, von der Öffnung und Abgrenzung gegenüber Mitgliedern sowie von Vereinheitlichung und Differenzierung bezüglich Werten und Verhalten (Hauser, Banse 2010: 22). Um der Gefahr zu begegnen, bei der Beschreibung von Kultur selbst vereinheitlichende Zuschreibungen zu treffen, wird unter Berücksichtigung nicht nur allgemein-subjektiven sondern konkret-individuellen Handelns die Bedeutung von Kultur als Deutungsmuster für je einzelne Individuen und deren Tun betont.[9] So gilt Kultur als eine stets vom deutenden Individuum abhängige Variable, die ihm zugleich als sinn- und bedeutungsgeladenes Handlungsfeld erscheint (Straub 2004: 573ff.):

> „Kultur stellt bisweilen auf ganz offenkundige, häufiger auf kaum merkliche Weise einer Vielzahl von Personen Ordnungsformen und Deutungsmuster für die kognitive und rationale, emotionale und affektive Identifikation, Evaluation und Strukturierung von Gegebenheiten und Geschehnissen in der Welt sowie Prinzipien und Paradigmen der Handlungsorientierung und Lebensführung bereit." (ebd.: 581)

---

7 Insbesondere die staatlichen Ansätze zielen auf die hier skizzierten Konzeptverständnisse, siehe z.B. Deutscher Bundestag 1998: 18; UBA 2011; ARE 2012; Vgl. Schubert 2016.
8 So für heutige, mit Ausnahme oktroyierter Leitbilder bei Giesel (2007: 14, 243f.). Ihren Schlüssen fehlt allerdings eine ausreichende handlungs- und machttheoretische Fundierung.
9 Vgl. Frank (1987) zur Differenzierung von Subjekt, Person und Individuum.

Mangels eines einheitlichen Begriffs von Kultur (ebd.; vgl. Hauser; Banse 2010: 21) werden in den Kulturwissenschaften verschiedene Merkmale zu ihrer Bestimmung vorgeschlagen. Dabei interessieren hier vor allem jene der „Integrationstendenz" und der „schwachen Normativität" (Kettner 2004: 227f.).[10] Bei Integrationstendenz geht es um das gegenseitige Durchdringen von verschiedenen, gleichzeitig bestehenden kulturellen Praktiken, mit der Tendenz, zusammenhängende Muster auszubilden. Im Ergebnis stellen sich den Menschen ihre vielfältigen Praktiken als sinnvoll dar – auch wenn sie mit ihnen konfligierende Zwecke verfolgen. Schwache Normativität meint, dass im Alltag gängige Praktiken durch Kultur mit *irgendwelchen* – das heißt nicht mit notwendigerweise schlüssigen – Erklärungs- und Rechtfertigungsgründen versorgt werden.

Kulturtechniken sind zum Beispiel Praktiken des Bekleidens, das Wohnen, Schreiben, Repräsentationssysteme, Künste, Sitten, die Siedlungskultur oder Raumbeherrschung. Kulturtechnisch können symbolische, politische und ökonomische Aspekte genauso analysiert werden wie Techniken der Macht (Siegert 2011: 99ff.; Nanz, Siegert 2006: 10). Kulturtechniken zeichnen sich als Praktiken und Verfahren der Hervorbringung von kulturellen Leistungen und Kollektiven durch verschiedene Merkmale aus: Sie weisen als komplexe Lösungskonzepte einen gesellschaftlichen Problembezug auf, wobei die zum Einsatz kommende Technologie eine gesellschaftliche Tiefenwirkung entfaltet, indem sie den Alltag der Menschen durchdringt (Meder 1998: 26). Kulturtechniken gehen dabei mit einem körperlich routinierten Können einher, das als habitualisierte Praxis nicht weiter danach fragt, warum es ist und erfolgt (Krämer, Bredekamp 2003: 17f.). Sie tragen zur Produktion und Begründung von kulturellen Ordnungen bei und somit auch zur „Konstitution von [...] Wirklichkeiten, die sich aus vermeintlich *natürlichen* Ordnungen der Dinge zusammensetzen." (Nanz, Siegert 2006: 8, Herv.i.O.) Kulturtechniken leisten dies, indem sie für Kultur konstitutive Unterscheidungen hervorbringen und prozessieren (wie innen/außen, rein/unrein etc.). Dabei geht es nicht bloß um die Anwendung von Technik, sondern um eine komplexe, zirkulär-rekursive Vermittlung zwischen individuellgesellschaftlichen Praxen, Technik und Medien, die durch ihr Zusammenwirken zu einer „Technik der Kultur" (Maye 2010: 135) werden. Mit einem breiten Verständnis von Technologie und Technik, das auch Körpertechniken, Repräsentationsverfahren, Riten, Sitten, Habitualisierungen oder Disziplinarsysteme umfasst (Siegert 2011: 98f., 116f.), können gesellschaftliche Praxen gleichwohl unter einem anderen Licht verstanden werden: „Schreiben, Lesen und Rechnen erweisen sich in dieser Betrachtung als Körper- und Medientechniken, nicht als Geistestechniken oder kommunikatives Handeln." (ebd.: 116) Und hierauf soll im Folgenden der Blick bezüglich des Leitbild-

---

10 Drei weitere Aspekte sind Normalisierungsarbeit, Gemeinschaftsbezug, Geschichtlichkeit.

"Ökologische" Leitbilder als emotionale Kulturtechnik

handelns gerichtet werden: also weniger auf Leitbilder als Produkt, sondern auf ihr Zustandekommen und Gebrauchtwerden. Dabei steht nicht die Frage des diskursiv-kommunikativen Aushandelns im Vordergrund, sondern das zirkuläre Wechselspiel von Leitbildern und leiblich-affektivem Involviertsein im Rahmen ihrer (Re-)Produktion.

An den Umgang mit „Öko"-Leitbildern als potenzielle Kulturtechnik können also verschiedene Fragen gestellt werden, die im Folgenden behandelt werden:

- Ist solch Leitbildhandeln eine gesellschaftliche Praxis, die kulturelle Leistungen durch vermittelnde Verwendung von Technik hervorbringt?
- Gründet es in einem gesellschaftlich relevanten Problem?
- Prozessiert, das heißt: bringt es Unterschiede vermittelnd hervor? Welche?
- Trägt solch Leitbildhandeln dazu bei, kulturelle Ordnung zu produzieren?
- Ist es eine Praxis, die gesellschaftlich tief in den Alltag der Menschen reicht und von ihnen habitualisiert-routiniert praktiziert wird?
- Bringt entsprechendes Leitbildhandeln Kollektive hervor?
- Gibt es ein rekursiv-zirkuläres Moment zwischen gesellschaftlich vermittelter Praxis, Technik und Medien?

4.1 Technikvermittelte Kulturleistung

Raumplanerisches Leitbildhandeln basiert auf der Technik des Modellierens: Es nutzt das Abstrahieren, Eröffnen von Denkmöglichkeiten, Ausweisen von Bezugsgrößen, teils auch das Abbildhafte (vgl. Mahr 2003). Ihr Modellcharakter macht Leitbilder zu Repräsentationssystemen. Ihre abstrakten Erzählungen sind symbolische Referenzrahmen für die möglichen Lösungsansätze auf der konkreteren Ebene der Problembearbeitung. Dabei haben Modelle den Doppelcharakter, sowohl beschreibend-deskriptiv als auch vorausweisend-präskriptiv zu sein (ebd.: 78). So ist Modellieren wie auch das (Re-)Produzieren von Leitbildern sowohl ein Instrument des Analysierens als auch eines, mit dem Planabsichten transportiert werden. Wird hier alltagsweltlich aber nicht klar differenziert, wird schnell das Gewünschte als bereits Erreichtes wahrgenommen – und damit ein Quartier als nachhaltig, wo ein solcher Nachweis erst zu führen wäre, oder die Wege im mischgenutzten Areal als kurz, selbst wenn der reelle Anteil der Pendler*innen kaum wirklich niedriger ist.

Axel H. Schubert

4.2 Gesellschaftlicher Problembezug

Als Kulturtechnik müssen Leitbilder ein Problem von gesellschaftlicher Relevanz adressieren. Dies liegt mit der „ökologischen" Krise offensichtlich vor. Dennoch wird kaum konzise Rechenschaft über den eigentlichen Problemkern abgelegt. Handelt es sich bei „Umweltthemen" um Gesundheitsfragen, Gerechtigkeitsanliegen, die Sicherung von Freiheitsvoraussetzungen, um Friedenspolitik? Dass schon das Benennen eines Problems problematisch ist, und nicht zuletzt Problem und Lösung nur voneinander abhängig zu beschreiben sind, hat Rittel als Teil der „Bösartigkeit" (1972) von Planungsproblemen ausgewiesen. Um trotz dieser Problematik einen allgemein geteilten Problembezug anbieten zu können, wird die Behauptung und Produktion solch einer breit geteilten Problemsicht zentral. Deshalb lohnt ein Blick auf Erzählungen und Problemdeutungen beim Leitbildhandeln, da diese den Deutungsraum entsprechend „richtiger" Lösungen vorstrukturieren.

Bei *Nachhaltigkeit* dominiert seit Mitte der 1990er Jahre die Rede von der Gleichwertigkeit dreier nicht ausreichend integrierter Dimensionen. Obwohl weder deren Auswahl noch die Gleichwertigkeit konzeptionell schlüssig ist – nur umweltökonomistisch können die drei Dimensionen in einen konsistenten Zusammenhang gebracht werden, dann allerdings nicht gleichwertig, sondern notwendig hierarchisch –, konnte solch eine Lesart populär werden, da sie auf drei seit den 1970er Jahren virulente Krisendimensionen zielt: mit Ökonomie auf die Krise des Fordismus, mit Ökologie auf eine hohe Vielfalt von als „Umweltthemen" wahrgenommenen, gesellschaftlichen Problemen (wie Luftverschmutzung, saurer Regen, Ölpreisschock oder die „Grenzen des Wachstums") sowie mit Sozialem auf angemessene gesellschaftliche Teilhabe, ob global oder beim lokalen Aushandeln. Die *Stadt der kurzen Wege* knüpft an die Erzählung des Scheiterns der funktionsgetrennten, aufgelockerten und autogerechten Stadt an, die zu geringen Dichten und weiträumiger Nutzungstrennung führte.

Bei solchen Problemdeutungen liegen zur Lösung des Gerechtigkeitspostulats der Nachhaltigkeit schnell drei gleichwertig zu berücksichtigende Dimensionen auf der Hand, bzw. bei der Stadt der kurzen Wege das Bild der (rasch romantisierenden) „Europäischen Stadt" von hoher baulicher und sozialer Dichte. Für die Ausdeutung der Leitbilder sind gerade solch eingängige, breit anschlussfähige und dennoch abstrakte und darin symbolische Problemkonstruktionen bedeutsam. Erst sie ermöglichen nicht nur eine orts- und situationsbezogene Adaption (Jessen, Walther 2010), sondern auch eine recht offene Problembearbeitung. So kann fast jede auf das Gute zielende Politik zur Nachhaltigkeitspolitik werden. Darüber hinaus ist es der symbolische Gehalt, der allen uneindeutigen politischen Begriffen eigen ist und daher immer auch zu einer affektiven Bezugnahme führt (Göhler 2012). Dies prä-

„Ökologische" Leitbilder als emotionale Kulturtechnik

destiniert Leitbilder zugleich für eine bedeutende Rolle im Prozess des Oszillierens zwischen Verunsicherung und Vertrauen.

4.3 Hervorbringung von Unterschieden

Indem Leitbilder gesellschaftliche Deutungsmuster und darauf Bezug nehmend gute Gründe für das Handeln liefern, zielen sie auf einen Kernbereich des Kulturellen. Denn Gründe sind eine „Kulturleistung par excellence", in ihnen „konzentriert sich Kultur als Normalisierungskraft" (Kettner 2004: 229). Mit Leitbildern werden dabei Begründungs-Bündel produziert, die *richtiges* Handeln nach zwei Seiten hin abgrenzen: einerseits regt Leitbildhandeln zu Neuerungen an, andererseits bewahrt es vor allzu radikalen und zu schwer umsetzbaren Veränderungen. Eine Unterscheidung erfolgt damit nicht nur gegenüber dem Status-Quo, sondern auch in Bezug auf ein noch nicht Dagewesenes, aber potenziell Mögliches. Dabei ist Leitbildhandeln beim Herausfiltern von Deutungsmustern sowohl hinsichtlich der rechten Problemsicht als auch der geeigneten Lösungen hoch selektiv. Arbeiten Adler und Schachtschneider zehn „Konzepte für gesellschaftliche Wege aus der Ökokrise" (2010) heraus, adressiert der offizielle Nachhaltigkeitsdiskurs im Wesentlichen das einer ökologischen Modernisierung innerhalb des Systems. So bleiben Fragen der solidarischen Ökonomie, einer Politik der Schrumpfung und höheren Gleichverteilung als Voraussetzungen funktionierender Suffizienz oder von post-peak-oil bezogener Ernährungssouveränität mit ihren räumlichen Konsequenzen usw. in alltagspraktisch gängigen Diskursen zur *Nachhaltigkeit* weitestgehend unberücksichtigt. Entsprechend unbedeutend sind bei der *Stadt der kurzen Wege* Ansätze wie die signifikante Erhöhung der Raumwiderstände, die Korrektur der Berechnungsgrundlagen des Bundesverkehrswegeplans, die Verknappung von Stellplätzen und deren Relokalisierung nach dem Prinzip gleicher Wegelängen zwischen Wohnung und Parkplatz respektive Wohnung und der nächsten Haltestelle des öffentlichen Verkehrs (Äquidistanz) etc. Doch indem die mit Leitbildern transportierten Unterschiede und Abgrenzungen alternative Entwicklungspfade marginalisieren, tragen sie dazu bei, „in der ‚Zukunft' lediglich" – mit Bookchins Worten – „eine Verlängerung der Gegenwart zu sehen" (1981: 147), ohne zu versuchen, heutige soziokulturelle Beschränkungen zu überwinden.

4.4 Produktion von kultureller Ordnung

Werte (das Gute) und Normen (das Richtige) zeichnen kulturelle Phänomene im Speziellen aus (Kettner 2004: 219). Dabei brauchen Normen Werte, weil das Richtige nicht ohne das Gute als richtig qualifiziert werden kann. Umgekehrt brauchen Werte auch Normen, denn das Gute kann erst durch das Richtige im Handeln zum Ausdruck kommen und darin als Gutes erfahren werden. Zudem erhalten Werte ihren normativen Charakter erst dann, wenn hinter einem persönlichen Wollen zugleich eine gesellschaftliche Erwartungshaltung steht, das heißt wenn gesellschaftliche Regeln als Maßstäbe richtigen Handelns herangezogen werden können (ebd.: 221ff.).

Heute ist diese Produktion des gesellschaftlich „Richtigen" – gerade vor dem Hintergrund einer von Widersprüchen durchzogenen Gesellschaft – jedoch schwierig. Hier hilft Leitbildhandeln, da es als Praxis wahrgenommen werden kann, in der das Gute (Werte) zum Richtigen (Normen, Handlungsanleitungen) transformiert und zugleich durch Regelsysteme (Gesetze, Pläne, Konzepte, Indikatoren, Labels etc.) institutionalisiert respektive an Einzelprojekten (Quartier der Nähe, grüne olympische Spiele etc.) konkretisiert wird.

4.5 Körperlich-routinierte Alltagspraxis

Kann Leitbildhandeln als routiniert praktizierte Körpertechnik verstanden werden? Körper – „als eine untrennbare Einheit von gegenständlicher Körperlichkeit und leiblich-affektiven Erfahrungen" (Gugutzer 2004: 155) – ohne das Emotionale zu denken, bliebe unvollständig. So sollte (auch) Leitbildhandeln nicht nur auf eine praktisch-handwerkliche, möglicherweise routiniert-habituell eingespielte Dimension des Tätigseins befragt werden. Leitbilder sind Angebote, auf die bei erhöhtem Rechtfertigungsdruck zurückgegriffen werden kann – sie haben Legitimationsfunktion, ohne damit Planungen grundsätzlich zu gefährden. Insbesondere der bunte Strauß der Nachhaltigkeit bietet stets ausreichend gute Rechtfertigungen. Dies verhilft Leitbildern zu ihrer effizienten Wirkweise: Ihnen eilt ein großer Schatten voraus, der produktiv wird, indem er eine andauernde Beschäftigung mit ihnen entbehrlich macht. Das Wissen, sich ihrer beim politischen Rechtfertigen allenfalls bedienen zu können – und sei es kompensatorisch zur Legitimation von Straßenbauprojekten im Sinne einer nachhaltigen Standortförderung –, schafft beruhigendes Vertrauen. Vertrauen, das auch sonstige Handlungsroutinen zu stabilisieren vermag. Hier spielt hinein, dass beim habitualisierten Tun Können und Wissen auseinanderfallen (Krämer, Bredkamp 2003: 16ff.). Ich kann beruhigt sein (Können), ohne zu wissen (oder bewusst danach zu fragen), worin dies gründet. So kommt die Sicherheit, vor dem Hintergrund „ökologischer" Krisenerscheinungen leitbildgestützt gesellschaftlich ausreichend akzeptable Entscheidungen treffen zu können, längst auch ohne weitere Bewusstwerdung aus. Selbst wenn von persönlichen Zweifeln durchzogen, wird diese Sicherheit kaum soweit erschüttert, die Leitbilder an sich in Frage zu stellen. So ermöglicht Vertrauen in genügend brauchbare Leitbilder die routiniert-unbewusste, eigene Beherrschung von aufkommenden und potenziell störenden Gefühlen. So sind am Gefühlsmanagement, das

„Ökologische" Leitbilder als emotionale Kulturtechnik

mit leitbildbezogenem Handeln einhergeht, (Re-)Produzierende von Leitbildern implizit und stetig mitbeteiligt. Insbesondere als Ausdruck eines sozial geteilten, anhaltend ausbleibenden Empörtseins vermögen Leitbilder effektiv zum Beruhigtsein beizutragen.[11]

4.6 Kollektivbildung und Akteursmotivationen

Für Kollektive sind geteilte Problemdeutungen und eine hohe Konsensbildungsfähigkeit zentral (Adloff 2004). Inhaltlich offene Leitvorstellungen lassen solch gesellschaftlich breit geteilte Deutungsmuster zu. Eine hohe soziale Geschlossenheit vermag Leitbildhandeln auch unter Planenden – trotz deren unterschiedlichen Haltungen und Motivationen – herzustellen, was auch von hoher Bedeutung für die Effizienz von Verwaltungshandeln ist. Ob projektaffine, an symbolischem Gewinn orientierte Opportunist*innen (Boltanski, Chiapello 2003: 391ff.), indifferente Pragmatist*innen oder Idealist*innen mit hohen Veränderungsambitionen – ihnen allen kann Leitbildhandeln Nutzen und/oder Sinn vermitteln. Nicht zuletzt können sich auch Skeptiker*innen dem Leitbildhandeln kaum entziehen. Dies verdeutlicht die alltagspraktisch schiere Unmöglichkeit, Leitbildern den Konsens zu kündigen und sie wirksam zu kritisieren: Schnell gilt es den Vorwurf der Utopistin auszuhalten oder des Spielverderbers, der kollektiv geteilte Deutungsmuster angreift, andere der Irritation aussetzt, zur weiteren Rechtfertigung und grundlegenderer Reflexion nötigt – doch in jedem Fall den reibungslosen Handlungsfortgang stört. Das weitgehende Ausbleiben einer Kritik an den Konzepten der *nachhaltigen Entwicklung* und der *Stadt der kurzen Wege* ist darum nicht notwendigerweise als Zeichen für die Richtigkeit dieser Leitbilder zu lesen, sondern als Ausdruck einer weitgehend kollektiven Akzeptanz der mit ihnen einhergehenden Deutungsmuster als ausreichend annehmbare Verständigungsebenen.

4.7 Rekursivität

Bei der Bearbeitung raumplanerischer Probleme – und damit auch von offenen Leitvorstellungen – wird trotz aller Deliberation letztlich emotional beurteilt, ob eine vorgeschlagene Lösung als ausreichend und akzeptabel er-

---

11 Beruhigtsein kann auf verschiedene Weise rückverankert sein und begünstigt werden: sozial in „Emotionsmilieus" (vgl. Schützeichel 2012b), individuell als „emotionaler Habitus" (ebd.: 480) oder als Stimmung, die Einfluss auf nachfolgende Emotionen und Urteile hat (Mees 2006: 119f.). Oskar Negt sieht heute eine gleichgültig machende, Empörung niederdrückende, gesellschaftliche Stimmungseinengung (Neupert-Doppler 2015: 160).

scheint.¹² Dabei fließen in individuelle Urteile zugleich Erwartungen über die Anerkennung und damit verbundene „emotionale Gratifikationen" (Schützeichel 2012b: 482) ein, die die jeweilige Lösung im unmittelbaren sozialen Umfeld sowie gesellschaftlich genießen könnte. Doch mit der Arbeit an Leitbildern gehen nicht nur emotionale Bewertungen einher – auch können sich diese im Laufe der Jahre verändern und so zur Aktualisierung der Leitbilder motivieren, dass sie weiterhin als fortschrittlich annehmbar bleiben. Leitbildhandeln ist damit emotional selbstreferenziell: Durch sich verändernde Gefühlslagen werden in einem gesellschaftlichen Lernprozess Leitvorstellungen hervorgebracht und angepasst, wie auch mit diesen neue Gefühle einhergehen. So wird *Nachhaltigkeit* in den letzten Jahren aktualisiert, indem Suffizienz, Resilienz und Smart Cities zum Thema werden. Die *Stadt der kurzen Wege* scheint, wenngleich mit verminderter Strahlkraft, auch ohne konzeptionelle Neuerungen noch glaubwürdig – diese erfolgen eher als kompensatorische Ergänzung des Leitbildes im Hoffen auf eine verträgliche Abwicklung des verbleibenden Verkehrs, wie durch E-Mobilität, Car-Sharing etc. So bringt Leitbildhandeln sowohl medienseitig (Leitbilder) als auch körperseitig (Emotionen) (neue) Unterscheidungen hervor. Dabei ist diese Rekursivität nicht geschlossen zirkular. Sie steht einer wechselseitigen Veränderungsdynamik inhärent offen und ermöglicht – respektive erfordert – Innovationen im Sinne positiv besetzter Neuerungen.¹³

5 Fazit: Emotionale Kulturtechnik, Effekte der Macht und die Grenzen der Planbarkeit

Planerisches Handeln in Bezug auf „ökologische" Leitbilder kann somit als Kulturtechnik verstanden werden. Die leitbildvermittelte (Re-)Produktion von Kultur zeichnet sich dabei durch einen Körperbezug aus, der eine dem strategisch-ideellen Kern von Leitbildern entsprechende, stark emotionale Prägung hat. In einer von Widersprüchen durchzogenen Gesellschaft trägt Leitbildhandeln als Kulturtechnik durch Unterscheidungen und Abgrenzungen sowohl zu Kollektivbildungen als auch zur ideellen Produktion spezifischer Problemdeutungen, sowie in Bezug auf Lösungsstrategien zum gesellschaftlich Richtigen bei. Dabei wurde im Beitrag noch nicht auf Aspekte der

---

12 Vgl. erkenntnistheoretisch die „Spontanurteile" bei Rittel (1972: 56f.) oder neurobiologisch bei Roth: „es gibt aber kein rein rationales Handeln. Am Ende eines noch so langen Prozesses des Abwägens steht immer ein emotionales Für oder Wider." (2009: 175, Herv.i.O.)
13 Wo Leitbildhandeln mit Institutioneneffekten einhergeht, indem es zum Beispiel soziales Verhalten für Dritte erwartbar macht, scheint eine Analogie zur „emotive[n] Hyperstabilität" (Nullmeier 2006: 96) gegeben. Danach führen Institutionen zu jenen Gefühlen, die zur Stabilisierung der Institution trotz sich verändernder Rahmenbedingungen beitragen.

"Ökologische" Leitbilder als emotionale Kulturtechnik

Macht und der Herrschaftsverhältnisse eingegangen. Um diese zu thematisieren, soll gefragt werden, ob und wie eine Kritik an Leitbildern, mit denen Kultur (re-)produziert wird, möglich ist.

Mit Adorno (1954: 465) ist Kulturkritik ohne einen eigenen, externen Standpunkt – der selbst wieder ein politischer wäre – nur insofern möglich, als die kulturell transportierten Ideen beim eigenen Wort genommen und auf Selbstwidersprüchlichkeiten hin überprüft werden. Methodisch können so auch Leitbilder auf innere Rationalitätsdefizite hin untersucht werden. Dabei müssen auch die zur Einlösung einer Idee erforderlichen Bedingungen gegeben sein oder ernsthaft geschaffen werden – ansonsten fehlt einer Idee ihre materielle Glaubwürdigkeit (Honneth 2004: 103ff.).[14]

Zu den beiden Leitbildern ist also zu fragen, ob die maßgeblichen Strategien wirkungsvoll sind, um die *selbstgesteckten* Ziele – die Gerechtigkeitspostulate respektive „kurze Wege" – tatsächlich *auch effektiv* zu erreichen. Dies ist jedoch zu verneinen. Verkürzt kann gesagt werden: *Nachhaltigkeit* zielt auf Wachstumseffekte, ohne das wirtschaftliche Handeln als dem gesellschaftlichen dienend zu konzipieren; und mit der *Stadt der kurzen Wege* werden die hohen Geschwindigkeiten, die ursächlich für die langen Wege sind, der politischen Diskussion entzogen. Beide Leitbilder sind darum *ungerechtfertigte Ideologien*.[15] Vor diesem Hintergrund soll Leitbildhandeln anhand von vier Überlegungen weiter eingeordnet werden.

5.1 Depolitisierende Wirkung

Wenn unter Ideologie das verstanden werden kann, „was uns mit Vergnügen im Innern von Widersprüchen leben lässt" (Illouz 2007: 168), sind ungerechtfertigte Leitbilder mehr als ein rein ideeller, die Selbstwidersprüchlichkeiten der Gesellschaft glättender Kit. Indem sie Vertrauen stiften, wo Zweifel rational wäre, sind sie Teil der bei Blühdorn beschriebenen „Praktiken der gesellschaftlichen Selbstillusionierung" (2013: 256). Tragen Akteur*innen, ob beabsichtigt oder nicht, im Umgang mit ungerechtfertigten Leitbildern dazu bei, Vertrauen zu stiften, dann ist dies nicht nur irgendeine Arbeit am leiblich-affektiven Empfinden von anderen oder von ihnen selbst, sondern ein normativ schlecht begründbares Gefühlsmanagement. Denn auch unschlüssige Leitbilder helfen, entsprechend unschlüssiges Planungshandeln *dennoch* als ausreichend begründet und als aushaltbar wahrzunehmen. Und auch ge-

---

14   Auch die materielle Glaubwürdigkeit zu beurteilen bedarf letztlich politischer Urteile.
15   Ausführlicher Schubert 2016. Während Nachhaltigkeit als durch Partizipation gestützte Absicherung des Neoliberalismus (vgl. Spehr; Stickler 1997; Swyngedouw 2009; Blühdorn 2013) und das Dreisäulenmodell als nachhaltigkeitstheoretisch unzureichend (vgl. Ekardt 2005: 27, Ott; Döring 2011: 37ff; Schubert 2016) kritisiert wird, werden die modernistischen Grundannahmen der Stadt der kurzen Wege weit seltener hinterfragt (anders Knoflacher 1986; Pfleiderer; Braun 1995; Schubert 2011).

sellschaftliche Alltagspraxen – die angesichts der „ökologischen" Krise bei Menschen Zweifel und schlechte Gefühle aufkommen lassen könnten – werden durch leitbildgestützte Erzählungen und deren Bestärkungen des Modernisierungsversprechens mit ausreichend Sinn versehen und so kulturell stabilisiert bzw. erneuert. Denn nicht nur die „ökologische" Krise ist ein Problem, sondern auch, in Krisenzeiten weiter handlungsfähig zu bleiben. Handeln in Bezug auf Leitbilder ermöglicht dies, gerade dank deren schwachen Normativität und hohen Integrationstendenz. Leitbildhandeln ist nicht nur durch Kultur und deren Krisenerscheinungen hervorgebracht, sondern Kultur stabilisierend und damit hervorbringend zugleich. Illouz schlägt vor, bezüglich der kulturellen Bedeutung von Emotionen die Herausbildung eines *emotionalen Stils* anzunehmen:

> „'Emotionaler Stil' nenne ich hier die Art und Weise, in der das emotionale Leben [...] der Kultur des 20. Jahrhunderts zum ‚Anliegen' wird und die Art und Weise, in der sie spezifische ‚Techniken' entwickelt [...], um diese Emotionen zu verstehen und zu handhaben." (Illouz 2007: 15)

Handeln bezüglich „ökologischer" Leitbilder steht als Reaktion auf die kulturellen, die Moderne hinterfragenden Irritationen um die 1970er Jahre solch einer Technik nahe. Doch geht es dabei nicht wie bei Illouz darum, Emotionen auch (individuell) zu verstehen,[16] sondern darum, sie (kollektiv) zu handhaben. Denn gerade dass die emotionale Wirkung von Leitbildern *nicht* bewusst und damit politisch bearbeitbar gemacht wird, zeichnet Leitbildhandeln aus. Aufgrund seiner Eigenschaften ist es als „Technik der Kultur" (Maye 2010: 135) zu verstehen, die das Aufkommen tiefer Irritationen verhindert und dadurch grundlegendere, zur politischen Positionierung nötigende Rechtfertigungsmomente aus der Praxis fernhält. Handeln in Bezug auf ungerechtfertigte Leitbilder wird im (Planungs-)Alltag zu einem zweckgerichteten Gefühlsmanagement und ist als emotional vermittelnde und *depolitisierende Kulturtechnik* zu verstehen.

5.2 Legitimatorische Innovationen

Wie können dann die für das Moment der Rekursivität beschriebenen Innovationen eingeordnet werden?[17] Der Sozialphilosoph Axel Honneth weist darauf hin, dass sich Ideologien stets auch als positiv und gegenüber dem Gegebenen als kontrastiv – sprich als besser – präsentieren müssen. Um

---

16 Illouz zielt unter anderem auf Selbstnarration in Psychoanalyse und Selbsthilfe.
17 Jessen und Walther (2010) gehen von einem wertneutralen Verständnis von Innovation als einer grundlegenden und durchsetzungsstarken Neuerung aus. Sie sehen in Leitbildern die Möglichkeit der symbolischen Verankerung von Innovationen in der Planungsprofession. Dementgegen wird hier Innovation als wertbesetzt und positiv konnotiert begriffen, ohne dass die gesellschaftliche Durchsetzungsstärke bereits unter Beweis gestellt sein muss.

"Ökologische" Leitbilder als emotionale Kulturtechnik

gemeinhin als fortschrittlich wahrgenommen zu werden, müssen sie regelmäßig „die Empfindung besonderer Auszeichnung" (Honneth 2004: 122) bieten, um „ihre Adressaten rational zur Selbstanwendung motivieren zu können" (ebd.). In dem Maße, wie Ideologien ungerechtfertigt sind, weil ihnen ihre ideelle und/oder materielle Glaubwürdigkeit fehlt, haben die mit ihnen einhergehenden Innovationen einen legitimatorischen Grundton. Solche Innovationen sind Zustimmungsvoraussetzung für Handelnde, nicht aber ausreichende Neuerung. Weder führen Effizienzsteigerungen zu entsprechenden Einspareffekten, noch kleinräumige Nutzungsmischung zum Arbeitsplatz vor Ort. So geht es beim alltäglichen, auch impliziten Rekurrieren auf „ökologische" Leitbilder weniger darum, der brüchig gewordenen Moderne Entwürfe entgegenzusetzen, die einer kulturellen Transformation mit Nachdruck verpflichtet sind, sondern solche, die im Wesentlichen innerhalb bestehender Deutungsmuster denkbar bleiben. Denn das Spannungsfeld aus Verunsicherung und Vertrauen ist nicht nur eines zwischen Problem und vermeintlich problemlösenden und pragmatisch umsetzbaren Ideen und Konzepten (vgl. das „horizontale" Oszillieren in Abbildung 2). Es ist auch eines der Bewusstwerdung eines problemadäquaten, potenziell irritierenden Verständnisses gegenüber der bisherigen Lösungsparadigmen (vgl. der „vertikale" Schritt zu einer häretischen Problemanalyse, die gesellschaftlich wie fachlich breit geteilte und darin orthodoxe Sicht- und Handlungsweisen in Frage stellt).[18] Der legitimatorische Charakter von aus ungerechtfertigten Leitbildern hervorgehenden Innovationen hilft, dass durch diese Leitbilder hervorgebrachtes Handeln aufseiten des Orthodoxen verbleibt und der Glaube an dessen Angemessenheit trotz unzureichender Lösungsansätze gestützt wird. Auch wenn das unschlüssig-pragmatische wie moderat-innovative Agieren die für Leitbilder alltagspraktisch zentralen Orientierungs-, Koordinations- und Motivationsfunktionen erst ermöglicht – solange der Bogen zu häretischen Positionen nicht aufgespannt wird, ist entsprechendes Leitbildhandeln ideelles Greenwashing und, da normativ nur unzureichend begründbar, auch unlauteres Gefühlsmanagement.

---

18 Dabei ist vor falschem Voluntarismus zu warnen: Irritation befähigt Handelnde noch nicht, zu tun, was sie wünschen, solange sozioökonomische Verhältnisse dem entgegenstehen. Verunsichernde Kritik ist nur ein erster Schritt im Rahmen kritischer Analyse und Praxis.

Axel H. Schubert

Abbildung 2: Vertrauen und Verunsicherung am Beispiel des Leitbildes der Stadt der kurzen Wege – (be)drohender häretischer Bruch mit dem modernistischen Geschwindigkeits- und Fortschrittsoptimismus (vgl. Schubert 2011)

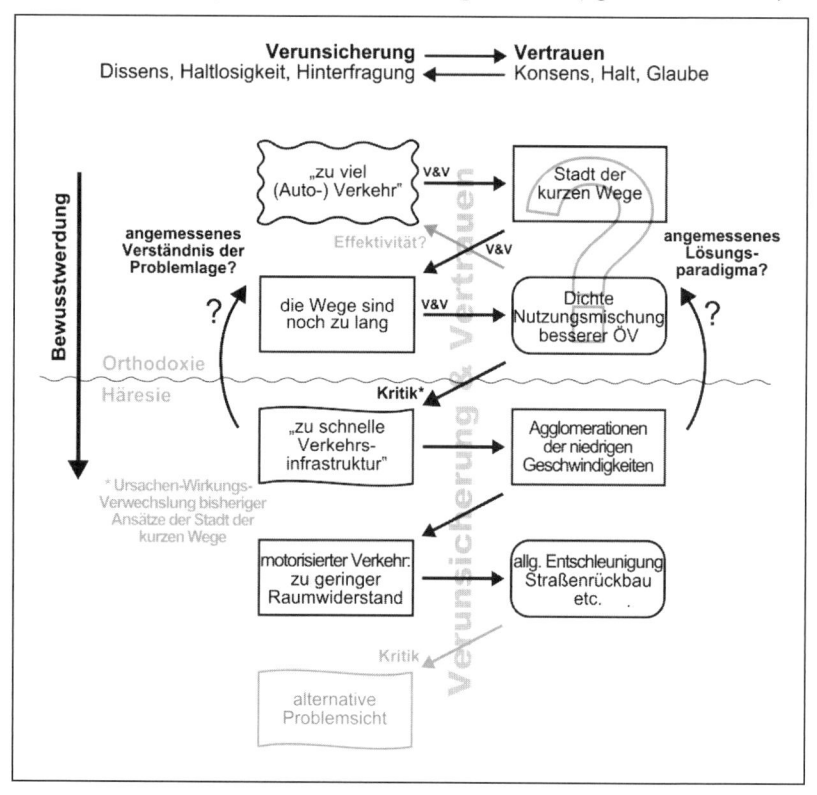

5.3 Teilhabe an der (Re-)Produktion von Herrschaftsverhältnissen

Hegemonietheoretisch kann der Umgang mit Leitbildern auf das Verständnis einer gewandelten Intellektualität bezogen werden, die mit dem heutigen, als „fragmentierte Hegemonie" bezeichneten, „krisenhaften Zustand bürgerlicher Herrschaft" (Martin, Wissel 2015: 227) einhergeht. Danach treten an die Stelle von „großen organischen Intellektuellen" (ebd.: 226) – sprich von anerkannten, das Gesellschaftliche zusammendenkenden Autoritäten – viele kleine, als „Techniker*innen der Hegemonie" (Buckel zit. in ebd.). Auch diese bringen „hegemonieförmige Vermittlungsmomente" hervor, die aber

„Ökologische" Leitbilder als emotionale Kulturtechnik

nicht länger umfassend kohärent sein müssen (ebd.). Leitbildhandeln kann als solch ein Vermittlungsmoment angesehen werden, bei dem eine Vielzahl *schwach normativer* Regeln der Richtigkeit (re-)produziert werden, durch die gerade widersprüchliches Handeln im Alltag als richtiges gedeutet und erfahren werden kann. Dabei werden die für hegemoniale Machtausübung üblichen Modi der Konsens- und Kompromissorientierung genutzt (Opratko 2012: 188; Martin, Wissel 2015: 228 ff). Leitbildhandelnde sind solche Techniker*innen, die zu Produktion und Management des Richtigen aktiv beitragen. Mit ungerechtfertigten Leitbildern steht dabei weniger im Vordergrund, gesellschaftliche Widersprüche aufzulösen, als sie besser in Alltagspraxen einzubetten. Wo Leitbilder effektive Instrumente der Gestaltung von (wachstumsbasiert-modernistischen) Alltagskulturen sind, haben (Re-)Produzierende dieser Leitbilder aktiv Teil an der Reproduktion der herrschaftsförmig vermittelten Gesellschaft – gerade auch, wenn dies repressionslos geschieht (vgl. Honneth 2004: 125).

5.4 Ausweg: Planbarkeit des Utopischen?

Nun durchdringen sich legitimatorische Innovationen und kulturkritische Neuerungen durchaus. Sie stehen in einem ambivalenten Verhältnis mit teils fließenden Grenzen – zum Beispiel wo Räume alternativer Alltagserfahrung kreiert und zugelassen werden oder bei technischen Innovationen zur Nutzung regenerativer Ressourcen. Nicht jeder Innovation, die im Rahmen orthodoxer Problembearbeitung hervorgebracht wird, kann abgesprochen werden, nicht *auch* Anteil an zielführender Neuerung zu haben. Doch wo solche Innovationen allein nicht hinreichend sind, entspringt daraus die Verantwortung, das sonstige eigene und kollektive Tun kritisch zu problematisieren. Da die Kritik des Bestehenden zum Wesen utopischen Denkens gehört (Pinder 2010: 357ff.; Neupert-Doppler 2015: 61ff., 115ff., 160ff.), ist gerade ihr Ausbleiben einer der Hauptunterschiede von Leitbildern und Utopien. Wird mit Utopietheoretiker*innen angenommen, „dass Ängste und Wünsche immer einen Ausdruck finden werden, wenn nicht in Utopien, dann in Ideologien" (ebd.: 168), vermag dies auch die gegenläufigen Konjunkturen von (ungerechtfertigten) Leitbildern und Utopien in den letzten Jahrzehnten und ihr gegenseitiges Ablösen in den 1980er Jahren erklären zu helfen (vgl. ebd.: 11f., 138, 179f.). Insofern Leitbildhandelnde an die Stelle von Kritik realpolitisch denkbare Lösungsvorschläge setzen, marginalisieren sie utopisches Bewusstsein und „Utopiefähigkeit" (Negt zit. in ebd.: 164) und hemmen das hierfür nötige „breaking through the barriers of convention" (Friedman zit. in Pinder 2010: 357).

Für Planung ist dies weitreichend: Wenn als planbar gälte, trotz widersprüchlicher Rahmenbedingungen Planungsziele erfolgreich umgesetzt zu bekommen – nicht zuletzt dank „ökologischer" Leitbilder –, ist das eben noch kein Indiz, mit diesen bezüglich der „ökologischen" Krise auch ausreichende Beiträge für eine kulturelle Transformation zu leisten. Wo solche Beiträge aber kritisch-utopischer Momente bedürfen, müssten Leitbildhandelnde viel aktiver zur Entideologisierung beitragen und sich auf eine Funktion von Beratenden im Rahmen eines gesellschaftlich-emanzipatorischen Prozesses bescheiden. Doch Vertrauen für die Öffnung von Planung hin zu solch einem Prozess bedingt zugleich den Abschied vom Anspruch, dass die Folgen planerischen Tuns vorherseh- und beherrschbar bleiben. Es ist die Logik des Leitbildhandelns mit ihrem schließenden Moment der kollektiven Orientierungs-, Koordinations- und Motivationsfunktion, die sich einem kritisch öffnenden, emanzipatorischen Prozess versperrt. Und es ist zudem die Logik allzu gefühlsbetonten Handelns, die vor fundamentaler Kritik zurückhält. Denn Kritik wird allzu beunruhigend, wo Planende nicht länger auf angemessene, eigene Vorschläge zum Umgang mit der „ökologischen" Krise vertrauen können.

Literatur

Adler, Frank; Schachtschneider, Ulrich (2010): Green New Deal, Suffizienz oder Ökosozialismus? Konzepte für gesellschaftliche Wege aus der Ökokrise. München: oekom.

Adloff, Frank (2004): Kollektives Handeln und kollektive Akteure, in: Jaeger, Friedrich; Straub, Jürgen (Hg.): Handbuch der Kulturwissenschaften. Paradigmen und Disziplinen [Bd.2]. Stuttgart: Metzler, S. 308-326.

Adorno, Theodor W. (1954): Beitrag zur Ideologienlehre, in: ders (1979): Soziologische Schriften I. Frankfurt a.M.: Suhrkamp, S. 457-477.

Albers, Gerd (2015): Lehre für die Stadtplanung im Wandel, in: Jessen, Johann; Philipp, Klaus Jan (Hg.): Der Städtebau der Stuttgarter Schule. Berlin und Münster: LIT-Verlag, S. 187-203.

ARE (Bundesamt für Raumentwicklung) (2012): Strategie Nachhaltige Entwicklung 2012-2015, Kurzfassung. Bern: BBL Vertrieb Publikationen.

Bahrdt, Hans Paul (1964): Sozialwissenschaft und Stadtplanung, in: StadtBauwelt, 1, S. 16-20.

Becker, Heidede (1998): Städtebau zur Sprache bringen – Leitbildentwicklung und -umsetzung in Deutschland, in: Becker, Heidede; Jessen, Johann; Sander, Robert (Hg.): Ohne Leitbild? Städtebau in Deutschland und Europa. Stuttgart und Zürich: Karl Krämer, S. 454-474.

Blühdorn, Ingolfur (2013): Simulative Demokratie. Berlin: Suhrkamp.

Boltanski, Luc; Chiapello, Ève (2003): Der neue Geist des Kapitalismus. Konstanz: UVK.

Bookchin, Murray (1981): Hierarchie und Herrschaft. Berlin: Karin Kramer.

„Ökologische" Leitbilder als emotionale Kulturtechnik

Deutscher Bundestag (13. Wahlperiode) (1998): Abschlussbericht der Enquete-Kommission „Schutz des Menschen und der Umwelt – Ziele und Rahmenbedingungen einer nachhaltig zukunftsverträglichen Entwicklung"; Konzept Nachhaltigkeit. Vom Leitbild zur Umsetzung. Drucksache 13-11200, Bonn.

Ekardt, Felix (2005): Das Prinzip Nachhaltigkeit. Generationengerechtigkeit und globale Nachhaltigkeit. München: C.H. Beck.

Frank, Manfred (1987): Subjekt, Person, Individuum, in: Nagl-Docekal, Herta; Vetter, Helmut (Hg.): Tod des Subjekts? Wien und München: Oldenbourg, S. 54-77.

Giesel, Katharina D. (2007): Leitbilder in den Sozialwissenschaften. Wiesbaden: VS.

Göhler, Gerhard (2012): Die affektive Dimension der Demokratie, Überlegungen zum Verhältnis von Deliberation und Symbolizität, in: Heidenreich, Felix; Schaal, Gary (Hg.): Politische Theorie und Emotionen. Baden-Baden: Nomos, S. 235-253.

Gugutzer, Robert (2004): Soziologie des Körpers. Bielefeld: transcript.

Hauser, Robert; Banse, Gerhard (2010): Kultur und Kulturalität, in: Parodi, Oliver; Banse, Gerhard; Schaffer, Axel (Hg.): Wechselspiele: Kultur und Nachhaltigkeit. Berlin: edition sigma, S. 21-41.

Heidenreich, Felix (2012): Versuch eines Überblicks: Politische Theorie und Emotionen, in: Heidenreich, Felix; Schaal, Gary S. (Hg.): Politische Theorie und Emotionen. Baden-Baden: Nomos, S. 9-26.

Honneth, Axel (2004): Anerkennung als Ideologie. Zum Zusammenhang von Moral und Macht, in: ders. (2010): Das Ich im Wir. Berlin: Suhrkamp, S. 103-130.

Illouz, Eva (2007): Gefühle in Zeiten des Kapitalismus. Frankfurt a.M.: Suhrkamp.

Jessen, Johann; Walther, Uwe-Jens (2010): Innovation in der Stadtplanung?, in: Harth, Annette; Scheller, Gitta (Hg.): Soziologie in der Stadt- und Freiraumplanung. Wiesbaden: VS, S. 283-295.

Kettner, Matthias (2004): Werte und Normen – Praktische Geltungsansprüche von Kulturen, in: Jaeger, Friedrich; Liebsch, Burkhard (Hg.): Handbuch der Kulturwissenschaften [Bd.1]. Stuttgart: Metzler, S. 219-231.

Knoflacher, Hermann (1986): Kann man Straßenbauten mit Zeiteinsparungen begründen?, in: Internationales Verkehrswesen 38, S. 454-457.

Konter, Erich (1997): Leitbilder – wozu? Versuch einer Klarstellung, in: Jahrbuch Stadterneuerung 1997. Berlin: TU Berlin, S. 53-60.

Krämer, Sybille; Bredekamp, Horst (2003): Kultur, Technik, Kulturtechnik: Wider die Diskursivierung der Kultur, in: Krämer, Sybille; Bredekamp, Horst (Hg.): Bild, Schrift, Zahl. München: Fink, S. 11-22.

Kuder, Thomas (2008): Leitbildprozesse in der strategischen Planung, in: Hamedinger, Alexander; Frey, Oliver; Dangschat, Jens S.; Breitfuss, Andrea (Hg.): Strategieorientierte Planung im kooperativen Staat. Wiesbaden: VS, S. 178-192.

Luhmann, Niklas (1997): Die Gesellschaft der Gesellschaft [Bd.2]. Frankfurt a.M.: Suhrkamp.

Mahr, Bernd (2003): Modellieren. Beobachtungen und Gedanken zur Geschichte des Modellbegriffs, in: Krämer, Sybille; Bredekamp, Horst (Hg.): Bild, Schrift, Zahl. München: Fink, S. 59-86.

Martin, Dirk; Wissel, Jens (2015): Fragmentierte Hegemonie, in: Martin, Dirk; Martin, Susanne; Wissel, Jens (Hg.): Perspektiven und Konstellationen kritischer Theorie. Münster: Westfälisches Dampfboot, S. 220-238.

Maye, Harun (2010): Was ist eine Kulturtechnik, in: Zeitschrift für Medien- und Kulturforschung 1, S. 121-135.

Meder, Norbert (1998): Neue Technologien und Bildung/Erziehung, in: Borelli, Michele; Ruhloff, Jörg (Hg.): Deutsche Gegenwartspädagogik [Bd.3]. Hohengehren: Schneider, S. 26-40.
Mees, Ulrich (2006): Zum Forschungsstand der Emotionspsychologie – eine Skizze, in: Schützeichel, Rainer (Hg.): Emotionen und Sozialtheorie. Disziplinäre Ansätze. Frankfurt a. M. und New York: Campus, S 104-123.
Nanz, Tobias; Siegert, Bernhard (2006): Vorwort, in: Nanz, Tobias; Siegert, Bernhard (Hg.): ex machina, Beiträge zur Geschichte der Kulturtechniken. Weimar: VDG, S. 7-10.
Neupert-Doppler, Alexander (2015): Utopie. Vom Roman zur Denkfigur. Stuttgart: Schmetterling.
Nullmeier, Frank (2006): Politik und Emotion, in: Schützeichel, Rainer (Hg.): Emotionen und Sozialtheorie. Frankfurt a. M und New York: Campus, S 84-103.
Opratko, Benjamin (2012): Hegemonie. Münster: Westfälisches Dampfboot.
Ott, Konrad; Döring, Ralf (2011): Theorie und Praxis starker Nachhaltigkeit. Marburg: Metropolis.
Pfleiderer, Rudolf; Braun, Lothar (1995): Kritik an der Bundesverkehrswegeplanung, in: Internationales Verkehrswesen 47, 10, S. 609-614.
Pinder, David (2010): Necessary Dreaming: Uses of Utopia in Urban Planning, in: Hillier, Jean; Healey, Patsy (Hg.): The Ashgate research companion to planning theory. Farnham and Burlington: Ashgate Publishing, pp. 343-364.
Radkau, Joachim (2011): Die Ära der Ökologie. Eine Weltgeschichte. München: Beck.
Rittel, Horst W.J. (1972): Zur Planungskrise: Systemanalyse der „ersten und zweiten Generation", in: ders. (1992): Planen, Entwerfen, Design: ausgewählte Schriften zu Theorie und Methodik. Stuttgart: Kohlhammer, S. 37-58.
Roth, Gerhard (2009): Aus Sicht des Gehirns. Frankfurt a.M.: Suhrkamp.
Rothermund, Klaus; Eder, Andreas (2011): Motivation und Emotion. Wiesbaden: VS.
Schmid, Michael (2006): Individuelles Handeln und gesellschaftliche Veränderung – einige Bemerkungen zur Subjektkonzeption der soziologischen Handlungstheorie, in: Keupp, Heiner; Hohl, Joachim (Hg.): Subjektdiskurse im gesellschaftlichen Wandel. Bielefeld: transcript, S. 29-49.
Schubert, Axel (2011): Postfossile Mobilität: die Wege sind langsam und steinig, in: Arch+ 203 44, 2, S. 4-5. www.archplus.net: 15.09.2015.
Schubert, Axel (2014): Emotionale Rationalität und Planung: Planungsansätze einer ‚3. Generation'. Oder: Zum depolitisierenden Potenzial von Vertrauensbildung und Selbstversicherung, in: sub\urban. zeitschrift für kritische stadtforschung 2, 1, S.71-94. http://zeitschrift-suburban.de: 15.09.2015.
Schubert, Axel H. (2016): Gängige Planungsleitbilder als ungerechtfertigte Ideologien, in: Lange, Jan; Müller, Jonas (Hg.): Wie plant die Planung? Berliner Blätter 72. Berlin: Panama, S. 54-68.
Schützeichel, Rainer (2012a): Emotionen in Handlungen. Skizzen zu einer soziologischen Integration von Emotions- und Handlungstheorie, in: Schnabel, Annette; Schützeichel, Rainer (Hg.): Emotionen, Sozialstruktur und Moderne. Wiesbaden: VS, S. 227-255.
Schützeichel, Rainer (2012b): „Structures of Feelings" und Emotionsmilieus. Eine programmatische Forschungsskizze über den Zusammenhang von Emotionen

"Ökologische" Leitbilder als emotionale Kulturtechnik

und Sozialstruktur, in: Schnabel, Annette; Schützeichel, Rainer (Hg.): Emotionen, Sozialstruktur und Moderne, Wiesbaden: VS, S. 473-484.
Siebel, Walter (2006): Wandel, Rationalität und Dilemmata der Planung, in: Selle, Klaus (Hg.): Zur räumlichen Entwicklung beitragen. Konzepte. Theorie. Impulse. Dortmund: Rohn, S. 195-209.
Siegert, Bernhard (2011): Kulturtechnik, in: Maye, Harun; Scholz, Leander (Hg.): Einführung in die Kulturwissenschaft. München: Fink, S. 95-118.
Spehr, Christoph; Stickler, Armin (1997): Morphing Zone. Nachhaltigkeit und postmodernes Ordnungsdenken, in: Raza, Werner; Novy, Andreas (Hg.): Nachhaltig reich – nachhaltig arm? Frankfurt a.M.: Brandes und Apsel, S. 12-24.
Straub, Jürgen (2004): Kulturwissenschaftliche Psychologie, in: Jaeger, Friedrich; Straub, Jürgen (Hg.): Handbuch der Kulturwissenschaften. Paradigmen und Disziplinen [Bd.2]. Stuttgart: Metzler, S. 568-591.
Swyngedouw, Erik (2009): Immer Ärger mit der Natur: "Ökologie als neues Opium für's Volk", in: Prokla156 39, 3, S. 371-389.
UBA (Umweltbundesamt) (Hg.) (2011): Leitkonzept – Stadt und Region der kurzen Wege. Texte 48/2011. http://www.uba.de: 15.09.2015.

Christian Strauß

Repräsentation, Rationalitäten und Umsetzbarkeit: Stadtumbau Ost im Lichte der Planbarkeit

Zusammenfassung: Als Reaktion auf den demografischen Wandel und die damit verbundenen städtebaulichen Missstände formulieren die Städte im Stadtumbau Ost in ihren Stadtumbau-Konzepten siedlungspolitische Ziele zur Wiederherstellung nachhaltiger Siedlungsstrukturen. Der Planungsprozess ist dabei mit einem Bund-Länder-Förderprogramm verknüpft.

Der Beitrag reflektiert das Begriffsverständnis von Planbarkeit im Stadtumbau Ost. Dies erfolgt anhand von drei Fragen: Repräsentieren die Stadtumbau-Konzepte die gewünschten räumlichen Veränderungen? Welche Formen von Rationalität im Planungsprozess sind festzustellen? Sind die Planinhalte umsetzbar?

Der Beitrag kommt zu dem Schluss, dass Planbarkeit im Planungsprozess des Stadtumbaus Ost hinsichtlich der Repräsentationen und Rationalitäten sowie der Umsetzbarkeit spezifisch ausgeprägt ist: Denn Planinhalte werden nach dem Planungsprozess weiter verhandelt und konkretisiert, der Planungsprozess integriert unterschiedliche Rationalitätstypen, und die Verbindung von Planinhalten und Fördertatbeständen stärkt die Umsetzung der Planungsziele.

1 Planbarkeit und die Herausforderungen des demografischen Wandels

Der demografische Wandel mit seinen Veränderungen in der Einwohnerzahl und im Bevölkerungsaufbau hat weltweit erhebliche raumstrukturelle Konsequenzen für Städte und Regionen (Martinez-Fernandez et al. 2015). Er setzt sich aus der zurückgehenden Bevölkerungszahl aufgrund der natürlichen Bevölkerungsentwicklung und der Wanderungsbewegungen, dem sich verändernden Bevölkerungsaufbau aufgrund dieser Bevölkerungsentwicklung und der höheren Lebenserwartung sowie aus den sich verändernden Lebensstilen zusammen. Der demografische Wandel hat demnach soziokulturelle, zugleich aber auch wirtschaftliche Ursachen; so sind Suburbanisierungsprozesse eher auf Wohnpräferenzen der Bevölkerung zurückzuführen, während Fernwanderungsprozesse vor allem durch die Arbeitsmarktentwicklung erklärbar sind (Hannemann 2003: 20-21; Glock und Häußermann 2004: 921-922).

Repräsentation, Rationalitäten und Umsetzbarkeit

Mit negativem Vorzeichen bewirken insbesondere Bevölkerungsrückgang und Alterung eine so genannte Stadtschrumpfung (Müller 2013). Dies führt auch in Ostdeutschland zu erheblichen städtebaulichen Missständen in der Siedlungsstruktur, wie einem hohen Leerstand von Gebäuden, brachgefallenen Siedlungs- und Verkehrsflächen sowie der Unterauslastung von Infrastruktur. Zusammenfassend sinkt die Siedlungsdichte. Die Gemeinden sind zum Handeln herausgefordert, um nachhaltige Siedlungsstrukturen wiederherzustellen und Landnutzungskonflikte zu reduzieren. Die Gemeinden reagieren auf diese Herausforderungen durch Planung.

Planung wird in diesem Beitrag nach Peters (2004: 5) verstanden als im weitesten Sinne „rationales, zielgerichtetes Handeln zwecks einer Verbesserung gegebener gesellschaftlicher Verhältnisse und Zustände." In diesem Beitrag zielt die Planung vor allem auf die Anpassung der Siedlungsstruktur an die Folgen des demografischen Wandels und der Stadtschrumpfung. Ergebnis des Planungsprozesses ist ein Plan, der die beabsichtigten Verbesserungen enthält (Fürst 2008: 24). Damit kann Planung spätere Entscheidungen zwar vorstrukturieren, aber nicht selbst vollziehen (Greiving 2011: 411). Dennoch soll der Plan Möglichkeiten zum Vollzug seiner Inhalte aufzeigen (Fürst 2008: 24; Danielzyk 2005: 465) und daher „[…] Steuerungsfunktionen gegenüber nachfolgenden Entscheidungen wahrnehmen" (Fürst, Ritter (2005: 765).

Unter dem Begriff der *Planbarkeit* folgt der vorliegende Beitrag, im Gegensatz zu kritischen Beiträgen (z.B. van Laak 2010: 15), der grundsätzlichen Auffassung, dass Planung Veränderungsprozesse vorwegnehmen kann und demnach eine Planbarkeit möglich ist. Grundüberlegung ist dabei, dass eine räumliche Veränderung dann planbar ist, wenn folgende Bedingungen erfüllt sind:

- Erstens ist für den Begriff der Planbarkeit konstitutiv, dass mit geeigneten Planinhalten die in dem Planungsprozess ermittelten, gewünschten zukünftigen räumlichen Veränderungen repräsentiert werden können („zielgerichtetes Handeln").
- Zweitens bedeutet Planbarkeit für den Zusammenhang zwischen Planung und Plan, dass ein geeigneter – nach Deiters „rationaler" – Planungsprozess vorhanden ist, in dem im Ergebnis ein Plan entsteht.
- Drittens ist für die Planbarkeit die Umsetzbarkeit der Planinhalte konstitutiv, sodass die Veränderung des Raumes vollzogen werden kann.

Planbarkeit bedeutet in diesem Beitrag demnach die Möglichkeit der Vorwegnahme räumlicher Veränderungen mithilfe repräsentativer Planinhalte, auf der Grundlage eines geeigneten Planungsprozesses und in Vorbereitung einer möglichen Umsetzung.

Demografischer Wandel und Stadtschrumpfung erfordern allerdings einen Wandel der Planung. So steigert „[d]er Wandel vom Wachstum zur Schrumpfung [...] erheblich das Bedürfnis nach konzeptionellem Vorgehen und nach Wiedergewinnung von strategischen Spielräumen, obwohl die Umstrukturierungs- und Anpassungsprozesse unter Schrumpfungsbedingungen nicht planbar sind wie bisherige Entwicklungsplanungen unter Wachstumsbedingungen" (Goldschmidt 2010: 142).

Planbar ist der räumliche Umgang mit dem demografischen Wandel und der Stadtschrumpfung demnach, wenn es gelingt, mithilfe eines für diese Herausforderungen geeigneten spezifischen Planungsprozesses und Planungsinstrumentariums raumbezogene Ziele zur Wiederherstellung nachhaltiger Siedlungsstrukturen zu formulieren, die anschließend umsetzbar sind bzw. umgesetzt werden.

Demografischer Wandel und Stadtschrumpfung als große gesellschaftliche Herausforderungen beeinflussen dabei stark den Planungsprozess in den Gemeinden. Zunächst gilt es, die verschiedenen Belange der Akteursgruppen zu ermitteln sowie eine gerechte Abwägung zur Ermittlung geeigneter räumlicher Ziele und Maßnahmen zur Lösung von Landnutzungskonflikten zu erreichen. Allerdings sind diese Prozesse von einer Ungewissheit der tatsächlichen Bevölkerungs- und räumlichen Entwicklung geprägt ist. So ist es nicht möglich, mithilfe von Prognosen die zukünftigen Konsequenzen des demografischen Wandels für die Stadt- und insbesondere die Quartiersentwicklung vorherzusagen. Es gilt daher, die Akteursvielfalt sowie die prognostischen Unschärfen in den Planungsprozess zu integrieren.

Zusätzlich zu diesen situativen Rahmenbedingungen kommt dem institutionellen Einfluss der überörtlichen Handlungsebenen eine große Bedeutung zu (Mayntz, Scharpf 1995): Der Planungsprozess ist nicht nur intrinsisch durch Planungsziele der lokalen Akteure begründet. Vielmehr sind die Gemeinden im Bund-Länder-Förderprogramm Stadtumbau Ost angehalten, ein Stadtumbau-Konzept zu erarbeiten: Nur wenn sie ein solches Konzept vorlegen, erhalten sie Fördergelder aus dem Programm für Maßnahmen im Stadtumbaugebiet zur Aufwertung und zum Abriss. Reaktionen auf den situativen Wandel und extrinsische Motivation durch das Förderprogramm prägen demnach den Planungsvorgang im Stadtumbau Ost.

Die Kopplung der Bereitstellung von Fördergeldern an lokale Planungsvorgänge hat den Stellenwert von Planung im Stadtumbau Ost manifestiert. Dem Förderprogramm folgend, hat Planung im Stadtumbau Ost eine zentrale Bedeutung. So wurde 2004 ein neues Instrument in das Baugesetzbuch (BauGB) aufgenommen. Das städtebauliche Entwicklungskonzept für das Stadtumbaugebiet soll gemäß § 171b Abs. 2 S. 1 BauGB Ziele und Maßnahmen enthalten. Planinhalte und Förderprogramm sind daher miteinander verknüpft.

Die spezifischen situativen und institutionellen Rahmenbedingungen erfordern daher eine Reflexion des Begriffes Planbarkeit mit Blick auf die Anwendung im Stadtumbau Ost. Bislang gibt es aber keine grundlegende

Repräsentation, Rationalitäten und Umsetzbarkeit

Auseinandersetzung hinsichtlich der Planbarkeit des Stadtumbaus – vielmehr wird die Planbarkeit des Stadtumbaus generell in Frage gestellt (Planergemeinschaft 2007). Folglich ist es erforderlich, die Planbarkeit räumlicher Veränderungen spezifisch für den Stadtumbau Ost zu reflektieren, um das bisherige Instrumentarium bewerten zu können und damit Impulse zur Weiterentwicklung zu setzen.

Ziel dieses Beitrages ist daher die Auseinandersetzung mit dem Begriff der Planbarkeit im Stadtumbau Ost. Im Mittelpunkt steht dabei die Frage, welchen spezifischen Ausprägungen der Begriff unterliegt.

Gemäß den bisherigen Ausführungen ergeben sich für die Auseinandersetzung mit dem Begriff der Planbarkeit im demografischen Wandel drei Fragen:

- Bilden die Inhalte der Stadtumbau-Konzepte die zukünftigen räumlichen Veränderungen ab?
- Welche Formen von Rationalität sind in den jeweiligen Planungsprozessen festzustellen?
- Welche Beiträge leisten die Stadtumbau-Konzepte für den Vollzug der beabsichtigten räumlichen Veränderungen?

Im Folgenden werden diese drei Fragen reflektiert. Der Beitrag begründet sich auf eine Literaturanalyse und fokussiert empirisch auf den Stadtumbau in Sachsen. Dabei bezieht er eine empirische Untersuchung ein (Strauß 2014); diese deduktive Analyse erfolgte mithilfe einer hypothesengestützten Inhaltsanalyse *Integrierter Stadtentwicklungskonzepte* im Bereich des Direktionsbezirks Chemnitz im Freistaat Sachsen, deren Aussagen den überörtlichen Vorgaben gegenübergestellt wurden. Grundsätzlich wurden Konzepte analysiert, die zwischen 2005 und 2011 erstellt wurden. Abschließend werden im Fazit die spezifischen Aussagen über die Planbarkeit im Stadtumbau Ost zusammengefasst.

Der Beitrag setzt damit Impulse für die planungstheoretische Auseinandersetzung über Planbarkeit im Stadtumbau Ost. Zugleich trägt er zur gegenwärtigen planungspraktischen Diskussion bei. Auf Grundlage des Koalitionsvertrages der 18. Legislaturperiode (Koalitionsvertrag 2013: 117) wird auf Bundesebene aktuell über die Weiterentwicklung des Förderprogramms diskutiert (http://www.staedtebaufoerderung.info). Dabei stehen die Integration von Zielsetzungen zum Klimaschutz und Klimawandel sowie die Zusammenführung der beiden Förderprogramme Stadtumbau Ost und West im Mittelpunkt.

Christian Strauß

2 Planinhalt: Repräsentation der zukünftigen Veränderungen?

Die Konzepte des Stadtumbaus erfassen im Sinne einer integrierten Stadtentwicklung nicht nur städtebauliche Themenfelder, sondern mit gesellschaftlichen und gesellschaftsräumlichen Handlungsfeldern, wie zum Beispiel der wirtschaftlichen und sozialen Entwicklung, alle wesentlichen Aspekte nachhaltiger Stadtentwicklung. Die Inhalte der Stadtumbau-Konzepte ermöglichen damit ein realitätsnahes Abbild der beabsichtigten zukünftigen Veränderungen – nicht nur in den physisch-räumlichen, sondern auch in den gesellschaftsräumlichen und gesellschaftlichen Dimensionen. Diese unterschiedlichen Themen- und Handlungsfelder implizieren zugleich eine intensive Auseinandersetzung mit Zielen und Zielkonflikten. Der integrative Ansatz des Stadtumbaus erfordert daher auch einen vielschichtigen kooperativen Planungs- und Governance-Prozess, um alle relevanten Akteure einzubinden, ihre Belange zu erfassen, eine gerechte Abwägung durchzuführen und so zu zielführenden Planinhalten zu gelangen.

Das Baugesetzbuch trifft für die Stadtumbau-Konzepte keine detaillierten Aussagen über die Planinhalte; es empfiehlt lediglich eine Zweck-Mittel-Rationalität, indem den im Stadtumbau-Konzept formulierten Zielen auch Maßnahmen zugeordnet werden sollen, die ebenfalls bereits Bestandteil des Konzeptes sind. Demgegenüber werden in einer Arbeitshilfe des Freistaates Sachsen (Ministerium des Inneren 2005) differenzierte Vorschläge unterbreitet, welche Themen- und Handlungsfelder Pläne und Konzepte enthalten sollten.

Die Gemeinden in Sachsen folgen grundsätzlich dieser zielorientierten Planung; risikoorientierte Konzepte, wie sie derzeit mit den Vulnerabilitäts- und Resilienz-Ansätzen im Klimawandel diskutiert werden, stehen hier nicht im Vordergrund. Vielmehr werden die verschiedenen Belange der Akteure ermittelt und im Sinne der im Stadtumbau-Paragrafen § 171 b Abs. 2 S. 2 BauGB gegeneinander und untereinander gerecht abgewägt.

Diese Zielorientierung ist mit dem Anspruch verknüpft, den Planungsprozess im Stadtumbau mit teilräumlichen Konzepten zum Abschluss zu bringen. Dies weist eine Parallelität zur Stufenfolge der räumlichen Gesamtplanung (Löhr 2007: § 8 Rn. 2) auf, deren Aufgabe es ist, Ziele „[...] räumlich zu verankern, über die verschiedenen Planungsstufen hinweg textlich und kartographisch zu konkretisieren und – nach Möglichkeit – unter Berücksichtigung der spezifischen Bedingungen des jeweiligen Planungsraumes und in Abwägung mit anderer Belangen in der Realität umzusetzen" (Umweltbundesamt 2003: 240).

Auch im Stadtumbau werden zunächst gesamtstädtische Konzepte erarbeitet, aus denen dann teilräumliche Konzepte abgeleitet werden. Innerhalb der Stufenfolge werden die Planinhalte konkretisiert. Am Ende dieser Stufen-

Repräsentation, Rationalitäten und Umsetzbarkeit

folge entstehen im teilräumlichen Konzept Planinhalte, die sich als Ziele und Maßnahmen auf das einzelne Grundstück beziehen.

Diese konkretisierten Aussagen sollen die Planungen im Stadtumbau zum Abschluss bringen, sodass kein weiterer Planungsvorgang mehr erforderlich ist. Vielmehr soll es gemäß Bundesgesetzgeber und Fördergeber möglich sein, auf Grundlage der Planinhalte in den teilräumlichen Stadtumbau-Konzepten Fördergelder für die Aufwertung bzw. den Abriss zu beantragen. In der Konsequenz erfordert dies eindeutige Planinhalte. Die Zielorientierung der Konzepte sowie die Stufenfolge und die Konkretisierung sind dabei inhaltlich wie prozedural an die überörtlichen institutionellen Rahmenbedingungen geknüpft: Im Sinne des institutionellen Kontextes ist eine Programmorientierung der Gemeinden festzustellen.

Die sächsischen Gemeinden greifen mit den Planinhalten die Vorgaben des Bundes und des Freistaates Sachsen auf, um letztlich Fördergelder zu erhalten. Zugleich sind aber die Planinhalte der Konzepte nicht alle eindeutig formuliert: Viele der teilräumlichen Aussagen sind vage gehalten; der Planungsprozess im Stadtumbau kommt demnach nicht mit der Erarbeitung des Stadtumbau-Konzeptes zum Abschluss. Die vagen Formulierungen lassen sich nicht mit der Orientierung der Gemeinden an dem Förderprogramm erklären. Sie sind im Sinne des akteurzentrierten Institutionalismus vielmehr über eine Risikoorientierung der Gemeinden erklärbar: Da die Aussagen über die zukünftigen Ausprägungen des demografischen Wandels und der Stadtschrumpfung insbesondere hinsichtlich kleinräumlicher Maßstäbe unscharf sind, werden auch die normativen Aussagen unscharf formuliert; Entscheidungen über konkrete Maßnahmen werden daher auf die Formulierung der Förderanträge vertagt.

So werden zum Beispiel diejenigen Häuser in einem innerstädtischen Quartier abgerissen, die nach langwierigen Verhandlungen mit Einzeleigentümern verfügbar sind. Diese Aushandlungsprozesse mit einzelnen Akteuren in der bebauten Stadt entziehen sich einem öffentlichen Planungsprozess. Daher werden eindeutige Handlungsziele nicht bereits innerhalb eines teilräumlichen Konzeptes, sondern erst im Nachgang dieses Konzeptes formuliert.

Im Ergebnis repräsentieren die Planinhalte demnach die beabsichtigten zukünftigen räumlichen Veränderungen; zugleich sind sie aber durch den situativen und den institutionellen Kontext geprägt. Die Darstellung von Zielen und Maßnahmen in den Planinhalten der Stadtumbau-Konzepte ist daher insbesondere durch das Förderprogramm erklärbar. Ob Formulierungen eher eindeutig oder vage formuliert sind, erklärt sich demgegenüber eher als Reaktion der lokalen Entscheidungsträger auf die prognostischen Unschärfen hinsichtlich der demografischen Entwicklungen. Da viele konkrete Planungsabsichten im Stadtumbau nicht innerhalb des teilräumlichen Stadtumbau-Konzeptes fixiert werden, sondern erst im Nachgang bei der Beantragung von

Fördermitteln, werden die Planungsabsichten nicht alleine durch die Inhalte des Stadtumbau-Konzeptes repräsentiert. Die Repräsentation der beabsichtigten räumlichen Veränderungen erfolgt damit durch den Plan in Verbindung mit anschließenden weiterführenden Abstimmungsprozessen. Das Stadtumbau-Konzept ist demnach nicht allein dafür geeignet, die Planbarkeit im Stadtumbau zu gewährleisten.

3 Planungsprozess: Rationalität der Planentwicklung?

Die übergeordnete Funktion des Planungsprozesses im Stadtumbau besteht darin, normative Aussagen zu entwickeln und somit die Inhalte des Stadtumbau-Konzeptes vorzubereiten. Zukünftige räumliche Veränderungen sind im Stadtumbau dann planbar, wenn ein geeigneter Prozess zur Anwendung kommt. Damit führt Planung zur Entscheidungsvorbereitung (Greiving 2011: 412). Diese Funktion lässt jedoch offen, ob die normativen Aussagen in den Stadtumbau-Konzepten eindeutig oder vage formuliert werden.

Idealtypische Planungsprozesse zeichnen sich insgesamt durch rationale Handlungsansätze aus. Allerdings sind in Planungsprozessen darunter nicht unbedingt rationale Entscheidungen im Sinne einer einfachen Ziel-Mittel-Rationalität zu verstehen (Fürst 2008: 22), da Individuen ihre Entscheidungen unter den Annahmen der begrenzten Rationalität (Simon 1976: 76; Greiving 2011: 412) treffen und z. B. nie über alle Informationen verfügen und alle unterschiedlichen Interessen der anderen Akteure einbeziehen. Dies gilt insbesondere für kooperative Prozesse wie im Stadtumbau Ost. Diese zeichnen sich gerade dadurch aus, dass sich – bei der Reorganisation des Siedlungskörpers im Bestand – viele Akteursgruppen mit sehr unterschiedlichen Motivationen in den Prozess einbringen (Großmann et al. 2013: 223).

Ein einfaches Konzept von Rationalität wird dem Stadtumbau-Prozess daher nicht gerecht, um für kooperative Planungsprozesse die Planbarkeit räumlicher Veränderungen erklären zu können. Notwendig sind folglich alternative Konzepte von Rationalität. In den kooperativen Planungsprozessen entstehen in der Konsequenz unterschiedliche Formen von Rationalität (Douglas 1992: 255-270), die sich nach Davy (2004: 143) in ihrem Zusammenspiel letztlich zu einem so genannten polyrationalen Kooperationsprozess zusammenfügen. Kooperatives Planen ist demnach möglich, wenn die unterschiedlichen Rationalitäten miteinander verbunden werden. Kooperative Verfahren in der Raumplanung ermöglichen aufgrund ihrer doppelten Koordinationsleistung (Krau 2010: 114) die unterschiedlichen Rationalitäten der am Planungsprozess beteiligten Akteure zu integrieren. Während die objektbezogene Koordinationsleistung auf die Planung als Entscheidungsorientierung fokussiert, stellt die subjektbezogene Koordinationsleistung die Ver-

Repräsentation, Rationalitäten und Umsetzbarkeit

ständigungsorientierung der Planung in den Mittelpunkt. Die beiden Koordinationsleistungen korrespondieren mit zwei einander vermeintlich gegenüber stehenden Planungskulturen, der entscheidungs- und der verständigungsorientierten Planungskultur.

In der Literatur wird im Sinne des *communicative turn* verschiedentlich angenommen, dass die Entscheidungs- durch die verständigungsorientierte Planungskultur verdrängt werde (Healey 1997; Sieverts 2011: 9). In diesem Beitrag wird jedoch der Auffassung gefolgt, dass die beiden Orientierungen weiter zusammenwirken (Selle 2010: 22; Reuter 2010: 135), auch wenn je nach eingesetztem Instrument die eine oder die andere Orientierung im Vordergrund steht.

Hinsichtlich der Zielformulierung wird in der Literatur zudem häufig unterstellt, dass die Entscheidungsorientierung zur Eindeutigkeit, die Verständigungsorientierung zur Vagheit führe. So proklamiert zum Beispiel Naegler (2003: 47): „Eine notwendige Konsequenz verständigungsorientierten Planens besteht darin, die Ziele so unscharf zu fassen, dass die verschiedenen Akteure ihre Interessen darin gewahrt sehen können."

Aus der Perspektive der Verständigungsorientierung ist räumliche Planung Teil eines gesellschaftlich-politischen Prozesses (Scharpf 1973: 170). Daher stehen bei dieser Koordinationsleistung die an dem räumlichen Veränderungsprozess beteiligten Akteure sowie ihre Gestaltungsmöglichkeiten und Machtverhältnisse im Mittelpunkt. Die Koordination des gesellschaftlich-politischen Prozesses wird insbesondere durch kooperative Planungsinstrumente ermöglicht, die auf die Einbeziehung verschiedener Akteure in der Stadt fokussieren und den Dialog betonen. Dies bildet die Grundlage für die Entwicklung einer polyrationalen Vorgehensweise.

Im Sinne der Koordinationsleistung zur Entscheidungsorientierung wird in diesem Beitrag davon ausgegangen, dass die räumliche Planung nicht nur als „process architect" IASS (2011: 18) fungiert. Vielmehr leistet sie „eigene fachliche Beiträge zur Stadtentwicklung" (Doehler-Behzadi et al. 2005: 77) und bereitet einen Realisierungsprozess vor (Naegler 2003: 45).

Im Ergebnis wird eine Zuordnung eindeutiger Ziele zur Entscheidungsorientierung und vager Ziele zur Verständigungsorientierung in diesem Beitrag verworfen, denn es bestehen sowohl im Sinne der Entscheidungs- als auch der Verständigungsorientierung jeweils Gründe für eindeutige und für vage Ziele.

Zugleich leisten die Stadtumbau-Konzepte einen Beitrag zur Entscheidungsorientierung: Die überörtlichen Vorgaben zur Formulierung von Maßnahmen führen zum Drang nach Eindeutigkeit der Planinhalte. Im Gegensatz zu dieser Auffassung steht die Funktion der Konzepte als kooperatives Planungsinstrument, das auf die Verständigung der Akteure untereinander zielt und daher, auch in Verbindung mit den oben beschriebenen prognostischen

Unschärfen, oft vage Inhalte vorsieht, um einen größtmöglichen Konsens zu erzielen. Aufgrund der größeren Bedeutung der Kooperationsprozesse sowie der oben beschriebenen Vagheit in den Planinhalten ist der Stadtumbauprozess insgesamt eher der verständigungsorientierten Planungskultur zuzuordnen; dies korrespondiert auch mit der Prozessorientierung des Stadtumbaus (Goldschmidt und Taubenek 2010: Rn. 134). Zwar verfolgt er das Ziel, mithilfe des Konzeptes Entscheidungen zur Behebung der städtebaulichen Missstände zu fällen. Diese Entscheidungen werden zudem durch das Förderprogramm gestärkt. Aufgrund des fehlenden Planungsabschlusses und der oft vagen Formulierung von Zielen steht im Planungsprozess allerdings die kommunikative Funktion der Planung im Vordergrund.

In den überörtlichen Vorgaben sowie in der Stadtumbaupraxis vor Ort wird demnach das Instrument des Stadtumbau-Konzeptes genutzt, um den Akteuren eine grundlegende Orientierung der integrierten Stadtentwicklung zu vermitteln, und weniger, um einen Planungsabschluss mit eindeutigen Handlungszielen zu erreichen. Dies ermöglicht die Integration unterschiedlicher Formen von Rationalität in den Prozess des Stadtumbaus und seiner Ergebnisse und damit das polyrationalen Planen. Planbarkeit im Stadtumbau zeichnet sich hinsichtlich des Prozesses daher durch kooperative Verfahren und die Integration unterschiedlicher Rationalitäten aus; der am Ende dieser Verfahren entwickelte Plan spiegelt diese Rationalitäten durch vage Planinhalte wider, die aufgrund der prognostischen Unschärfen des demografischen Wandels noch weiter verstärkt werden können.

4 Planvollzug: Umsetzbarkeit der Planinhalte?

Die Bundesländer weisen den Stadtumbau-Konzepten eine zentrale Bedeutung zur Steuerung des Stadtumbauprozesses zu (BMVBS und BBR 2008, 54; Deutscher Bundestag 2012: 18). Dies offenbart die Auffassung des Bundes und der Bundesländer, die Herausforderungen des demografischen Wandels und seiner räumlichen Konsequenzen seien durch Planung zu bewältigen. Der Freistaat Sachsen sieht für die Planung im Stadtumbau Ost zwei Planungsstufen vor: das Integrierte Stadtentwicklungskonzept (INSEK) auf gesamtstädtischer Ebene sowie, daraus abgeleitet, das städtebauliche Entwicklungskonzept (SEKO) für das einzelne Stadtumbaugebiet.

Planungsrechtlich sind INSEK und SEKO lediglich als informelle Instrumente anzusehen, welche die Bauleitplanung nur vorbereiten (Fieseler 2010: C § 171b BauGB Rn.5). Die Inhalte des INSEK müssten demnach von der Flächennutzungsplanung in Darstellungen umgewandelt werden. Ebenso würden die Inhalte des SEKO von der Bebauungsplanung als Festsetzungen

Repräsentation, Rationalitäten und Umsetzbarkeit

in außenverbindliches Recht überführt werden. Dabei könnten aber diejenigen Inhalte des integrierten Konzepts, die keinen Bodenbelang haben und demzufolge nicht mit dem Katalog des § 9 Abs. 1 BauGB festgesetzt werden könnten, nicht in verbindliches Bauplanungsrecht umgewandelt werden. Für diese Inhalte müssten andere rechtliche Regelungen geschaffen werden. Zudem ist nach § 29 BauGB der für den Stadtumbau maßgebliche Abriss einer baulichen Anlage im Regelfall kein bodenrechtliches Vorhaben nach dem Bauplanungsrecht.

In der Planungspraxis folgt den Konzepten jedoch oftmals keine formelle Planung (Möller 2006: 76; Goldschmidt 2010: 181). Anstelle der dichotomen Einteilung in nicht-verbindliche informelle Stadtumbau-Konzepte und rechtsverbindliche formelle Pläne der räumlichen Gesamtplanung sind die Stadtumbau-Konzepte daher als Instrument sui generis angesehen. Denn sie entfalten eine mittelbare Wirkung. So kann nach Möller (2006: 76) „[d]ie Intensität der Beeinträchtigung von Eigentumspositionen [...] weit über das übliche Maß bauplanungsrechtlicher Einwirkungen hinausgehen." Die Wirkungen ergeben sich dadurch, dass insbesondere das teilräumliche Konzept die planungsrechtlichen mit den fördertechnischen Elementen des Stadtumbaus verbindet; es erfolgt ein Selbstbindungsbeschluss der Gemeinde, und schließlich entstehen auf Grundlage des Konzeptes verbindliche Absprachen zwischen den Planungsbeteiligten.

Die Verbindung der kooperativen Planungsansätze mit der an die Förderstrukturen gekoppelten Umsetzung führt zugleich zu einer spezifischen Ausprägung des Stadtumbau-Konzeptes. Es erhebt den Anspruch,

- verschiedene sektorale Perspektiven wie Umwelt, Wirtschaft und Soziales zu integrierten (gesellschafts-)räumlichen Inhalten zu verknüpfen,
- die verschiedenen Akteure in einer Stadt mit ihren unterschiedlichen Formen von Gestaltungsmacht für kooperative Abstimmungsprozessen zu gewinnen sowie
- als informelles Konzept flexibel auf kurzfristige Änderungsbedarfe der Planinhalte zu reagieren, wobei das Abwägungsgebot eingehalten werden muss.

Damit erfüllen Stadtumbau-Konzepte wichtige Kriterien moderner Governance-Instrumente (Visseren-Hamakers 2015; Davy 2012). Vor dem Hintergrund der Unterschiede zur Bauleitplanung und ihrer aktivierenden Funktion stellt sich nun die Frage, um welche Instrumentenart es sich bei den Stadtumbau-Konzepten handelt, um seine Wirkungen weiter zu analysieren. In der Auseinandersetzung mit den Zielsetzungen von Instrumenten kommt der Frage nach dem Planungsabschluss eine besondere Bedeutung zu. Reine Leitbilder vollziehen etwa keinen Planungsabschluss, sondern sind auf die anschließende Operationalisierung und Konkretisierung der planerischen Zielvorstellungen durch andere Instrumente angewiesen. Bei reinen Maßnahmenkonzepten fehlen Leitbilder und Leitlinien. Mit Blick auf die Planbarkeit heißt das: Je nach gewünschter Wirkung für den Vollzug der Planung werden unterschiedliche Instrumente eingesetzt.

Die Stadtumbau-Konzepte werden in der Literatur verschiedentlich als Beitrag zur Strategischen Planung angesehen: Einem vage formulierten Leitbild werden auf teilräumlicher Ebene Schlüsselprojekte zugeordnet, die im Stadtumbaugebiet zur Nachahmung anregen und den Raum stabilisieren sollen (Hutter 2006: 210). Kühn und Fischer (2010: 171) problematisieren aber anhand einer Untersuchung von Mittelstädten, dass das „ständige Wechselspiel" zwischen Orientierung und Projektplanung ein hoher Anspruch ist, der sich „[...] in der Planungspraxis der Mittelstädte kaum realisieren lässt. In der Praxis bleibt die Anwendung des Modells oft fragmentarisch [...]."

Die überörtlichen Vorgaben im sächsischen Stadtumbau weisen zwar implizit einen Ansatz zur Strategischen Planung auf; zugleich finden sich aber auch andere Planungsansätze, unter anderem die Parametrische Steuerung – der Festlegung übergeordneter Zielwerte bei Offenhaltung des Weges zur Zielerreichung (Fürst 2010: 212). Am häufigsten findet sich in den überörtlichen Vorgaben in Sachsen aber die „klassische" räumliche Planung mit der Formulierung von Leitbildern, Qualitäts- und Handlungszielen im Sinne einer Zielpyramide. Die Vorgaben treffen daher keine eindeutigen Aussagen für ausschließlich einen Instrumenten-Typus, vielmehr entsteht ein Hybrid. Die Mehrheit der sächsischen Gemeinden folgt grundsätzlich diesen überörtlichen Vorgaben und erarbeiten Konzepte, die eine Zielpyramide umfassen; zugleich greifen sie die überörtlichen Vorgaben zur Strategischen Planung sowie der Parametrischen Steuerung auf und integrieren sie in ihre Planinhalte.

Im Ergebnis bereiten die Stadtumbau-Konzepte die Umsetzung des Stadtumbaus vor. Im Gegensatz zur Bauleitplanung haben sie als Ziel- und Maßnahmenkonzepte eine aktivierende Funktion: Sie repräsentieren nicht nur die Planungsabsichten der beteiligten Akteure, sondern bereiten den Vollzug der Inhalte vor. Dies wird durch die Verbindung der Planung im Stadtumbau mit dem Bund-Länder-Förder-Programm maßgeblich unterstützt: Planinhalte werden zu Fördertatbeständen; damit wird ein entscheidender Beitrag zum Vollzug der Planung geleistet.

Zugleich werden die Adressaten der Planung mit ihren unterschiedlichen Rationalitätsmustern auf ebenso unterschiedliche Weise angesprochen. Dies unterstreicht die Verständigungsorientierung der Planung im Stadtumbau. Der Vollzug des Stadtumbaus erfordert entsprechend – wie bereits der kooperative Planungsprozess sowie der repräsentative Plan – eine Einbindung unterschiedlicher Akteursgruppen. Interessenskonflikte etwa bei der Frage nach dem Abriss von Wohnungsbeständen sollten zwar nicht erst nach Planfertigstellung, sondern bereits innerhalb der Erstellung des Planungsprozesses aufgegriffen werden. Dennoch bietet der Plan, wie oben herausgearbeitet,

Repräsentation, Rationalitäten und Umsetzbarkeit

aufgrund seiner Unschärfen die Möglichkeit bzw. Notwendigkeit zur Nachverhandlung unter den Akteuren im Nachgang zum Planungsprozess.

In der Praxis entfalten die Stadtumbau-Konzepte daher trotz ihrer unscharfen Planinhalte eine Umsetzungswirkung. So wurden in Sachsen auf Grundlage der Konzepte zwischen 2000 und 2013 über 114.000 Wohnungen abgerissen (Sächsische Aufbaubank 2014: 27) und Aufwertungsmaßnahmen umgesetzt. Ungeachtet der gegenwärtig verstärkten Zuwanderungs- und auch der Reurbanisierungsprozesse (Brake, Herfert 2012) wird der Leerstand in vielen sächsischen Teilräumen zukünftig auch weiter ansteigen (Sächsische Aufbaubank 2014: 42; Deutscher Bundestag 2012: 42). Die Planung im Stadtumbau ist hier weiter gefordert: Motivationen der Stakeholder erkennen, Interessenskonflikte der Bestandshalter herausarbeiten, Belange abwägen, umsetzbare Planinhalte formulieren und den Vollzug vorzubereiten. Wenn Planung und Plan diese aktivierenden Anforderungen erfüllen und die Planung anschließend vollzogen wird, ist eine wichtige Grundlage für die Planbarkeit des Stadtumbaus geschaffen.

5 Fazit: Planbarkeit im Stadtumbau Ost

Dieser Beitrag hat die Frage aufgeworfen, wie der Begriff der Planbarkeit unter den Bedingungen des Stadtumbaus Ost ausgeprägt ist. Der generelle Begriff der Planbarkeit als Vorwegnahme räumlicher Veränderungen mithilfe repräsentativer Planinhalte, die in einem geeigneten Planungsprozess entwickelt werden und den Vollzug vorbereiten, erfährt demnach eine Spezifizierung.

Erstens repräsentieren die Planinhalte der Stadtumbau-Konzepte zwar die beabsichtigten Veränderungen der lokalen Akteursgruppen. Sie umfassen dabei nicht nur städtebauliche, sondern auch gesellschaftsräumliche und gesellschaftliche Zielsetzungen. Zugleich werden sie aber durch den situativen Kontext des demografischen Wandels und den institutionellen Kontext des Förderprogramms geprägt. Oftmals werden in den teilräumlichen Konzepten nur vage Inhalte formuliert, die im Nachgang, im Rahmen der Beantragung von Fördermitteln konkretisiert werden müssen. Planbarkeit wird mit Blick auf die Planinhalte demnach nicht allein durch das Stadtumbau-Konzept erreicht, sondern erfordert die Verbindung mit der anschließenden Umsetzung der Planinhalte. Die Entwicklung der Planinhalte sowie deren Umsetzung erfordern daher einen komplexen Governance-Prozess.

Zweitens sind in dem kooperativen Planungsprozess im Stadtumbau unterschiedliche Rationalitäten festzustellen; Stadtumbau als Reorganisation des bestehenden Siedlungskörpers erfordert die Beteiligung vielfältiger Akteursgruppen mit unterschiedlichen Motivationen und Restriktionen. Ein einfaches entscheidungsorientiertes Verständnis zur Entwicklung und Umsetzung von Planungszielen wird diesen Akteurskonstellationen nicht gerecht. Das Instrument des Stadtumbau-Konzeptes dient daher mehr der verständigungsorientierten Planungskultur sowie der grundlegenden Orientierung der Akteursgruppen und weniger einem Planungsabschluss. Planbarkeit im Stadtumbau wird folglich durch einen kooperativen Planungsprozess ermöglicht, der die unterschiedlichen Rationalitätstypen integriert.

Drittens werden die verschiedenen Akteursgruppen und deren Rationalitäten mithilfe der Stadtumbau-Konzepte auch als Adressaten der Planung angesprochen. Die Konzepte enthalten im Gegensatz zur Bauleitplanung aktivierende Elemente, um den Inhalt der Planung zu vollziehen. Dies wird insbesondere durch die Verbindung des Planungsprozesses im Stadtumbau mit den Fördermöglichkeiten des Bund-Länder-Programms Stadtumbau Ost erreicht.

Die räumlichen Auswirkungen des demografischen Wandels und der Stadtschrumpfung sind demnach planbar. Die Planungskultur im Stadtumbau Ost hat aber zu der beschriebenen spezifischen Ausprägung von Planbarkeit geführt.

In der Praxis hat sich der Stadtumbauprozess grundsätzlich bewährt. In kooperativer und integrierter Weise werden Leitbilder und Zielvorstellungen entwickelt, Pläne zum Umgang mit dem demografischen Wandel erarbeitet und Maßnahmen zur Umsetzung dieser Pläne durchgeführt. Die veränderten Orientierungen zur Lösung von Landnutzungskonflikten und zur Erreichung nachhaltiger Stadtentwicklung umfassen dabei spezifische Ansätze zur Planbarkeit mit Blick auf die Aspekte der Repräsentation, der Rationalität und der Umsetzbarkeit.

In der gegenwärtigen bundespolitischen Debatte über die zukünftige Ausgestaltung des Stadtumbaus gilt es, diese spezifischen Ansätze weiterzuentwickeln, damit der Stadtumbau weiter planbar bleibt. Vor dem Hintergrund der Erfahrungen mit der Entwicklungsplanung in der Bundesrepublik in den 1960er und 1970er Jahren (Fürst 2008: 28-30) ist aber Vorsicht bei den Versuchen geboten, die räumlichen Konsequenzen des Klimaschutzes und des Klimawandels in die Stadtumbau-Konzepte zu integrieren: Stadtumbau ist bislang der Umgang mit den räumlichen Konsequenzen des demografischen Wandels. Eine Erweiterung der Planinhalte um andere Aspekte des globalen Wandels droht, aufgrund der Komplexität der Planungsaufgaben die Planbarkeit dieses Wandels zu gefährden. In ähnlicher Weise gilt dies für die Zusammenführung der beiden Stadtumbau-Förderprogramme Ost und West: Die Fördertatbestände in beiden Programmen unterscheiden sich derzeit noch sehr.

Die spezifische Vorgehensweise bei der Erarbeitung der Planinhalte, die Kooperationsstrukturen im Planungsprozess, die aktivierenden Elemente zum Vollzug der Planung und damit die Planbarkeit des Stadtumbaus Ost sollten

Repräsentation, Rationalitäten und Umsetzbarkeit

bei der Weiterentwicklung des Programms und der Zusammenführung mit dem Stadtumbau West nicht aufs Spiel gesetzt werden.

Literatur

BauGB: Baugesetzbuch in der Fassung der Bekanntmachung vom 23. September 2004 (BGBl. I S. 2414), das zuletzt durch Artikel 6 des Gesetzes vom 20. Oktober 2015 (BGBl. I S. 1722) geändert worden ist.
BMVBS (Bundesministerium für Verkehr, Bau und Stadtentwicklung) und BBR (Bundesamt für Bauwesen und Raumordnung (Hg.) (2008): Evaluierung des Bund-Länder-Programms Stadtumbau Ost. Gutachten. Berlin: Selbstverlag des Bundesamtes für Bauwesen und Raumordnung.
Brake, Klaus; Herfert, Günter (Hg.) (2012): Reurbanisierung. Materialität und Diskurs in Deutschland. Wiesbaden: Springer VS.
Danielzyk, Rainer (2005): Informelle Planung, in: Akademie für Raumforschung und Landesplanung (ARL) (Hg.): Handwörterbuch der Raumordnung. Hannover: Verlag der ARL, S. 465-469.
Davy, Benjamin (2012): Land policy: planning and the spatial consequences of property. Farnham: Ashgate.
Davy, Benjamin (2004): Die Neunte Stadt. Wilde Grenzen und Städteregion Ruhr 2030. Wuppertal: Müller und Busmann KG.
Deutscher Bundestag (2012): Bund-Länder-Bericht zum Programm Stadtumbau Ost. Unterrichtung durch die Bundesregierung. Drucksache 17/10942. Berlin: Unveröffentlicht. http://dip.bundestag.de/btd/17/109/1710942.pdf: 14.02.2016.
Doehler-Behzadi, Marta; Keller, Donald A.; Klemme, Marion; Koch, Michael; Lütke Daldrup, Engelbert; Reuther, Iris; Selle, Klaus (2005): Planloses Schrumpfen? Steuerungskonzepte für widersprüchliche Stadtentwicklungen. Verständigungsversuche zum Wandel der Planung, in: disp, 161, S. 71-78.
Douglas, Mary (1992): Risk and blame. Essays in cultural theory. London and New York: Routledge.
Fieseler, Hans-Georg (2010) (Bearbeiter), in: Krautzberger, Michael (Hg.): Städtebauförderungsrecht. Städtebauliches Sanierungs- und Entwicklungsrecht, Stadtumbau. 50. Ergänzungslieferung Oktober 2010. München: Franz Vahlen.
Fürst, Dietrich (2008): Begriff der Planung und Entwicklung der Planung in Deutschland, in: Fürst, Dietrich; Scholles, Frank (Hg.): Handbuch Theorien und Methoden der Raum- und Umweltplanung. 3., vollständig überarbeitete Aufl., Dortmund: Rohn, S. 21-47.
Fürst, Dietrich (2010): Raumplanung. Herausforderungen des deutschen Institutionensystems. Detmold: Rohn.
Fürst, Dietrich; Ritter, Ernst-Hasso (2005): Planung, in: Akademie für Raumforschung und Landesplanung (ARL) (Hg.): Handwörterbuch der Raumordnung. Hannover: Verlag der ARL, S. 765-769.
Glock, Birgit; Häußermann, Hartmut (2004): New Trends in Urban Development and Public Policy in Eastern Germany: Dealing with the Vacant Housing Problem on

the Local Level, in: International Journal of Urban and Regional Research, 28, S. 919-930.
Goldschmidt, Jürgen (2010): Management des Stadtumbaus unter Berücksichtigung der städtebaurechtlichen Rahmenbedingungen. Von der Fakultät VI (Planen, Bauen, Umwelt) zur Erlangung des akademischen Grades Doktor der Ingenieurwissenschaften – Dr.-Ing. – genehmigte Dissertation. Berlin.
Goldschmidt, Jürgen; Taubenek, Olaf (2010): Stadtumbau. Rechtsfragen – Management – Finanzierung. München: C. H. Beck.
Greiving, Stefan (2011): Politische, institutionelle und theoretische Probleme der Zielbestimmung, in: Akademie für Raumforschung und Landesplanung (Hg.): Grundriss der Raumordnung und Raumentwicklung. Hannover: Verlag der ARL, S. 410-414.
Großmann, Katrin; Bontje, Marco; Haase, Annegret; Mykhnenko, Vlad (2013): Shrinking cities: Notes for the further research agenda, in: Cities, 35, pp. 221-225.
Hannemann, Christine (2003): Schrumpfende Städte in Ostdeutschland – Ursachen und Folgen einer Stadtentwicklung ohne Wirtschaftswachstum, in: Aus Politik und Zeitgeschichte. Beilage zur Wochenzeitung Das Parlament, 28/2003, S. 16-24.
Healey, Patsy (1997): Discourses of integration. Making Frameworks for Democratic Urban Planning, in: Healey, Patsy; Cameron, Stuart; Davoudi, Simin; Graham, Stephen; Madani-Pour, Ali (Hg.): Managing Cities. The New Urban Context. Chichester, New York, Brisbane, Toronto and Singapur: John Wiley & Sons, pp. 251-272..
Hutter, Gérard (2006): Strategische Planung. Ein wiederentdeckter Planungsansatz zur Bestandsentwicklung von Städten, in: RaumPlanung, 128, S. 210-214.
Koalitionsvertrag 2013: Koalitionsvertrag zwischen CDU, CSU und SPD zur 18. Legislaturperiode des Deutschen Bundestages. http://www.bundesregierung.de/ Content/DE/_Anlagen/2013/2013-12-17-koalitionsvertrag.pdf?blob=publication File&v=2: 14.02.2016.
Krau, Ingrid (2010): 1990 bis heute – Städtebau als Umbau mit offenem Ziel, in: Krau, Ingrid (Hg.): Städtebau als Prozess. Kontinuität durch Transformation. Berlin: jovis Verlag, S. 74-117.
Kühn, Manfred; Fischer, Susen, unter Mitarbeit von Roland Fröhlich (2010): Strategische Stadtplanung. Strategiebildung in schrumpfenden Städten aus planungs- und politikwissenschaftlicher Perspektive. Detmold: Rohn.
IASS (2011): Institute for Advanced Sustainability Studies: Transgovernance. The Quest for Governance of Sustainable Development. Potsdam: Selbstverlag.
Löhr, Rolf-Peter (2007) (Bearbeiter), in: Battis, Ulrich; Krautzberger, Michael; Löhr, Rolf-Peter (2007): Baugesetzbuch – BauGB. Kommentar. 10. Aufl., München: C.H.Beck.
Martinez-Fernandez; Cristina; Weyman, Tamara; Fol; Sylvie; Audirac, Ivonne; Cunningham-Sabot, Emmanuèle; Wiechmann, Thorsten; Yahagi, Hiroshi (2015): Shrinking cities in Australia, Japan, Europe and the USA: From a global process to local policy responses, in: Progress in Planning. dx.doi.org/10.1016/j.progress. 2014.10.001: 14.02.2016.

Repräsentation, Rationalitäten und Umsetzbarkeit

Mayntz, Renate; Scharpf, Fritz W. (1995): Der Ansatz des akteurzentrierten Institutionalismus, in: Mayntz, Renate; Scharpf, Fritz W. (Hg.): Gesellschaftliche Selbstregelung und politische Steuerung. Frankfurt/Main und New York: Campus Verlag, S. 39-72.

Ministerium des Innern des Freistaates Sachsen, Abteilung Bau- und Wohnungswesen (2005): Arbeitshilfe zur Erstellung und Fortschreibung Städtebaulicher Entwicklungskonzepte (SEKo). Ministerium des Innern des Freistaates Sachsen, Dresden.

Möller, Andreas (2006): Siedlungsrückbau in den neuen Ländern nach Stadtumbau- und Sanierungsrecht (Schriften zum Öffentlichen Recht, Bd. 1034). Berlin: Duncker & Humblot.

Müller, Thomas (2013): Stadtgestaltung unter Schrumpfungsbedingungen – auf der Suche nach der Gestalt der Europäischen Stadt, neuen Stadtbildern und begrifflicher Einordnung. Vom Fachbereich Raum- und Umweltplanung der Technischen Universität Kaiserslautern zur Verleihung des akademischen Grades Doktor-Ingenieur (Dr.-Ing.) genehmigte Dissertation von Dipl.-Ing. Thomas Müller. https://kluedo.ub.uni-kl.de/files/3697/_Dissertation_Thomas+Mueller_Stadtgestalt%28ung%29+unter+Schrumpfungsbedingungen.pdf: 31.10.2015.

Naegler, David (2003): Planung als soziale Konstruktion. Leitbilder als Steuerungsmedium in Stadtplanungsprozessen. Berlin: edition sigma.

Peters, Deike (2004): Zum Stand der deutschsprachigen Planungstheorie, in: Altrock, Uwe; Güntner, Simon; Huning, Sandra; Peters, Deike (Hg.): Perspektiven der Planungstheorie. Berlin: Leue Verlag, S. 5-18.

Planergemeinschaft (2007): Wie planbar ist Stadtumbau? Ein Streitgespräch zwischen Uwe Altrock und Heinz Tibbe, in: Bezirksamt Marzahn-Hellersdorf von Berlin (Hg.): Im Wandel beständig. Stadtumbau in Marzahn und Hellersdorf. Berlin: Selbstverlag des Bezirksamtes Marzahn-Hellersdorf von Berlin, S. 253-262.

Sächsische Aufbaubank (2014): Wohnungsbaumonitoring 2014/15. Dresden: Unveröffentlicht. https://www.sab.sachsen.de/media/publikationen/wohnungsbaumonitoring/sab_2014_Wohnungsbaumonitoring.pdf: 22.11.2015.

Selle, Klaus (2010): Neu denken! Warum die alte Planungstheorie ein Motorrad ist, in: Sulzer, Jürg (Hg.): Intraurban. Stadt erfinden, erproben, erneuern. Berlin: jovis Verlag, S. 14-23.

Simon, Herbert A. (1976): Administrative Behavior. A Study of Decision-Making Processes in Administrative Organization. With a foreword by Chester I. Barnard. 3 edition, New York: The Free Press.

Reuter, Wolf (2010): Die soziale Konstruktion des Plans – zwischen offenem Diskurs und Macht, in: Krau, Ingrid (Hg.): Städtebau als Prozess. Kontinuität durch Transformation. Berlin: jovis Verlag, S. 133-138.

Scharpf, Fritz W. (1973): Planung als politischer Prozeß, in: Schäfers, Bernhard (Hg.): Gesellschaftliche Planung. Materialien zur Planungsdiskussion in der BRD. Stuttgart: Ferdinand Enke, S. 169-201.

Sieverts, Thomas (2011): Beyond Institutions? Versuch einer Positionsbestimmung der Stadtplanung, in: Polis, 2, S. 6-11.

Strauß, Christian (2014): Ziele im Stadtumbau Ost. Zur Beeinflussung gemeindlicher Siedlungspolitik in Sachsen durch überörtliche Institutionen. Detmold: Rohn.

Umweltbundesamt (Hg.) (2003): Reduzierung der Flächeninanspruchnahme durch Siedlung und Verkehr. Materialienband. UBA-Texte 90/2003. Berlin: Selbstverlag.

van Laak, Dirk (2010): Planung, Planbarkeit und Planungseuphorie, Version: 1.0, in: Docupedia-Zeitgeschichte. http://docupedia.de/zg/Planung: 06.02.2016.

Visseren-Hamakers, Ingrid J. (2015): Integrative environmental governance: enhancing governance in the era of synergies, in: Current Opinion in Environmental Sustainability, 14, pp. 136-143.

Georg Franck

Vom Wiener Ring nach Zürich-West: Chancen einer Renaissance des Städtebaus

Zusammenfassung: Der Städtebau versteht sich als architektonische Gestaltung urbaner Straßen- und Platzräume, stellt also die Verbindung zwischen der zentralen, öffentlich-rechtlichen Stadtplanung und der individuellen Objektarchitektur her. Diese Verbindung ist einer Leerstelle gewichen, seit die Konventionen zerbrochen sind, die das Zusammenwirken der Architekturen geregelt haben, die gemeinsam die Innenwände der urbanen Außenräume bilden. Eine Renaissance des Städtebaus läuft auf eine Revitalisierung dieses Kooperierens hinaus. Weil eine Wiederbelebung verblichener Konventionen nicht in Frage kommt, muss die Kooperation, die einst funktionierte, in anderen Begriffen beschrieben werden. Die Alternative, die hier vorgeschlagen wird, ist die der Allmende, nämlich die Beschreibung des urbanen Außenraums als eines Beckens, in dem die Anrainer das Gut „gute Adresse" anbauen. Als zeitgenössisches Beispiel für eine Allmende wird die Gemeinschaftsproduktion von Software im Modus von open source und peer-to-peer (p2p) herangezogen. Berichtet wird von einem Experiment, in dem eine Studentengruppe ein Nachverdichtungsprojekt in Zürich-West im Modus p2p bearbeitet.

1 Die moderne „Überwindung" des Städtebaus

In seinem Stück Elisabeth II lässt Thomas Bernhard den Großindustriellen Herrenstein rätseln: „Ich weiß gar nicht, warum die Ringstraße so prominent ist, ist sie doch eine der hässlichsten Straßen der Welt, nichts als pompöser Kitsch [...], geschmackloses Baumeisterallerlei, monströse Zuckerbäckerei, ein Gebäude scheußlicher als das andere und doch lieben wir das Ganze – merkwürdig." Ja, warum? Das Merkwürdige ist nicht, dass die Frage ausgerechnet im Theater vorkommt, denn die Ringarchitektur ist ja theatralisch nicht nur von außen betrachtet, sondern eignet sich auch bestens als Zuschauerraum für das Geschehen auf dem Boulevard, in diesem Fall des Umzugs der Staatskarossen und des Auflaufs des huldigenden Publikums. Merkwürdig ist auch nicht, dass die Ringarchitektur als Kulisse für ein Stück dienen muss, das sich am hassend-liebenden Selbstverhältnis der österreichischen Befindlichkeit ergötzt. Merkwürdig ist vielmehr, dass die Frage nach der städtebaulichen Qualität des Wiener Rings dort nie angekommen ist, wo sie doch eigentlich hingehört: im architektonischen Diskurs. Was hätte denn nach all den Pleiten und Katastrophen des modernen Städtebaus näher gelegen als zu fragen, wie es denn sein kann, dass eine Ansammlung von mittelmäßiger Architektur eine Ensembleleistung hinlegt, an das, was nachkam, nicht mehr heranreicht?

Das Spiel im Ensemble gehört schon lange nicht mehr zum Vokabular des architektonischen Diskurses. Die Ringarchitektur war ein Auslaufmodell, das den Modellwechsel zur schmucklosen Moderne geradezu provozierte. Der späte, schon ins Pompöse entgleitende Gründerzeitstil war eine Spottfigur aller Modernisten und nachmodernen Neoavantgardisten. Man mokierte sich über den historisierenden, ornamental überladenen, großbürgerlich und staatstragend daherkommenden Repräsentationsstil. Er war es, dem Adolf Loos sein „Ornament ist Verbrechen" entgegenschleuderte. Und die Kritik war nicht aus der Luft gegriffen. Immer noch ist gut nachzuvollziehen, dass er Auslöser eines Verlangens nach frischer Luft, klaren Formen und sozialer Reform war. Was in dem Unisono des kritischen Tadels jedoch ganz unterging, das war die doppelte Aufgabe der urbanen Architektur. Im städtischen Verband hat die Architektur nicht nur die Aufgabe, Innenräume zu umschließen, sondern eben auch, Außenräume zu definieren. Städtische Architektur hat immer auch Städtebau zu sein. Sie ist, anders gesagt, nie nur Gestaltung der Außenwände von Innenräumen, sondern immer auch Gestaltung der Innenwände von Außenräumen. Diese Innenwände werden in der Regel nun allerdings von mehreren individuellen Objektarchitekturen gebildet, was heißt, dass die Architektur hier eine Gemeinschaftsaufgabe darstellt. Sie ist im städtischen Kontext keine solistische Disziplin, sondern eine Disziplin des Ensemblespiels.

Diese letztere Aufgabe klingt in modernen Ohren zutiefst problematisch. Sie ist eine Aufgabe, in der die Architektur nicht allein und auch nicht selbständig ist, sondern immer auf andere Architekturen bezogen und auf deren Mitwirkung angewiesen. Diese Eingebunden- und Angewiesenheit steht quer zu den für die Moderne so charakteristischen Individualisierungs- und Rationalisierungsansprüchen. Diesen entsprach die Kultivierung des Selbstbilds des Architekten als trotzigen Einzelkämpfers gegen Konvention und Konformität. Dieses Bild wurde nicht zurückgenommen, sondern noch überholt in der Postmoderne. Der Nachfolger des unbeirrbaren Individualisten ist der solistisch brillierende Stararchitekt. Er macht, qua Dekonstruktion, Biomorph oder elektronischem Barock, das solitäre Bauwerk zum Stilprinzip. Die Formen verbindet, dass sie nicht nur ungeeignet zum Andocken an umgebende und städtebaulich mitwirkende Architektur sind, sondern die demonstrative Zurückweisung der Kontaktaufnahme zum Ausdruck bringen. Gefeiert wird vom Autismus nicht zurückschreckende Selbstreferenz, gegen die sich die Dezenz der gesitteten Konversation unter Architekturen rührend altmodisch ausnimmt.

Vom Wiener Ring nach Zürich-West

Auf eine regelrechte Abschaffung der Architektur als Bau der Innenwände von Außenräumen lief die Doktrin des modernen Städtebaus hinaus. Die sah als programmatischen Kern die Ablösung der traditionell kompakten Stadt durch die lockere Siedlung vor (als ein frühes Manifest dieser Doktrin siehe Le Corbusiers Begleittext zu seinem Plan Voisin für Paris 1929, in: Le Corbusier 1999: 112). Sie hatte mit diesem Programm durchschlagenden Erfolg. Dem traditionellen Gegensatz von Stadt und Land ist eine flächendeckende Mischung gewichen, die man nun gemeinhin als Agglomeration bezeichnet. Charakteristisch für die Agglomeration ist die Zwischenstadt: die durchgrünte Siedlung, nicht Stadt und nicht Land, sondern Landschaft, eingestreut mit Einzelbauten.

Bemerkenswert langsam setzt sich in der Debatte um die Baukultur die Einsicht durch, dass eine selbstreferentielle und betont kooperationsunwillige Architektur die Zeichen der Zeit verkennt. Sie muss verdrängen, wie die Baukultur leidet, wenn das Bauen, das einmal Bereicherung der Landschaft war, zur Landplage geworden ist. Die Ansammlung von Solitären ist der Siedlungstyp, der sich, dem Gesetz der Entropie folgend, zu einem flächendeckenden Siedlungsbrei vereint. Alles, was diese Tendenz fördert, versündigt sich an dem Anspruch, dem die Architektur ihr Prestige als gesellschaftlich verantwortliche Kunst verdankt. Nicht nur, dass dieser Siedlungstyp zu unsäglicher Gestalt- und Belanglosigkeit neigt, er ist leider nicht nur mit Banalität geschlagen, sondern auch definitiv nicht nachhaltig. Die Agglomeration hängt am Tropf des billigen Öls und der kostenlosen Freisetzung von CO_2. Die Zeichen der räumlichen Entwicklung drehen auf eine Umkehrung der Zersiedlung. Zum Leitbild der nachhaltigen Raumentwicklung wird die „walkable city", die Stadt der kurzen Wege. Dieses Ziel läuft auf Nachverdichtung im Bestand hinaus und ruft nach einem Städtebau, der wieder urbane Räume gestaltet. Die Nachverdichtung verlangt zwingend die Rehabilitation der Art von Architektur, die im Kollektiv Außenräume definiert.

2 Die Einfalt des „New Urbanism"

Man fragt sich: Konnte sich der architektonische Diskurs wirklich so ignorant wie oben angedeutet um diese Feststellung drücken? Gab es nicht wenigstens eine dissidente Nebenlinie, die versucht, sich vom Hauptstrom freizuschwimmen?

Georg Franck

Oh ja, die gab und die gibt es. Sie gab sich den Namen „New Urbanism"[1]. Sie stellt sogar den Versuch dar, den formensprachlichen Gestus der Ringarchitektur vor dem endgültigen Verlernen zu retten. Sie reflektiert die Bedeutung der Konvention, die sich einmal von selbst verstand. War diese Konvention nicht das implizite Wissen, das stillschweigende Know-How, das sich als Metier des Architekten verstand und ihn wissen ließ, wie die Architektur sich in der Gesellschaft anderer Architekturen zu verhalten hat, damit die Gesellschaft angenehm und im entspannten Sinn gewöhnlich wird? Und war es nicht die konventionelle Formensprache, die von sich aus dazu auffordert, dass der Ausdruck der individuellen Architekturen in eine Konversation mit dem Kontext übergeht? Die vor allem in den USA aktiven new urbanists plauderten das Geheimnis aus, warum es den Stadterweiterungen des 19. Jahrhunderts gelang, jene erste Welle der industriellen Massenproduktion umbauten Raums auf bemerkenswert höherem architektonischen Niveau zu bewältigen, als es der zweiten Welle ein Jahrhundert später vergönnt war. Die ornamentale Sprache dieser traditionellen Architektur konnte durch das Studium historischer Vorbilder erlernt werden. So war es durch fleißiges Studium auch durchschnittlich begabten Architekten vergönnt, eine gute Figur im Konversationsspiel der Architektur zu machen. Der gute Durchschnitt bekam hier seine große Chance.

Die Funktion von Konventionen, die sich einmal von selbst verstanden, wird erst so recht deutlich, wenn sie aufgehört haben zu funktionieren. Die new urbanists haben erkannt, dass der Städtebau bis 1930 über eine Kraft verfügte, die heute verloren ist. Allerdings glauben sie, diese Kraft durch das erneute Erlernen der historischen Sprachen zurückgewinnen zu können. Sie übersehen, dass es eine Sache ist, eine Formensprache zu beherrschen, und eine ganz andere zu begreifen, was die Architektur als Mannschaftssport bedeutet. Beim Spiel im Ensemble kommt es nicht auf die Stilart der Formengrammatik, sondern darauf an, im Zusammenspiel eine Balance zwischen Konkurrenz und Kooperation zu finden. Auch die Spieler in der Fußballmannschaft sind zunächst einmal Konkurrenten; was sie dadurch von Einzelkämpfer unterscheidet, ist, dass sie genau wissen, wo die Konkurrenz zu enden hat. Die Konkurrenz hat genau dort aufzuhören, wo sie anfängt, das Zusammenspiel zu stören. So werden auch Architekten zu Städtebauern nicht dadurch, dass die Konkurrenten in Kooperierende umgedreht werden. Die

---

1 Die Bewegung hat sich, durch europäische Vordenker wie Leon Krier und Quinlan Terry inspiriert, in den USA in Form eines jährlichen Kongresses, des Congress for the New Urbanism CNU), institutionalisiert. Indem sie sich als Kongress bezeichnet, macht die Bewgegung klar, dass sie sich als Nachfolgerin der Congrès International d'Architecture Moderne (CIAM), der von Le Corbusier angeführten Bewegung für die moderne Architektur, versteht. Das Gründungsdokument, die Charter of the New Urbanism, bezieht sich direkt auf die Charta von Athen des CIAM, das Gründungsdokument des modernen Städtebaus, dessen Prinzipien nun einzeln negiert und umgedreht werden. Zum deutschen Stand der Diskussion siehe: http://dr-kegler.de/charta_des_new_urbanism.html.

Vom Wiener Ring nach Zürich-West

Architektur kann gar nicht umhin, mit der umgebenden Architektur zu konkurrieren. Sie unterscheidet sich vom einfachen Bauen durch den ästhetischen Anspruch. Architektur zu sein, heißt deshalb, sich stets in einem Schönheitswettbewerb zu befinden. Zum Städtebau wird die Architektur deshalb nicht, indem sie die Konkurrenz vergisst, sondern indem sie versteht, Konkurrenz und Kooperation in eine Balance zu bringen. Sie muss verstanden haben, dass und wie es möglich ist, durch Kooperation Qualitäten – auch für den eignen Part – zu erspielen, zu der sie einzeln und auf sich allein gestellt nicht in der Lage wäre. Es ist, anders gesagt, nicht die Eloquenz, sondern das Ethos, was zur bedeutenden Ensembleleistung qualifiziert. Eben dieses Ethos hat „New Urbanism" vergessen zu kultivieren. Mit der Folge, dass es durchaus zwar zu gelungenen städtebaulichen Entwürfen kam, aber immer nur zu solchen einer ganzen Anlage aus einer Hand. Für den typischen Fall, dass es verschiedene Architekten sind, die am Bau der Innenwände von Außenräumen beteiligt sind, hat der „New Urbanism" nichts Besonderes zu bieten. Vielmehr leidet die Bewegung generell darunter, dass sich einmal verblichene Konventionen nicht so einfach wiederbeleben lassen. Sie lässt alle, die es sehen wollen, sehen, dass die Formengrammatiken konventioneller Architektursprachen nicht schon das Regelwerk der Etikette einschließen, das den durchschnittlichen Architekten einmal wissen ließ, wie sich die Architektur in der Gesellschaft anderer Architektur zu benehmen hat.

So kommt es, dass der „New Urbanism" zum Synonym eines architektonischen Populismus wurde, der eine zahlungskräftige Nostalgie nach reproduzierbaren Anmutungsqualitäten bedient. Er beruft sich, das gilt es zu seiner Ehrenrettung festzuhalten, auf bedeutende Kenner und bedeutende Architekten wie zum Beispiel auf die Gründer des New Urbanism Leon Krier und Quinlan Terry. Im Großen und Ganzen bleibt die Architektur der neuen Traditionalisten aber weit hinter dem Standard zurück, den das Remake emuliert.

3 Der Städtebau als peer-to-peer Produktion des Gemeinschaftsgutes „gute Adressen"

Was also tun, wenn es beim kooperativen Bau der Innenwände von Außenräumen nicht auf den Dialekt der Architektursprache, sondern darauf ankommt, dass das Spiel im Ensemble funktioniert? Wie eine Reaktivierung des urbanen Raums als Becken für den Anbau des Gutes „gute Adresse" anpacken? Gar keinen Sinn hat es jedenfalls, mit dem Gedanken einer Wiederbelebung verblichener Konventionen zu spielen. Wir wollen nicht zurück ins 19. Jahrhundert; und selbst wenn wir wollten, könnten wir das Regelwerk, das damals stillschweigend fungierte, nicht reaktivieren. Es war weder codiert noch denen, die es als Kulturtechnik beherrschten, bewusst. Wir können nur einen Schritt weiter zurückgehen und versuchen, die Produktionsweise zu beschreiben, deren sich die kollektive Produktion städtebaulicher Qualität bedient. Gibt es da noch andere Beispiele der gemeinschaftlichen Produktion unteilbarer Güter – und vielleicht sogar solche, die immer noch funktionieren und in vivo studiert werden können?

Tatsächlich existiert eine wohlbekannte Form der Gemeinschaftsproduktion gleichberechtigter Partner, die auf freiwilliger Basis eine ungeteilte Ressource bewirtschaften. Sie kennt ein ganzes Spektrum von Varianten, die sich bis heute gehalten haben. Vereint ist dieses unter dem Konzept Allmende, das den Gemeinbesitz, den die Beteiligten kollektiv bewirtschaften, bezeichnet. Das Wort Allmende hat einen altertümlichen Klang, der daher rührt, dass er eine Form des Besitzes darstellt, der die klare Trennung zwischen öffentlich und privat noch nicht vollzogen hat. Sie ist aber eine nicht nur alte Bewirtschaftungsform, sondern auch eine mit ganz eigenen Möglichkeiten. Sie erlaubt einer Gruppe, etwas herzustellen, das sowohl die Möglichkeiten zentraler Planung als auch die Kräfte der einzelnen Beteiligten übersteigt. Sie hat sich bewährt bei der Nutzung von Grundwasserbecken und Fischgründen, beim Betrieb von Bewässerungssystemen und bei der Nutzung von Almen und Hochwäldern. Allerdings entsprechen den Möglichkeiten, die die Mischform von privater und kollektiver Bewirtschaftung bieten, auch einschlägige Risiken. Allmenden reizen – qua Gemeinbesitz – zu typischen Formen der Überweidung, des Trittbrettfahrens und Sich-Drückens an.

Diese Gefahren sind unter der Annahme, dass sich die Eigner wie „hominines oeconomici" verhalten, enorm groß. So kam es, dass der Allmende in der modernen Theorie des Wirtschaftshandelns ein lautes Requiem gesungen wurde. Die Komposition stammt von Garrett Hardin und trägt den Titel „The Tragedy of the Commons" (Hardin 1968).

Dennoch ist die Produktionsweise nicht tot, sondern erfreut sich unerwarteter Aktualität. Die Stichwörter sind „creative commons", „open source" und „peer-to-peer production". Aus der Aufbruchsstimmung in der Frühzeit des Internet ging eine Szene von Pionieren hervor, die im unbeschränkt zugänglichen und unreglementiert nutzbaren Netz der Netze eine Art gelobten Lands jenseits der exklusiven Eigentumsrechte und der staatlichen Bevormundung erblickten. Sie entdeckten für sich die Vorzüge der gemeinschaftlichen, vom Profitdenken befreiten Produktion von Gütern, die sie Lust hatten herzustellen. Die Szene erwies sich als kreativ nicht nur in der Medienkunst und im politischen Aktivismus, sondern auch und ganz besonders in der Produktion von Betriebssystemen und Applikationssoftware. Die Fachwelt staunte nicht schlecht, als es einer im freiwilligen Modus von „peer-to-peer" zusammenarbeitenden Gruppe von „hackers" gelang, mit einem technisch anspruchsvolleren und, wie sich zeigen sollte, sogar besser gewarteten Betriebssystem herauszukommen als Bill Gates mit seiner Fabrik voll hoch bezahlter Ingenieure. Linux ist ein Betriebssystem, das einschließlich des „source code" frei verfügbar ist und für Weiterentwicklungen verwendet werden darf unter der allerdings strengen Auflage, dass diese nicht als kommerzielle Software verkauft werden dürfen, sondern wiederum frei verfügbar sein müssen (Copyleft statt Copyright). Die ebenfalls auf freiwilliger Basis von ihren Nutzern aufgebaute und gepflegte Wikipedia stellt die proprietäre und sündteuere Encyclopaedia Britannica in den Schatten. Nach den Rationalitätsannahmen, wie sie die ökonomische Theorie à la Harding hochhält, ist so etwas ein Unterfangen ausgeschlossen bzw. Ausdruck schierer Irrationalität. Es war daher nur schlüssig und an der Zeit, dass 2009 eine Wissenschaftlerin mit dem Nobelpreis für Ökonomie geehrt wurde, die Hardin's Tragödie revidierte, um sowohl empirisch als auch theoretisch die Rationalität und ganz besondere Leistungsfähigkeit der Commons zu ergründen. Elinor Olstrom's „Governing the Commons" (1990) zeigt, dass es tatsächlich Fälle wie die von ihr genannten Fischgründe, Bewässerungssysteme und Almen gibt, die sich seit Jahrhunderten bewähren und die leisten, was weder zentrale Planung noch eine Privatisierung vermöchten.

Das straßen- und platzräumliche Becken guter Adressen zählt leider nicht zu den Fällen, die Ostrom analysiert. Zweifellos stellt es aber eine Allmende dar, denn die guten Adressen werden entweder von den Anrainern gemeinsam hergestellt oder sie kommen eben nicht zustande. So ist der Städtebau denn auch eine Art peer-to-peer Produktion, ob sie nun gute Adressen zuwege bringt oder nicht. Es ist nur so, dass das Zusammenwirken der peers nicht so leicht über das Gerempel von Einzelkämpfern hinauskommt, wenn es zu keiner Verständigung über die Art des Zusammenspiels kommt. Die Verständigung wiederum hat, von der Situation heute aus gesehen, nur Chancen, wenn sie nicht von vornherein mit der ganzen Komplexität des Städtebaus zu tun bekommt. Die Praxis der „free software production" hat herausgefunden, wie die Verständigung über den Modus des Zusammenspiels und die inhaltliche Zusammenarbeit auseinandergehalten werden können, ohne die Schritte von vornherein trennen zu müssen. Die Lösung liegt in einer anderen als der in kommerziellen Betrieben gewohnten Art von Arbeitsteilung bei komplexen Aufgaben. Das Problem wird nicht zentral in Komponenten zerlegt, deren Lösung dann an einzelne Mitarbeiter delegiert wird, vielmehr werden die Mitglieder eingeladen, Angebote zu Teillösungen in die Runde zu werfen, um dann, wenn sie den Autoren anderer Teillösungen interessant erscheinen, aufgenommen und im Sinn einer Synthese zur Lösung des komplexen Problems fortentwickelt zu werden. Umgekehrt gilt es als vereinbart, dass Autoren ihre Arbeitsstände anderen, von deren Können sie sich etwas versprechen, zur Überarbeitung und Fortentwicklung weiterreichen können. So kommt es zur parallelen Entwicklung von Alternativen, die einerseits in einem Verhältnis der Konkurrenz stehen, andererseits uneingeschränkt kooperieren, da der Code sämtlicher Entwicklungslinien stets der gesamten Community zur freien Verfügung steht. Welche Linie sich schließlich durchsetzt, entscheidet die Gruppendynamik. Es kommt nicht darauf an, einen vordefinierten Beitrag zur Lösung des Problems zu liefern, sondern darauf, denjenigen zuzuarbeiten, denen man beim jeweiligen Stand der Arbeit am meisten zutraut. So kommt es auch nicht darauf an, dass ich mein Pensum erfülle und schon gar nicht, dass ich meinen Vorschlag gegen konkurrierende Vorschläge durchsetze, sondern darauf zu achten, wer anspielbar ist, und vor allem, wer etwas besser kann als ich selbst. Die Mitarbeit ist freiwillig und unentgeltlich. Man arbeitet mit, weil man mit Herzblut bei der Sache ist. Die Belohnung besteht in dem schönen Gefühl, zu einer bedeutenden Gemeinschaftsleistung beizutragen – und freilich in der Anerkennung seitens derer, die von der Sache etwas verstehen.

Dasselbe Ethos, das die Produktion freier Software trägt, müssen Entwerfer entwickeln, wenn eine Ensembleleistung jenseits der Objektarchitektur gelingen soll. Dieses Ethos kann nicht einfach vorausgesetzt, es muss entwickelt und eingeübt werden. Mit dem großen Wort einer Renaissance des Städtebaus ist daher zunächst einmal die Lehre der Architektur angesprochen. Auf Seiten der Studenten ist das Interesse an der open source und peer-to-peer (p2p) Bewegung groß, leider hält die Lehre fest an der Auffassung der Architektur als einer solistischen Disziplin. Gleichwohl kann von einem gelungenen Experiment berichtet werden, welches das Interesse, das die Idee von p2p bei Studenten genießt, in Entwurfsübungen des Städtebaus als „peer-to-peer architecture" auf eine Belastungsprobe stellt.

4 Urbane Allmende in Zürich-West

Zu einer Probe aufs Exempel hat der derzeitige Stadtbaurat von Zürich, Patrick Gmür, die Lehrstühle für Städtebau und digitale Methoden an der Technischen Universität Wien eingeladen (vgl. hiermit und mit dem Folgenden Franck (2015). Zürich bekennt sich zum Leitbild der „walkable city" als dem Bild der nachhaltigen Stadt im Gegensatz zur flächenfressenden Agglomeration, die nur durch motorisierten Individualverkehr zu erschließen ist. Die Stadt, die durch Fuß-, Rad- und öffentlichen Verkehr erschlossen ist, ist die kompakte Stadt der kurzen Wege. Ihre Umsetzung bedeutet Nachverdichtung in den durch den öffentlichen Nahverkehr gut erschlossenen Vorstädten. Um die Möglichkeiten solcher Nachverdichtung zu testen, wurde das Gebiet Altstetter-/Rautistrasse in Zürich-Altstetten ausgewählt. Dieses Gebiet wurde zwischen 1940 und 1980 in immer nur anstückelnder Weise mit Siedlungen in Einzel- und Zeilenbebauung überzogen. Die Dichte ist der gut integrierten Lage nicht mehr gemäß, sie könnte auf mittlere Frist um gut die Hälfte angehoben werden. Mit der Anhebung der zulässigen Dichte ist es freilich nicht getan. Die Anhebung des Baurechts könnte ja genau als Einladung zu jener

Strategie verstanden werden, die die gute Lage nutzt, ohne etwas für die Qualität des städtebaulichen Zusammenhangs zu tun. Jedenfalls ist es nicht damit getan, hie und da aufzustocken und anzubauen. Mit einer punktuellen Nachverdichtung wäre vielmehr die nächste städtebauliche Katastrophe programmiert. Die Nachverdichtung verlangt die Rehabilitation der Art von Architektur, die im Kollektiv Außenräume definiert.

Um den Versuch eines städtebaulichen Entwerfens im Modus p2p durchzuführen, wurde an die Möglichkeit gedacht, die zentrale Rechtsplanung in den Belangen, die das nähere Wohn- (und Arbeits-) Umfeld betreffen, zu dezentralisieren, wo sich die Eigentümer zu städtebaulichen Allmenden zusammentun. Die Allmenden müssen, um anerkannt zu werden, sich eine Verfassung, wie weiter unten noch angesprochen, geben und sinnvolle Umgriffe wie etwa überschaubare Straßenabschnitte oder Straßengevierte haben. Es wurde zum Zweck der Übung angenommen, dass sich im vorgesehenen Gebiet solche Allmenden bilden, die nun ermächtigt sind, eine Neuordnung inklusive einer Bodenordnung in die Hand zu nehmen. Es liegt nun an ihnen, Vorschläge zu Bauräumen, Bauweisen und vor allem Gestaltungsrichtlinien zu machen. Schließlich sei angenommen, diese Allmenden treten nun als Bauherren auf und laden unsere Architektengruppe ein, Entwürfe für die Neuordnung zu entwickeln. Wir fragten uns im genannten Projekt, wie könnte diese Aufgabe als Spiel im Ensemble bewältigt werden? Das Experiment lief über zwei Semester, Sommersemester 2013 und Wintersemester 2013/14 mit 17 beziehungsweise 15 Teilnehmenden. Da im „team sport" nur die „Mannschafts"-Leistung zählt, wurde vereinbart, dass es keine Einzelbenotung, sondern nur eine Note für die Gesamtleistung geben wird. Also bestand die Aufgabe zunächst einmal in der Selbstorganisation der Zusammenarbeit im Modus p2p. Es lag an der sozialen Intelligenz der Teilnehmer, die Arbeitsteilung und den Prozess der wechselseitigen Überarbeitung der Entwurfsvarianten in Untergruppen zu organisieren. Die Anforderungen und Zumutungen, die mit dem ständigen Ausverhandeln und der wechselseitigen Kritik der Peers verbunden war, sollten sich als härtester Teil des Trainings erweisen. Sie wurden zum Teil als Selbstblockade des Entwerfens empfunden und führten zu Separationsversuchen von Untergruppen. Selbst diese Ansinnen konnten aber als Varianten des Spielens, um „followers" zu gewinnen, integriert werden. Die Krise war überwunden, als ein erstes Gesamtkonzept zur Transformation des Patchworks der bestehenden Siedlungen in eine Stadt Gestalt annahm. Da die genaue Abgrenzung des Planungsgebietes zunächst offen gelassen war, zeigte sich erst hier, dass das Gebiet für eine sinnvolle Transformation – immerhin über einen Quadratkilometer – zu groß war, um von einer kleinen Gruppe bewältigt zu werden. Der Eindruck des exzessiven Kommunikationsbedarfs wich langsam der Ahnung, dass dies nicht nur aus persönlichen und gruppendynamischen Gründen erforderlich war, sondern auch damit zu tun hatte, dass viel größere Lösungsräume durchsucht werden mussten, als die Teilnehmer es im Fach „Entwerfen" gewohnt waren. Die Bearbeitung kam im ersten Semester denn auch nicht weiter als bis zu einem Bebauungsvorschlag im Maßstab 1:500. Der Versuch wurde fortgesetzt mit teilweise neuen Teilnehmenden. Im Ergebnis liegt nun ein Plan im Maßstab 1:200 vor. Realistischerweise musste anerkannt werden, dass die Zeit und die Kräfte nicht hinreichten, um auch noch das kammermusikalische Ensemblespiel bei der Durchgestaltung der Innenwände der Außenräume im größeren Maßstab einzuüben.

Dennoch gelang der Nachweis, dass die Nachverdichtung im Maß, wie es der Umbau der Stadt zur „walkable city" anzeigt, im Rahmen des für Zürich charakteristischen Ortsbilds möglich ist. Mehr noch, es konnte gezeigt werden, dass auch und gerade das moderne Zürich gewinnt, wenn es an seinen Rändern städtischen Charakter annimmt. Der hohe Anteil an Grünräumen und sogar Gärten ist kein Grund, an der Bauweise der Vereinzelung festzuhalten. Die Nachverdichtung, das konnte gezeigt werden, ist eine Chance, wenn sie als Gelegenheit zum „commonalen" Bau guter Adressen genutzt wird. Was das Experiment nun aber vor allem zeigt, das ist, dass es nicht an der Unfähigkeit oder dem Desinteresse junger Architekten liegt, wenn die Architektur in Gesellschaft nicht als Spiel der Architekten im Ensemble gelehrt wird. Es hat auf Anhieb funktioniert, städtebauliche Entwürfe wie Open Source Software herzustellen. Dass das nur ausnahmsweise geübt wird, liegt also nicht an unwilligen oder überforderten Studierenden, sondern einzig am Lehrangebot der Architekturschulen. Wenn sich die Lehrenden die neue Rolle des Trainers eines Mannschaftssports nicht zutrauen, können die Studenten das Training selbst in die Hand nehmen. Viele von ihnen sind vom Gedanken der Open Source Produktion fasziniert, weil sie viel besser als ihre Lehrer über die Szene Bescheid wissen.

Kurz, zu jenem ersten Einwand ist zu sagen, dass es nur eine Frage der Zeit ist, dass der Städtebau als „team sport" gelehrt wird. Entwerfen als „team sport", das heißt, dass alle zwar individuell eine Objektarchitektur entwickeln, dass sie aber, was sie entwickeln, den Peers zur Beurteilung und Überarbeitung weiterreichen, um im Gesamtergebnis mit einer kohärenten Architektur im größeren Maßstab herauszukommen. Es liegt ganz beim Team, zu welchen gestalterischen Mitteln und zu welchen Formensprachen man greift, um aus der Ansammlung von Einzelbauten ein stimmiges Ensemble zu machen. Es sollte wie beim guten Sport so sein, dass das Ergebnis nicht vorherzusehen, aber sehr wohl nachzuvollziehen ist. Die Open Source Produktion könnte von jungen, noch nicht etablierten Architekten als Chance aufgegriffen werden, um als Peers unter Peers etwas zu leisten, das sie aus eigener Kraft nicht ohne weiteres zuwege brächten.

Vom Wiener Ring nach Zürich-West

5 Worauf wartet eine Renaissance des Städtebaus noch?

Eine Renaissance des Städtebaus setzt freilich mehr voraus als die Initiative einzelner Gruppen. Zunächst müsste sich die Rechtsplanung bzw. die Kommunalpolitik bewegen. Für den Städtebau als „team sport" sollte dafür als Anfang eine neue Art von städtebaulichen Wettbewerben ausgelobt werden. Wettbewerbe nicht nur für Neubaugebiete und einzelne Situationen im Bestand, auch nicht nur im Maßstab 1:000 mit bloßem Massenmodell, sondern mit Umgriffen eines ganzen, als Stadt erlebten Quartiers und im Maßstab bis hinab zu 1:200. Weil Wettbewerbe dieses Umfangs und Detaillierungsgrads entweder zu teuer oder für etablierte Büros zu wenig lukrativ sind, sollten sie sich ausdrücklich an Arbeitsgemeinschaften richten, die im Modus p2p zusammenarbeiten möchten. Um diese Architekten-Allmenden als reguläre Wettbewerber zu behandeln, sollte von den Kommunen ein Mustervertrag entwickelt werden, durch den die Arbeitsgemeinschaft sich formell als urbane Allmende konstituiert.

Als nächsten Schritt geht es darum, einen Mustervertrag zu entwickeln, anhand dessen sich auch Gruppen interessierter Eigentümer und mithin Auftraggeber als Allmenden konstituieren können. Die Ausarbeitung einer solchen Verfassung wurde im Lehrexperiment durch jene fiktive Annahme übersprungen, dass der Anreiz des höheren Baurechts die Gründung urbaner Allmenden hinreichend attraktiv macht. Tatsächlich liegt hier aber der harte Kern des Problems, vor dem der gemeinschaftliche Anbau guter Adressen steht. Bei der Gründung von urbanen Allmenden gilt es zunächst, vernünftige – und das heißt geschlossene – Umgriffe für die Planung zusammenzustellen. Das Geltungsgebiet sollte Ensembles umfassen, die geschlossene Straßenzüge oder Platzsituationen darstellen. Jeder der Eigentümer in einem solchen Umgriff bekommt ein Vetorecht über das Projekt insgesamt, ein Vetorecht, das er ausspielen kann, um Sonderrechte zu ertrotzen. Das heißt, dass bereits beim allerersten Zusammenschluss mit Reaktionen der Art zu rechnen ist, die es dem operativen Betrieb der Allmende schwer machen (siehe hierzu ausführlich Ostrom 1990). Wenn mehrere oder gar alle Kandidaten dem Anreiz nachgeben, wird es nicht einmal zu einer anfänglichen Vereinbarung kommen.

Damit ist von vornherein klar, dass eine Kooperative von Typ Urban Commons nichts für Investoren ist, die den schnellen Profit im Sinn haben. Es gibt nun aber auch Eigentümer, die sehr wohl an dem Bau beziehungsweise der Rettung einer guten Adresse interessiert sind. Es gibt Bauherren, die in Kategorien der Nachhaltigkeit denken. Es gibt sogar solche, die an der ästhetischen Qualität nicht nur ihres Hauses, sondern der ganzen Nachbarschaft interessiert sind. Für solche Bauherren könnte die Allmende eine hoch interessante Alternative zur Praxis der individuellen Architektenverträge werden.

Ob eine Wiederbelebung des Städtebaus als gemeinschaftliche Produktion guter Adressen bloß Wunschvorstellung bleibt oder zu einer praktikablen Option werden wird, wird davon abhängen, ob es gelingt, für die urbane Allmende eine robuste Rechtsform zu entwickeln (siehe dazu ausführlicher Franck 2011). Das institutionelle Design einer urbanen Allmende setzt zunächst einmal voraus, dass die Produktion guter Adressen so genau analysiert wird, dass die Erfordernisse an das Regelwerk ihrer Organisation aus der Beschreibung hervortreten. Sodann muss dieses Regelwerk die Einladungen zum Missbrauch neutralisieren und versprechen, die Kosten und Risiken der gemeinschaftlichen Produktion nieder zu halten. Es muss soweit ausgearbeitet und detailliert werden, dass es das Format der Beschreibung einer Versuchsanordnung für ein soziales Experiment annimmt. Im Pilotversuch muss sich zeigen, ob die Sache überhaupt funktioniert, und wenn ja, wo das institutionelle Design oder die Versuchsanordnung nachgebessert werden müssen. All dies deutet auf ein umfangreiches Projekt hin, dessen Ziel bisher lediglich in groben Umrissen deutlich ist.

Das Warten auf die Mustersatzung ist nun allerdings kein Grund, auch mit dem Entwerfen im Modus von „open source" und „peer-to-peer" noch länger zu warten. Vielmehr ist es mit einem Federstrich möglich, Architekt, die sich zu Allmenden zusammentun, als Teilnehmer städtebaulicher Ideenwettbewerbe zuzulassen – beziehungsweise das Format solcher Wettbewerbe an die erweiterten Möglichkeiten des commonalen Entwerfens anzupassen. Wettbewerbe dieser Art wären ein ausgezeichnetes Instrument lange vorausschauender Planung, wie sie nötig ist, um mit der nachhaltigen Stadt ernst zu machen. Die „walkable city" verspricht, ein verzwicktes und langfristiges Projekt zu werden, das noch ganz andere Strategien als die der gängigen Praxis des Städtebaus fordert. Eine dieser alternativen Strategien ist, dass sich die kommunale Stadtplanung und Entwicklungspolitik des Entwerfens im Modus von „open source" und „peer-to-peer" auch unabhängig davon bedient, ob es zur Bildung urbaner Allmenden im vollen Umfang des Begriffs kommt. Das Beispiel Zürich-West lädt zum Gebrauch dieser neuen Möglichkeit ein.

Literatur

Franck, Georg (2011): Die urbane Allmende. Über die Herausforderung der Baukultur durch die nachhaltige Stadt, in: Merkur, 746, S. 567-82.
Franck, Georg (2015): Raumplanung versus Städtebau, in: TEC21 – Fachzeitschrift für Architektur, Ingenieurwesen und Umwelt, 46, S. 28-34.
Hardin, Garrett (1968): The Tragedy of the Commomns, in: Science, 162, pp. 1243-1248.

Vom Wiener Ring nach Zürich-West

Le Corbusier (1999): Oeuvre complète 1910–1929, Basel u.a.: Birkhäuser.
Ostrom, Elinor (1990): Governing the Commons. The Evolution of Institutions of Collective Action. Cambridge: Cambridge University Press.

Thomas Hengartner

Kulturwissenschaftliche Stadtforschung oder: Die Urbanisierung der Urbanität. Prolegomena zur Reformulierung eines Konzepts

Zusammenfassung: Das Konzept „Urbanität" – als Verhaltensdispositiv, das städtische Daseinsformen modelliert und als Rahmen innerhalb dessen städtisches Leben interpretiert wird – ist in seinen Grundzügen vor dem Hintergrund des Modernisierungs-, Industrialisierungs- und Urbanisierungsprozesses im Umfeld der vorletzten Jahrhundertwende formuliert worden. Bis heute wirken solche Ansätze (etwa hinsichtlich der Bedeutung des Faktors Dichte oder der Laborfunktion von Städten) im Denken über (westliche) Städte oft unausgesprochen nach. Der Vorschlag, über eine neue Urbanität, oder anders: über die Urbanisierung der Urbanität nachzudenken, geht davon aus, dass diese zweite Urbanisierung keine lineare und ungebrochene Fortschreibung und -setzung der vorangehenden ist, sondern auch auf Offenheiten, Brüchen, Vermengungen und Verhandlungen abhebt. Diskutiert werden u.a. Vorschläge zur Integration des Bourdieuschen Habituskonzepts in Urbanitätsvorstellungen, die Bedeutung situativ, performativer Verhandlungen für die Planung von Stadt, eine Neubewertung des Faktors Dichte, die Verflochtenheiten zwischen Planung und Bricolage und nicht zuletzt auch die politische Dimension von (Stadt-)Planung.

1 Urbanisierung und Urbanität[1]

(Fast) bis heute ist das Konzept „Urbanität" – als Verhaltensdispositiv, das städtische Daseinsformen modelliert und als Rahmen innerhalb dessen städtisches Leben interpretiert wird – weitgehend unbesehen aus Überlegungen fortgeschrieben worden, die vor dem Hintergrund und aus dem Erleben der tiefgreifenden Veränderungen des Modernisierungs-, Industrialisierungs- und Urbanisierungsprozesses im Umfeld der vorletzten Jahrhundertwende formuliert wurden. Mit und seit Georg Simmels ebenso pointierten wie knappen Ausführungen über die Großstädte und das Geistesleben (Simmel 1995/1903) werden immer wieder Nervosität und Anonymität, die Hektik und Flüchtig-

---

1   Vgl. zu dieser Thematik ausführlicher Hengartner 2005, woraus auch einzelne Passagen übernommen sind, sowie Hengartner 2014: dieser Text wird hier, unter bewusster Übernahme von Textteilen in den einleitenden Abschnitten, fortgeschrieben.

Kulturwissenschaftliche Stadtforschung

keit der Begegnungen und der transitorische Charakter urbaner gesellschaftlicher Beziehungen als Signaturen städtischen Lebens benannt. So wird urbanes Leben auch in neueren kulturwissenschaftlichen Erörterungen gefasst als „Ineinander von physischer Nähe und sozialer Distanz, anonymem sozialen Verkehr und Begegnungen, die einen kosmopolitischen Charakter besitzen" – so etwa eine Formulierung von Rolf Lindner (2000: 259).

Dass solche Konzeptualisierungen von Urbanität bis heute fortgeschrieben wurden, verdankt sich nicht zuletzt den u.a. auf Simmel aufbauenden Überlegungen von Louis Wirth aus dem Jahr 1938 zu „Urbanität als Lebensstil": Aus dem Zusammenwirken der Faktoren, Größe, Dichte und Heterogenität, mit deren Hilfe sich „Stadt" als eine „relativ große, dicht besiedelte und dauerhafte Niederlassung gesellschaftlich heterogener Individuen" (Wirth 1974/1938: 345) definitorisch umschreiben lasse, leitete Wirth typische Merkmale städtischer Lebensformen ab: hochgradige Arbeitsteilung, berufliche Spezialisierung und Intellektualisierung des Stadtlebens (Größe); zunehmende gesellschaftliche Komplexität und Lockerung sozialer Kontakte, Segregation von Wohngebieten und permanenter Konkurrenzkampf (Dichte); Aufbrechen gesellschaftlicher Klassen und Differenzierung der sozialen Schichtung, erhöhte Mobilität, Nivellierung durch Depersonalisierung und Anpassung von Angeboten an durchschnittliche Benutzeransprüche (Heterogenität).

Warum dieses Spotlight in Sachen Urbanität? Nun: Auch wenn damit keineswegs das gesamte Spektrum von Urbanitätsdebatten, -diskursen und -konzepten erfasst ist (vgl. dazu ausführlich z.B. Hengartner 1999; Siebel 2015), so wirken diese Ansätze im Denken über (westliche) Städte sichtlich nach: Bis heute bilden sie einen wirkmächtigen Referenzrahmen für Überlegungen zu den Verschränkungen und Verbindungen zwischen der Stadt als physisch-materiellem Gebilde und urbanen Lebensformen, -bedingungen und -entwürfen – und sei es auch, wie Saskia Sassen unlängst ausgeführt hat (Sassen 2014, siehe weiter unten), als Kriterium, dessen Bedeutungsabnahme eines der Charakteristiken aktueller Entwicklungen von und in *global cities* darstellt. Nicht zuletzt scheinen diese überlokalen, scheinbar schon fast überzeitlichen Parameter lokale Traditions- und Wissensbestände, lokale Symbol- und Deutungshorizonte, lokale lebens- wie sozialweltliche Konstellationen und den spezifischen Habitus von Städten scheinbar obsolet zu machen. Urbanität im klassischen Sinne, so lässt sich zusammenfassen, erweist sich als überaus langlebige Setzung, die – obwohl gelegentlich durchaus in Frage gestellt – seit mehr als einem Jahrhundert als *scheinbar* einheitliches Merkmalsbündel vielerorts stillschweigend fortgeschrieben wird. Ja, diese Konzepte grundieren als „tacit knowing" oft bis heute v.a. wachstumsorientierte Leitbilder und Planungsstrategien, selbst solche, die auch auf das Performative und Situative, auf Erfahrungen, Praktiken, „Dynamiken, Geschichtlichkeit, Neuschaffungen und Auflösungen von Ordnung(en)" (Häußermann

Thomas Hengartner

1994: 79) abheben, wie dies exemplarisch die Grundüberlegungen für die Internationalen Bauausstellungen in Hamburg (2006-2013, IBA-Konvention 2007:v.a. 1-3) und Berlin (avisiert war 2020; Senatsverwaltung für Stadtentwicklung und Umwelt o.J.) belegen.

Es geht demnach im Folgenden darum, einige dieser langlebigen, oft subkutanen Setzungen in Sachen „Stadt" – meist ist damit ebenso stillschweigend die „große Stadt" gemeint – etwas zu pointieren. Eine dieser Etikettierungen ist diejenige von der Stadt als sozialem Laboratorium, als „Verdichtungsraum sozialer Prozesse und kultureller Entwicklungen, welche dort gleichsam in einem verschärften und vergrößerten Ausschnitt sichtbar" werden (vgl. Hengartner et al. 2000: 3-18) und fast ebenso lange Zeit schien sich dies bei einem kulturanalytischen, sozialwissenschaftlichen oder stadtplanerischen Herangehen an urbane Räume, Geflechte und Gegebenheiten zu bestätigen (vgl. Hochbaudepartement der Stadt Zürich 2012). Damit hat sich allerdings – überspitzt ausgedrückt – ein konzeptueller Tunnelblick auf das Dynamische, sich Verändernde und Kreative als *regard urbain* etabliert; ein urbaner Blick, der darüber hinwegzusehen half, dass Städte immer mehr etwas für Wohlhabende, oder – genauer und mit Pierre Bourdieus Kapitalsortentheorie ausgedrückt – für Menschen (geworden) sind, die reichlich über ökonomisches und/oder soziales und/oder kulturelles Kapital verfügen.

Die Entwicklungen in Zürich – anschaulich etwa Zürich-West, das sein Image auch über seine Anlage als Wertschöpfungsstätte von Bildungs- und Kreativ-Potenzial aufbaut – wie in fast allen großen Städten (nicht nur) des Westens scheinen David Harvey recht zu geben: Für ihn sind Städte zunehmend weniger soziale Laboratorien, sondern immer mehr etwas für Reiche: „Urbanisierung", führt er in einem Interview mit dem Spiegel aus, „ist ein Kanal, durch den überschüssiges Kapital fließt, um die Städte für die Oberschicht neu zu bauen. Ein machtvoller Prozess, der neu definiert, worum es in Städten geht, wer dort leben darf und wer nicht. Und er definiert die Lebensqualität in Städten nach den Maßgaben des Kapitals, nicht nach denen der Menschen" (Harvey 2014: o.S.). Wer dafür eine Bestätigung vor Ort braucht, konnte sich diese bis vor kurzem über www.toni-areal.ch anklicken. Dort schreibt, unter dem Stichwort „Wohnen", die mit dem Bau beauftragte Realisierungsgesellschaft: „An der Pfingstweidstrasse wird das bestehende zwölfgeschossige Gebäude mit einem Anbau ergänzt und um zehn Geschosse aufgestockt. In den oberen Stockwerken des 75 Meter hohen Hochhauses realisiert A. (Name der Realisierungsgesellschaft) 100 Mietwohnungen. Dabei handelt es sich um grosszügig konzipierte 2½- bis 5½-Zimmer-Wohnungen mit Wohnflächen von 62 bis 152 Quadratmetern. (...) Die Mietpreise sind noch nicht festgelegt; sie werden in dem für Neubauwohnungen quartierüblichen mittleren bis oberen Segment liegen" (http://www.toni-areal.ch/toni/wohnen.htm). Mittlerweile, d.h. seit dem pompösen Einzug der Musik-, Kunst und Fachhochschule als Taktgeber und selbsternanntem Epi-

Kulturwissenschaftliche Stadtforschung

zentrum der Zürcher *creative industry* in das Areal des ehemals europaweit größten und hippsten, in der Zwischenzeit allerdings längst von der Konkurrenz übernommenen Milchverarbeitungsbetriebs, sind auch die Mietpreise bekannt: Sie bewegen sich von im lokalen Rahmen für eine zahlungskräftige Klientel noch „angemessenen" 25 Franken/Quadratmeter bis zu selbst im sehr gehobenen Zürcher Markt für die Lage hohen 50 Franken/Quadratmeter, was immerhin dazu geführt hat, dass etwas mehr als ein Jahr nach Erstbezugtermin noch eine von über hundert Wohnungen im Miet-Kauf zu erwerben war (http://www.toni-areal.ch/wohnungen, letzter Zugriff 04.03.2016).

Zurück zu Harvey, der im Grunde genommen mit seinen Überlegungen zur Urbanisierung als der Zurichtung von Städten für die Oberschicht nur die logische Konsequenz des sich verändernden Umgangs mit Öffentlichkeit, die von verschiedenen Seiten mehr und mehr limitiert wird, weiterführt. Dabei geht es weniger um die omnipräsenten Dispositive der expliziten Überwachung (auch wenn etwa das Phänomen der *gated community* längst schon in „Mittelstädten" (vgl. dazu z.B. Schmidt-Lauber 2010) des deutschsprachigen Raums (so die noch unpublizierten Ergebnisse des Wiener Projekts unter der Federführung von Brigitta Schmidt-Lauber) Einzug gehalten hat), schon mehr um die bewusst exkludierende Gestaltung von öffentlichem Raum. Naheliegende Beispiele sind Bahnhöfe oder Einkaufspassagen, deren ästhetische Anmutung eine ebenso klare Einladung zum Konsum wie Abgrenzung gegenüber einer Inanspruchnahme als Soziotop transportieren. Vor allem aber geht es um die sogenannt modernen und „urbanen" Materialien: Dass (nackter) Beton, dass vor allem Stahl und Glas diese Anmutung besitzen, genauer: dass sie ihnen – äußerst langlebig! – zugeschrieben wird (wenngleich die Materialien eigentlich überall auf der Welt und in fast jedem Zusammenhang eingesetzt werden), ist eine ebenso banale Feststellung wie wirkmächtige Tatsache. Als „soziale Oberflächen" (so die Kunst- und Materialhistorikerin Monika Wagner 2002) strahlen sie klare Anmutungsqualitäten aus bzw. sind sie mit solchen aufgeladen: Sie sind zum einen gleichsam die Materialisierungen der vorher genannten klassischen Urbanitätsvorstellungen wie Anonymität, Flüchtigkeit von Begegnungen oder dem transitorischen Charakter urbaner Beziehungen und schreiben diese zugleich wirkmächtig fort. Über diese Anmutungen hinaus modelliert der „Materialluxus" (Wagner 2014), aber zum anderen auch die Möglichkeiten und Ansprüche des Ein- und Ausschlusses.

Noch einmal also die Harvey-Frage: Lebensqualität in Städten nach den Maßgaben des Kapitals, nicht nach denen der Menschen? Zumindest ist nicht von der Hand zu weisen, dass „Urbanität" zuvörderst ein machtvolles Arrangement ist. Und auch wenn etwa das kulturwissenschaftliche wie das spielerisch-künstlerische Herangehen an das Mehrdimensionale, Situative und Hergestellte von Urbanität und Öffentlichkeit auf die Handlungspotenziale, welche dem/der Einzelne/n zukommen, aufmerksam machen, so belegt Har-

Thomas Hengartner

veys Zuspitzung eindrücklich den Bedarf nach einer Neujustierung des Konzepts von „Urbanität".

Ein zentrales Moment für eine solche Neujustierung müsste sein, für das Phänomen Urbanität neue Perspektiven zu finden: Weg von der Konfrontations- und Aneignungsperspektive, mit der es zwei Jahrhundertwenden früher konzeptualisiert worden ist, hin zur Tatsache, dass wir uns längst schon ans Urban-Sein gewöhnt haben. Urbanität in diesem Sinne wäre zu umreißen als ein Gewohnt-Sein an den Wandel und ließe sich beschreiben als Kompetenz im Umgang mit den An- und Zumutungen von Transformation, noch zugespitzer als: *doing transformation*. Urbanität als *doing transformation* zu verstehen würde im Übrigen auch endgültig über Verlustkonzepte wie etwa dasjenige der non-lieux Marc Augés (Augé 1992) hinausgehen, die von einem letztlich fast vormodernen, weitgehend statischen Verständnis von Identität grundiert sind.

2 Urbanität und Langeweile

Urbanität, auch das ein Moment der Revision des Konzepts, ist also nicht, wie in der Großstadtforschung meist stillschweigend favorisiert, nur als Qualität von „dichten Orten" und Ereignissen zu fassen, im Gegenteil: Eine größere Offenheit für das Unspektakuläre, für das Dazwischen (Rolshoven 2000), für Zwischentöne und für Selbstverständlichkeiten (vgl. Schmidt-Lauber 2003: 220ff.) würde zumindest dazu beitragen, den Eindruck zu vermindern, Urbanität finde nur in dichten Arrangements (vgl. die über die üblichen Suchmaschinen und -parameter zugänglichen Bilder zu „Urbanität"; Stand Ende Februar 2016) bei angenehmen Temperaturen und bei schönem Wetter (vgl. die über die üblichen Suchmaschinen und -parameter zugänglichen Renderings zur Hafencity Hamburg; Stand Ende Februar 2016) statt.

Ein Blick auf Gentrifizierungsprozesse (seien es gesteuerte oder „selbstregulierte"), wie sie z.B. in der Zürcher Stadtentwicklung eine einschneidende Rolle spielen, kann diesen Befund eindrücklich illustrieren: Gängige Sichtweise ist es, die zunehmende Dichte, die schleichende Kommerzialisierung, mitunter – wie im Hamburger Schanzenviertel – auch die als politisches Befriedungsinstrument eingesetzte Umgestaltung öffentlicher Plätze in konsumintensive Verweilorte als urbane Ressource, als Pushfaktor eines „Aufwertungsprozesses", der gleichzeitig ein Verdrängungsprozess ist, zu beschreiben. Vor allem in einer längerfristigen Perspektive lässt sich Gentrifizierung aber auch als eine Art Gütesiegel für Stadtplanung lesen: Gentrifizierungsfälle und -kandidaten in westlichen Städten sind in der Regel nicht die zur Zeit ihrer Erbauung als architektonische Highlights gelobten Siedlungen, sind nicht alternde Prestige-Projekte, sondern solide 08/15-Viertel im

Kulturwissenschaftliche Stadtforschung

(leichten) Gammellook, deren einstmalige Unauffälligkeit, deren unspektakuläre, oft biedere Ästhetik (nicht umsonst gewinnt die Blockrandbebauung, nicht nur in Städten wie Wien oder Zürich, den beiden prozentual am schnellsten wachsenden Städten Europas (vgl. Schindler 2014: 321), wieder an Zuspruch) die Grundlage ihres späteren Charmes und ihrer neuen Rolle in der und für die Stadtentwicklung bildete. In diesem Sinne gehört zu Stadtplanung, die einem solcherart neu gefassten Verständnis von Urbanität Rechnung trägt, genauso das Unaufgeregte, der Mut zur Langeweile, zur Unbestimmtheit und zur Lücke als Investition in die Zukunft.

3 Auf dem Weg zu einer neuen Urbanität: Zweite Urbanisierung

Stadt, genauer: Stadtentwicklung und Universität Zürich haben im Herbst 2013 eine Veranstaltungsreihe unter dem Titel „Wachstumsschmerzen" durchgeführt, die genau diesen veränderten Vorstellungs- und Herangehensweisen Rechnung tragen sollten. Der Generalnenner dieser Reihe lautete „zweite Urbanisierung" – eine terminologische wie konzeptuelle Anleihe bei Ulrich Becks Konzept einer zweiten oder auch reflexiven Moderne: Was Beck und Bonß die „Modernisierung der Moderne" nennen (vgl. Beck/Bonß 2001), war und ist uns, d.h. den kommunalen Stadtplanungs- und -entwicklungsinstanzen und der universitären kulturwissenschaftlichen Stadtforschung, die Urbanisierung der Urbanität, das heißt der Umstand, dass die Grundlagen und Grundvoraussetzungen von Urbanität im Zuge der „radikalisierten" (so heißt es mit Bezug auf die Moderne beim Stichwortgeber Ulrich Beck), vielleicht sollte man sagen: dass die Grundlagen und Grundvoraussetzungen von Urbanität im Zuge einer intensivierten und über sich hinauswachsenden Urbanisierung an Bedeutung verloren haben.

Es geht also nicht einfach um eine Re-Urbanisierung im Sinne eines „zurück in neue Städte" (wie sie etwa in der Stadtplanung und in Stadtplanungsdebatten diskutiert werden), sondern um neue Offenheiten des Konzepts und Projekts Urbanisierung – zum Beispiel aufgrund von „Einflüssen des Glokalismus" (Hannerz 1995: 78), d.h. weltweiter Vernetzungsprozesse im Verbund mit einer stärkeren Bewertung und Bedeutung des Lokalen als „sinnlichem Erfahrungshorizont" (Hannerz, ebd.), aber genauso auch unter den grundlegend veränderten Rahmenbedingungen der De-Industrialisierung, die ein enormes Potenzial nicht nur an Raum und Fläche – buchstäblich – zur Disposition und als Dispositionen für neue Formen des place- und spacemaking zur Verfügung stellte, sondern auch das Repertoire von (Handlungs-) Optionen, (Deutungs-)Offenheiten, Macht-Konstellationen, sozialen Figurationen, In- und Exklusions-Formen, Stilen, Rhythmen, Takten, Be- und Entgrenzungen, die alle zur Neufassung von Stadt und Städtischem beitragen und -trugen, neu „formatierten" und dynamisierten.

Ziel der Veranstaltungsreihe war es, Zeuginnen und Zeugen aufzurufen, deren Ansätze dieses Konzept einer zweiten Urbanisierung, die ja gerade nicht eine lineare und ungebrochene Fortschreibung und -setzung der vorangehenden ist, stützen und untermauern und die für eine „kritische Weiter-Schreibung" von bisherigen Grundannahmen zur Urbanität stehen. Aus diesem Grund sollen diese hier auch in längeren Passagen zu Wort kommen – zum einen, um eine gewisse Mehrstimmigkeit zu erreichen und zum zweiten, um das im Zitier-Tagesgeschäft allzu übliche argumentative *Streamlining*, welchem wir Aussagen anderer Autor_innen unterziehen, zu vermeiden.

Erster Zeuge, aufgerufen, den Topos von der *Anonymität und Ges(ch)ichtslosigkeit* von Städten kritisch zu bedenken, ist der Stadtsozio- und -ethnologe Rolf Lindner, der mit seiner (im Verbund mit Johannes Moser) entwickelten Übertragung von Pierre Bourdieus Habitus-Konzepts auf Städte eine bedenkenswerte Alternative zum Topos von der Anonymität und Ges(ch)ichtslosigkeit von Städten entworfen hat und insbesondere auf deren Gestalt- und Geschichts- bzw. Geschichtenhaftigkeit abhebt:

„Pierre Bourdieu (...) verweist" auf etwas, „das sowohl der gotischen Kunst als auch dem scholastischen Denken zugrunde liegt: der Habitus als generative Tiefengrammatik einer Kultur (Bourdieu 1974).

Wir sind davon überzeugt, dass das Habitus-Konzept auch in der Stadtanalyse mit Gewinn Anwendung finden kann. Wie immer wir „Habitus" begreifen, so ist mit dem Konzept doch stets ein Hinweis auf die Historizität der Gegenwart verbunden, und somit auch, dass unser Handeln nicht voraussetzungslos ist. Stets ist damit etwas biographisch Erworbenes und geschichtlich Gewordenes gemeint, dass das Handeln insofern leitet bzw. kanalisiert, als es etwas Bestimmtes aufgrund von „Dispositionen" wie Geschmack, Neigungen und Vorlieben nahe legt. Dass das Habitus-Konzept als kulturelle Tiefengrammatik verstanden auch mentale Prozesse einschließt, macht es für eine Analyse der Besonderheiten der Stadt fruchtbarer als das Denken in Kategorien wie Pfadabhängigkeit, die meiner Auffassung nach nur halbherzig auf kulturelle Determinanten ökonomischer und sozialer Prozesse eingehen. Der Nutzen scheint vor allen Dingen darin zu liegen, dass man mit dem Habitus-Konzept jene Konstanz der Dispositionen, des Geschmacks, der Präferenzen erklären kann, die der neo-marginalistischen Ökonomie so viel Kopfzerbrechen bereitet", wie Bourdieu schreibt (Bourdieu und Wacquant 1996: 165). Das stellt sich in Bezug auf den bewohnten Raum nicht anders dar. Nirgendwo wird die Konstanz, ja die Hartnäckigkeit deutlicher als in den Schwierigkeiten, die der Versuch bereitet, das Image einer Stadt oder besser: ihr verinnerlichtes Muster zu verändern. Zugleich aber können wir mithilfe des Habitus-Konzepts, Dimensionen der Praxis *konstruieren und in ihrer*

Kulturwissenschaftliche Stadtforschung

Einheit verstehen, die oft zersplittert untersucht werden (ebd.)." (Lindner 2014: 42f)

Gewiss: Die Lindnersche Übertragung besticht – Städte werden dergestalt in ihrem Gewordensein, ihrer kulturellen Textur, ihren Anmutungsqualitäten begreifbar. Eine erste Frage, die sich gleichwohl stellt, ist, ob ein solches Verständnis letztlich Städte nicht unnötig essentialisiert; eine zweite, ob nicht zu sehr auf eine lineare, ja unilineare Entwicklung abgehoben wird. Dennoch bietet ein kritisch-reflektiertes Einlassen auf das Habitus-Konzept gerade für Planungsprozesse Möglichkeiten, ebenso bewusst zeitgenössische Les- und Spielarten „verinnerlichter Muster" (s.o.) zu entwickeln, genau so aber auch gute Argumente, Traditionslinien zu kappen und neue Dynamiken zu forcieren.

Ein zweites langzeitwirksames, zum Konzept geronnenes Bild von Städten ist dasjenige von der Stadt als *melting pot* bzw. als Einheit (in) der Vielfalt. Als Anwälte für das *doing difference* (auch verstanden als ein Vorschlag, in einem anderen als dem Lindnerschen Sinne das Habituskonzept für die Stadtforschung „anzuzapfen"), haben eine Sprachwissenschaftlerin, ein Politgeograf und eine Sozialanthropologin aus ihren Blickwinkeln Aus-, Einschließungs- und Grenzziehungsprozesse reflektiert. Vor allem die Überlegungen von Janine Dahinden, Sozialanthropologin an der Universität Neuchâtel, zu „Grenzziehungsprozessen mittels Kultur" sind geeignet, für die Bedeutung eines institutionell bewussten Umgangs mit Wissensformationen und -beständen zu sensibilisieren:

„In Zeiten des öffentlichen Kulturdiskurses ist *Commonsense*-Kultur im Sinne einer symbolischen Ressource (...) allgegenwärtig und wird dazu verwendet, um Grenzlinien zwischen ‚innen' und ‚aussen' zu markieren, d.h. um Gemeinsamkeiten gegen innen und Barrieren gegen aussen herzustellen und Gruppengrenzen zu schliessen. Dies ist nicht nur in der Migrationspolitik ersichtlich, sondern es handelt sich um Prozesse, die auch in einer Mikroperspektive von Relevanz sind. (...)

Kulturelle Vielfalt wäre deshalb in einer solchen Sichtweise nicht als ein gegebenes Mosaik ursächlich abgrenzbarer kultureller Systeme zu verstehen, sondern als momentanes Ergebnis der historisch variablen Konstruktion sozialer Differenz und als Resultat von Grenzziehungsprozessen. In ähnlicher Weise erscheint ‚Zugehörigkeit' unabhängig von kulturellen Inhalten als Folge von Grenzziehungsprozessen. Die Frage ist demnach nicht, wie zwischen diesen Kulturen Brücken gebaut werden können, sondern wie kulturelle Vielfalt und ‚Zugehörigkeit' respektive Grenzlinien mittels der ‚Praxis der Kultur' im Alltag, in den Medien, in nationalstaatlichen Strukturen usw. hergestellt, verändert und aufgelöst werden. Ähnlich wäre dann ‚Zugehörigkeit' in dieser analytischen Sichtweise nicht mehr als kulturelle Anpassungsleistung der Einwanderer zu verstehen, sondern als Frage, wann und mittels welcher Markierungen sich entsprechende ethnische, nationale oder religiöse Grenzziehungen zwischen dem ‚Wir' und den ‚Anderen' etablieren oder auflösen. Die Formierung von ‚Gruppen' erscheint dann als prozesshaft, situationsbezogen und relational und keinesfalls ‚kulturell' gegeben. Damit verschiebt sich die zentrale Frage darauf, wer wann dazugehört oder nicht, und welche Akteure mit welchem Erfolg im Kampf um diese Kategorisierungen intervenieren." (Dahinden 2014: 57,60)

Deutlich wird in dieser sozialanthropologischen Argumentation insbesondere, wie Theoreme ins Alltags-Wissen und -Handeln, in das Argumentieren, Deuten und Selbstdeuten eingehen, wie sie situativ und variabel verhandelt werden. Die Frage, die sich vor diesem Hintergrund für Planungsprozesse zunächst stellt, ist, wie eine Planung im und für den Potenzialis, von Möglichkeiten, Möglichkeitsräumen und -situationen aussehen kann. Mit Blick auf Urbanität unter den Vorzeichen einer zweiten Urbanisierung kommt dazu, dass sich auch noch die Frage nach Verwicklungen, losen Enden, nach der Bricolage, dem Puzzling, Sampling oder – medienwissenschaftlich ausgedrückt – dem *MashUp* stellt, sprich: die Perspektive vom Möglichen zum Uneindeutigen, zum bedeutungsoffenen Verhandlungsort zu erweitern.

Doch kommen wir zum *pièce de résistance*: Als Kronzeugin für ein Stadtverständnis, das ganz im Sinne einer zweiten Urbanisierung zwar weiterhin die Faktoren *Größe, Dichte* und *Heterogenität* berücksichtigt, aber auf kritisch-reflexive Distanz zu deren scheinbar kohärenten Zusammenhängen und Wechselwirkungen gegangen ist, haben wir Saskia Sassen aufgeboten: Als aufmerksame Kommentatorin sowohl des Tuns und Lassens *on the ground* wie auch der fundamentalen makrostrukturellen Umwälzungen in und von Global Cities übt sie radikale Kritik an der Bedeutung, die dem Kriterium „Dichte" als zentralem Definiens für Urbanität nach wie vor beigemessen wird. In ihren Überlegungen zu Städten, *global cities* zumindest, die sie als Grenzgebiete, als (*frontier zones*) ausflaggt, fordert sie, urbane Dichte zu differenzieren:

> „In order to fully understand the economic function of cities, we need to keep in mind this broader frame of how the city fits into global geopolitics. This means in a next step that we need to talk about cities as more than just densely built up terrain. One notion about the global city is that it has enormous density: large numbers high-rising buildings. But many of those enormous stretches of densely built-up terrain can barely be called a city. So we need to put density as a defing paradigm in its place. What I want to do is to de-stabilize the notion of density in order to recover other variables just as critical in defining the city: indeterminacy, complexity, imcompleteness. While density remains critical to the state of the art knowledge economy, density is constructed in many different ways. […]
>
> Putting density as a defining paradigm for urbanity in its place means in a first step to differentiate between different kinds of density. So far I was only referring to examples of density according to statistics of population. If we exchange these statistics with statistics on work place density, we see again a completely different image of London. We no longer see a flat and evenly distributed density but a very intense peak of workplace density in the city center where those specific systems of mixed interaction come into place. In a landscape that is like this, we can incorporate this state-of-the-art density for all the economic functions and thereby mark an important difference. The notion of the global cities is largely that of the population density model of Shanghai. But this model is a horror and at its limits completely ceases to be a city." (Sassen 2014: 125f.)

Kulturwissenschaftliche Stadtforschung

Distanzierende, lösende Neu-Reflexion tut schließlich bei einem weiteren Dauerbrenner in der Stadtforschung Not, nämlich dem seit über 50 Jahren wirkmächtigen Konzept von *Öffentlichkeit und Privatheit* als *dem* zentralen Spannungs- und Beschreibungsfeld für Stadt, wie es in besonderer Prägnanz und mit zumindest im deutschsprachigen Kontext nachhaltigster Wirkung von Hans-Paul Bahrdt (1961) vorgelegt wurde. Seine Überlegungen, wonach in einer Stadt „das gesamte, also auch das alltägliche Leben die Tendenz zeigt, sich zu polarisieren, d.h. entweder im sozialen Aggregatszustand der Öffentlichkeit oder in dem der Privatheit stattzufinden" (Bahrdt 1961: 60) wirkten deswegen so nachhaltig, weil es zwar immer wieder zu Infragestellungen gekommen ist – etwa durch Richard Sennetts vielbeachtete, wenngleich recht kulturpessimistische Äußerungen (Sennett 1984) – aber dennoch in seinen Grundzügen anerkannt geblieben sind.

Der Harvard-Ökonom Philipp Thalmann (Thalmann 2014) und namentlich der „Städtebauer" Bernd Knieß, der an der HCU Hamburg *Urban Design* lehrt, haben Wege skizziert, die dichotomische, ja gelegentlich geradezu unversöhnliche Gegenüberstellung von Öffentlichkeit und Privatheit hinter sich zu lassen, indem sie urbanes Wohnen als Gefüge von Planung und Bricolage, von ver- bzw. geordneter und von *do-it-yourself*-Urbanität, als beinahe rhizomatisches Geflecht sichtbar gemacht haben. Gerade vor dem Hintergrund von Saskia Sassens metropolen- und dann auch noch kernstadtzentrierten Überlegungen macht Knieß eingängig auf die Notwendigkeit zur Differenzierung aufmerksam:

„Wo eine wohnungs- und stadtentwicklungspolitische Debatte, überwiegend den Zielen des urbanen Zeitalters folgend, sich im Wesentlichen auf die Kernstädte der Metropolen stürzt, wird die Relevanz und der Beitrag von bisher so genannten suburbanen (Wohn-)Gebieten geringerer Dichte unterschätzt. Wir betrachten die 83% Ein- und Zweifamilienhäuser, die 44% aller Wohneinheiten in Deutschland ausmachen, als ein deutliches Signal und eine Aufforderung, diese Typologie und Gebiete vor dem Hintergrund des gesellschaftlichen und demografischen Wandels mitzudenken.

Die Entdeckungen in der Hafenarbeitersiedlung zeigen Entwicklungstendenzen und mögliche Anknüpfungspunkte auf und lassen in den Handlungen der Selbstbauer erkennen, wie sehr diese bereits mit den städtischen Strukturen (Materialinfrastrukturen, Genehmigungen, Bauausstellung usw.) verwoben sind. Es wird dort ‚prototypisch' ein anpassungsfähiges Modell einer ‚Architektur in Bewegung' (Latour, Yaneva 2008) ‚getestet', in welchem die Bewohner, ihren jeweiligen Lebensumständen und -stilen entsprechend, Bedarfe situativ herstellen. Die gelebte Verhandlung gegenwärtiger wie auch zukünftiger Wohnmodelle (etwa im Hinblick auf die Überwindung von Funktionstrennung) integriert nicht nur die Architektur, sondern auch die Institutionen (Bauprüfabteilung), die lokale und globale Ökonomie (Handwerker, Baumärkte) und unterschiedlichste Wissensbestände (vom Nachbarn bis zum Online-Forum).

Zwar kann der Selbstbau als eine Form der kreativ-gestalterischen Praxis zur Selbstverwirklichung verstanden werden, aber mit Lucius Burckhardt ‚interessiert uns das Selberbauen nicht als Möglichkeit des Einzelgängers, sich irgendwo hinter einem Bauernhof ein Hüttchen aufzustellen, sondern als eine kollektive Erhaltung des Sachwissens in Bezug auf die Bauerei und den Umgang mit den Häusern' und damit den verstädterten Raum insgesamt. Es geht dabei nicht um die ‚Abschaffung der Bauberufe, sondern um eine Wiedergewinnung von Intelligenz und Urteilskraft in der gesamten wohnenden und gebäudenutzenden Bevölkerung' (Burckhardt 1981: 11)." (Knieß 2014: 107f.)

Und auch der zweite Weg, auf dem uns das Öffentlichkeits/ Privatheitskonzept wieder eingeholt hat, nämlich in der Auseinandersetzung mit der Limitierung von Öffentlichkeit, mit der Eventisierung von Stadt und Stadtflächen, mit der Erlebnis- und 24-Stunden-Stadt, muss keine Einbahnstraße bleiben. Es geht nicht zuletzt um den Charme des Banalen, der sich in Überlegungen zum *urban entertainment* auf postindustrieller Basis, zu erlebnisorientierten postfordistischen Lebensentwürfen äußert und sich listig, taktisch im de Certeauschen Sinne vielleicht, aktuellen Urbanitätskonzepten aufdrängt. Mit ihrem lebensweltlichen Zugang zu Fragen der Aneignung städtischer Räume durch junge Erwachsene bietet Monika Litscher eingängiges Anschauungsmaterial (nicht nur) für die Planung:

> „Ich möchte gern mit einigen Statements von jungen Erwachsenen und ihrer Einschätzung zum Erleben konkreter öffentlicher Stadträume ins Thema Aneignung zwischen Lebenslust und Wagnis einleiten. Sie sollen dabei die drei Aspekte der Thematik Junge Menschen in öffentlichen Räumen etwas näher bringen, auf die ich meine weiteren Ausführungen stützen werde: Stadt als Erfahrungsraum, Stadt als Möglichkeitsraum und Stadt als Kontrollraum.
>
> ‚Ich gehe manchmal am Wochenende raus zum Tschutten (i.e. Fußballspielen, ThH), oder einfach mit den Kollegen raus zum rumhocken (sic). Meistens spazieren wir so rum in der Nähe des Barfüsserplatzes. Und wenn man einen ganzen Tag herumgelaufen ist in der Stadt, hat man auch einmal das Bedürfnis, sich hinzusetzen, ein bisschen auszuspannen – und dann gehen wir nunmal langsam an den Rhein herunter, legen unsere Taschen hin und machen es uns gemütlich.' (15-Jährige am Rheinbord in Basel)
>
> ‚Es machen alle dasselbe: Saufen, Kiffen, Reden, Hängen. Es sind alle zusammen. Ja, im Sommer ist es gemütlich, dann kann es schnell einmal spät werden. Man guckt halt, man schaut und trinkt – zum Teil isst man auch noch etwas. Und dann schaut man eben, was man machen kann und ob es weiter geht.' (18-Jähriger am Bahnhof St. Gallen)
>
> ‚Ich habe nichts kaputt gemacht, ich war einfach dort. Es war nicht Illegales dabei. Wenn sie nicht wollen, dass die Leute Alkohol konsumieren, dann sollen sie keinen verkaufen. Nicht gleichzeitig verkaufen und im Nachhinein sagen, man darf es hier nicht konsumieren. Es hat überall Bänke und man soll sich nicht hinsetzen, das verstehe ich nicht. Warum stellt man eine Bank hin und sagt nachher, man möchte niemanden dort. Und es hat auch Lampen dort. Also gehe ich davon aus, dass die Leute auch am Abend dort sind. Sonst schaltet man die Lampen aus; dann ist niemand mehr dort.' (16-Jähriger auf der Grossen Schanze in Bern) [...]
>
> Bei solchen Konfrontationen geraten junge Menschen bekanntermassen besonders in den Sommermonaten in den Fokus der Medien und Politik. Oft werden dann mit problemorientiertem Blick ‚Lärm', ‚Littering' und überbordende Partys ‚der Jugend' in öffentlichen Räumen beklagt. [...]

Kulturwissenschaftliche Stadtforschung

> Generell wird ‚der Jugend' als gesellschaftlicher Gruppe die höchste Ausgangsdauer und der grösste Aktionsradius zugesprochen, wobei über das Unterwegssein (tagsüber und in der Nacht) noch relativ wenig bekannt ist. [...]
>
> Dabei bieten sich gerade öffentliche Räume für junge Erwachsene als Erfahrungsräume an, die es ihnen ermöglichen, an der Gesellschaft teilzuhaben oder auch bewusst nicht interagieren zu müssen. Diese Freiheit, einfach an einem Ort zu sein oder ‚hängen' zu können, wird von jungen Interviewpartnern immer wieder als eine entscheidende urbane Qualität hervorgehoben. [...]
>
> In solchen Übungs- und Bildungssituationen, einem produzierten Schwellenzustand, werden bruchhafte Erfahrungen möglich. Diese sind zentral für die Sozialisierung und dienen in einer einzelnen Biografie auch zur Aufrechterhaltung einer normativen Sozialstruktur. Dabei erproben junge Menschen in Übergangsphasen oft spielerisch raumgebundene neue Lebensweisen in gemeinsamen Handlungen und Aushandlungen, die dann für die Konstituierung sozialräumlicher Milieus und Szenen relevant werden. Diese Lebensweisen sind als ein zentrales Moment der sozialen und kulturellen Ordnung zu verstehen und sie verweisen zugleich auf ein kleines ‚Stückchen chie' (Ipsen 2003). Dabei bringt dynamische jugendliche Praxis oft Neues und Kreatives hervor, das auch Eingang in die städtische Lifestyle-Marketing-Verwertungsmaschinerie findet, in der Imagepolitik positiv bewertet und als Ressource verwendet wird." (Litscher 2014: 203ff.).

Öffentlichkeit – Privatheit erscheint in diesem lebensweltlichen Licht nicht nur als makrostrukturelle Gegebenheit, sondern wird gewissermaßen im kleinen Maßstab greif- und fassbar. Für diese kleinen Stückchen Anarchie sind offene Orte, sind Brachen – im wörtlichen wie im übertragenen Sinn, d.h. Bau- wie Deutungsbrachen – von erheblicher Bedeutung, wie die Nutzungen temporärer städtischer Brachen (sei es, um zwei markante Beispiel herauszugreifen, die Stadionbrache Hardturm Zürich mit Homepage, Trägerverein, Newsletter und intendierter Public-Private-Partnership-Nutzung – http://www.stadionbrache.ch – oder sei es das politisch und diskursiv ebenso umkämpfte wie rege genutzte Tempelhofer Feld in Berlin mit Liquid Democracy-Plattform – https://tempelhofer-feld.berlin.de –, Wikipedia-Eintrag und kontroversen Diskussionen nicht nur um den Entwicklungs- und Pflegeplan) eindrücklich belegen.

Umgekehrt entwickeln sich aber auch, gewissermaßen als Kehrseite einer zweiten Urbanisierung, Residuen einer ersten heraus: Der Wiener Stadtplaner Georg Franck (2014) etwa argumentiert in seinem Konzept „urbaner Allmenden", dass eine Verknüpfung von städtisch-dichten (wie er sie etwa in der Blockrandbebauung materiell realisiert sieht) mit gemeinschaftlichen Lebensformen Potenziale jenseits klassisch (besitz)individualistischer und zentralplanerischer Möglichkeiten freisetze; und formuliert damit zugleich ein klares Plädoyer für eine Planung im Modus der Ermöglichung. Quasi reziprok zu diesem Vorschlag einer gezielten und geplanten Verstädterung des Gemeinschaftlichen sind die Beobachtungen einer Vervorstädterung des Politischen, wie sie in einem großangelegten Projekt („How metropolitan governance affects citizens' political behavior and attitudes" des Zürcher National Center of Competence in Research „Challenges to Democracy in the 21st Century" (NCCR Democracy) konstatiert wird. Exemplarisch zugespitzt auf die Schweizer und namentlich Zürcher Verhältnisse hebt der Politikwissenschaftler Daniel Kübler dabei hervor, wie in der Suburbia die Werte der modernen Stadt zum Agens konservativen politischen Handelns werden.

> „Nicht nur die soziale Herkunft, sondern auch das Lebensumfeld am Wohnort prägt die politischen Einstellungen. Dank vieler Steuerzahler auf engem Raum hat der Staat in dicht besiedelten Gebieten einiges zu bieten: Trams, Busse, Kinderkrippen, Theater, öffentliche Pärke, Jugendhäuser, Ausländertreffpunkte. Wer solche Einrichtungen nutzt und schätzt, wird auch Parteien unterstützen, die sie fördern – also die kosmopolitische Linke. In weniger dicht besiedelten Gebieten dünnen sich auch die staatlichen Dienstleistungen aus. Die Bewohnerinnen und Bewohner sind auf sich selbst gestellt oder müssen sich auf dem privaten Markt versorgen. Also wählen sie Parteien, welche die Eigeninitiative hochhalten, sich für tiefe Steuern einsetzen und eine Reduktion der gesellschaftlichen Heterogenität versprechen." (Kübler 2014: 287)

Gerade in der stark zersiedelten Schweiz mit einem fast durchgängigen suburbanen Gürtel zwischen Boden- und Genfersee mit vergleichsweise wenigen großen Städten zeigt sich am angeführten Beispiel exemplarisch sowohl die Gleichzeitigkeit des Ungleichzeitigen hinsichtlich von Planungsstrategien wie auch die politische Bedeutung und Verantwortung von (Stadt-)Planung. Etwas holzschnittartig zugespitzt: Verdichtung innerhalb der bestehenden bebauten (suburbanen) Flächen (also in diesem Sinne durchaus Planung im klassischen Sinne einer ersten Urbanisierung) schafft überhaupt erst die Voraussetzungen für eine solche im Sinne einer zweiten (ergebnis)offenen, über sich hinausweisenden Urbanisierung und ermöglicht so ein politisches Klima, das gegenüber den Anforderungen spätmoderner Gesellschaften und Phänomene – zuvörderst jenes vielschichtiger Migrationsprozesse – offen ist.

Literatur

Augé, Marc (1992): Non-Lieux. Introduction à une anthropologie de la surmodernité. Paris: Éditions du Seuil.
Bahrdt, Hans Paul (1961): Die moderne Großstadt: soziologische Überlegungen zum Städtebau. Reinbek/Hamburg: Rowohlt Taschenbuch Verlag.
Beck, Ulrich; Bonß, Wolfgang (Hg.) (2001): Die Modernisierung der Moderne. Frankfurt am Main: Suhrkamp.
Dahinden, Janine (2014): „Wer gehört dazu?" Grenzziehungen mittels „Kultur" im Kontext von Migration, in: Hengartner, Thomas; Schindler, Anna (Hg.): Wachstumsschmerzen. Gesellschaftliche Herausforderungen der Stadtentwicklung und ihre Bedeutung für Zürich. Zürich: Seismo, S. 49-63.

Kulturwissenschaftliche Stadtforschung

Franck, Georg (2014): Die städtebauliche Allmende. Zum urbanen Aussenraum als Becken des Anbaus guter Adresse, in: Hengartner, Thomas; Schindler, Anna (Hg.): Wachstumsschmerzen. Gesellschaftliche Herausforderungen der Stadtentwicklung und ihre Bedeutung für Zürich. Zürich: Seismo, S. 243-260

Hannerz, Ulf (1995): "Kultur" in einer vernetzten Welt. Zur Revision eines ethnologischen Begriffs, in: Kaschuba, Wolfgang (Hg.): Kulturen – Identitäten – Diskurse: Perspektiven europäischer Ethnologie. Berlin: Akademie Verlag, S. 64-84.

Häußermann, Hartmut; Siebel, Walter (2004): Stadtsoziologie. Eine Einführung. Frankfurt am Main: Campus.

Häußermann, Hartmut (1994): Urbanität, in: Brandner, Brigit; Luger, Kurt; Mörth, Ingo (Hg.): Kulturerlebnis Stadt: theoretische und praktische Aspekte der Stadtkultur. Wien: Ficus, S. 67-80.

Hengartner, Thomas (1999): Forschungsfeld Stadt. Zur Geschichte der volkskundlichen Erforschung städtischer Lebensformen. Berlin und Hamburg: Reimer.

Hengartner, Thomas (2005): Zur Kulturanalyse der Stadtforschung, in: Binder, Beate; Göttsch, Silke; Kaschuba, Wolfgang; Vanja, Konrad (Hg.): Ort. Arbeit. Körper. Ethnografie Europäischer Moderne. Münster: Waxmann, S. 67-80.

Hengartner, Thomas; Schindler, Anna (Hg.) (2014): Wachstumsschmerzen. Gesellschaftliche Herausforderungen der Stadtentwicklung und ihre Bedeutung für Zürich. Zürich: Seismo.

Hengartner, Thomas; Kokot, Waltraud; Wildner, Kathrin (2000): Das Forschungsfeld Stadt in Ethnologie und Volkskunde, in: Kulturwissenschaftliche Stadtforschung. Berlin: Reimer, S. 3-18.

Hochbaudepartement der Stadt Zürich, Amt für Städtebau (Hg.) (2012): Dichter. Eine Dokumentation der baulichen Veränderung in Zürich – 30 Beispiele.

Ipsen, Detlev (2003): Städte zwischen Innen und Außen. Randbemerkungen, in: Rolshoven, Johanna (Hg.): Hexen, Wiedergänger, Sans-Papiers. Kulturtheoretische Reflexionen zu den Rändern des sozialen Raumes. Marburg: Jonas-Verlag.

Knieß, Bernd; Vollmer, Hans (2014): Praktiken und Materialitäten des urbanen Selbstbaus und der Sparsamkeit, in: Hengartner, Thomas; Schindler, Anna (Hg.): Wachstumsschmerzen. Gesellschaftliche Herausforderungen der Stadtentwicklung und ihre Bedeutung für Zürich. Zürich: Seismo, S. 87-109.

Kübler, Daniel (2014): Die Vervorstädterung des Politischen – Neue Gräben im Stadtland Schweiz, in: Hengartner, Thomas; Schindler, Anna (Hg.): Wachstumsschmerzen. Gesellschaftliche Herausforderungen der Stadtentwicklung und ihre Bedeutung für Zürich. Zürich: Seismo, S. 273-291.

Linder, Rolf (2014): Die Stadt als Individuum – Vom Entwicklungsgesetz zum Entwicklungsroman, in: Hengartner, Thomas; Schindler, Anna (Hg.): Wachstumsschmerzen. Gesellschaftliche Herausforderungen der Stadtentwicklung und ihre Bedeutung für Zürich. Zürich: Seismo, S. 33-45.

Lindner, Rolf (2000): Stadtkultur, in: Häußermann, Hartmut (Hg.): Großstadt. Soziologische Stichworte. Opladen: Leske + Budrich, S. 258-264.

Lindner, Rolf (2008): Textur, imaginaire, Habitus, in: Berking, Helmuth; Löw, Martina (Hg.): Die Eigenlogik der Städte. Neue Wege für die Stadtforschung. Frankfurt am Main: Campus, S. 83-94.

Litscher, Monika (2014): Aneignungen zwischen Lebenslust und Wagnis. Junge Menschen in öffentlichen Räumen, in: Hengartner, Thomas; Schindler, Anna

(Hg.): Wachstumsschmerzen. Gesellschaftliche Herausforderungen der Stadtentwicklung und ihre Bedeutung für Zürich. Zürich: Seismo, S. 203-213.

Rolshoven, Johanna (2000): Übergänge und Zwischenräume. Eine Phänomenologie von Stadtraum und ‚sozialer Bewegung', in: Kokot, Waltraut; Hengartner, Thomas; Wildner, Kathrin (Hg.): Kulturwissenschaftliche Stadtforschung. Berlin: Reimer, S. 107-122.

Sassen, Saskia (2014): The Global City. Today's Frontier Zone, in: Hengartner, Thomas; Schindler, Anna (Hg.): Wachstumsschmerzen. Gesellschaftliche Herausforderungen der Stadtentwicklung und ihre Bedeutung für Zürich. Zürich: Seismo, S. 119-135.

Schindler, Anna (2014): Wachstumsschmerzen, in: Hengartner, Thomas; Schindler, Anna (Hg.): Wachstumsschmerzen. Gesellschaftliche Herausforderungen der Stadtentwicklung und ihre Bedeutung für Zürich. Zürich: Seismo, S. 317-326.

Schmidt-Lauber, Brigitta (2003): Gemütlichkeit. Eine kulturwissenschaftliche Annäherung. Frankfurt am Main: Campus.

Schmidt-Lauber, Brigitta (2010): Mittelstadt. Urbanes Leben jenseits der Metropole. Frankfurt am Main: Campus.

Senatsverwaltung für Stadtentwicklung und Umwelt (o.J.): IBA Berlin 2020. Leitthema: Draußenstadt wird Drinnenstadt. http://www.stadtentwicklung.berlin.de/staedtebau/baukultur/iba/de/draussenstadt.shtml: 10.03.2016.

Sennett, Richard (1983): Verfall und Ende des öffentlichen Lebens. Die Tyrannei der Intimität. Frankfurt am Main: Fischer (engl. EA 1974).

Siebel, Walter (2015): Die Kultur der Stadt. Frankfurt am Main: Suhrkamp

Simmel, Georg (1995 [1903]): Die Großstädte und das Geistesleben, in: Aufsätze und Abhandlungen 1901-1908. Frankfurt am Main: Suhrkamp, S. 116-131.

Thalmann, Philipp (2014): Kann die Schweiz 10 Millionen Einwohner beherbergen?, in: Hengartner, Thomas; Schindler, Anna (Hg.): Wachstumsschmerzen. Gesellschaftliche Herausforderungen der Stadtentwicklung und ihre Bedeutung für Zürich. Zürich: Seismo, S. 110-115.

Toni-Areal (2013): Wohnen. https://web.archive.org/web/20130729032047/http://www.toni-areal.ch/toni/: 1.12.2015.

Twickel, Christoph (2013): Macht und Metropolen: "Man baut unsere Städte für die Oberschicht". Der Marxist und Geograph David Harvey über das Recht auf Stadt, in: Spiegel Online, 16.5.2013. http//www.spiegel.de/kultur/ gesellschaft/der-marxist-und-geograph-david-harvey-ueber-das-recht-auf-stadt-a-895290.html: 1.3.2015.

Wagner, Monika (2002): Materialien als soziale Oberflächen, in: Wagner, Monika (Hg.): Material in Kunst und Alltag. Hamburger Forschungen zur Kunstgeschichte I. Berlin: Akademie-Verlag, S. 101-118.

Wagner, Monika (2014): Materialluxus und Ruinenästhetik. Städtische Räume als soziale Oberflächen, in: Hengartner, Thomas; Schindler, Anna (Hg.): Wachstumsschmerzen. Gesellschaftliche Herausforderungen der Stadtentwicklung und ihre Bedeutung für Zürich. Zürich: Seismo, S. 214-234.

Wirth, Louis (1938): Urbanism as a Way of Life, in: The American Journal of Sociology 44, pp. 1-24. http://www.iba-hamburg.de/fileadmin/Die_IBA-Story_post 2013/iba_konvention.pdf: 04.03.2016.

Berichte und Kommentare

Abstracts

Gemeinsam Bauen und Wohnen: Zur Differenz zwischen geplantem und angeeignetem Raum

Ana Rogojanu

In current discussions, participation of the future dwellers in the planning process appears as one solution that promises to provide empowerment and at the same time a better congruence between the intentions of planning, the built space and everyday practices. Taking these discussions as a starting point, this paper uses an ethnographic approach to analyse a co-housing project that was collaboratively planned in Vienna in the '80s. It traces how certain utopias of dwelling materialized into a building and how this space has been inhabited throughout the years. The ideals of flexible architecture that should adapt to changing family constellations lends itself as an example that shows how such possibilities were indeed extensively used in some cases, while in other cases they were challenged by the „resistance" of materiality and of social and cultural habits and practices. In line with the theoretical work of Henri Lefèbvre, this case study calls for a detailed view on the complex interactions between conceived, perceived and lived space and on the way this interplay changes throughout time. It becomes evident that the appropriation of space cannot be entirely foreseen, even if its users were part of the planning process.

Segregation durch Architektur als Produkt Londoner Wohnungspolitik

Yuca Meubrink

Abstract: In London, newly-built luxury residential buildings with separate entrances for rich and poor have recently provoked outrage by the press at what is seen as socio-economic segregation. This article discusses the relevance of the so called „poor doors" in the current housing crisis in London. It examines to what extent the „doors" depict (un)intended means as well as an effect of London's housing policy. In a first step, it will thereto be analyzed, how and why the „poor doors" come into being in order to analyze, in a second step, their architectural implications. Thirdly, it will be dissected, how different state and civil society actors are dealing with the „poor doors". The challenges and limitations of local planning policy expressed in this article reveal why separate entrances currently seem to be one important means to create more affordable housing.

Planungspraxis im Fokus

Jan Lange und Jonas Müller

An interdisciplinary symposium named "How does planning plan? Perspectives from cultural science on spatial planning" at the Humboldt University of Berlin took place on 17th/18th April, 2015. Our aim as students of Social and Cultural Anthropology has been to enable an overview of the phenomenon of spatial planning from different perspectives and to bring them together in a dialogue. We started off with two assumptions: First we observed a gap between theories of planning and the practice of planning, which makes statements about the current state of spatial planning more and more difficult. Furthermore, there were few works in cultural sciences explicitly dedicated to spatial planning. Based on this, we develop here some thoughts for an anthropological perspective on the everyday practice of planning, offer an insight into the content of the various talks given at the symposium and sketch three possible perspectives for further interdisciplinary collaboration.

Abstracts

Stadtplanung heute – Stadtplanung morgen. Eine Berufsfeldanalyse

Laura Bornemann, Sebastian Gerloff, Magdalena Konieczek-Woger, Jacob Köppel, Inken Schmütz, Mario Timm, Henry Wilke

Since urban and spatial planning was established as an independent occupational area and equivalent courses of studies were founded the function of the practitioner, the significance of the independent discipline and the suitability of to be practitioners have been the center of a major discussion. The discussion has got under way with the publication of the "Kölner Erklärung" by renowned practitioners in the year 2014 and the responses to that declaration within the field. Simultaneously the content of the training and possible amendments of the content have been widely discussed within the schools of urban and spatial planning. The amendment process within the department for urban and regional planning of the TU Berlin was the cause for a group of students to examine through the means of a nationwide survey within a self-determined project the open questions concerning the tasks of an urban and regional planner as well as the professional competence of graduates for the first time. This article gives an impression of the findings and takes a stand in the current debate.

Ana Rogojanu

Gemeinsam bauen und wohnen: Zur Differenz zwischen geplantem und angeeignetem Raum

Zusammenfassung: Gegenwärtig wird häufig die Partizipation der zukünftigen Nutzer und Nutzerinnen von Raum am Planungsprozess als vielversprechende Lösung beschworen, die einerseits Selbstbestimmung und andererseits eine bessere Übereinstimmung zwischen den Intentionen der Planung, dem gebauten Raum und den gelebten Praktiken ermöglichen soll. Vor dem Hintergrund dieser Diskussionen untersucht der vorliegende Beitrag aus einer kulturwissenschaftlichen Perspektive anhand eines partizipativ geplanten Wiener Wohnprojekts aus den 1980er Jahren, wie sich Utopien des Wohnens materialisierten und wie im Laufe der Jahre damit umgegangen wurde. Am Beispiel des Ideals der baulichen Flexibilität der Wohneinheiten, die sich in ihrer Größe den wandelnden Bedürfnissen wachsender und schrumpfender Familien im zeitlichen Verlauf anpassen sollten, wird gezeigt, wie diese Möglichkeiten in der Wohnpraxis genutzt wurden, aber auch an welche materiellen und sozialen bzw. kulturellen Grenzen sie stießen. Mit dem Raummodell Henri Lefèbvres betrachtet, ruft diese Fallanalyse dazu auf, den komplexen Wechselbezügen zwischen konzipiertem, wahrgenommenem und gelebtem Raum Rechnung zu tragen und ihre Veränderungen über die Zeit hinweg zu berücksichtigen. Es wird deutlich, dass der konkrete Umgang mit dem gebauten Raum nicht eindeutig vorhersehbar ist, auch wenn dessen Nutzer und Nutzerinnen an der Planung beteiligt waren.

1 Einleitung: Planung, Utopie und Partizipation

Der Blick in die Architekturgeschichte zeigt, dass der Entwurf des gebauten Raumes mit bestimmten Zukunftsvisionen vom guten und richtigen (Zusammen-)Leben einhergeht, dass also der Planung ein utopisches Moment innewohnt. Architektur verfolgt(e) immer wieder das – mehr oder weniger explizite – Ziel, bestimmte Lebensformen hervorzubringen (vgl. Löffler 2013: 26f.; Delitz 2010: 201-205). In den Planungen der utopischen Sozialisten im 19. Jahrhundert (Bollerey 1991) oder in den von Idealen der Rationalität und Kollektivität geleiteten Strömungen des Neuen Bauens und Wohnens am Beginn des 20. Jahrhunderts (Delitz 2010: 234-262; Kähler 1996) wird dies besonders deutlich, aber auch sowjetische Kommunehäuser oder der soziale Wohnungsbau der Nachkriegszeit sind als „bauliche Antworten auf Bedürfnisse nach neuen Gesellschaftsformen" (Fezer; Heyden 2004: 16) zu sehen.

Ana Rogojanu

Zweifelsohne bildet der gebaute Raum „den Rahmen alltäglicher Praktiken, er beeinflusst ihre räumliche Abfolge wie ihren zeitlichen Rhythmus und ermöglicht die Ausbildung von Routinen" (Kamleithner, Meyer 2013: 14). Auf diese Weise gestaltet er Lebensweisen und gesellschaftliche Verhältnisse und Prozesse mit. Sowohl die Planungs- als auch die Sozial- und die Kulturwissenschaften haben allerdings die Beobachtung gemacht, dass sich die Intentionen der Planer*innen nicht immer unmittelbar in die Praxis umsetzen lassen, dass der konkrete Umgang mit dem gebauten Raum ein aktives Moment der Aneignung beinhaltet, das den in der Planung vorgesehenen Nutzungsweisen mitunter zuwiderläuft (vgl. Lauer 1990; Attfield 1999; Hill 1998). Was von den Sozial- und Kulturwissenschaften inzwischen selbstverständlich als konstituierendes Element von Raum angesehen wird, nämlich die von den Denkmustern und habituellen Dispositionen der Akteure geprägten, nicht bis ins Letzte von den räumlichen Arrangements determinierten Interpretationen und Nutzungen (vgl. Löw 2001; Rolshoven 2003, 2012), wird von den Planungsdisziplinen zuweilen als Scheitern der „Rückübersetzung von Planwelten in die Siedlungswirklichkeit" (Kurath 2011: 12) begriffen. In beiden Fällen wird davon ausgegangen, dass sich diese Differenz vor allem daraus ergibt, dass Planer*innen auf der einen Seite sowie Nutzer*innen des Raums auf der anderen Seite unterschiedlichen, zuweilen gar in einem Spannungsverhältnis stehenden Gruppen angehören. In diesem Zusammenhang wird der Planung mitunter ein abstrahierender, distanzierter, von den Lebenswirklichkeiten absehender Blick vorgeworfen (Kamleithner 2013: 378; Lang 2000).

Seit den 1960er und 1970er Jahren und nochmals verstärkt in letzter Zeit gerät die Planung aber auch aus anderen Perspektiven in kritische Betrachtung. Im Rahmen der Diskussionen um „Recht auf Stadt" und Governance wird gerade die Stadtplanung als Instrument der Steuerung betrachtet und in ihrer gesellschaftlichen Rolle kritisch thematisiert (Lefebvre 1972; Mullis 2014; Lange et al. 2013; Altrock, Bertram 2012). Richtete sich die frühe Kritik zunächst gegen eine von oben herab agierende Planung ohne Beteiligung der Alltagsakteure des städtischen Lebens (Kamleithner 2013: 379ff), so werden heute auch die inzwischen längst etablierten und von der Planung eingesetzten kommunikativen Verfahren der Bürgerbeteiligung als mögliche Strategien der Befriedung und als neuer Herrschaftsmodus hinterfragt (Binder 2009: 240; Fezer, Heyden 2004: 15f; Till 2005: 25-30). In diesem Zusammenhang liegen große Hoffnungen auf Modellen, die die Ideen der Partizipation konsequent weiterentwickeln hin zu selbstorganisierten, häufig gemeinschaftlichen Bottom-up-Initiativen. Es entwickelt sich eine neue Szene, so der Stadt- und Wirtschaftsgeograph Bastian Lange, die sich vom „do-it-yourself" nicht nur eine gewisse Selbstermächtigung zum Selbstzweck, sondern auch konkret passendere Lösungen, im Sinne eines „do-it-better", erhofft (Lange 2013: 15f.). Die selbstbestimmte Involviertheit der betroffenen Akteur*innen, also der Bewohner*innen der Stadt, in die Planung und Gestaltung ihres (privaten) Wohn- und (öffentlichen) Lebensraums verspricht, so der aktuelle Diskurs, eine Architektur, die den Idealen und Wünschen der jeweiligen Nutzergruppen entgegenkommt, und letzten Endes eine bessere Übereinstimmung zwischen der Konzeption des Raumes und seiner tatsächlichen Nutzung gewährleistet.

Dieser Beitrag widmet sich aus einer empirisch-kulturwissenschaftlichen Perspektive und mit einem raumtheoretischen Fokus der Frage der Kongruenz zwischen Planung und Nutzung. Als Fallbeispiel wird hierfür ein Wiener Wohnprojekt[1] aus den 1980er Jahren untersucht, dessen Planung gemeinschaftlich und partizipativ organisiert war, in dem also die späteren Bewohner*innen selbst in großem Ausmaß an der Konzeption des gebauten Raumes beteiligt waren. Dieses kann als ein Vorläufer aktueller „auf Beteiligung abgestellte[r] Planungs- und Bauvorhaben" (Lange 2013: 14) gesehen werden, die gegenwärtig im Kontext von Partizipation und neuen Ortspraktiken diskutiert werden. Auch wenn sich die gesellschaftlichen Kontexte sowie die politischen, rechtlichen und ökonomischen Rahmenbedingungen gegenüber heutigen Initiativen unterscheiden, so lassen sich doch auf Grundlage dieses Falles Fragen nach den Dynamiken von Raumkonzeption und Raumaneignung in Settings, in denen die Bewohner*innen an der Planung beteiligt sind, mit Blick auf ihre Veränderungen über die Zeit hinweg untersuchen. Auf Basis von Planungsunterlagen, qualitativen Interviews und Hausführungen mit Bewohner*innen sowie von Raumbeobachtungen analysiere ich daher, wie sich Ideale des (Zusammen)Lebens in die Planung einschreiben, wie sie sich materialisieren und wie mit diesen im Verlauf der Nutzung des Gebäudes umgegangen wird.[2] Ziel ist es, anders formuliert, die Materialisierung einer Utopie und im Anschluss daran ihre Umsetzung, aber auch ihre Grenzen im Alltag nachzuzeichnen.

2 Ideale und Verräumlichungen der Selbstbeschränkung und des Teilens: Das Fallbeispiel B.R.O.T.

Die historischen Vorläufer und Wurzeln des selbstorganisierten Bauens und Wohnens im deutschsprachigen Kontext sind vielfältig: „Sie reichen von den historischen Genossenschaften als Teil der Wohnungsreformbewegung der

---

1 Ich verwende in diesem Text die Begriffe Wohnprojekt und Baugruppe synonym für eine Form, die gemeinschaftliches Bauen und gemeinschaftliches Wohnen miteinander verbindet.

2 Das hier verwendete Material bildet einen Teil meiner laufenden Dissertationsforschung am Institut für Europäische Ethnologie der Universität Wien.

20/30er Jahre, den Kommunen und Wohngemeinschaften der 68er Zeit bis zu den sozialen und ökologischen Alternativmodellen der grünen Bewegung in den 80er Jahren" (Kläser 2006: 90), wobei diese Bewegungen je nach nationalem, aber auch stadtpolitischem Kontext jeweils unterschiedliche Gewichtungen und Ausprägungen hatten und zu verschiedenen Zielen und Formen der Beteiligung sowohl im Bauen als auch im Wohnen führten. Während es insbesondere den alternativen Wohnmodellen der 1970er und 1980er Jahre um gesellschaftliche Gegenentwürfe in Gestalt neuer Wohn- und Lebensformen ging, hat sich heute insbesondere in Deutschland eine breite Bewegung von Baugruppen entwickelt, die zwar teilweise ebenfalls die Vorteile einer gemeinschaftlichen Einbettung des Wohnens nutzen wollen, häufig aber im Zusammenschluss zu einer Bauherrengemeinschaft vorrangig Möglichkeiten zur Kostenersparnis sehen (ebd.).

Im Kontext dieser Entwicklungen stellt Wien historisch wie gegenwärtig gewissermaßen einen Sonderfall dar. Während die Wiener Siedlerbewegung der 1920er Jahre in hohem Ausmaß eine selbstorganisierte Bewegung „von unten" war, die sich zunächst außerhalb institutionalisierter Strukturen vollzog, wurde sie von der sozialistischen Stadtregierung im Verlauf der 1920er und 1930er Jahre zunehmend angeeignet und schließlich zugunsten des kommunalen Wohnbaus in Form von Gemeindebauten in der Gestalt von Großkomplexen aufgegeben (Novy 1983: 22-58). Die entscheidende Rolle, die die Gemeinde im Wiener Wohnbausystem nach wie vor spielt – aktuell sind ungefähr 80 Prozent der Wiener Wohnbauproduktion öffentlich (mit-) finanzierter Wohnbau (Temel 2011: 72) –, ist als ein zentraler Faktor für die weiteren Entwicklungen von selbstorganisierten Bau- und Wohninitiativen zu sehen. In den 1980er Jahren entstanden einerseits im Umfeld des an partizipativen Planungsverfahren interessierten Architekten Ottokar Uhl und andererseits in politisch aktivistischen Kreisen einige Wohnprojekte, die hinsichtlich ihrer Ansprüche der kollektiven Mitbestimmung in der Planung bis zu einem gewissen Grad Ähnlichkeiten mit aktuellen Baugemeinschaften aufweisen, auch wenn ihre gesellschaftlichen Ansprüche mitunter breiter waren. Im Unterschied zu vielen deutschen Städten beginnt sich in Wien erst in den letzten Jahren eine Baugemeinschaftsbewegung zu entwickeln, die sich stark an den Vorläufern der 1980er Jahre orientiert. Die geringe Rolle von Baugemeinschaften auf dem Wiener Wohnungsmarkt ist einerseits auf die Versorgung der Bevölkerung mit verhältnismäßig leistbarem Wohnraum durch die öffentliche Hand zurückzuführen, wodurch die Möglichkeiten der Kostenersparnis als Anreiz für den Zusammenschluss zu Bauherrengemeinschaften wegfallen, andererseits auf die sich erst in letzter Zeit entwickelnden Förderstrukturen für Baugruppen (Temel et al. 2009).

Gemeinsam bauen und wohnen

Die Planung des Wohnprojektes B.R.O.T. Hernals[3], das im Folgenden als Fallbeispiel für die selbstbestimmte Beteiligung späterer Bewohner*innen am Planungsprozess betrachtet werden soll, fällt in die zweite Hälfte der 1980er Jahre, also in die Zeit der frühen Wiener Mitbestimmungsprojekte. Geplant wurde es von Ottokar Uhl, dem in diesem Zusammenhang in Wien große Bedeutung zukommt. Er hatte bereits in zahlreichen anderen Projekten einzelne Elemente der Mitbestimmung umgesetzt und ein gemeinschaftliches Wohnprojekt begleitet (vgl. Uhl 2003: 19-48; Freisitzer et al. 1987), als eine Gruppe an ihn herantrat, um ein weiteres solches Projekt zu realisieren. Hervorgegangen war diese Initiative aus der Gebetsgruppe einer katholischen Pfarre, die eine Wohnform entwickeln wollte, die Raum für geteilte Spiritualität, gegenseitige Unterstützung im Alltag und soziales Engagement bieten sollte. Diese sich nach und nach erweiternde Gruppe beauftragte das Architekturbüro Uhl mit der Planung, die partizipativ gestaltet war und sicherstellen sollte, dass der parallel stattfindende Prozess der Gruppenfindung und der Festlegung von Ideen und Idealen des Zusammenlebens seinen Niederschlag in der Architektur finden würde. Das Architekturbüro Uhl nahm im Planungsprozess eine entscheidende Rolle ein, indem es Entscheidungsfindungsprozesse strukturierte, Gestaltungsvorschläge machte sowie Entscheidungsgrundlagen erarbeitete, die bestimmte architektonische Fragen auch für Laien zugänglich machten (Klar, Schattovits 1988; 1993). Die Mitbestimmung in der Planung reichte von der Grundstruktur des Hauses, über die Grundrisse der einzelnen Wohnungen bis hin zu detaillierten Fragen der Materialauswahl, dennoch ist die gestaltende Rolle der Architekten nicht zu vernachlässigen.

Am Beispiel der möglichst veränderbar konzipierten Struktur des Gebäudes wird das Zusammenwirken von Architekturvorschlägen und Gruppenidealen besonders deutlich. Ottokar Uhl, der bereits in Vorgängerprojekten immer wieder flexible Raumlösungen gesucht hatte, die sich unterschiedlichen Situationen und sich über die Zeit verändernden Bedürfnissen anpassen sollten (Steger 2005: 185-188; Kamleithner 2011: 12-14), schlug vor, die aus dem Industriebau bekannte Stützenbauweise als Grundstruktur des Gebäudes zu wählen (Klar, Schattovits: 146-148). Damit wurde einerseits die Berücksichtigung individueller Wünsche bei der Planung der einzelnen Wohneinheiten erleichtert, vor allem aber sollte diese Flexibilität der Grundrisse für die Zukunft die Möglichkeit bieten, Wohnungen zu verkleinern und zu vergrößern, um so den sich verändernden Lebenssituationen der Gruppenmitglieder Rechnung zu tragen.

---

3   Der Name steht für Beten - Reden - Offensein - Teilen und soll die Grundorientierung der Gruppe widerspiegeln.

Abbildung 1: Das B.R.O.T.-Haus während des Baus, die Stützenbauweise ist noch gut erkennbar. (Foto: Gemeinschaft B.R.O.T. Hernals)

Diese Überlegungen waren unter anderem deshalb wichtig, weil es, wie in Interviews mit Bewohner*innen deutlich wurde, die Vision vieler war, langfristig eine passende Wohnlösung zu finden und nicht, wie sonst oft üblich, bei einer Veränderung des Platzbedarfs umziehen zu müssen. Über diese praktischen Anforderungen hinaus verbindet sich die Entscheidung für die Stützenbauweise zudem in spezifischer Weise mit den Idealen der Gruppe.

Zum einen wird die Notwendigkeit für eine flexible Bauweise mit dem in diesem Projekt vorherrschenden und von vielen auch tatsächlich in dieser Art realisierten Familienbild argumentiert:

> „Die Familie ist ja ein lebender Organismus, der zuerst größer wird und dann wieder kleiner wird, wenn die Kinder ausziehen. Also wenn die Kinder heranwachsen, braucht man mehr Platz, und wenn die Kinder wieder ausziehen, braucht man wieder weniger Platz. Und wir haben gesagt, wir versuchen da einmal ein Modell der flexiblen Wohnungsgestaltung. Das heißt, wir bauen das Haus so, dass es keine tragenden Wände gibt, sondern dass die Decken durch Säulen getragen werden, und dass daher Wohnungsveränderungen leichter möglich sind." (Interview Hermann Kaltenbrunner[4])

Die „Familie" nimmt im Diskurs der christlich geprägten Gruppe als Kerneinheit des Wohnens, um die herum sich die Überlegungen zu den Anforderungen an das Gebäude entwickelten, viel Raum ein. In der Tat spielte

4   Die Namen aller Interviewpartner*innen wurden geändert

Gemeinsam bauen und wohnen

die Familie nicht nur als ideelles Konzept, sondern auch als Alltagsrealität eine große Rolle im Projekt. Die Gruppe setzte sich von Beginn an zu einem großen Teil aus jüngeren Ehepaaren mit Kindern und älteren alleinstehenden Frauen zusammen (Klar, Schattovits 1993: 53). Dementsprechend stellte sich für viele auch ganz konkret in der Zukunftsplanung die Frage nach Anpassungsmöglichkeiten der Wohneinheiten.

Die Anforderung einer möglichst *passgenauen* Wohnung ergibt sich allerdings nicht lediglich aus finanziellen und pragmatischen Gesichtspunkten, sondern wird von den Gruppenmitgliedern viel tiefer im christlichen Ideal der Bescheidenheit, das sich auch im namensgebenden Konzept des Teilens niederschlägt, verankert.

> „Wir haben in diesen gut 20 Jahren [seit das Projekt besteht, Anm. d. Verf.] sieben Mal Wohnungsgrundrisse verändert oder Wohnungstausch durchgeführt, wo Leute gesagt haben: ‚Ich geh jetzt in eine kleinere Wohnung, wenn wir [als Gemeinschaft, Anm. d. Verf.] da eine Familienwohnung brauchen usw.' Das ist dann schon immer ein Aushandlungsgespräch. Oder wenn zwei aneinander grenzen und sagen: ‚Jo, ich bräuchte jetzt ein Zimmer und der [Nachbar] hat eh eines zu viel.' […] Wenn jemand 130 m² hat, der mit drei Kindern eingezogen ist, und jetzt ist vielleicht noch eines da und in absehbarer Zeit ist das auch weg, jetzt sind dann zwei Leute da mit 130 m², die vielleicht sagen: ‚Na, das brauchen wir eigentlich nicht, kostet ja doch einiges an Geld.' Und wenn sie es noch irgendwie ideell anschauen, sagen sie: ‚Mein Gott, eigentlich sollte ich teilen, Raum teilen, Wohnung teilen, gehört ja eigentlich auch dazu. Und wenn ich jetzt 130 hab, hab ich um 50 oder so zu viel und da könnte schon jemand anderer wohnen, der vielleicht eine Wohnung sucht.'" (Interview Reinhard Horvath)

In seinen gewissermaßen idealtypischen Erklärungen der Überlegungen zu Größenveränderungen und Tausch von Wohnungen hebt Reinhard Horvath, der in der Koordination des Projekts eine zentrale Rolle einnahm, neben der Kostenfrage auch das in der Selbstdefinition der Gruppe zentrale Ideal der Selbstbeschränkung und des Teilens hervor.

3 Lebensweltliche Auseinandersetzungen mit dem Ideal der Flexibilität

Viele der Bewohner*innen des Hauses präsentieren in den Interviews die vorgesehene Flexibilität als eine der Kernideen des Hauses. In der Praxis gestaltet sich die Anpassungsfähigkeit der gebauten Umwelt jedoch nicht immer so, wie während der Planung imaginiert. Während manche Wohnungen mehrmals umgebaut wurden, zeigt sich in anderen Fällen, dass der Umsetzung des Konzeptes der Flexibilität im Alltag Grenzen gesetzt sind.

Ein eindrückliches Beispiel dafür, wie der gebaute Raum den jeweiligen Wohnbedürfnissen angepasst werden kann, ist die Wohnung von Hermann und Maria Kaltenbrunner, die mehrmals betonten, dass sie bei der Planung der eigenen Wohnung große Aufmerksamkeit darauf gelegt haben:

> „Maria Kaltenbrunner: Ich glaub, in deinem Hinterkopf [in Richtung ihres Mannes, Anm. d. Verf.] war das schon von Anfang an. Wir haben auf zwei Ebenen gewohnt […] und die Kinder hatten unten vom 2. Stock einen eigenen Eingang. Das heißt, wir wollten schon, dass es auch eine Eingangstür gibt von der anderen Seite. Das hat eine andere Maisonette und die zweite große Wohnung oder dritte überhaupt nicht." (Interview Hermann und Maria Kaltenbrunner)

Während die obere Wohnebene, die eine Wohnküche und das Elternschlafzimmer beinhaltet, seit dem Einzug vor über 20 Jahren weitgehend gleich geblieben ist, wurde die untere Ebene immer wieder umgebaut. Zu Beginn befanden sich dort drei Kinderzimmer für die vier Kinder. Als diese nach und nach auszogen, trennte die Familie Kaltenbrunner zwei dieser Zimmer sowie das dazugehörige Bad als eigenständige Wohneinheit ab und gliederte ihrer Wohnung die benachbarte Einzimmerwohnung auf der anderen Seite an, um so ihrem jüngsten Sohn eine Art halbeigenständige Wohnform zu ermöglichen:

> „Das war dann mehr oder weniger seine Wohnung mit einer Verbindungstür zu uns. Also er hatte selber Vorzimmer, Bad, WC und einen großen Wohnraum. Es wäre auch eine Küche drinnen gewesen, die hat er nie aktiviert. […] Also der Paul hat das, glaub ich, dann schon gebraucht, da war er so 17, 18, dass er seinen eigenen Eingang auch hat. Und die Tür zu den Eltern auch zumachen kann, wenn er Besuch hat und so. Das war dann schon für seine Lebensform in dem Alter ganz gut." (Interview Maria Kaltenbrunner)

Nach dem Auszug des jüngsten Sohnes im letzten Jahr wurde die Tür zwischen den beiden Wohnungen vermauert und die kleine Wohnung wieder als eigenständiges Objekt vermittelt.

Dass diese Veränderungen möglich waren, liegt unter anderem daran, dass sich die Wohnung der Familie Kaltenbrunner in einem für Umbauten günstigen Teil des Gebäudes befindet. Andere Wohnungen, wie etwa die der Familie Kager, deren drei Kinder ebenfalls in absehbarer Zeit ausziehen werden, lassen sich nicht oder nur mit sehr großem Aufwand und der Folge überaus unpraktischer Grundrisse verkleinern, obwohl die Wände allesamt verschiebbar wären:

> „Das geht nicht, weil wir keinen zweiten Eingang reinbringen. Der Wohnungseingang ist nur der und da kann man nichts ändern. Man kann die Wände zwar versetzen, aber man kann, also man könnte – das ist aber unsinnig eigentlich – einen gemeinsamen Eingang lassen und könnte durch den Abstellraum eine Türe durchbrechen, dann hätte man praktisch zwei so Schläuche. (…) Also das ist für uns jetzt das Problem. Irgendwann werden wir das dann aufgeben, weil 130 m^2, das ist einfach zu groß. Ich meine, das kann sich dann [wenn das Ehepaar Kager in Pension ist, Anm. d. Verf.] keiner mehr leisten. Und für zwei Leute braucht man's nicht." (Interview Peter Kager)

Gemeinsam bauen und wohnen

Abbildung 2: Unteres Geschoß der Wohnung der Familie Kaltenbrunner beim Erstbezug

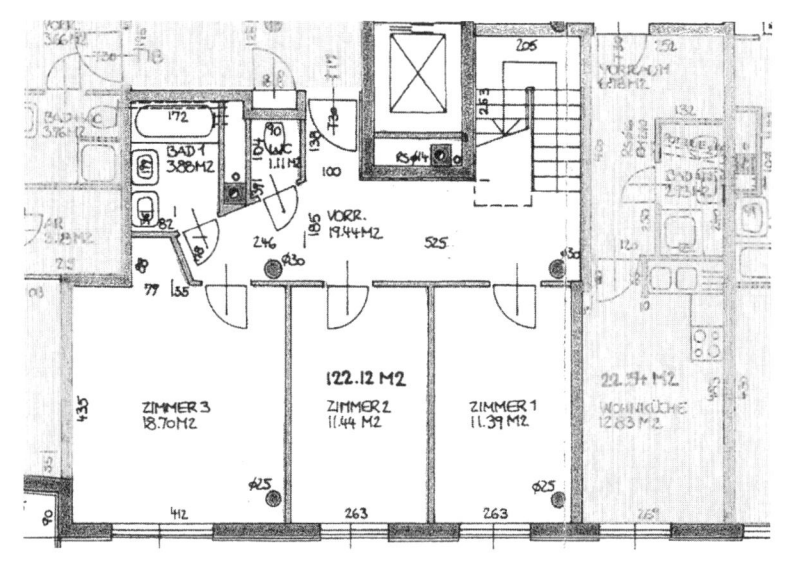

Abbildung 3: Unteres Geschoß der Wohnung der Familie Kaltenbrunner nach dem ersten Umbau

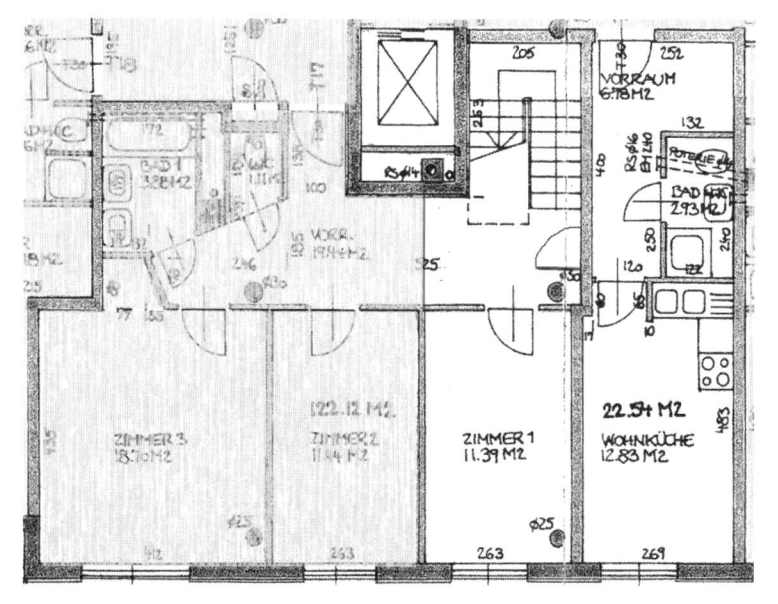

Ana Rogojanu

Abbildung 4: Unteres Geschoß der Wohnung der Familie Kaltenbrunner nach dem zweiten Umbau

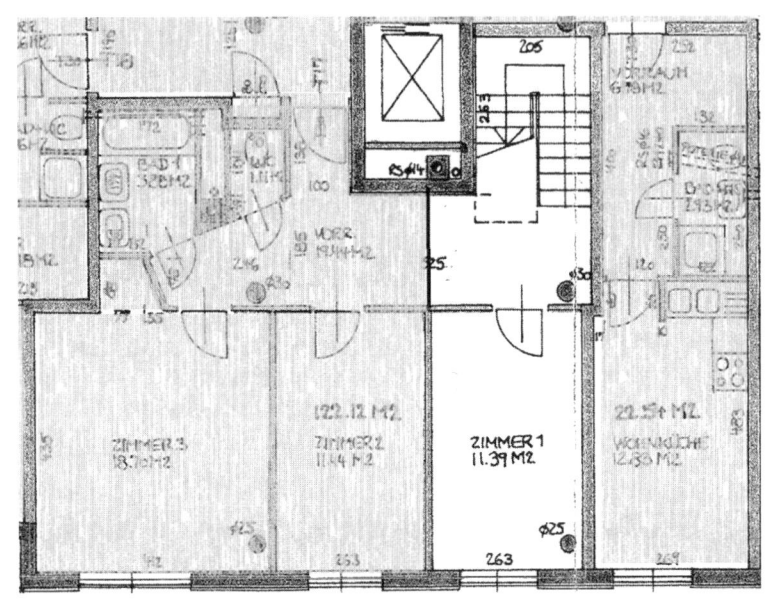

Herr Kager erinnert sich daran, dass Überlegungen zu Verkleinerungsmöglichkeiten der Wohnung im Planungsprozess durchaus eine Rolle spielten. Aber in der Komplexität der Diskussionen um die Wahl des Standorts der eigenen Wohnung im Gebäude und in der konkreten Planung der Wohnung, die vor allem von Überlegungen zu aktuellen Nutzungsweisen bestimmt war, war die Frage nach der Teilbarkeit in der Hoffnung, irgendeine Lösung werde sich schließlich doch noch finden lassen, in den Hintergrund bzw. in die fernere Zukunft gerückt. Im Zuge der nun immer konkreter und dringlicher werdenden Überlegungen zu realisierbaren Möglichkeiten des Umbaus zeigt sich die prägende Rolle der Architektur (vgl. Rees 2013), die ich in begrifflicher Anlehnung an Hans Peter Hahn auch als „Widerständigkeit des Materiellen" (Hahn 2014) beschreiben möchte.

Gemeinsam bauen und wohnen

Abbildung 5: Wohnung der Familie Kager

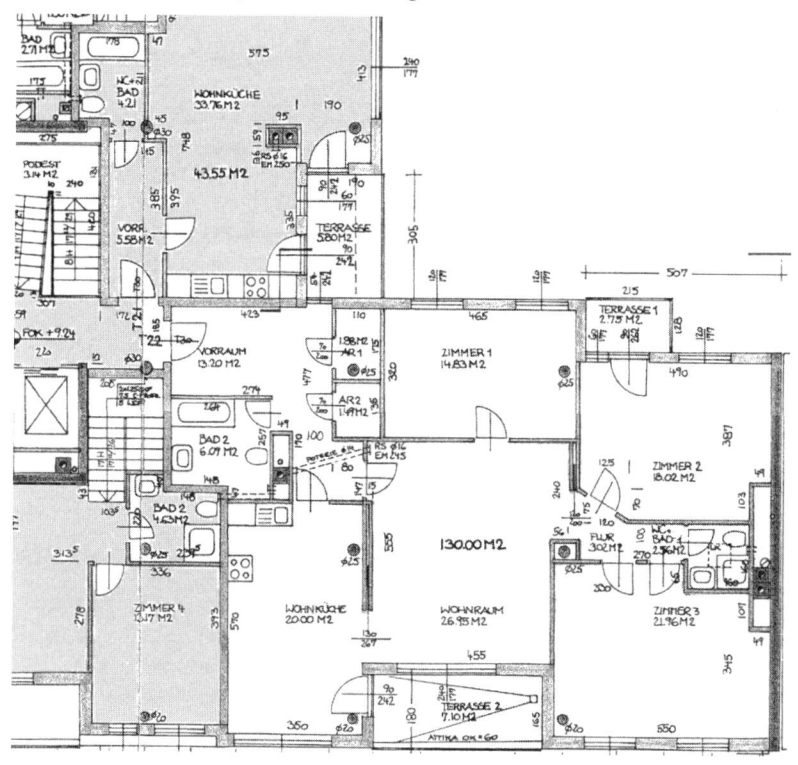

Neben materiellen, pragmatischen und finanziellen Hürden bei der baulichen Veränderung von Wohnungen bedeutet ein solcher Eingriff zugleich immer auch einen gewissen persönlichen Einschnitt. Das Ehepaar Kaltenbrunner spricht dies mit Blick auf die Wohnpraktiken anderer Bewohner*innen kritisch an, thematisiert aber auch das eigene Ringen mit der Entscheidung zu einer weiteren Verkleinerung der Wohnung.

> „Maria Kaltenbrunner: Ich denke mir, man muss das auch emotional wollen, nicht? Ich meine, es gibt in Wien so viele Leute, die zu zweit auf 150 m² wohnen, weil alle Kinder ausgezogen sind. Weil sie eben die Wohnung so eingerichtet haben.
>
> Hermann Kaltenbrunner: Das wollten wir am Beginn nicht, aber es ist eben eines der Dinge, die nicht so umgesetzt werden, wie wir uns das gedacht haben." (Interview Maria und Hermann Kaltenbrunner)

Derzeit überlegen Hermann und Maria Kaltenbrunner, den einzigen auf der unteren Ebene übrig gebliebenen Raum ebenfalls abzugeben. Nur die obere Wohnebene zu behalten, würde aber durch den Wegfall des Arbeits- und

Gästezimmers auch Veränderungen alltäglicher Wohn- und Lebenspraktiken erfordern, zu denen sich das Ehepaar Kaltenbrunner noch nicht durchringen kann. Und auch ein – baulich weniger aufwendiger – Umzug in eine kleinere Wohnung stellt sich als Herausforderung dar:

> „Das ist von unserer Seite her auch emotional noch nicht so durchführbar, weil man einfach sagt, okay, wir sind eingerichtet, wir müssten praktisch alles neu einrichten und neu gestalten und da haben wir momentan weder die Kraft noch den Willen noch das Geld das umzusetzen." (Interview Hermann Kaltenbrunner)

Der Verweis von Maria und Hermann Kaltenbrunner auf die notwendige „emotionale" Bereitschaft zu Veränderungen des Wohnumfeldes ist vor dem Hintergrund der großen Bedeutung des Sich-Einrichtens als soziale Positionierung im weitesten Sinn zu sehen (vgl. beispielsweise Katschnig-Fasch 1998; Gullestad 1993; Csikszentmihalyi, Rochberg-Halton 1989). Der aufwendige Prozess des „material homemaking" als Grundlage des „mental homemaking" (Cieraad 2010) steht im Spannungsverhältnis zu dem von der Gruppe entwickelten Ideal der Flexibilität der Wohnräume und Wohnpraktiken mit dem Ziel der Selbstbeschränkung.

4 Raumtheoretische Schlussüberlegungen

Wie viele Akteure aktueller Diskussionen um Partizipation gingen auch die Bewohner*innen des B.R.O.T.-Projektes davon aus, dass sie durch die Beteiligung an der Planung in der Lage wären, Räume zu schaffen, die ihren Werten und Lebensvorstellungen entsprechen und die es möglich machen sollten, eine bestimmte Lebensweise zu realisieren. In der geplanten baulichen Flexibilität und Veränderbarkeit des Gebäudes schlagen sich zentrale Werte der Gruppe nieder, nämlich ein spezifisches Familienbild kombiniert mit einem christlichen Ideal der Selbstbeschränkung, der Bescheidenheit und des Teilens. Zwanzig Jahre nach der Fertigstellung des Gebäudes wird der Umgang mit der Flexibilität immer wieder normativ vor dem Hintergrund dieser Ideale, die die Gruppe verwirklichen wollte, diskutiert.

Die Beobachtung, dass der Verwirklichung der Ideale Grenzen gesetzt sind, auch wenn die späteren Bewohner*innen in die Planung einbezogen werden, fordert die Vorstellung heraus, dass sich die Differenz zwischen geplantem und angeeignetem Raum, zwischen Utopie und Realität, aus einer Differenz der diese prägenden Akteure ergibt. Ich möchte in diesem Zusammenhang vorschlagen, den Fall mit dem raumtheoretischen Modell Henri Lefebvres zu betrachten und daran ein paar ergänzende Überlegungen anzuschließen.

Gemeinsam bauen und wohnen

Henri Lefebvre unterscheidet drei aufeinander bezogene Formen des Raumes: erstens die räumliche Praxis einer Gesellschaft, die sich in ihren Bauten und räumlichen Erschließungssystemen niederschlägt, zweitens Repräsentationen von Raum, also Zuschreibungen an Räume, die als System oftmals verbaler Zeichen greifbar werden, und drittens Repräsentationsräume, also die gedeuteten und angeeigneten lebensweltlichen Räume der Alltagsakteure, die analytisch als System nicht-verbaler Zeichen zugänglich werden. Diesen drei Formen von Raum entsprechen laut Lefebvre unterschiedliche Modi des Handelns, demzufolge spricht er auch vom *wahrgenommenen*, vom *konzipierten* und vom *gelebten* Raum (Lefebvre 1991: 36-46; Dünne 2006: 297-299).

Mit Lefebvre gedacht, können die Diskussionen um die Ideale des Zusammenlebens und ihre Übersetzung in Entwürfe und Pläne als Raumrepräsentationen, also als konzipierter Raum, gedacht werden, das Haus selbst als Resultat einer räumlichen Praxis des Bauens, die sich schließlich als wahrgenommener Raum manifestiert, und die Praktiken des Bewohnens, des Sich-Einrichtens und des Umbauens bilden den gelebten Raum (vgl. dazu Rogojanu 2015). Den Zusammenhängen zwischen diesen Dimensionen des (sozialen) Raumes wird im Folgenden noch genauer nachzugehen sein. In dem von einem Interesse für gesellschaftliche Machtverhältnisse geprägten Denkmodell Lefebvres stehen konzipierter, wahrgenommener und gelebter Raum aufgrund der unterschiedlichen sie prägenden Akteure in einem prozessualen dialektischen Verhältnis zueinander. „[…] [t]hey constitute a coherent whole […] only in favourable circumstances, when a common language, a consensus and a code can be established" (Lefebvre 1991: 40).

Man könnte annehmen, dass ein Setting, in dem die „Produzenten" dieser drei Ebenen von Raum weitgehend identisch sind, eben dieses „kohärente Ganze" erzeugt. Während konzipierter, wahrgenommener und gelebter Raum einander im Fall der bisherigen Umbauten an der Wohnung der Familie Kaltenbrunner in der Tat in produktiver Weise ergänzten, ergeben sich in anderen Fällen Spannungen zwischen den Ansprüchen an den Raum, den materiellen Gegebenheiten und den konkreten Wohnpraktiken. Für die Familie Kager blieb die Flexibilität, obwohl grundsätzlich intendiert, ein verhältnismäßig vages Konzept. Was sich letzten Endes im gebauten Raum konkretisierte, waren vor allem Kriterien und Wünsche, die sich aus bestehenden Wohnerfahrungen und der aktuellen Wohnsituation, also dem gelebten Raum, speisten. Anders als im Fall der Familie Kaltenbrunner gingen hier die Überlegungen in der Planungsphase nicht so weit, die konkreten Möglichkeiten des Umbaus zu antizipieren. Die sich verändernden Wohnpraktiken aktualisieren das Ideal der Flexibilität noch einmal in wesentlich konkreterer Weise, verändern also die Raumkonzeptionen, und fordern zu einer Anpassung des gebauten Raumes auf, der jedoch in seiner Materialität eine Stabilität und Widerständigkeit zeigt, die in der grundsätzlichen Vorstellung einer Veränderbarkeit der Wohnung durch verschiebbare Wände so nicht vorhergesehen wurde. Die aktuellen Überlegungen der Familie Kaltenbrunner zu einer weiteren Verkleinerung der Wohnung bzw. zum Umzug in eine kleinere Wohnung machen ein Spannungsverhältnis zwischen dem als flexibel konzipierten Raum und den nur bis zu einem bestimmten Punkt flexiblen Wohnpraktiken deutlich.

Konzipierter, wahrgenommener und gelebter Raum stehen also in komplexen Wechselbezügen und transformieren einander gegenseitig, vor allem aber verändern sie sich über die Zeit hinweg, was immer wieder neue Adjustierungen erfordert, die zuweilen an der Eigendynamik der einzelnen Raumdimensionen und der Veränderung von Ansprüchen scheitern. Die möglichen Bedarfe der zukünftigen Bewohner*innen in die Planung des gebauten Raumes einzubeziehen, kann also helfen, ein stimmiges Verhältnis zwischen utopischen Ansprüchen, Architektur und gelebtem Raum herzustellen. Das Mitdenken der Zeitdimension in dem Raummodell Henri Lefebvres verdeutlicht jedoch, dass die Planung als Antizipation zukünftiger Entwicklungen (Hahn 2009: 92) nur schwer allen Dynamiken Rechnung tragen kann.

Literatur

Altrock, Uwe; Bertram, Grischa (Hg.) (2012): Wer entwickelt die Stadt? Geschichte und Gegenwart lokaler Governance. Akteure – Strategien – Strukturen. Bielefeld: transcript.

Attfield, Judy (1999): Bringing Modernity Home: Open Plan in the British Domestic Interior, in: Cieraad, Irene (Hg.): At Home. An Anthropology of Domestic Space. Syracuse: Syracuse University Press, pp. 73-82.

Binder, Beate (2009): Streitfall Stadtmitte. Der Berliner Schloßplatz. Köln u. a.: Böhlau.

Bollerey, Franziska (1991): Architekturkonzeptionen der utopischen Sozialisten. Alternative Planung und Architektur für den gesellschaftlichen Prozeß. Berlin. Gesis (Erstausgabe 1977).

Csikszentmihalyi, Mihaly; Rochberg-Halton, Eugene (1989): Der Sinn der Dinge. Das Selbst und die Symbole des Wohnbereichs. München und Weinheim: Psychologie Verlag Union.

Delitz, Heike (2010): Gebaute Gesellschaft. Architektur als Medium des Sozialen. Frankfurt am Main: Campus.

Dünne, Jörg (2006): Soziale Räume – Einleitung, in: ders.; Günzel, Stephan (Hg.): Raumtheorie. Grundlagentexte aus Philosophie und Kulturwissenschaften. Frankfurt am Main: Suhrkamp, S. 289-303.

Fezer, Jesko; Heyden, Mathias (2004): Hier entsteht. Strategien partizipativer Architektur und räumlicher Aneignung, in: dies. (Hg.): Hier entsteht. Strategien partizipativer Architektur und räumlicher Aneignung. Berlin: b-books, S. 13-31.

Gemeinsam bauen und wohnen

Freisitzer, Kurt; Koch, Robert; Uhl, Ottokar (1987): Mitbestimmung im Wohnbau. Ein Handbuch. Wien: Picus-Verlag.

Gullestad, Marianne (1993): Home decoration as popular culture. Constructing homes, genders and classes in Norway, in: del Valle, Teresa (ed.): Gendered Anthropology. London: Routledge, pp. 128-161.

Hahn, Achim (2009): „Gebrauch und Geschmack" – Architektonisches Verhalten im Kontext der Lebensführung. Die „Architektur der Gesellschaft" aus Sicht der phänomenologisch-hermeneutischen Soziologie, in: Fischer, Joachim; Delitz, Heike (Hg.): Die Architektur der Gesellschaft. Theorien für die Architektursoziologie. Bielefeld: transcript, S. 79-108.

Hahn, Hans Peter (2014): Widerständigkeit und Eigensinn des Materiellen. Modelle der Wahrnehmung der dinglichen Welt, in: Bielfeld, Ruth (Hg.): Ding und Mensch in der Antike. Gegenwart und Vergegenwärtigung. Interdisziplinäres Symposion. Heidelberg: Winter Verlag, S. 67-88.

Hill, Jonathan (ed.) (1998): Occupying architecture. Between the architect and the user. London: Routledge.

Kähler, Gert (1996): Nicht nur Neues Bauen! Stadtbau, Wohnung, Architektur, in: ders. (Hg.): Geschichte des Wohnens. 1918-1945. Reform, Reaktion, Zerstörung. Stuttgart [Bd. 4]. Stuttgart: Deutsche Verlags-Anstalt DVA, S. 303-452.

Kamleithner, Christa (2011): Eine Ästhetik des Gebrauchs, in: Disko 23, S. 1-33.

Kamleithner, Christa; Meyer, Roland (2013): Logistik des sozialen Raumes – zu Band 2, in: Hauser, Susanne; Kamleithner, Christa; Meyer, Roland (Hg.): Architekturwissen. Grundlagentexte aus den Kulturwissenschaften. Zur Logistik des sozialen Raumes [Bd. 2]. Bielefeld: transcript, S. 14-24.

Kamleithner, Christa (2013): Handeln und Entwerfen. Zur Einführung, in: Hauser, Susanne; Kamleithner, Christa; Meyer, Roland (Hg.): Architekturwissen. Grundlagentexte aus den Kulturwissenschaften. Zur Logistik des sozialen Raumes [Bd. 2]. Bielefeld: transcript, S. 376-386.

Katschnig-Fasch, Elisabeth (1998): Möblierter Sinn. Städtische Wohn- und Lebensstile. Wien u. a.: Böhlau.

Klar, Sabine; Schattovits, Helmuth (1988): Integratives Wohnen als soziales Dienstangebot. Endbericht Teil 1. Wien: Institut für Ehe und Familie.

Klar, Sabine; Schattovits, Helmuth (1993): Integratives Wohnen als soziales Dienstangebot. Endbericht Teil 2. Wien: Institut für Ehe und Familie.

Kläser, Simone (2006): Selbstorganisiertes Wohnen, in: archplus. Zeitschrift für Architektur und Städtebau, 176/177, S. 90-99.

Kurath, Stefan (2011): Stadtlandschaften entwerfen? Grenzen und Chancen der Planung im Spiegel der städtebaulichen Praxis. Bielefeld: transcript.

Lang, Barbara (2000): Ethnographie der Stadtplanung. Die planerische Perspektive auf die Stadt, in: Kokot, Waltraud; Hengartner, Thomas; Wildner, Kathrin (Hg.): Kulturwissenschaftliche Stadtforschung. Eine Bestandsaufnahme. Berlin: Reimer, S. 55-68.

Lange, Bastian; Saiko, Harald; Prasenc, Gottfried (Hg.) (2013): Ortsentwürfe. Urbanität im 21. Jahrhundert. Berlin: Jovis Verlag.

Lange, Bastian (2013): Sharing is the new black, in: Lange, Bastian; Saiko, Harald; Prasenc, Gottfried (Hg.): Ortsentwürfe. Urbanität im 21. Jahrhundert. Berlin: Jovis Verlag, S. 14-24.

Lauer, Heike (1990): Leben in neuer Sachlichkeit. Zur Aneignung der Siedlung Römerstadt in Frankfurt am Main. Frankfurt am Main: Institut für Kulturanthropologie und Europäische Ethnologie.

Lefebvre, Henri (1972): Die Revolution der Städte. München: List (franz. Originalausgabe 1970).

Lefebvre Henri (1991): The production of space. Oxford u.a.: Blackwell (franz. Originalausgabe 1974).

Löffler, Klara (2013): Plurale Tantum – Vorschläge zu einer Ethnographischen Baukulturenforschung, in: Rolshoven, Johanna; Omahna, Manfred (Hg.): Reziproke Räume. Texte zu Kulturanthropologie und Architektur. Marburg: Jonas Verlag, S. 25-39.

Löw, Martina (2001): Raumsoziologie. Frankfurt am Main: Suhrkamp.

Mullis, Daniel (2014): Recht auf die Stadt. Von Selbstverwaltung und radikaler Demokratie. Münster: Unrast.

Novy, Klaus (1983): Genossenschafts-Bewegung. Zur Geschichte und Zukunft der Wohnreform. Berlin: Transit.

Rees, Anke (2013): Widerspenstige Gebäude. Eine Atmosphären-Netzwerk-Theorie, in: Rolshoven, Johanna; Omahna, Manfred (Hg.): Reziproke Räume. Texte zu Kulturanthropologie und Architektur. Marburg: Jonas Verlag, S. 65-81.

Rogojanu, Ana (2015): „Gemeinsam bauen und wohnen" – Materialisierungen von Gemeinschaftlichkeit, in: Braun, Karl; Dieterich, Claus-Marco; Treiber, Angela (Hg.): Materialisierung von Kultur. Diskurse, Dinge, Praktiken. Würzburg: Königshausen & Neumann, S. 254-263.

Rolshoven, Johanna (2003): Von der Kulturraumforschung zur Raumkulturforschung. Theoretische Herausforderungen an eine Kultur- und Sozialwissenschaft des Alltags, in: Zeitschrift für Volkskunde 99, 2, S. 189-213.

Rolshoven, Johanna (2012): Zwischen den Dingen: der Raum. Das dynamische Raumverständnis der empirischen Kulturwissenschaft, in: Schweizerisches Archiv für Volkskunde 108, S. 156-169.

Steger, Bernhard (2005): Vom Bauen. Zu Leben und Werk von Ottokar Uhl. Dissertation TU Wien.

Temel, Robert u.a. (2009): Baugemeinschaften in Wien. Endbericht 1. Potenzialabschätzung und Rahmenbedingungen. Studie im Auftrag der Stadt Wien, MA 50. Wien.

Temel, Robert (2011): Wohnbau in Wien, in: Architektur aktuell, 376/377, S. 72-85.

Till, Jeremy (2005): The negotiation of hope, in: Blundell Jones, Peter; Petrescu, Doina; Till, Jeremy (ed.): Architecture and Participation. London: Taylor & Francis, pp. 23-42.

Uhl Ottokar (2003): Gegen-Sätze. Architektur als Dialog. Ausgewählte Texte aus vier Jahrzehnten. Herausgegeben von Elke Krasny und Claudia Mazanek. Wien: Picus.

Interviews (anonymisiert):

Interview mit Hermann und Maria Kaltenbrunner, beide Anfang 60, pensioniert, vom 23.1.2013.
Interview mit Reinhard Horvath, Anfang 70, pensioniert, vom 3.8.2012.
Interview mit Peter Kager, Anfang 60, Diözesanreferent, vom 13.2.2013.

Yuca Meubrink

Segregation durch Architektur als Produkt Londoner Wohnungspolitik

Cities are difference engines,

and one of the qualities they assign

is the place of class in space.

Sorkin 2014.

Zusammenfassung: Seit einiger Zeit werden in London separate Eingänge für Arme und Reiche in modernen Luxuswohnneubauten durch die Presse als neue Form sozialräumlicher Segregation skandalisiert. In diesem Artikel wird die Bedeutung der sogenannten ‚poor doors' in der derzeitigen Londoner Wohnungskrise herausgearbeitet. So wird analysiert, inwiefern sie sowohl (un)geplantes Mittel als auch Folge Londoner Wohnungspolitik darstellen. Dazu wird in einem ersten Schritt beschrieben, wie und warum es zur Entstehung der ‚poor doors' kommt. In einem zweiten Schritt werden ihre architektonischen Auswirkungen analysiert, um dann abschließend den staatlichen und zivilgesellschaftlichen Umgang mit ihnen darzulegen. Die hier zum Ausdruck kommenden Herausforderungen und Dynamiken räumlicher Planung machen deutlich, warum separate Eingänge derzeit ein wichtiges Mittel zur Schaffung von mehr erschwinglichem Wohnraum zu sein scheinen.

Auf dem Londoner Wohnungsmarkt werden unterschiedliche sozio-ökonomische Schichtenzunehmend durch Architektur getrennt. Sichtbar wird dies unter anderem durch das vermehrte Aufkommen von modernen Luxuswohngebäuden mit separaten Eingängen für Arme und Reiche. Aber auch in nordamerikanischen Städten wie New York (Prince 2014),, Washington D.C. (vgl. Withnall 2014), Vancouver (vgl. Lee 2015) oder Toronto (vgl. Huffington Post Canada 2015) tauchen Gebäude oder Baupläne mit dieser baulichen Form sozio-ökonomischer Segregation auf. Auf beiden Seiten des Atlantiks äußern sich inzwischen Journalist*innen, Aktivist*innen und Politiker*innen gegen diese moderne Form von „housing apartheid" (Prince 2014), „social cleansing" (Low 2014) oder „separate but (un)equal" (Cohen 2014). Hintergrund dieses Phänomens sind in all diesen Städten *inclusionary housing laws* oder *mixed-income housing programs*. Denen zufolge müssen private Bauunternehmen bei größeren Neubauten einen gewissen Prozentsatz an „erschwinglichem" Wohnraum integrieren (z.B. in London) bzw. werden mit Steuererleichterungen oder Zuschüssen dafür belohnt (z.B. in New York). Insbesondere in London sind diese von Journalist*innen als *„poor doors"*

Segregation durch Architektur als Produkt Londoner Wohnungspolitik

(vgl. u.a. Osborne 2014) – zu Deutsch Armentüren – beschriebenen Eingänge für einkommensschwache Familien bereits gängige Praxis (vgl. Wainwright 2014).

Dieser Artikel beleuchtet zunächst den Planungsprozess, durch den die „*poor doors*" in London geschaffen werden, um dann an zwei Fallbeispielen zu analysieren, wie sich diese Form sozio-ökonomischer Segregation architektonisch äußert. In einem dritten Schritt wird herausgearbeitet, wie staatliche und zivilgesellschaftliche Akteure damit umgehen. So vielförmig und disparat die hier zum Ausdruck kommenden Herausforderungen und Dynamiken räumlicher Planung sind, so vielfältig und verschieden sind auch die Gegenbewegungen, die sich formieren.[1]

1 „*Poor Doors*" als (un)geplantes Mittel und Folge kommunaler Wohnungspolitik

In den 1980er Jahren hörten die britischen Kommunen weitestgehend auf, neue Sozialwohnungen zu bauen. Durch die zusätzliche sukzessive Privatisierung öffentlichen Wohnraums, schrumpfte seitdem in London der soziale Wohnungsbestand kontinuierlich. Insbesondere das von Margaret Thatcher 1980 eingeführte Programm *Right to Buy* (Recht auf Kauf), das Mieter*innen des sozialen Wohnungsbaus erlauben sollte, ihre Wohnungen zur Hälfte des Marktwertes käuflich zu erwerben, führte zu einem drastischen Rückgang der kommunalen Wohnungsbestände. Nach knapp 20 Jahren konservativer Regierung war 1997 bereits ein Viertel des öffentlichen Wohnungsbestandes privatisiert (vgl. u.a. Hodkinson 2013, Edwards 2013, Harnack 2012). Die Labour-Regierung unter Tony Blair (1997 – 2007) führte die neoliberale Politik der Konservativen im Wohnungssektor weiter und es kam zu einer weiteren Privatisierungswelle öffentlichen Wohnraums. Insbesondere die *Private-Finance-Initiative* (PFI) – ein Programm nach dem Modell der öffentlich-privaten Partnerschaft, das eine private Finanzierung der Verwaltung und Instandhaltung öffentlichen Wohnungsbaus vorsah (vgl. Hodkinson

---

1 Das diesem Text zugrunde liegende Dissertationsvorhaben thematisiert das sogenannte „poor door"-Phänomen in London und New York City. Ziel dieses Forschungsprojektes ist die schrittweise Dekonstruktion des Phänomens und der damit verbundenen sozialen, kulturellen, stadtpolitischen und -planerischen Dimensionen. Es wird untersucht durch welche Politiken, Praktiken und Strategien, wo, wann und von wem die „poor doors" genau lokal produziert bzw. reproduziert, ausgehandelt, erfahren und angefochten werden und auf welche Art sie möglicherweise den jeweiligen Stadtteil beeinflussen und verändern. Dieser Beitrag spiegelt erste Ergebnisse von zwei Feldforschungen in London im Jahr 2015 wider. Der Fokus dieses Artikels liegt auf der politischen und stadtplanerischen Dimension. Die Perspektive der Bewohner_innen dieser Wohnkomplexe wurde hier bewusst weggelassen.

2013) – entpuppte sich laut dem Geographen Stuard Hodkinson als ein „Instrument zur Gentrifizierung" (ebd.). In vielen Fällen führte es zum Abriss von öffentlichem Wohnraum und zum Neubau moderner Wohngebäude durch private Bauunternehmen – oft inklusive „*poor doors*". Hohe Mieten führten dann zu einer Verdrängung der bis dato ansässigen Bevölkerung.

Infolge der Finanz- und Wirtschaftskrise von 2008 stürzte der ohnehin schon angespannte Wohnungsmarkt in London in eine tiefe Krise. Unbezahlbare Mieten und Hypotheken, schlechte Wohnverhältnisse, steigende Wohnungslosigkeit und verschuldete Kommunen sind ihre augenscheinlichen Auswirkungen. Derzeitig stehen in London beispielsweise rund 250.000 Haushalte auf Wartelisten für Sozialwohnungen (vgl. Murray 2014), nichtsdestotrotz stagniert der kommunale Wohnungsbau weitestgehend. In den Jahren 2013 und 2014 stiegen die Immobilienpreise um rund £40.000 für eine durchschnittliche Wohnung. Für 2015 bedeutet dies, dass die durchschnittlichen Londoner Wohnungspreise bei rund £500.000 liegen (vgl. Dorling 2015) und die zentralen Londoner Stadtbezirke durchschnittliche Quadratfußpreise für Eigentumswohnungen ab £800 aufweisen (Arnett 2014).[2]

Derweil wächst London aufgrund der steigenden Grundstückspreise zunehmend in die Höhe: Seit der Finanz- und Wirtschaftskrise erlebt die Stadt, die für ihre historisch niedrigen Gebäude bekannt ist, einen regelrechten Wolkenkratzer-Boom. Allein in den letzten 12 Monaten befinden sich laut dem Thinktank *New London Architecture* 236 Hochhäuser mit mindestens 20 Stockwerken in Planung oder im Bau. Etwa 80 % davon sollen Wohnblocks mit rund 14.800 Wohnungen werden (vgl. New London Architecture 2015). Ein Großteil von ihnen wird wahrscheinlich entweder keinen „erschwinglichen" Wohnraum beinhalten oder die sogenannten „*poor doors*" aufweisen.

Gesetzlicher Hintergrund für die Entstehung der „*poor doors*" ist das bereits seit 1990 bestehende bundesweite *Town and Country* Gesetz: Nach Paragraph 106 sind Bauunternehmen dazu verpflichtet, bei einer Bauplanung ab zehn Wohnungen einen bestimmten Anteil an „erschwinglichem" Wohnraum zu integrieren. Seit Mitte der 2000er Jahre und insbesondere seit der Finanz- und Wirtschaftskrise von 2008 gewinnt dieses Gesetz sukzessive an Bedeutung, da die Kommunen die politische Strategie verfolgen, den Paragraph 106 zunehmend für sozialen Wohnungsbau sowie andere öffentliche Infrastrukturen (Kindergärten, Schulen, Straßen, Parks etc.) zu nutzen.

Auf städtischer Ebene ist in diesem Zusammenhang der von der *Greater London Authority* (GLA) entwickelte *London Plan* – eine Planungsgrundlage für die gesamtstrategische Entwicklung Londons bis 2036 – von Bedeutung. Die GLA hat den *London Plan* seit 2004 immer wieder erneuert; die aktuellste Version ist vom März 2015. Laut des *London Plans* besteht das Ziel darin, mindestens 17.000 neue „erschwingliche" Wohnungen pro Jahr zu schaffen,

---

2   Umgerechnet sind das rund € 12.000 pro Quadratmeter (Stand 15.12.15).

Segregation durch Architektur als Produkt Londoner Wohnungspolitik

wobei sich „erschwinglicher" Wohnungsbau in drei Arten gliedert: *social rent*, *affordable rent* (80% des durchschnittlichen Marktwertes) und *intermediate housing* (shared ownership scheme). Sowohl *affordable rent* als auch *intermediate housing* richtet sich vornehmlich an Angestellte im öffentlichen Dienst mit Schlüsselfunktionen, sogenannte *key worker*[3]. Wobei sich z.B. eine Pflegekraft mit einem durchschnittlichen Gehalt von £25.000 Letzteres kaum leisten kann, da für viele *shared ownership schemes* Haushalte mit einem Jahreseinkommen von £50.000 Voraussetzung sind (vgl. Meyer 2014). In diesem Zusammenhang von „erschwinglichem" Wohnraum zu sprechen, ist demnach zweifelhaft, da 50 % der Haushalte in Großbritannien ein Durchschnittseinkommen haben, welches weit unter dieser Marke liegt (vgl. HM Treasury 2014). Private Bauunternehmen sollen nach dem *London Plan* deshalb 60 % *social* und *affordable rent* und 40 % *intermediate housing* des „erschwinglichen" Wohnraums einplanen (vgl. London Plan 2015: 129).

Je nach Stadtbezirk variiert der Prozentsatz des „erschwinglichen" Wohnraums, der integriert werden muss: So sind es in City of Westminster beispielsweise nur 30 % „erschwinglicher" Wohnraum (vgl. Westminster's City Plan 2013: 78), während es in Camden und Tower Hamlets 50 % sind (vgl. Camden Council 2010, Tower Hamlets Council 2010).

Die Verhandlung über den zu integrierenden „erschwinglichen" Wohnraum in Neubauwohnprojekten liegt in der Regel auf der Bezirksebene. Jede Bauerlaubnis wird im Einzelfall zwischen den Stadtplaner*innen in den entsprechenden Bezirksverwaltungen (*planning officers*) und den Bauunternehmen verhandelt. Private Bauunternehmen, die davon ausgehen, dass ihr Bauprojekt nicht rentabel bzw. rentabel genug ist (bis zu 20 % Profit dürfen sie einplanen), müssen ein sogenanntes *Financial Viability Assessment* (FVA) einreichen, indem sie ihre Berechnungen genau darlegen. So ist es nicht überraschend, dass Bauunternehmen dazu tendieren, die Kosten des Bauprojekts zu maximieren und die Gewinne, die durch den Verkauf der Wohnungen gemacht werden, zu minimieren, um damit belegen zu können, dass der von der Bezirksverwaltung angestrebte Anteil „erschwinglichen" Wohnraums nicht rentabel für sie sei. Auf diese Art sichern sie sich ihre Gewinne (vgl. Wainwright 2015).

Das größte Problem für die Bezirksräte ist daher die Intransparenz dieser Rentabilitätsberechnungen. Haben sich die *planning officers* mit den Bauunternehmen – sei es mit der oder ohne die Integration „erschwinglichen" Wohnraums – geeinigt, wird ein Bericht an die entsprechenden Bezirksräte geschickt, die dann auf Grundlage des Berichts eine Bauerlaubnis erteilen oder verweigern. Die Herausforderung für die Bezirksräte besteht darin, die Unterlagen einzuschätzen, da sie aufgrund von „commercial confidentiality" (vgl. ebd.) nicht die Berechtigung haben, das *Financial Viability Assessment*

---

3   Darunter fallen u.a. folgende Berufsgruppen: Lehrer_innen, Polizist_innen, Pflegekräfte, Sozialarbeiter_innen, Justizvollzugsbeamte und Feuerwehrleute.

einzusehen. Darin liegt nach heutigen Einschätzungen von Aktivist*innen, Journalist*innen, aber auch von Bezirksräten das Hauptproblem, da in den meisten Fällen keine planerische Grundlage vorliegt, aufgrund derer sie das Bauprojekt ablehnen können. Da das Planungssystem wie ein juristisches System aufgebaut ist, können die Bauunternehmen bei einer Ablehnung in Berufung gehen. Dann entscheidet der Stadtbaurat (*planning inspector*) der *Greater London Authority* oder der Londoner Bürgermeister persönlich, die sich in der Regel für die Bauprojekte aussprechen, damit das Wahlversprechen von einer gewissen Anzahl an neuem Wohnraum – sei er „erschwinglich" oder nicht – gehalten werden kann. Der ehemalige Londoner Bürgermeister Boris Johnson beispielsweise griff auf diese Art mindestens 14 Mal in die Planungsentscheidungen der Bezirksverwaltungen ein (vgl. O'Carroll 2015).

Auf dem Papier haben die Bezirksräte gegenüber den privaten Bauunternehmen demnach zwar eine sehr mächtige Position, weil es in der Regel in ihrer Verantwortung liegt, die Baugenehmigung zu erteilen oder zu verweigern. Da sie Baugenehmigungen jedoch nur auf planerischer Grundlage verweigern können, haben sie in der Praxis oft nicht genügend Einsicht in die Unterlagen und dementsprechend Gründe für die Ablehnung, die einer Berufung standhalten würden. Dies deutet darauf hin, dass die Position der Kommunen in diesem Zusammenhang zunehmend irrelevanter wird.

Wird den Bauunternehmen die Baugenehmigung erteilt und „erschwinglicher" Wohnraum integriert, kommt es in der Regel zur sogenannten „*poor door*". In bestimmten Fällen lassen sich die Bezirke auch auf Sonderzahlungen ein oder einigen sich mit den Bauunternehmen darauf, dass „erschwinglicher" Wohnraum nicht integriert, aber dafür anderenorts im selben Stadtteil gebaut wird. In Stadtbezirken wie City of Westminster ist ersteres bereits gängige Praxis, da die Bodenpreise teuer und Baugrund knapp ist.

Bei den „*poor doors*" sind verschiedene Ausprägungen zu beobachten: Je nach Größe und Form des Bauprojekts handelt es sich um ein Wohnhaus oder mehrere Wohnblöcke, wobei sich bei Letzterem die verschiedenen sozialen Schichten in der Regel auf die unterschiedlichen Blöcke verteilen – zum Teil sogar mit verschiedenen Eingängen für die drei Formen des „erschwinglichen" Wohnraums. Wird nur ein Gebäude gebaut, gibt es meist einen luxuriösen Vordereingang für die wohlhabenden Eigentümer*innen und einen separaten Seiten- oder Hintereingang mit eigenem Lift für die Mieter*innen des „erschwinglichen" Wohnraums. Als Hauptgrund für die Notwendigkeit dieses planerischen Phänomens, das an Dienstboteneingänge aus dem 19. Jh. erinnert, führen die Bauunternehmen die Kosten für die aufwendige Gestaltung und Pflege der Luxusbereiche, für das Empfangspersonal und die Servicekräfte an, die nicht ohne Weiteres auf alle Hausbewohner*innen umgelegt werden können. Sowohl die Bezirksräte als auch die privaten Wohnungsbaugesellschaften (*Housing Associations*) stimmen diesem Argu-

Segregation durch Architektur als Produkt Londoner Wohnungspolitik

ment zu, da die Kosten für die Bewohner*innen des „erschwinglichen" Wohnraums sonst nicht mehr niedrig gehalten werden könnten. Die einzige Lösung lautet daher für alle Beteiligten: separate Eingänge.

Die „*poor doors*" können in diesem Zusammenhang als ungeplant geplantes Mittel städtischer Politik angesehen werden, um „erschwinglichen" Wohnraum durch private Bauinvestitionen zu schaffen. Somit sind sie Ausdruck einer Londoner Wohnungspolitik, für die die „*poor doors*" sowohl ungeplant strategisches Mittel als aber auch unvorhergesehene Folge kommunaler Wohnungspolitik geworden. Im Folgenden wird genauer darauf eingegangen, wie die Architektur der entsprechenden Gebäude als Mittel sozialräumlicher Segregation fungiert und damit die zunehmende sozioökonomische Trennung auf dem Londoner Wohnungsmarkt charakterisiert und sichtbar macht.

2 Sozialräumliche Segregation durch Architektur

Soziale Segregation ist auf verschiedene Arten und durch unterschiedliche historische Prozesse und Politiken in bestehende Stadtstrukturen eingeschrieben. Seit jeher grenzen sich verschiedene soziale Schichten räumlich ab bzw. werden abgegrenzt. Dazu gehören die Entstehung verarmter und wohlhabender Stadtteile oder sozio-kultureller Enklaven wie *China Town* oder *Little Italy* ebenso wie die Bildung von *gated communities*. In den stadtpolitischen und wissenschaftlichen Debatten wird bereits seit längerem (wieder) über die sozialräumlichen Polarisierungstendenzen in Städten diskutiert. Dabei wird meist die Konzentration benachteiligter Bevölkerungsgruppen in bestimmten Stadtvierteln als das Problem angesehen (vgl. Holm 2009). Stadtpolitische und planerische Strategien zielen daher meist auf die soziale Durchmischung der Bevölkerung ab und versuchen der sozialräumlichen Segregation auf städtebaulicher Ebene entgegenzuwirken: In Großbritannien fallen darunter in den letzten zwei Jahrzehnten eine Reihe von *mixed communities*-Programmen, die sich zum Ziel gesetzt haben, die Konzentration von Armut in bestimmten Bezirken durch Aufwertung oder Wiederbelebung von bestimmten Stadtteilen aufzuheben. Dabei greifen sie zu vielfältigen Mitteln und Taktiken wie Umsiedlung, Renovierungen von Sozialwohnungen, um finanziell besser gestellte Bewohner*innen anzuziehen oder zu Programmen für gefördertes Miteigentum (*shared ownership schemes*) sowie Quoten für „erschwinglichen" Wohnraum in privaten Bauprojekten (vgl. Tonkiss 2013: 84f.).

In Bezug auf die Produktion sozialer Mischung im urbanen Kontext stellen sich primär drei Fragen: 1. Wie kann soziale Durchmischung geplant und umgesetzt werden? 2. Welche Interessen werden dabei vertreten? Und 3. Auf welcher Ebene soll soziale Mischung stattfinden – in einem Haus, in einem Block, in einer Straße oder in einem Viertel (vgl. ebd.: 85)? Die Analyse der „*poor doors*" als Mittel und Folge sozialer Mischungspolitik bietet Antworten auf einige dieser Fragen und wirft andere gleichzeitig auf. Während die „*poor doors*" Teil einer sozialen Mischungsstrategie sind, die auf einer geographisch eng fokussierten Ebene, nämlich der eines Hauses oder Blocks, stattfindet, bleibt zu hinterfragen, welche Interessen dabei vertreten werden und was genau Mischung in diesem Zusammenhang bedeutet. Die Wissenschaftler*innen Maren Harnack und Dirk Schubert haben sich in einem Artikel zu sozialer Mischung in Großbritannien (Harnack, Schubert 2012) bereits mit diesem Phänomen beschäftigt. In ihrer Analyse bewerten sie das Neubauwohnprojekt Adelaide Wharf in Hackney, London, welches auch separate Eingänge für die unterschiedlichen sozioökonomischen Schichten aufweist, als gelungen, da die gemeinnützige Wohnungsbaugesellschaft „Wohnungen mit einer für London ungewöhnlichen Qualität zu verhältnismäßig günstigen Preisen" (ebd.: 267) anbietet. Gleichzeitig stellen sie jedoch heraus, dass „die auf möglichst umfangreiche private Finanzierung ausgelegte britische Wohnungspolitik dazu führt, dass es trotz bester Absichten und umfassender Bemühungen kaum möglich ist, Segregation zu vermeiden" (ebd.).

Im Folgenden wird anhand von zwei weiteren Fallbeispielen im Londoner Stadtteil Tower Hamlets aufgezeigt, inwiefern die Architektur der zu untersuchenden Gebäude eher als ein Instrument zur sozialräumlichen Segregation als für soziale Durchmischung fungiert. Tower Hamlets umfasst große Teile des historisch ärmeren Londoner Ostens. In den letzten Jahren war Tower Hamlets aufgrund seiner zentralen Lage und unmittelbaren Nähe zur City of London zahlreichen Revitalisierungs- und Aufwertungsstrategien unterworfen; nicht zuletzt im Rahmen der Olympischen Sommerspiele 2012. Dadurch ist Tower Hamlets einem starken Gentrifizierungsdruck ausgesetzt. Des Weiteren befindet sich dort der größte Teil des ehemaligen Hafengebiets Docklands mit dem unter Thatcher zum modernen Finanzzentrum ausgebauten Canary Wharf.

Der £330 Millionen teure Baltimore Tower ist mit seinen 45 Stockwerken einer von vielen Luxus-Wohntürmen, die in Canary Wharf in den nächsten Jahren entstehen werden (vgl. Bloomfield 2014). Insgesamt sind über 3.000 Wohnungen geplant (vgl. Kollewe 2014). Laut der Bezirksverwaltung von Tower Hamlets sollen mindestens 25 Prozent davon „erschwinglicher" Wohnraum sein (vgl. Tower Hamlets Council 2014). Betrachtet man die Entwicklungen, werden wohl die meisten dieser neuen Gebäude eine oder mehrere „*poor doors*" aufweisen. Bei dem von *Galliard Homes* entwickelten Baltimore Tower, der 2016 fertig sein soll und dessen 330 Wohnungen bereits komplett verkauft sind[4], fangen die Wohnungspreise bei rund £480.000

---

4 Siehe: http://www.baltimorewharf.com/

Segregation durch Architektur als Produkt Londoner Wohnungspolitik

an (vgl. Spittles 2014). Das ist deutlich mehr als sich die meisten Londoner*innen bei einem Jahresdurchschnittseinkommen von rund £25.000 leisten können (vgl. HM Treasury 2014). Am Fuße des Towers befinden sich sieben weitere, bereits bewohnte Wohnblocks[5] mit unterschiedlichen Eingängen je nach sozioökonomischem Status. Von den insgesamt 1.110 Wohnungen sind rund 35 % „erschwinglicher" Wohnraum (vgl. Tower Hamlet Council 2012). Es gibt zwei große, miteinander verbundene Innenhöfe, wobei der eine vornehmlich für die wohlhabenden Wohnungseigentümer*innen und der andere für die Bewohner*innen der Mietwohnungen bestimmt ist. In der Gestaltung dieser „Gemeinschaftsflächen" weisen die beiden Innenhöfe deutliche Unterschiede auf: Der Innenhof für die Eigentümer*innen führt auf der einen Seite zur fahrerlosen Dockland Light Railway Station Crossharbour und auf der anderen zum Oakland Quay mit Blick auf Canary Wharf, wo auch das Fitnessstudio für die wohlhabenden Bewohner*innen ist. In der Mitte gibt es zwei Reihen betonierter Blumenbeete sowie eine Reihe mit von Wasser überfluteten schwarzen Betonbänken. Der Hof wirkt ungenutzt, wobei es auch keine Sitzmöglichkeiten gibt, die zum Verweilen einladen würden. In dem Innenhof für die Bewohner*innen der Mietwohnungen gibt es einige Hochbeete sowie einen Spielplatz, der von den Kindern der Familien, die in den Sozialwohnungen leben, intensiv genutzt wird. Doch nicht nur am Design der Innenhöfe ist die Abgrenzung der sozialen Schichten sichtbar, auch die Fassaden der Wohnblöcke spiegeln diese Unterteilung wider. Im Gegensatz zu den dunkelbraunen Ziegelsteinen an der Fassade der Wohnungen der privaten Bewohner*innen, den großen Fenstern mit dunklen Glasfenstern und den Balkonen aus Metall sind die Fassaden der Wohnungen der Mieter*innen beige, die Fenster kleiner und mit hellen Scheiben ausgestattet. Von den insgesamt rund 400 „erschwinglichen" Wohnungen gibt es nur wenige Wohnungen mit Balkon. Diese sind nach innen gerichtet und befinden sich größtenteils an der Längsseite des beigen Gebäudeteils, das zur DLR zeigt. Auf dieser Seite gibt es weitere Eingänge, da die unterschiedlichen Formen des „erschwinglichen" Wohnraums räumlich durch verschiedene Eingänge voneinander getrennt sind. Während die Wohnungen im Innenhof Sozialwohnungen (*social rent*) sind, sind die Wohnungen an der Längsseite für diejenigen mit *affordable rent* oder *intermediate housing*.

Ähnlich wie bei dem von Maren Harnack und Dirk Schubert beschriebenen Wohnkomplex Adelaide Wharf wird auch an diesem Beispiel deutlich, inwiefern die unterschiedlichen sozialen Schichten allein durch die Gestaltung und die Struktur der Gebäude voneinander getrennt werden. Ein Sich-

---

5   Das Bauunternehmen des Baltimore Tower ist Galliard Homes, während die ihm zu Fuße liegenden Wohnblocks von Ballymore gebaut wurden. Das Architekturbüro ist in beiden Fällen Skidmore, Owings & Merrill Inc, die auch One World Trade Center in New York City sowie das derzeit höchste Gebäude der Welt in Dubai, Burj Khalifa, entworfen haben (vgl. Bloomfield 2014).

Begegnen und Zusammenkommen unterschiedlicher sozialer Schichten wird damit beeinträchtigt. Auch dies ist inzwischen gängige Praxis in London.[6]

Das prominenteste, da in der Presse am häufigsten aufgegriffene Beispiel der sogenannten *„poor doors"* ist aber das 22-Stockwerke hohe Wohngebäude in One Commercial Street in Tower Hamlets, angrenzend an die Londoner City. Das im Jahr 2012 für £140 Millionen fertiggestellte Gebäude markiert nicht nur die Grenze zwischen den beiden Stadtbezirken, sondern auch die Trennung zwischen dem reichen Westen und dem ärmeren Osten der Stadt. Symbolisch unterstrichen wird dies durch zwei Eingänge: Vorne an der Hauptstraße gelegen, befindet sich für die 162 wohlhabenden Eigentümer*innen, die rund £4,5 Millionen für ihr Apartment ausgaben (vgl. Brett 2014), ein repräsentatives Portal mit Glasfront und Drehtür, das in eine imposante Lobby mit Kronleuchter, Sesseln und Concierge führt und genauso gut auch die Lobby des um die Ecke gelegenen Luxushotels hätte sein können. An der Seite in einer schmalen Gasse befindet sich eine zweite, kleinere Tür, die zu einem schlichten Treppenhaus mit eigenem Lift sowie separaten Mülltonnen, Briefkästen und Fahrradständern führt. Der Lift fährt lediglich in die Etagen sieben bis elf, denn hier befinden sich die 79 „erschwinglichen" Wohnungen, wobei die unteren zwei Etagen für die Sozialwohnungen (*social rent*) vorgesehen sind und die oberen beiden Etagen für diejenigen mit *affordable rent* oder *intermediate housing*. Zugang haben die Bewohner*innen nur zu ihrer eigenen Etage. Der Gebäudeteil hat sowohl seinen eigenen Namen, Houblon Apartments, als auch seine eigene Adresse, Tyne Street – nicht One Commercial Street, wie für die wohlhabenden Eigentümer*innen des Vordereingangs.

Das Gebäude steht charakteristisch für eine neue Variante sozialräumlicher Segregation in London. Während zuvor die soziale Trennung vorwiegend auf horizontaler Ebene durch verschiedene Stadtbezirke, Straßen oder Häuser stattfand, entsteht nun zusätzlich eine vertikale Trennung der sozialen Schichten in verschiedenen Stockwerken innerhalb eines Wohngebäudes mit unterschiedlichen Eingängen. Die von den Sozialwissenschaftlern Tim Butler und Garry Robson beschriebenen *tectonic relations*, die sich durch physische Nähe bei gleichzeitiger sozialer Distanz charakterisieren (vgl. Butler, Robson 2003), sind hier intendiert und werden allein durch die bauliche Form der Wohngebäude von vornherein impliziert. Ein Aufeinandertreffen der unterschiedlichen sozialen Schichten wird durch das Design der Gebäude erschwert. Bis zur belebten Hauptstraße Commercial Street, die direkt auf eine verkehrsreiche Straßenkreuzung führt, gibt es beispielsweise keine gemeinsamen Wege oder Treffpunkte für die Bewohner*innen der One Commercial Street und Tyne Street. Und auf der Straße angekommen, verschwinden die Bewohner*innen beider Eingänge in der Anonymität der Großstadt.

---

6   Siehe u.a. Graphite Apartments in 51 Provost Street (Hackney), Avant Gard Tower in Bethnal Green Road (Tower Hamlets), 52 Prince of Whales Road (Camden).

Segregation durch Architektur als Produkt Londoner Wohnungspolitik

3 Widerstand?

Während der New Yorker Bürgermeister Bill de Blasio auf politischen Druck hin im Juni 2015 ein Mietregulierungsgesetz erlassen hat, das die „*poor doors*" untersagt (vgl. Kasperkevic 2015), sah der ehemalige Londoner Bürgermeister Boris Johnson sie zwar nicht als ein perfektes, aber dennoch funktionierendes Instrument sowohl zur Schaffung neuen Wohnungsbaus als auch zur sozialen Mischung an und plante kein Verbot (vgl. Osborne 2014). Protest gegen diese Form der sozio-ökonomischen Segregation regte sich in London zunächst bei Journalist*innen oder einzelnen Politiker*innen und in sehr regelmäßigen und überschaubaren Aktionen einer einzelnen Gruppe namens *Class War*.[7] Diese kleine anarchistische Gruppe, die sich auch für die Parlamentswahlen im Mai 2015 aufstellen ließ[8], protestierte rund zehn Monate lang jede Woche für eine Stunde vor dem Eingang der Wohlhabenden in One Commercial Street und sorgte damit für zahlreiche Schlagzeilen (vgl. u. a. Kleinfeld 2014, Brett 2014). Die Protestformen von *Class War* waren eher unkonventionell. Mal standen sie vermummt und mit Fackeln vor dem Eingang der Reichen und mal inszenierten sie dort eine einstündige Performanz mit einem „Investor", der sich hinstellte und Reden für eine gerechtere Stadt hielt, einem „aufgebrachten Zuschauer", der mit Stock und Hut entrüstet in der Gegend herumwedelte, und Sonnenbrillen tragenden „Türstehern".

Im Frühjahr 2015 fanden die Demonstrationen ein Ende, nachdem Mitglieder der Gruppe mehrmals von der Polizei festgenommen und angeklagt wurden. Man beschloss, dem Druck der Staatsgewalt nachzugeben und die weiteren geplanten Demonstrationsaktionen vorzeitig und unter Vorbehalt einzustellen. Seit der Skandalisierung der „*poor doors*" sowohl durch die Medien als auch durch *Class War* ist One Commercial Street jedoch zum Politikum geworden und steht emblematisch dafür, wie die wachsende soziale Kluft in die räumliche Struktur der Stadt wortwörtlich „eingebaut" wird.

Weiterhin gibt es noch andere, vornehmlich lokale Organisationen, die ihre Agenda nicht direkt gegen die „*poor doors*" richten, sondern sich generell dem Kampf um „erschwinglichen" Wohnraum und gegen den Investitionsdruck in moderne Luxusbauten verschrieben haben. Das *Radical Housing Network* beispielsweise vereinigt rund 30 solcher lokalen Organisationen und Kampagnen, die zusammen ein breites Spektrum an Wohnungsfragen wie Mietrecht, Zugang zu Sozialwohnungen, Obdachlosigkeit, Besetzungen und genossenschaftliches Wohnen thematisieren.[9] Weitere Organisationen sind

---

7 Siehe: http://www.classwarparty.org.uk/poor-doors/.
8 Class War bekam in den britischen Parlamantswahlen von 2015 allerdings nur 526 Stimmen (vgl. The Guardian 2015).
9 Mehr Informationen und zu einzelnen Gruppen siehe: http://radicalhousingnetwork.org/.

Yuca Meubrink

beispielsweise die *35% Campaign*[10], die sich für mehr „erschwinglichen" Wohnraum im Stadtteil Southwalk und insbesondere für das berühmteste Beispiel Londoner Stadtteilerneuerung, Elephant Park[11], einsetzen. *Concrete Action* ist eine Gruppierung von vornehmlich Architekt*innen, die sich zum Ziel gesetzt haben, Informationen über aktuelle Bauvorhaben in einer Art Datenbank auf ihrer Homepage zu veröffentlichen. Bürger*innen können sich so zum einen informieren und zum anderen auf Grundlage konkreten Wissens handeln – und zwar bevor sie einen Räumungsbescheid in ihrem Briefkasten vorfinden. Sie haben sich auch zum Ziel gesetzt, die als geheim eingestuften *Financial Viability Assessments* bestimmter Bauvorhaben an die Öffentlichkeit zu bringen.[12] Die *More Light More Power*-Kampagne hingegen wehrt sich gegen die Pläne eines bestimmten Bauvorhabens: Der geplante Bishopsgate Goodyard-Gebäudekomplex zum Beispiel besteht aus sieben Türmen mit 17 bis zu 46 Stockwerken, die ein Gebiet von 4,2 Hektar in Shoreditch – einem beliebten Gebiet in den Stadtteilen Tower Hamlets und Hackney, angrenzend an die City of London – einnehmen. Insgesamt sollen dabei 1.365 Wohnungen entstehen, wobei davon in den derzeitigen Plänen nur 10 Prozent „erschwinglicher" Wohnraum sind. Die *More Light More Power*-Kampagne richtet sich sowohl gegen die Höhe als auch das Design der Türme, das nicht zur umliegenden Nachbarschaft passe, die damit verbundene Demolierung von historischen Fabrikgebäuden aus dem 19. Jahrhundert, den Verlust von 43 % der Sonneneinstrahlung für die umliegenden Gebäude sowie gegen die geringe Menge an „erschwinglichem" Arbeits- und Wohnraum.[13] Im Februar 2015 hat der Bürgermeister von Hackney, John Pipe, dessen eigene Bezirksverwaltung gerade zusammen mit der von Tower Hamlets über die Bauvorschläge der Bauunternehmen *Hammerson* und *Ballymore* verhandelt, versucht, sich mit einer Petition gegen die derzeitigen Pläne auf change.org dem Druck der Bauunternehmen zu widersetzen.[14] Boris Johnson hat im September 2015 jedoch seine Position genutzt, um in den Bishopsgate Goodsyard-Planungsprozess einzugreifen und die beiden

10 Zu geplanten Neubauprojekten in Southwark siehe: http://35percent.org/developments/.
11 Für das Elephant Park-Neubauprojekt wurden rund 2.000 Sozialwohnungen der damals noch unter dem Namen Haygate Estate geführten Großwohnsiedlung abgerissen. Nun sollen von den 2.500 neuen Wohnungen nur rund 500 „erschwinglicher" Wohnraum sein und davon nur 74 Sozialwohnungen werden (vgl. 35% Campaign) und das, obwohl auch der Southwark Plan 50% „erschwinglichen" Wohnraum vorsieht (vgl. Southwark Plan 2007). Laut The Guardian zeigt das FYI (das dem Guardian exklusiv vorliegt), dass sich das Bauunternehmen Land Lease mehr als die üblichen Prozentsatz von 15-20 % Gewinne einstreicht und den Verkaufswert der Wohnungen viel günstiger berechnet hat als er nach derzeitigen Marktwerten am Ende sein wird (vgl. Wainwright 2015).
12 Siehe: https://www.concreteaction.net/documents/.
13 Zu den genauen Bauplänen sowie Kritikpunkten siehe:
    http://www.morelightmorepower.co.uk/.
14 Petition siehe: https://www.change.org/p/boris-johnson-withdraw-your-support-for-two-luxury-skyscrapers-in-hackney-2.

Segregation durch Architektur als Produkt Londoner Wohnungspolitik

Bezirksräte aus dem Planungsprozess auszuschließen (vgl. O'Caroll 2015). Und obwohl Boris Johnson nun die Enscheidung über die Zukunft von Shoreditch dem neuen Londoner Bürgermeister Sadiq Khan überlassen hat, bleibt angesichts dieser Entwicklungen fraglich, ob der bisherige Anteil des „erschwinglichen" Wohnraums noch erhöht werden kann. Sicher ist, dass sich die entsprechenden Wohnungen auch in diesem Fall in einem Hinter- oder Seiteneingang befinden werden.

Trotz dieser verschiedenen Protestformen kann man nicht davon sprechen, dass es eine breit angelegte Kampagne gegen die „*poor doors*" von staatlichen oder zivilgesellschaftlichen Akteur*innen gibt. Während in New York die Aufregung über dieses Phänomen und der politische Wille die entsprechende gesetzliche Lücke zu schließen weitaus stärker war als in London, scheinen die „*poor doors*" in London für viele Bezirksräte und Stadtplaner*innen, aber auch für Aktivist*innen zu einem unausweichlichen Nebenprodukt heutiger Stadtplanung geworden zu sein. Dieses nehmen sie in Kauf, um dem in ihren Augen weitaus größeren Problem auf dem Londoner Wohnungsmarkt zu begegnen: dem Mangel an „erschwinglichem" Wohnraum. So lange die Stadt daher nicht wieder anfängt, selbst Wohnungsbau zu betreiben, sondern privaten Bauunternehmen das Feld überlässt, werden die „*poor doors*" wohl vorerst Mittel zum Zweck bleiben.

Literatur

Arnett, George (2014): The Price of a Square Foot of Property across London – map, in: The Guardian, 13.5.2014, http://www.theguardian.com/news/datablog/interactive/2014/may/13/square-foot-property-price-london-map: 15.03.2015.
Bloomfield, Ruth (2014): London's Tall Building Boom, in: The Wall Street Journal, 27.3.2014. http://www.wsj.com/articles/SB10001424052702304256404579449440635372128: 11.09.2015.
Brett, Daniel (2015): Class War Against London's Housing Elite, in: The Huffington Post UK, 11.10.2015. http://www.huffingtonpost.co.uk/daniel-brett/london-housing_b_6124744.html: 02.12.2015.
Butler, Tim, and Garry Robson (2003): London Calling: The Middle Classes and the Remaking of Inner London. Oxford: Berg 3PL.
Camden Council (2010): Camden Core Strategy 2010-2025.
    https://www.camden.gov.uk/ccm/navigation/environment/planning-and-built-environment/planning-policy/local-development-framework--ldf-/core-strategy/: 10.09.2015.
City of Westminster Council (2013): Westminster's City Plan.

http://transact.westminster.gov.uk/docstores/publications_store/Westminster's%20City%20Plan%20Adopted%20November%202013%20FINAL%20VERSION.pdf: 19.03.2015.

Cohen, Rick (2014): Rich Door/Poor Door Affordable Housing Controversy in New York City, in: NPQ – Nonprofit Quarterly, 31.7.2014. https://nonprofitquarterly.org/policysocial-context/24594-rich-door-poor-door-affordable-housing-controversy-in-new-york-city.html: 08.10.2015.

Collinson, Patrick (2014): UK Incomes: How Does Your Salary Compare?, in: The Guardian, 25.3.2014. http://www.theguardian.com/money/2014/mar/25/uk-incomes-how-salary-compare: 22.03.2015.

Dorling, Danny (2015): Renting your Way to Poverty: Welcome to the Future of Housing, in: The Telegraph, 2.6.2015. http://www.telegraph.co.uk/finance/property/11482696/Renting-your-way-to-poverty-welcome-to-the-future-of-housing.html, Zugriff: 05.09.2015.

Edwards, Michael (2013): Very British. Wie Kam Es Zur Wohnungskrise in Großbritannien?, in: Berliner MieterGemeinschaft e.V., http://www.bmgev.de/mieterecho/archiv/2013/me-single/article/very-british.html: 13.03.2015.

Greater London Authority (2014): Planning Report: Wood Wharf, Isle of Dogs in the London Borough of Tower Hamlets. https://www.london.gov.uk/sites/default/files/wood_wharf_report_0.pdf: 12.03.2015.

Greater London Authority (2015): The London Plan.
http://www.london.gov.uk/priorities/planning/london-plan: 15.08.2015.

Harnack, Maren (2012): Rückkehr der Wohnmaschinen. Bielefeld: Transcript Verlag.

Harnack, Maren; Schubert, Dirk (2012): Adelaide Wharf, London, in: Harlander, Tilman; Kuhn, Gerd; Wüstenrot Stiftung (Hg.): Soziale Mischung in der Stadt. Case Studies – Wohnungspolitik in Europa – Historische Analyse. Stuttgart: Krämer, Karl, S. 262-267.

HM Treasury (2014): Impact on Households: Distributional Analysis to Accompany Budget. https://www.gov.uk/government/uploads/system/uploads/attachment_data/file/293738/budget_2014_distributional_analysis.pdf: 11.10.2015.

Hodkinson, Stuart (2013): In Die Krise Privatisiert, in: Berliner MieterGemeinschaft e.V., http://www.bmgev.de/mieterecho/archiv/2013/me-single/article/in-die-krise-privatisiert.html: 02.03.2015.

Holm, Andrej (2015): Mythos Soziale Mischung. Gentrification Blog. https://gentrificationblog.wordpress.com/2009/07/29/mythos-soziale-mischung: 07.10.2015.

Kasperkevic, Jana (2015): New York Bans "Poor Doors" in Win for Low Income Tenants, in: The Guardian, 29.6.2015. http://www.theguardian.com/us-news/2015/jun/29/new-york-poor-door-low-income-tenants-rent: 07.09.2015.

Kleinfeld, Philip (2014): Anarchists have nearly Defeated the "Poor Doors" On a London Block of Flats, in: VICE, 27.11.2014. http://www.vice.com/en_uk/read/londons-poor-doors-defeated-by-anarchists-910: 15.03.2015.

Kollewe, Julia (2014): Canary Wharf Spreads East with New Towers and 3,000 Homes Planned, in: The Guardian, 22.7.2014. http://www.theguardian.com/business/2014/jul/22/canary-wharf-spreads-east-new-towers-wood-wharf-new-homes: 09.10.2015.

Lee, Jeff (2015): New Vancouver Highrise to Have Separate Door for Social Housing, in: Vancouver Sun, 5.5.2015. http://www.vancouversun.com/Vancouver+high

Segregation durch Architektur als Produkt Londoner Wohnungspolitik

rise+have+separate+door+social+housing/11031424/story.html?lsa=768a-ec76: 15.09.2015.
Low, Chris (2014): Developers Installed a "Poor Door" and a "Rich Door" on a London Apartment Building, in: VICE, 25.8.2014. http://www.vice.com/read/one-commercial-street-poor-door-protest-101: 14.09.2015.
Meyer, Harriet (2014): The Key to Affordable Housing for Essential Workers? A £50,000 salary, in: The Guardian, 14.4.2014. http://www.theguardian.com/money/2014/apr/14/affordable-housing-key-workers-cost: 11.10.2015.
Murray, Kate (2014): The Housing Crisis Hits Home, in: The Guardian, 8.1.2014. http://www.theguardian.com/housing-network/2014/jan/08/housing-crisis-hits-home: 09.10.2015.
New London Architecture (2015): Latest Tall Buildings Figures Revealed! http://www.newlondonarchitecture.org/news/2015/march-2015/latest-tall-buildings-figures-revealed: 17.09.2015.
O'Carroll, Lisa (2015): Hackney Mayor Attacks Boris Johnson's Intervention in Skyscraper Project, in: The Guardian, 25.11.2015. http://www.theguardian.com/politics/2015/sep/25/hackney-mayor-attacks-boris-johnson-intervention-bishopsgate-goodsyard: 18.03.2015.
Osborne, Hilary (2014a): Poor Doors: The Segregation of London's InnerCity Flat Dwellers, in: The Guardian, 25.7.2014. http://www.theguardian.com/society/2014/jul/25/poor-doors-segregation-london-flats: 11.03.2015.
Osborne, Hilary (2014b): Boris Johnson Rules out "Poor Door" Ban on London Housing Developments, in: The Guardian, 28.7.2014. http://www.theguardian.com/society/2014/jul/28/boris-johnson-rules-out-poor-door-ban-london-housing-developments: 18.03.2015.
Pipe, Jules (2015): Boris Johnson: Withdraw Your Support for Two Luxury Skyscrapers in Hackney. https://www.change.org/p/boris-johnson-withdraw-your-support-for-two-luxury-skyscrapers-in-hackney-2: 10.10.2015.
Prince, Rosa (2014): Luxury New York Apartment Building with 'poor Door' for Low-Income Residents, in: Telegraph, 22.7.2014. http://www.telegraph.co.uk/news/worldnews/northamerica/usa/10983289/Luxury-New-York-apartment-building-with-poor-door-for-low-income-residents.html: 03.03.2015.
Sorkin, Michael (2015): What's Behind the "Poor Door"?, in: The Nation, 2.4.2015. http://www.thenation.com/article/whats-behind-poor-door/: 23.08.2015.
Southwark Council (2007): The Southwark Plan. http://www.southwark.gov.uk/info/856/planning_policy/1241/the_southwark_plan: 16.03.2015.
Spittles, David (2014): The Docklands "Diamond": first family homes in Canary Wharf are unveiled, in: Homes&Property, 23.7.2014. http://www.homesandproperty.co.uk/property-news/buying/new-homes/the-docklands-diamond-first-family-homes-in-canary-wharf-are-unveiled-35521.html: 15.09.2015.
The Guardian (2015): UK 2015 general election results in full. http://www.theguardian.com/politics/ng-interactive/2015/may/07/live-uk-election-results-in-full: 07.10.2015.
The Huffington Post Canada (2015): This Toronto Condo Has Separate Entrances For Richer, Poorer, in: The Huffington Post Canada, 10.11.2015. http://www.huffingtonpost.ca/2014/09/04/poor-doors-toronto-condo_n_5767226.html: 28.11.2015.

Tonkiss, Fran (2014): Cities by Design: The Social Life of Urban Form. Cambridge: Polity.
Tower Hamlets Council (2010): Local Plan. http://www.towerhamlets.gov.uk/lgsl/451500/494_planning_guidance/local_plan.aspx: 15.03.2015.
Tower Hamlets Council (2012): Delegated Officer Report for Former London Docklands Sport Area, 36 Limeharbour, London. https://development.towerhamlets.gov.uk/onlineapplications/files/5DCF3541DCC4599D993288EF9367A3D7/pdf/PA_12_01923--724292.pdf: 27.03.2015.
Tower Hamlets Council (2014): Tower Hamlets Approves Canary Wharf Group's Wood Wharf Development. http://www.towerhamlets.gov.uk/news_events/news/december_2014/wood_wharf_approved.aspx: 19.03.2015.
Wainwright, Oliver (2014): „Poor Doors": Not the Worst Thing about Social Housing, in: The Guardian, 30.7.2014. http://www.theguardian.com/artanddesign/architecture-design-blog/2014/jul/30/poor-door-social-housing-apartheid: 08.10.2015.
Wainwright, Oliver (2015): Revealed: How Developers Exploit Flawed Planning System to Minimise Affordable Housing, in: The Guardian, 25.6.2015. http://www.theguardian.com/cities/2015/jun/25/london-developers-viability-planning-affordable-social-housing-regeneration-oliver-wainwright?CMP=share_btn_tw: 15.09.2015.
Withnall, Adam (2014): „Poor Door" Controversy Extends to Washington DC as Affordable, in: The Independent, 4.8.2014. http://www.independent.co.uk/news/world/americas/poor-door-controversy-extends-to-washington-dc-as-affordable-housing-wing-given-entrance-on-9646069.html: 15.02.2015.

Jan Lange und Jonas Müller

Planungspraxis im Fokus

Zum Dialog zwischen Raumplanung und Europäischer Ethnologie: Absichten, Einsichten und Aussichten des Symposiums „Wie plant die Planung?"

Zusammenfassung: Am 17. und 18. April 2015 fand an der Humboldt-Universität zu Berlin ein interdisziplinäres Symposium unter dem Titel „Wie plant die Planung? Kulturwissenschaftliche Perspektiven auf die räumliche Planung" statt. Unser Ziel als Studierende der Europäischen Ethnologie war es, einen möglichst breiten Blick auf das Phänomen der Raumplanung zu ermöglichen und die unterschiedlichen Ansätze in einen Dialog zu bringen. Dabei bauten wir auf zwei Annahmen auf: Einmal sahen wir eine Lücke zwischen Planungstheorie und Planungspraxis, die zunehmend Aussagen über den Stand der Planung erschwerte. Zum anderen gab es aus kulturwissenschaftlicher Sicht wenig Arbeiten, die sich dezidiert mit Prozessen der Raumplanung beschäftigen. Dem folgend entwickeln wir hier einige Gedanken für eine europäisch-ethnologische Perspektive auf die Alltagspraxis der Planung und skizzieren neben den Inhalten der einzelnen Vorträge des Symposiums drei mögliche Perspektiven einer weiteren interdisziplinären Zusammenarbeit.

1 Wandel der Planung(en)?

Die Planung wandelt sich, aber wie? Die Diskussion um die Qualität des allgemein angenommenen Wandels der Planung ist zentraler Gegenstand der Planungstheorie. Die dort gängigen Narrative über den War- und Ist-Zustand der räumlichen Planung setzen häufig mit der Institutionalisierung der Disziplin ein und benutzen das dort verortete „synoptische" bzw. „rational-comprehensive" Planungsmodell (Hudson 1979: 388; Sandercock 1998: 169) als Ausgangspunkt zur Darstellung zwischenzeitlicher Veränderungen. Wichtiger Bezugspunkt ist dabei die Auseinandersetzung mit dem Wandel des Staates. Die Erweiterung der staatlichen Steuerungsformen um Koordination und Kooperation bedingt demzufolge eine Reformulierung des raumplanerischen Steuerungsverständnisses. Steuerung werde zunehmend als Interaktionsprozess ohne klare Trennlinie zwischen Steuerungssubjekt und -objekt aufgefasst, mit Verschiebungen auf der Ebene der Funktions- und Handlungsweise der Planung, etwa dem Übergang vom technischen Plan zum kommunikativen Prozess oder der Lokalisierung der Raumplanung als „in-

Jan Lange und Jonas Müller

termediäre Instanz" zwischen Ökonomie, Politik und Zivilgesellschaft (Fürst 2000: 14ff.).

Die großen Entwicklungslinien der räumlichen Planung sind allerdings nicht generell auf die konkrete Planungspraxis übertragbar. „Ort- und zeitspezifische" Planungsprozesse realisieren sich nicht im Modus eines einheitlich gewandelten Planungsverständnisses. Im Blick auf die spezifischen Prozesse erweist sich der Wert von Planungstheorien daher gerade in ihrer Koordinationsfunktion für das Erforschen der Pluralität gegenwärtiger Logiken und Strategien raumplanerischer Konstruktionsprozesse. Zu fragen bleibt, ob eine empirisch informierte Perspektive in der konkreten planerischen Alltagspraxis das findet, was in theoretischen Ansätzen von ihr und für sie angenommen wird und welche Rückkopplungen daraus entstehen.

2 Vom Konzept zu den Praktiken

Um die Praxis der Raumplanung in den Blick zu bekommen, muss über die zum Einsatz kommenden Instrumente und Methoden hinaus nach den Denkstilen und Praktiken gefragt werden, die das gegenwärtige Feld der Raumplanung strukturieren. Raumplanerische Konstruktionen zeichnen sich durch räumliche und zeitliche Singularität aus und folgen keinem einheitlichen Schema. Wie schlussendlich geplant wird, unterscheidet sich nicht zuletzt je nach Aufgabenfeld und lokalem Steuerungsstil. Dies legt einen Forschungsansatz nahe, welcher es ermöglicht, raumplanerische Prozesse als dynamisches Zusammenspiel von u.a. institutionellen Normierungen, epistemischen wie materiellen Grundlagen und planerischen, individuellen Strategien zu betrachten. Quer zu dieser Bestrebung liegt allerdings die Dominanz von deduktiven Ansätzen in der Planungstheorie, welche auf strukturelle Zusammenhänge fokussieren und aus diesen die Akteursebene ableiten (vgl. Selle 1998).

Jüngst hat Stephan Reiß-Schmidt zum Verhältnis von Theorie und Praxis der Planung angemerkt: „Theorie und Praxis kommen selten und nur dort zusammen, wo sich die Forschenden auf «Reallabore» vor Ort einlassen – wohl wissend [sic] dass sie damit in der Scientific Community kaum Pluspunkte sammeln" (Reiß-Schmidt 2015: 40). Es scheint also eine „grundsätzliche Diskrepanz zwischen wissenschaftlichem (Erklärungs-)Anspruch und planerischen Wirklichkeiten" (Akademie für Raumforschung und Landesplanung 2016) zu geben. Zur Überbrückung dieser Lücke[1] ist es mit Hinwendung zu diesen „Reallaboren vor Ort" natürlich nicht getan. Entscheidend ist

---

1 Ein Ansatz, der mit einer Neubewertung dieser „Lücke" aufwartet wird etwa im Arbeitskreis „Mind the Gap!" der Akademie für Raumforschung und Landesplanung entwickelt.

Planungspraxis im Fokus

vielmehr das analytische Rüstzeug, mittels dessen ein solches Unterfangen angegangen wird. Dietrich Fürst hat darauf hingewiesen, dass die planerische Diskussion seit den 1980er- und 1990er-Jahren zwar zunehmend auf die Analyse von Kommunikation und Interaktion einschwenkte, es aber zugleich an disziplinärer Sensibilität gegenüber den Phänomenen im Feld mangelte. Er hält fest, „dass Planungs-Prozesse und Verhaltensweisen sich der einfachen wissenschaftlichen Beobachtung entziehen, da sie – weil häufig informell und nicht dokumentiert – wenig wissenschaftlich fassbare Spuren hinterlassen" (Fürst 2004: 242). Um hier nicht abzubrechen, sondern sich der Dimension „des Alltags, mit dem sich die Fachleute in der Praxis herumplagen" (Klemme, Selle 2009: 6), weiter anzunähern, kann es aus unserer Sicht gewinnbringend sein, eine europäisch-ethnologische Perspektive einzuspielen.

3 Planungsalltag in europäisch-ethnologischer Perspektive

In der Erforschung sozialer Lebenswelten markiert Alltag in der Europäischen Ethnologie die zentrale Perspektive des Faches und den paradigmatischen Aushandlungsort von gesellschaftlichen Prozessen. „Given the ubiquity of planning as a concept with different significances and practices today, it makes an important anthropological subject" (Abram, Weszkalnys 2011: 4).

Entsprechend bestimmt die Kulturanthropologin Eva-Maria Blum in ihrer Arbeit zur Lissaboner Stadtentwicklung den planerischen Alltag, d.h. „die ‚ways of doing things', die konventionalisierten Praxisformen dieser Berufsgruppen, deren Entstehung aus den jeweiligen Berufsbildern und Ausbildungstraditionen und deren Einbindung in das jeweilige institutionelle Setting sowie Kooperationsmuster und Kooperationsformen" (Blum 2007: 43) als zentralen Blickpunkt ethnografischer Forschung. Die im Alltag nachvollziehbar werdende Situationsspezifik und lokale Bezogenheit von Raumplanung als Ausgangspunkt nehmend, interessiert sie sich dafür, wie Leitbilder, subjektive Haltungen, Rahmenbedingungen, Expertisen und Materialität miteinander konfrontiert, vermittelt und im Laufe von Planungsprozessen modifiziert werden. So wird Raumplanung sowohl als „Wissensformation" verstanden, welche in spezifischer epistemologischer Tradition ihren Gegenstand definiert, als auch als „Praxis", die einen eigenen Zugriff auf den Raum entwickelt hat (Binder 2009: 128).

Insgesamt wurde die raumplanerische Praxis in der Europäischen Ethnologie bislang jedoch eher randständig behandelt. Raumplanung fungiert in der fachlichen Stadt- und Regionalforschung vor allem als Referenzfolie. So weisen etwa die Europäischen Ethnolog*innen Johannes Moser und Simone Egger 1. die Erforschung der Lebenswelten verschiedener gesellschaftlicher Gruppen in der Stadt, 2. die Spezifik städtischen Lebens und 3. urbane Charakteristika konkreter Städte als die zentralen Forschungsstränge einer urbanen Anthropologie aus (Moser, Egger 2013: 180f.). An dieser Stelle sind Arbeiten gefragt, welche die Planung vom Rand ins Zentrum der Betrachtung rücken und weniger auf die Auswirkungen von raumplanerischen Handlungen als auf ihre alltägliche Formierung fokussieren. Wir verstehen Alltag dabei nicht als angestammten Claim der Europäischen Ethnologie, sondern vielmehr im Sinne einer Querschnitterkenntnisdimension verschiedener Fächer „als Verständigungsbegriff und geteiltes Forschungsfeld" (Schmidt-Lauber 2010: 57). Die Europäische Ethnologie sollte sich somit als Partnerin und ihr empirisches Wissen als einen Baustein unter anderen beim Erforschen planerischer Alltage begreifen. Um diese Partnerschaft anzutreiben, fand vom 17.-18. April 2015 das Symposium „Wie plant die Planung? Kulturwissenschaftliche Perspektiven auf die räumliche Planung" an der Humboldt-Universität zu Berlin statt.

4 „Wie plant die Planung?" – Das Symposium

Die Frage „Wie plant die Planung?" legt den Fokus auf die Dynamiken raumplanerischer Konstruktionsprozesse sowohl des Raumes als auch des spezifischen Zugriffs auf den Raum. Dem Gegenstand geschuldet, adressierte das Symposium dann auch eine interdisziplinäre Herangehensweise – vertreten waren auf dem Symposium zuvorderst Raumplaner*innen, Europäische Ethnolog*innen, Politikwissenschaftler*innen und Geograph*innen. Dabei stellten neben etablierten Wissenschaftler*innen auch Nachwuchswissenschaftler*innen ihre Arbeiten und Überlegungen vor. Das Programm umfasste sieben Panels mit insgesamt 24 Vorträgen. Ermöglicht wurde das umfangreiche Symposium mit 130 angemeldeten Gästen durch eine Förderlinie der Humboldt-Universitätsgesellschaft (HUG) für die studentische, selbstbestimmte Organisation wissenschaftlicher Symposien.

Nach der Begrüßung der Vortragenden und Teilnehmenden durch den jüngst emeritierten, langjährigen Leiter des Instituts für Europäische Ethnologie der Humboldt-Universität Wolfgang Kaschuba (Berlin) folgte die Einführung durch Jan Lange und Jonas Müller – wie hier skizziert.

Das erste Panel des Symposiums, moderiert von den Autoren, beschäftigte sich mit dem Thema der „Planungskulturen" und diente dazu, perspektivische Schnittstellen zwischen Raum- und Kulturwissenschaften zu identifizieren. Im ersten Vortrag des Panels ging Meike Levin-Keitel (Hannover) der Frage nach, wie alltägliche Planungspraktiken und das planerische Selbstverständnis jenseits deduktiver Ansätze analysiert werden können. Sie arbeitete dabei eine Heuristik zur Analyse des komplexen Zusammenspiels von lokalen Rahmenbedingungen, Wertvorstellungen und institutioneller Einbindung

Planungspraxis im Fokus

heraus. Anschließend referierte Eva Maria Blum (Lissabon) auf der Basis einer kulturanthropologischen Langzeitforschung über die Konversion eines ehemaligen Werftgeländes bei Lissabon. Ihr gelang es zu zeigen, wie das Zusammenspiel gesellschaftlicher Vorstellungen von Modernität, Globalisierung und die Neoliberalisierung der Stadtentwicklungspolitik spezifische planungskulturelle Praktiken vor Ort formieren. Alexander Tölle (Słubice) beschäftigte sich am Beispiel Deutschlands und Polens mit der Frage, inwiefern im Zuge einer Europäisierung der Planungssysteme auch eine Europäisierung des Planungsverständnisses festzustellen ist, und arbeitete Unterschiede im Grundverständnis der Aufgaben und Ziele von Planung heraus. Den Abschluss des Panels bildete der Vortrag von Mario Reimer (Dortmund) zum Verhältnis von Planung und Kultur. Nach einem chronologischen Abriss verschiedener planungskultureller Diskursstränge diskutierte er Möglichkeiten der Verankerung der Planungskulturforschung und schloss mit kritischen Anmerkungen zur wissenschaftlichen Operationalisierbarkeit des Begriffs.

Im Fokus des zweiten Panels, moderiert von Jens Adam (Berlin), standen „Methoden der Instrumente" sowohl der Raumplanung selbst als auch zu ihrer Erforschung im Fokus. Das Panel eröffnete Heike Oevermann (Berlin) mit einem Vortrag zur „synchronen Diskursanalyse" zur Erforschung urbaner Planungsprozesse. Sie zeigte, wie das Forschungsinstrument die Untersuchung der im Planungsprozess gleichzeitig virulenten Diskurse entlang der beteiligten Akteure ermöglicht. Die Frage, wie Struktur und Handeln der planenden Verwaltung aus der Perspektive der neoinstitutionalistischen Organisationstheorie erklärt werden können, beschäftigte Felix Sternath (Wien). Entgegen des sich hartnäckig haltenden Images der Verwaltung als starre Organisationseinheit zeigte er die Entwicklungen von planenden Behörden, ihre Einbettung in Organisationsumwelten und somit ihre Wandelbarkeit und interne Widersprüchlichkeit. Hendrik Weiner (Hamburg) diskutierte im letzten Vortrag des Panels am praktischen Beispiel eines Hamburger Bauprojektes kollaborative Design-Projekte als „Instrument ortsspezifischer Gestaltungs- und Entwicklungsprozesse". Kollaborativ sind die Projekte insofern, als dass sie Gestaltende, Interessierte und Betroffene in die Entwicklung und Umsetzung integrieren und so ein prozessorientiertes und ergebnisoffenes Handlungsparadigma formen.

Das dritte Panel, welches von Nikolai Roskamm (Erfurt) moderiert wurde, widmete sich Fragen zum Thema der „Planungspolitiken" und reflektierte die zunehmende Politisierung der Planung im Zuge des Wandels des Staates und seiner Steuerungsweisen und -instrumente. Den Auftakt des Panels bildete der Vortrag von Franz Füg (Erkner) zu Veränderungen im politisch-administrativen Planungssystem seit den 1980er-Jahren. Mit der Prozessinnovation der „Reflexiven Regionalpolitik" arbeitete Füg einen Modus der Entwicklungsplanung heraus, welcher insbesondere durch Pfadveränderung, Beteiligung über administrative Grenzen und kollektives Lernen gekennzeichnet ist. Im Anschluss daran referierte René Kreichauf (Wien) über die Folgen der Schrumpfung in Bitterfeld (Deutschland) und Detroit (USA). Die Städte zeichnen sich durch lokale Stadtentwicklungsstrategien aus, welche entgegen planerischer Postwachstumsansätze weiterhin unter dem Primat von Mehrwertschöpfung, neoliberalen Politiken und privaten Interessen stehen. Unter der Frage „Plant die Planung den Raum für alle?" gingen Ibo Ibrahim Bakari, Jan Luka Frey und Carsten Pieper (alle drei Weimar) im letzten Panelvortrag dem Wandel des öffentlichen Raums im Kontext von Privatisierung und Überwachung nach. Sie kritisierten die Rolle der räumlichen Planung bei diesen Prozessen als zurückhaltend und arbeiteten planerische Gegenstrategien heraus, um Werte in Planung einarbeiten zu können.

Das abschließende Panel des ersten Tages wurde von Heike Oevermann (Berlin) unter der Überschrift „Partizipation in der Planung" moderiert. Entsprechend standen Formen, Instrumente und die zugrundeliegenden Paradigmen der Partizipation auf der Agenda. Im ersten Vortrag des Panels gingen Franziska Becker und Sanda Hubana (beide Berlin) den „ethnologischen Kompetenzen in der Sozialen Stadtentwicklung" nach. Am Beispiel des Berliner Leopoldplatzes stellten sie dar, wie der Planungsprozess vor dem Hintergrund von Nutzungskonflikten in einem Netzwerk verschiedener Akteure ausgehandelt wurde. Darüber hinaus zeigten sie spezifische Kompetenzen der Ethnologie, etwa in Form von Übersetzung von Interessen, Empowerment und Mediation. Tanja Klöti (Basel) behandelte in ihrem Vortrag die Widersprüchlichkeit des gegenwärtigen Stadtentwicklungsparadigmas in Schweizer Städten. Auf empirischer Basis illustrierte sie, wie die immer weiter Einzug haltende Partizipationskultur mit Diskursen um „new urban governance" vermischt und so ein neues Leitbild konstruiert wird. Entgegen der Konsensorientierung der partizipativen Prozesse plädierte Klöti für eine öffentliche Thematisierung der Konflikte. Zum Abschluss des Panels beschäftigten sich Christina Besmer und Ina Dietzsch (Basel) mit Mitwirkungsverfahren auf Quartiersebene in Basel. Sie zeigten in ihrem Vortrag, wie eine seitens verschiedener Akteure behauptete „normative Sesshaftigkeit" zum Hemmschuh bei der Suche nach Kommunikationsweisen einer superdiversen Bevölkerung wird. Gleichzeitig stellten sie Projektstrategien vor, welche mittels neuer Methoden der Diversität Rechnung tragen.

Den zweiten Tag des Symposiums eröffnete das von Oliver Ibert (Erkner) moderierte Panel „Leitbilder, Konzepte, Pläne", welches sich mit der Raumwirksamkeit und Genese von Leitbildern und der Erstellung eines Bebauungsplans beschäftigte. Nikolai Roskamm (Erfurt) analysierte in seinem Vortrag die Genealogie eines Bebauungsplans und die Einschreibung der Planungsidee des geordneten Raumes in diesen. Darauf aufbauend entwickelte Roskamm eine Kritik an Leitnarrativen und dem Selbstbild der Planung, aus welchem seiner Ansicht nach seitens der Disziplin die Inanspruchnahme eines prä-diskursiven Charakters resultiere. Axel Schubert (Basel) setzte sich mit der Frage auseinander, „wie gängige Planungsleitbilder eine gesellschaftspolitisch orthodoxe Wirkung entfalten". Leitbilder seien insofern anerkannt, als dass ihre Inhalte positiv konnotiert sind, sie sich klar von anderen Leitbildern absetzen und zudem glaubwürdig sind. In seiner Analyse arbeitete Schubert die Differenz zwischen ideellem Anspruch und materieller Einlösung heraus.

Das Panel „Laut Denken" wurde von Lisa Frach und Gustav Lieberknecht (Berlin) moderiert. Mit Kurzpräsentationen und gemeinsamen Fragerunden lag der Fokus auf Diskussionen und Überlegungen mit dem Publikum. Der Beginn drehte sich ganz um das Berufsfeld der Planung. Inken Schmütz und Magdalene Konieczek (Berlin) diskutierten als Teil einer studentischen Arbeitsgruppe eine umfassende Analyse des Berufsfeldes der „Stadtplanung heute – Stadtplanung morgen". Vor dem Hintergrund einer ersten qualitativen und quantitativen Studie zum Berufsbild stellten sie insbesondere die Selbstverständnisse von Planer*innen in unterschiedlichen Bereichen heraus, etwa in der Verwaltung oder als Freischaffende. Nina Gribat (Berlin) stellte anschließend daran historische Überlegungen unter dem Titel „Selbstverständnisse von Planer*innen im Umbruch: eine Gegenüberstellung von Berufsbilddiskussionen" vor. Ausgehend von den Diskussionen um die „Kölner Erklärung"[2] wirft sie einen Blick auf die Anfänge des Berufsbildes der Stadtplanung und damit einhergegangene Aushandlungen, die auch die aktuelle Debatte bereichern können, was bereits in der anschließenden Unterhaltung mit dem Publikum deutlich wurde.

Weiter ging es mit dem Vortrag von Anna Latsch (Frankfurt am Main) über „ ‚Nachbarschaft' als Programm. Lokale Lebensrealitäten im ‚Quartier' im Rahmen sozialer Entwicklungen und städtischer Planungen", in dem sie der Frage nachging, inwieweit sich „Nachbarschaft" durch ein Programm herstellen lässt. Im Zentrum ihrer Analyse steht die Frage nach der Verbindung von Sozialität und Raum innerhalb des untersuchten Förderprogramms. Die interdisziplinäre Arbeit von Felix Marlow (Berlin), Andreas Schneider (Ahrensburg) und Robin Marlow (Göttingen) behandelte „Ko-laborative Erkundungen planerischer Praxen der Verwaltung" anhand der Hamburger Diskussionen um Postkolonialität, die sich an einem Denkmal entzündete. Sie gingen der Frage nach, inwieweit hier Verwaltung Handlungsspielräume besitzt und welche Interessen bedient werden. Dabei stießen sie in ihrer Selbstbetrachtung auf grundlegende Fragen zu Interdisziplinarität.

---

2 Die Streitschrift „Die Stadt zuerst! Kölner Erklärung zur Städtebau-Ausbildung", verfasst im Mai 2014 von neun Planern um Jörn Walter, zielt primär auf die in den Augen der Verfasser unzureichende städtebauliche Ausbildung an den Universitäten. Im Zuge der Debatte kursierten auch verschiedene Positionspapiere, darunter „100% Stadt" oder die „Aachener Polemik". Eine Übersicht findet sich hier:
http://www.srl.de/dossiers/st%C3%A4dtebau.html

Jonas Müller (Berlin) stellte erste Ergebnisse seiner Arbeit zur Planung einer Berliner Begegnungszone vor: „Wie übersetzt die Planung? Begegnungszonen zwischen Verkehrsplanung, Fußgänger*innen und Straßenraum". Anhand einer ethnographischen Analyse arbeitete er verschiedene Schritte heraus, in denen die Vorstellungen der beteiligten Akteure ebenso wie die Anforderungen der bebauten Umwelt so übersetzt wurden, dass sie in eine gemeinsame Planung integriert werden konnten. Einen anderen Zugang zur bebauten Welt und den Abschluss des Panels lieferte Yuca Meubrink (Hamburg), die über das Phänomen der so genannten „Poor Doors" promoviert. Diesen getrennten Eingängen für verschiedene Einkommensklassen folgte sie in ihrem Vortrag „A tale of two blocks. Sozialräumliche Segregation als Produkt einer Stadtplanung für eine gerechtere Stadt" am Beispiel New Yorks und Londons und stellte weitergehende kritische Fragen nach den Zielen der aktuellen Stadtplanung.

Nach der Mittagspause folgte das letzte, von Jan Lange und Jonas Müller moderierte Panel „Planungsprozesse/Raumproduktionen" mit zwei Vorträgen von Valeska Flor (Bonn) und Constanze Klotz (Hamburg), in denen unterschiedliche Beispiele großräumiger Planung analysiert wurden. Valeska Flors Vortrag „Zwischen Wunsch und Wirklichkeit? Die Planung von Neu-Orten im rheinischen Braunkohlerevier" beruhte auf einer Ethnographie des Umsiedlungsprozesses verschiedener Dörfer, die Erweiterungen des Abbaugebietes zum Opfer fielen und nun an anderer Stelle neu aufgebaut werden. Hier arbeitete Flor unter anderem die Rolle der Planer*innen im konflikthaften Feld der Moderation verschiedener Interessen heraus. In die Großstadt ging es mit Constanze Klotz und ihrem Vortrag „Vom Versuch, Kreativität für die Stadt zu planen. Die IBA Hamburg". Sie untersuchte die Umsetzung der „strategischen Kreativplanung" und zeigte, wie spezifische „Kultur"-Typen ihre unterschiedlichen Werte und Arbeitsweisen in einen gemeinsamen Prozess einzuspeisen versuchen und wo hier Konflikte und Möglichkeiten liegen.

In der Abschlussrunde wurde von einigen Teilnehmer*innen angemerkt, dass die verschiedenen Vorträge des Symposiums gerade auch den Bedarf an weiterem Austausch sichtbar gemacht hätten. Unterschiedliche Denk- und Sprechstile in den verschiedenen Fächern stellen dabei zumindest eine Einstiegshürde dar, wie es in Kontroversen um den Kulturbegriff oder um normierte Grundlagen von Planungsprozessen deutlich wurde.

5 Drei Wege: Praxis, Prozess und Zusammenarbeit

Ausgehend von diesem Befund und den ersten Auseinandersetzungen, die das Symposium geboten hat, möchten wir nun drei Perspektiven beschreiben,

Planungspraxis im Fokus

die eine interdisziplinäre Auseinandersetzung mit der Planung nehmen könnte. Die erste davon führt uns von der Planungskultur zur Planungspraxis. Der Begriff der Planungskultur bietet sich seit einigen Jahren auch für eine fächerübergreifende Analyse der Raumplanung an, indem ein dezidiert planungswissenschaftlicher Ansatz mit Fragen nach Kultur verbunden wird (vgl. Reimer 2012; Othengrafen 2012). Offene Fragen stellen sich hier etwa bei Details der Planungspraxis: „only if we have more insights to the complexities and interdependencies [...] are we able to understand cultural changes" (Othengrafen, Reimer 2013: 1281). Kultur, verstanden in Anlehnung an „cultural core"-Konzepte[3], beeinflusst demnach die Ergebnisse der Planung insofern, als dass „all visible artifacts are symbolic representations of a deeper level of cultural values" (ebd.: 1273). Auch diese kulturellen Werte einer Gesellschaft werden als prinzipiell wandelbar verstanden und stellen keine feste, den Planungsalltag dominierende Struktur dar.

Angesichts der Abkehr von der Struktur stellt sich uns weniger die Frage nach einem Kern selbst als nach den Praktiken, die ebenjene Interdependenzen erzeugen und aufrechterhalten. Hier bietet sich uns ein Verständnis von Kultur als Praxis an, demzufolge es gerade die Routinen der Praxis sind, die Kultur überhaupt erst beständig (re-)konstituieren (vgl. Reckwitz 2003; Niewöhner et al. 2012). Der terminologische Dreh weg von symbolischen Repräsentationen zu „Planungspraxis"[4] ermöglicht es uns, den Kulturbegriff, rhetorisch gesprochen, auf seinen praktischen Kern zu reduzieren und die durchaus kleinteiligen Aushandlungsprozesse in den Blick zu nehmen, ohne historische Verläufe oder Materialitäten aus dem Auge zu verlieren. Ausgehend von bestehenden planungskulturellen Forschungen (u.a. Othengrafen, Sondermann 2015) und auch einer Konzeption von Raumplanungsforschung als „Wissenschaft von der Praxis" des Raumwissenschaftlers Heinrich Mäding (Mäding 2012: 16) sehen wir in diesem Zugriff die Chance, die Ebene alltäglicher (Raum-) Planung über disziplinäre Grenzen hinweg zu erfassen – nur eben mit einer begrifflichen Betonung des relationalen Charakters.

Der zweite Pfad führt von der Partizipation zum Prozess. Die Einbindung von Bürger*innen in Planungsprozesse ist zunehmend zum Standard gewor-

3 Kulturkern-Theorien bauen im Allgemeinen auf der Idee auf, dass es besonders eng mit natürlich-ökonomischen Grundlagen verbandelte Grundbestandteile von Kulturen gäbe, um die herum sich dann erst sekundäre und leicht wandelbare Teile gruppieren. „[T]he concept of cultural core — the constellation of features which are most closely related to subsistence activities and economic arrangements. The core includes such social, political, and religious patterns as are empirically determined to be closely connected with these arrangements. Innumerable other features may have great potential variability because they are less strongly tied to the core." (Steward 2006: 5)
4 Natürlich ist „die Planungspraxis" als Gegenüberstellung „der Planungstheorie" nicht neu. Wir verwenden den Begriff hier jedoch im Sinne einer praxistheoretischen Lesart mit Praxen als grundlegenden Untersuchungseinheiten, seien es wissenschaftliche oder planende. Für eine kritische Diskussion des Kulturbegriffs in der Europäischen Ethnologie siehe etwa Beck (2009).

den. Bei den vielfältigen Analysemöglichkeiten darf allerdings, so unsere Sorge, der Blick auf die planende Verwaltung nicht aus dem Blickfeld geraten. Raumplanung bedient sich jenseits der Öffentlichkeitsbeteiligung eines breiten Repertoires an Instrumenten. Gerade die dortige Praxis bestimmt in einem hohen Maße das Funktionieren von Planungsprozessen. Als Anregung für eine fundierte interdisziplinäre Perspektive sehen wir hier ethnographische Momente (Adam, Vonderau 2014), um einen Zugriff herzustellen. Die planende Verwaltung kann eben auch als ein Denk- und Praxisraum begriffen werden, in welchem um spezifische Umgänge mit und Ordnungsweisen von räumlichen Verhältnissen gerungen wird und Standards hergestellt werden, und demnach als dynamische politisch-administrative Institution. Anregungen für den forschenden und notwendigerweise multimethodischen Zugriff können dabei aus Infrastrukturforschung, Neo-Institutionalismus oder der Anthropologie politischer Felder kommen (vgl. Star 1999; Adam, Vonderau 2014; Niewöhner 2014; Walgenbach, Meyer 2008). Das Ziel ist dabei ein besseres Verständnis der Art und Weise, wie Raum durch Verwaltung mitgestaltet wird.

Als drittes möchten wir einen Modus des Arbeitens stark machen, der vom Forschen zum Mit-Forschen wechselt und der etwa als Ko-laboration (Niewöhner 2014) bezeichnet werden kann. Dies verstehen wir als eine konzeptionelle wie forschende Zusammenarbeit etwa zwischen Planer*innen und Planungswissenschaft, Europäischer Ethnologie, Kulturwissenschaft und anderen an offenen Fragen der Raumplanung wie der nach dem „Wie" des alltäglichen Zugriffs Interessierten. Das beinhaltet Raum zum gemeinsamen Denken, Konzeptualisieren und gegenseitigem Kritisieren, aber auch Offenheit für andere Welt-Konzeptionen – z.B. den nur unscharf abgrenzbaren von Planungspraktiker*innen und -theoretiker*innen. Zentral ist hierbei eine Irritation der jeweiligen Standpunkte, um nicht nebeneinander Teilaspekte zu erforschen, sondern gemeinsam einen neuen Zugriff auf das große Thema zu erlangen. Das kann einen Austausch über Kulturbegriffe ebenso einschließen wie das Erlernen neuer methodologischer Werkzeuge. Ansätze dazu finden sich immer mehr[5], sei es in Arbeitskreisen oder Symposien, und vielleicht bieten ja auf das Symposium folgende Veranstaltungen den passenden Rahmen für weitere Diskussionen.

---

5 Die Bedeutung von Austausch jenseits einfacher Interdisziplinarität wird fächerübergreifend erkannt, siehe etwa Mäding (2012) oder Laister und Hieslmaier (2013).

Planungspraxis im Fokus

Literatur

Abram, Simone; Weszkalnys, Gisa (2011): Introduction: Anthropologies of planning- Temporality, imagination, and ethnography, in: European Journal of Anthropology 61, pp. 3-18.
Adam, Jens; Vonderau, Asta (2014): Formationen des Politischen. Überlegungen zu einer Anthropologie politischer Felder, in: Adam, Jens; Vonderau, Asta (Hg.): Formationen des Politischen. Anthropologie politischer Felder. Bielefeld und Berlin: transcript, S. 7-35.
Akademie für Raumforschung und Landesplanung (2016): Arbeitskreis Mind the Gap! – Kooperationen und Selbstverständnisse in der räumlichen Planung. http://www.arl-net.de/projekte/mind-the-gap: 17.01.2016.
Beck, Stefan (2009): Vergesst Kultur – wenigstens für einen Augenblick! Oder: Zur Vermeidbarkeit der kulturtheoretischen Engführung ethnologischen Forschens, in: Windmüller, Sonja; Binder, Beate; Hengartner, Thomas (Hg.): Kultur-Forschung. Zum Profil einer volkskundlichen Kulturwissenschaft. Berlin und Münster: Lit-Verlag, S. 48-68.
Binder, Beate (2009): Streitfall Stadtmitte: Der Berliner Schlossplatz. Reihe Kultur und Alltag. Köln: Böhlau.
Blum, Eva Maria (2007): Planungskulturen im Konflikt. Stadtumbau im Großraum Lissabon, in: Zeitschrift für Volkskunde, 1, S. 39-63.
Fürst, Dietrich (2000): Wandel der Regionalplanung im Kontext des Wandels des Staates?, in: Fürst, Dietrich; Müller, Bernhard (Hg.): Wandel der Planung im Wandel der Gesellschaft (IÖR-Schriften, 33). Dresden: IÖR, S. 9-29.
Fürst, Dietrich (2004): Planungstheorie – die offenen Stellen, in: Altrock, Uwe; Guntner, Simon; Huning, Sandra; Peters, Deike (Hg.): Perspektiven der Planungstheorie. Berlin: Leue Verlag, S. 239-255.
Fürst, Dietrich (2005): Entwicklung und Stand des Steuerungsverständnisses in der Raumplanung, in: disP 163, 4, S. 16-27.
Hudson, Barclay. M. (1979): Comparison of Current Planning Theories – Counterparts and Contradictions, in: Journal of the American Planning Association 45, 4, pp. 387-398.
Klemme, Marion; Selle, Klaus (2009): Siedlungsflächen entwickeln – Planungsverständnis überprüfen. Alltägliche Aufgaben der Stadtplanung als Gegenstand empirisch orientierter Forschung, in: disP 179, S. 6-17.
Laister, Judith; Hieslmaier, Michael (2013): Relationale Ethnographie: Feldbeziehungen zwischen Kunst, Architektur und Ethnologie, in: Hess, Sabine; Moser, Johannes; Schwertl, Maria (Hg.): Europäisch-ethnologisches Forschen. Neue Methoden und Konzepte. Berlin: Reimer Verlag, S. 151-174.
Mäding, Heinrich (2012): Prioritäten für die raumwissenschaftliche Forschung, in: Hill, Alexandra; Prossek, Achim (Hg.): Metropolis und Region. Aktuelle Herausforderungen für Stadtforschung und Raumplanung. Detmold: Rohn, S. 15-26.
Moser, Johannes; Egger, Simone (2013): Stadtansichten. Zugänge und Methoden einer urbanen Anthropologie, in: Hess, Sabine; Moser, Johannes; Schwertl, Maria (Hg.): Europäisch-ethnologisches Forschen. Neue Methoden und Konzepte. Berlin: Reimer Verlag, S. 175-203.

Niewöhner, Jörg (2014): Perspektiven der Infrastrukturforschung: care-ful, relational, ko-laborativ, in: Lengersdorf, Diana; Wieser, Matthias (Hg.): Schlüsselwerke der Science & Technology Studies. Wiesbaden: Springer Fachmedien, S. 341-352.

Niewöhner, Jörg; Sørensen, Estrid; Beck, Stefan (2012): Einleitung. Science and Technology Studies aus sozial- und kulturanthropologischer Perspektive, in: Beck, Stefan; Niewöhner, Jörg; Sørensen, Estrid (Hg.): Science and Technology Studies. Eine sozialanthropologische Einführung. Bielefeld: transcript, S. 9-48.

Othengrafen, Frank (2012): Uncovering the unconscious dimensions of planning. Using culture as a tool to analyse spatial planning practices. Farnham: Ashgate.

Othengrafen, Frank; Reimer, Mario (2013): The embeddedness of planning in cultural contexts. Theoretical foundations for the analysis of dynamic planning cultures, in: Environment and Planning A, 45, pp. 1269-1284.

Othengrafen, Frank; Sondermann, Martin (Hg.) (2015): Städtische Planungskulturen im Spiegel von Konflikten, Protesten und Initiativen, in: Planungsrundschau, 23.

Reckwitz, Andreas (2003): Grundelemente einer Theorie sozialer Praktiken, in: Zeitschrift für Soziologie 32, 4, S. 282-301.

Reimer, Mario (2012): Planungskulturelle Dynamiken im Kontext neuer Regionalisierungsansätze Detmold: Rohn.

Reiß-Schmidt, Stephan (2015): Germany, in: disP, 200, pp. 40-41.

Sandercock, Leonie (1998): The Death of Modernist Planning – Radical Praxis for a Postmodern Age, in: Douglass, Mike; Friedmann, John (Hg.): Cities for Citizens – Planning and the Rise of Civil Society in a Global Age. Chichester/New York: J. Wiley, S. 163-184.

Selle, Klaus (1998): Alte und neue Planungskulturen. Vermutungen über Zäsur und Kontinuität, in: Harlander, Tilman (Hg.): Stadt im Wandel – Planung im Umbruch: Festschrift für Gerhard Fehl. Stuttgart: Kohlhammer, S. 49-65.

Star, Susan Leigh (1999): The Ethnography of Infrastructure, in: American Behavioral Scientist 43, pp. 377-391.

Steward, Julian (2006): The Concept and Method of Cultural Ecology. Chapter 1, in: Haenn, Nora; Wilk, Richard (Hg.): The environment in anthropology. New York and London: New York University Press, pp. 5-9.

Walgenbach, Peter; Meyer, Renate (2008): Neoinstitutionalistische Organisationstheorie. Stuttgart: Kohlhammer.

*Magdalena Konieczek-Woger, Jacob Köppel,
Laura Bornemann, Sebastian Gerloff, Inken
Schmütz, Mario Timm, Henry Wilke*

Stadtplanung heute – Stadtplanung morgen. Eine Berufsfeldanalyse.

Zusammenfassung: Seit dem Bestehen der Stadt- und Raumplanung als eigenständigem Berufsfeld sowie der Gründung der entsprechenden Ausbildungsstudiengänge wird über die Aufgaben der Praktiker*innen, den Stellenwert einer eigenen Disziplin und die Eignung angehender Planer*innen debattiert. Diese Debatte fand mit der im Jahr 2014 veröffentlichten „Kölner Erklärung" namhafter Praktiker*innen sowie darauf folgender Erwiderungen erneut Fahrt auf. Zeitgleich liefen auch innerhalb der Planungsschulen zahlreiche Diskussionen und Novellierungsprozesse zur inhaltlichen Ausrichtung der Ausbildung ab. Den Novellierungsprozess am Institut für Stadt- und Regionalplanung der TU Berlin nahm eine Gruppe von Studierenden zum Anlass, die offene Frage nach den Aufgaben der Planer*innen und der fachlichen Eignung angehender Absolvent*innen im Rahmen eines selbstbestimmten Studienprojekts mittels einer bundesweiten Umfrage unter Praktiker*innen und weiterer Erhebungen erstmalig umfassend zu untersuchen. Dieser Artikel gibt einen Einblick in die Ergebnisse und positioniert sich anhand dieser in der aktuellen Debatte.

Unter dem Schlagwort „Die Stadt zuerst!" postulierten im Mai 2014 neun namhafte Persönlichkeiten aus Wissenschaft und Praxis, dass in Deutschland keine „lebenswerte[n] Stadträume" mehr entstünden, sondern vielmehr gesichtslose und systemisch voneinander getrennte Funktionsräume.

> „Deutschland war noch nie so wohlhabend, seine Stadträume aber noch nie so armselig. Die Planungssysteme waren noch nie so ausgefeilt, die Bürger aber erhielten noch nie so wenig städtebauliche Qualität."[1]

Die Hauptursache war rasch ausgemacht. Ursächlich sei vor allem das stark ausdifferenzierte Planungssystem in der Bundesrepublik, in welchem der hiesige Städtebau ein Produkt zusammenhangloser und nebeneinander existierender Fachdisziplinen sei. Statt gemeinsam einen so lebenswerten wie funktionalen Stadtraum als großes Ganzes zu entwerfen, gingen sie isoliert

---

1   Vgl. Höing, Mäckler, Neppl, Pesch, Sonne, Vollenweider, Wachten, Walter, Zlonicky, 2014: „Die Stadt zuerst! Kölner Erklärung zur Städtebau-Ausbildung". Veröffentlicht im Mai 2014 über das Institut für Stadtbaukunst der TU Dortmund. Online verfügbar unter http://www.stadtbaukunst.tu-dortmund.de/cms/de/Veranstaltungen/Koelner-Erklaerung/14_07_03_KoelnerErklaerungMai2014.pdf, letzter Aufruf am 14. Januar 2016.

ihren ureigenen Künsten nach. Dies spiegele sich auch in der Ausbildung wider, welche das „städtebauliche Wissen" als gesamtes „nicht mehr in der nötigen integrierenden Weise" lehre, stattdessen auf die Einzeldisziplinen fokussierte Absolvent*innen schaffe und so den Bedarf u.a. der Kommunen nach „städtebaulich befähigtem Personal" nicht mehr zu decken vermöge. Die Autoren forderten daher eine Rückbesinnung der Lehre auf die ganzheitliche Ausbildung, welche das städtebauliche Gestalten in allen Skalierungen („Einmaleins des Städtebaus"), die Grundlagen der Architektur und der Stadtbaugeschichte, sozial- und wirtschaftswissenschaftliche sowie ökologische Themen und die Verkehrsplanung vereinen und den „umfassenden Städtebau" zum Inhalt haben solle.[2]

Diese „Kölner Erklärung" ließ, obgleich sie sich vornehmlich auf den Städtebau bezog, durch die grundlegende Kritik an der Ausbildung von Architekt*innen, Stadt- und Raumplaner*innen sowie Verkehrsplaner*innen einen Ruck durch die Fachwelt in Städtebau und räumlicher Planung gehen. Es wurden weitere Diskussionspapiere verfasst, in denen sich verschiedene Akteure und Statusgruppen in der öffentlichen Diskussion zu Wort meldeten. So etwa die „Aachener Polemik"[3], die „Erfurter Einladung"[4] oder „100% Stadt"[5], um nur einige zu nennen.

1 Die Berufsfeldanalyse

Die Autoren der „Kölner Erklärung" bildeten jedoch nicht den Auftakt, sondern einen von vielen Bausteinen in einer Diskussion, welche zwar allerorten schon seit einiger Zeit andauerte, bis dato jedoch eher lokal vereinzelt und

---

2 Ebenda.
3 Berding, Fehl, Koller, Mechtel, Schmitt, 2014: „Kölner Erklärung? Aachener Polemik! ‚Lebendige' Stadt oder ‚toter' Städtebau?". Veröffentlicht im Juli 2014 über den Lehrstuhl für Planungstheorie und Stadtentwicklung der RWTH Aachen. Online verfügbar unter www.pt.rwth-aachen.de/files/dokumente/Home/aachenerpolemik.pdf, letzter Aufruf am 14. Januar 2014.
4 Der Bundesfachschaftsrat für Stadt- und Raumplanung (BFSR), 2014: „Der Dialog zuerst! Erfurter Einladung zu einer zu einer neuen Diskussionskultur". Veröffentlicht im November 2014 auf dem PlanerInnenTreffen Erfurt-Weimar 2014. Online verfügbar u.a. unter www.srl.de/dateien/.../de/Erfurter%20Einladung%20zum%20Dialog.pdf, letzter Aufruf am 14. Januar 2016.
   Offenlegung: Zwei der Autoren dieses Artikels sind Mitverfasser der Erfurter Einladung.
5 Altrock, Burgdorff, Fingerhuth, Fritzen, Klasen-Habeney, Krau, Harnack, Kurth, Million, Nagel, Oswalt, Overmeyer, Pahl-Weber, Prominski, Reicher, Rettich, Reuther, Rieniets, Schmelzer, Schmidt, Simon-Philipp, Speer, Stollmann, Lojewski, Zirbel, zur Nedden, 2014: „100% Stadt – Positionspapier zum Städtebau und zur Städtebauausbildung". Veröffentlicht im Juli 2014. Online verfügbar u.a. unter http://www.bauwelt.de/themen/100-STADT-2159077.html, letzter Aufruf am 14. Januar 2016.

Stadtplanung heute – Stadtplanung morgen.

ruhig von statten ging: Jene um Inhalte, Eignung und Zukunft der stadt- bzw. raumplanerischen Ausbildung im deutschsprachigen Raum, die für sich genommen zwar so alt ist wie die Disziplin selbst, in den Monaten vor Veröffentlichung der „Kölner Erklärung" aber innerhalb der Planungsschulen intensiv geführt wurde – so auch am Institut für Stadt- und Regionalplanung (ISR) der TU Berlin.

1.1 „Stadtplanung? Und was macht man später mal damit?"

Der 1974 eingeführte Diplom-Studiengang Stadt- und Regionalplanung der TU Berlin gehört zu den Vorreitern der grundständigen raumplanerischen Ausbildung im deutschsprachigen Raum, wurde in den Jahren 1981 und 1999 reformiert und schließlich im Jahr 2006 im Zuge der Bologna-Reformen auf das Bachelor- und Master-System umgestellt. Hierbei wurde jedoch eine wirklich intensive Überprüfung der Lehrinhalte – nicht zuletzt aufgrund einer damals gerade anhängigen Einsparungsrunde an der TU Berlin – nicht durchgeführt. Mit der Schaffung einer universitätsweit geltenden Rahmen-StuPO und der sich daraus ergebenden Anpassungserfordernis der Fachordnungen reifte im Jahr 2013 innerhalb des ISR der Wunsch, neben der Studienstruktur erstmals seit 1999 auch weitergehende inhaltliche Veränderungen vorzunehmen sowie das Curriculum umfassend mit den Bedürfnissen der Berufspraxis abzugleichen und, falls erforderlich, zu modernisieren. Als hinderlich erwiesen hatten sich hierbei die starke fachliche Heterogenität der Institutsangehörigen und die breite Ausdifferenzierung der möglichen Tätigkeitsfelder für die Absolvent*innen. Ein klares Bild davon, für welche Tätigkeiten die angehenden Stadt- und Raumplaner*innen eigentlich ausgebildet werden sollen, was ihre späteren Aufgaben sein würden und welche Inhalte hierfür vermittelt werden müssten, ließ sich innerhalb des ISR nicht herstellen. Selbst unter den Institutsangehörigen existierten viele verschiedene und teils stark ausdifferenzierte Vorstellungen des Berufsfeldes und des Spektrums an möglichen Tätigkeitsfeldern. Einzig darüber, in welchen Berufsfeldern die Absolvent*innen spätere Beschäftigungsmöglichkeiten finden, herrschte dank der Alumni-Befragungen des ISR[6], der HCU Hamburg und der TU Dortmund einigermaßen Klarheit. Durch sie konnten zum einen die unscharfen Grenzen und Kernarbeitsbereiche des Berufsfeldes abgesteckt werden, zum anderen zeigten sie aber auch, dass Stadt- und Raumplanungsabsolvent*innen nicht nur in den „klassischen" planerischen Institutionen wie der öffentlichen Verwaltung oder freien Planungsbüros tätig sind. Insgesamt jedoch war das Aufgabenprofil von Stadt- und Raumplaner*innen oder entsprechend tätigen Personen allein auf Grundlage der zur Verfügung stehenden Quellen oder der

---

[6] Meier: „Absolventenstudie 2007/2008". Schwerpunktarbeit im Diplom-Studiengang Stadt- und Regionalplanung am ISR der TU Berlin.

vorhandenen Ansichten nicht eindeutig definierbar. Darüber hinaus sind auch Personen mit anderen Ausbildungen wie etwa Architektur oder Geographie planerisch tätig, sodass eine Befragung der Absolvent*innen allein für eine Untersuchung des Berufsfeldes „Stadt- und Raumplanung" als nicht zielführend erachtet wurde.

So waren also vor dem Hintergrund einer angehenden Studiengangsnovelle die Fragen nach den späteren Aufgaben, den hierfür notwendigen Kenntnissen, Fähig- und Fertigkeiten sowie der Aktualität und Eignung der planerischen Ausbildung am ISR für eine siebenköpfige Studierendengruppe im Wintersemester 2013/2014 Anlass genug, im Rahmen eines selbstbestimmten Studienprojektes und unter dem Titel „Stadtplanung heute – Stadtplanung morgen. Eine Berufsfeldanalyse." die bis dato bundesweit erste breite Analyse des Berufsfeldes „Stadt- und Raumplanung" durchzuführen.

Die Projektgruppe bestand aus sieben Studierenden verschiedener Studienphasen. Die Spannbreite reichte hierbei vom dritten Fachsemester des Bachelor- bis zur Abschlussphase des Master-Studiengangs Stadt- und Regionalplanung. Ein Studierender des Master-Studiengangs „Historische Urbanistik" vervollständigte die Gruppe. Die Gruppenmitglieder verfügten damit über unterschiedliche Wissensstände hinsichtlich ihres Faches und hatten sich bereits weitgehend in unterschiedliche Fachrichtungen vertieft. So vereinten die Teilnehmer*innen zum einen verschiedene thematische Schwerpunkte und zum anderen unterschiedliche methodische und instrumentelle Fertigkeiten.

1.2 Eine Berufsfeldanalyse – Was ist das eigentlich?

Zu Beginn stellte sich der Projektgruppe vor allem die Methodenfrage. Da das Konstrukt „Berufsfeldanalyse" nicht definiert ist, war der Projektgruppe nicht vorgegeben, welche Schritte, Methoden und Werkzeuge genutzt werden sollten. So bestanden innerhalb der Projektgruppe einige Unsicherheiten, andererseits aber konnte das Forschungsdesign der Studie frei aufgebaut werden. Es unterlag den Bedingungen, unter eingeschränkten Ressourcen von Personal, Zeit und Geld ein umfassendes Wissen über die Arbeitswelt von Stadt- und Raumplaner*innen in Deutschland zu sammeln. Um eine möglichst breite Datenbasis zu schaffen, wurde als Kernmethode eine bundesweite quantitative Online-Befragung unter den „klassischen" bzw. laut der Alumni-Befragungen größten Arbeitgebern, also öffentlichen Verwaltungen, freien Planungsbüros und Forschungseinrichtungen, sowie darüber hinaus auch unter kommunalen GmbHs, freischaffenden Planer*innen und sonstigen relevanten Einrichtungen durchgeführt. Die Online-Umfrage beinhaltete insgesamt 50 Fragen und war von Mitte Januar bis Anfang Februar 2014 zur Teilnahme freigeschaltet. Da es weder eine vollständige Liste der Institutio-

Stadtplanung heute – Stadtplanung morgen.

nen des Berufsfeldes „Stadt- und Raumplanung" gibt, noch eine solche mit allen in diesen Institutionen tätigen Personen, entschloss sich die Projektgruppe dazu, den Online-Fragebogen frei zugänglich zu machen und so allen Personen, die der Aufruf zur Teilnahme (etwa durch Newsletter von Verbänden und Kammern) erreichte, die Teilnahme zu ermöglichen. Gleichzeitig wurden die Anschriften von 4.360 Institutionen und Personen der bereits erwähnten Sparten durch eine aufwendige Online-Recherche zusammengetragen und diese sowohl per Post als auch per Email kontaktiert und um Beteiligung gebeten. Der Online-Fragebogen wurde während seiner Laufzeit von insgesamt 1.501 Personen vollständig ausgefüllt bzw. abgeschlossen.

Parallel hierzu wurden leitfadengestützte Expert*innen-Interviews durchgeführt, um die gesammelten quantitativen Daten durch qualitative zu ergänzen. Insgesamt wurden 16 dieser Interviews durchgeführt, welche institutionell – analog zur Online-Umfrage – das Spektrum der „klassischen" Berufszweige abdeckten, räumlich jedoch aufgrund der knappen zeitlichen, personellen und finanziellen Mittel auf die Region Berlin-Brandenburg und die Stadt Wolfsburg begrenzt werden mussten.

Beide Befragungen wurden durch die Sichtung und Analyse verschiedener Dokumente vorbereitet. Dies umfasste neben der Auswertung von insgesamt 80 Ausgaben der Fachzeitschriften „PLANERIN", „Raumforschung und Raumordnung" und „Stadtbauwelt" die Untersuchung von insgesamt 140 Stellenausschreibungen sowie die der fachlichen Kriterienkataloge des Akkreditierungsverbundes der Studiengänge der Architektur und Planung sowie der einzelnen Architektenkammern und schließlich der drei letzten Alumni-Befragungen des ISR, der HCU Hamburg und der TU Dortmund. Eine Curricula-Analyse, welche jeweils die Anteile der einzelnen Ausbildungsinhalte am jeweiligen Gesamtlehrangebot der elf grundständig ausbildenden Planerschulen im deutschsprachigen Raum erhob, schloss die den beiden Hauptmethoden vorgelagerte Grundlagenermittlung ab. Zweck dieser Recherchen und Analysen war es insbesondere, ein breites Bild möglicher planerischer Aufgaben der Berufspraxis auf der einen und an den einzelnen Schulen vermittelte thematische, methodische und instrumentelle Kompetenzen auf der anderen Seite zu identifizieren und somit sowohl das notwendige Vokabular als auch die Fragen und die Antwortkategorien der Befragungen entwickeln zu können. Auch aktuelle und kommende Aufgabenfelder wurden erhoben, um hieraus Aussagen und Fragen bezüglich heutiger und möglicher zukünftiger Arbeitsschwerpunkte der Berufspraxis ziehen zu können. Ferner sollten die Ergebnisse der Curricula-Analyse mit den Aussagen der Berufspraktiker*innen abgeglichen werden, um hieraus entsprechende Konsequenzen ziehen zu können – insbesondere für die damals am ISR anstehende Studiengangsnovelle.

Magdalena Koniczek-Woger, Jacob Köppel et al.

2 Ergebnisse der Online-Befragung

Nach Ablauf der Teilnahmefrist Anfang Februar 2014 wurden die insgesamt 1.501 abgeschlossenen Online-Fragebögen ausgewertet. Die Auswertung aller 50 Einzelfragen der Umfrage erfolgte hierbei einerseits bezogen auf das gesamte Bundesgebiet und das vollständige Teilnehmer*innenfeld, andererseits aber auch getrennt nach Art der befragten Institution. Einige weitere Fragen, vor allem bezüglich der in der betreffenden Institution anfallenden planerischen Aufgaben, der heutigen und zukünftigen Situation auf dem Arbeitsmarkt sowie der benötigten thematischen, methodischen und technischen Qualifikationen, wurden zudem zusätzlich noch nach den ersten zwei Stellen der Postleitzahlregionen und nach Ortsgröße aufgeschlüsselt. Eine weitere Aufschlüsselung aller oder einzelner Fragen, etwa nach Alter der befragten Person oder Anzahl der beschäftigten Planer*innen, wäre (und ist) ebenso möglich, erwies sich mit Blick auf die äußerst kurze Projektlaufzeit jedoch als zu umfangreich und hinsichtlich des dann auszuwertenden Materials als kaum realisierbar. Trennschärfere Betrachtungen sind in späteren Auseinandersetzungen mit der Online-Umfrage möglich.

2.1 Das Teilnehmer*innenfeld

Der mit großem Abstand größte Teilnehmer*innenkreis der Online-Umfrage (bezogen auf abgeschlossene Fragebögen) stammte aus den kommunalen Verwaltungen auf Stadt- bzw. Gemeindeebene, welche über die Hälfte der Teilnehmenden ausmachten. Gefolgt wurde diese Berufssparte von den privaten Büros, deren Anteil am Teilnehmer*innenfeld immerhin noch knapp ein Fünftel betrug. Es folgten die öffentlichen Verwaltungen auf Kreisebene und die freischaffenden Planer*innen mit einem Anteil von jeweils unter einem Zehntel der Teilnehmenden. Die Forschungsinstitutionen – obgleich laut den Alumni-Befragungen das drittgrößte Tätigkeitsfeld – stellten lediglich zwei Prozent der Teilnehmenden. Die geringste Beteiligung war von Seiten der regionalen Planungsgemeinschaften, den kommunalen GmbHs und den Vereinen mit jeweils einem Prozent zu verzeichnen.

Stadtplanung heute – Stadtplanung morgen.

Abbildung 1: Verteilung der verschiedenen Institutionen auf das Teilnehmer*innenfeld (ISR, 2014)

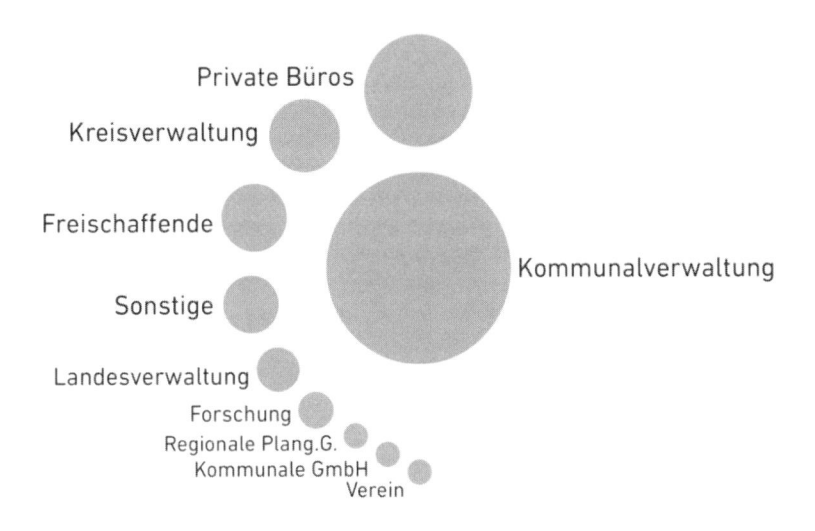

Private Büros
Kreisverwaltung
Freischaffende
Sonstige
Kommunalverwaltung
Landesverwaltung
Forschung
Regionale Plang.G.
Kommunale GmbH
Verein

2.2 Stadtplanung heute...

Zu den am häufigsten genannten Themenbereichen des gesamten Teilnehmer*innenfeldes zählt wenig überraschend das Bau- und Planungsrecht, welches von über zwei Dritteln der Teilnehmenden genannt wurde, dicht gefolgt von der informellen Planung und der örtlichen Gesamtplanung. Weiterhin gaben über die Hälfte der Befragten an, dass Stadtumbau und Stadterneuerung für sie wichtige Arbeitsbereiche sind. Eher weniger verbreitet und von weniger als der Hälfte aller Befragten genannt sind die Arbeitsbereiche der Verkehrsplanung, der Kommunikations- und Beteiligungsverfahren, der Architektur, der sozialen Stadt und der Quartiersentwicklung sowie der Umweltplanung, Landschaftsplanung und -architektur und der Denkmalpflege. Betrachtet man jedoch nicht nur die Themenbereiche, die prinzipiell von den Teilnehmenden behandelt werden, sondern auch die Häufigkeit der konkreten planerischen Aufgaben, mit denen sich die befragten Institutionen befassen, zeigen sich die „klassischen" drei Kernaufgaben der räumlichen Planung, die verbindliche Bauleitplanung (von nahezu drei Vierteln der Befragten genannt), die Bürgerbeteiligung sowie die vorbereitende Bauleitplanung (jeweils von über zwei Dritteln der Befragten genannt). Als weitere wichtige Aufgaben wurden Projekte in der Städtebauförderung, die allgemeine Öffentlichkeitsarbeit, informelle Planwerke, Bauberatung von Bauherren und Architekten, die Entwicklung von Gestaltungs- und Nutzungskonzepten, die Stadterneuerung und das städtebauliche Entwerfen genannt (jeweils von etwa der Hälfte der Befragten).

Abbildung 2: Stadt- und raumplanerische Aufgaben der einzelnen Institutionen (ISR, 2014)

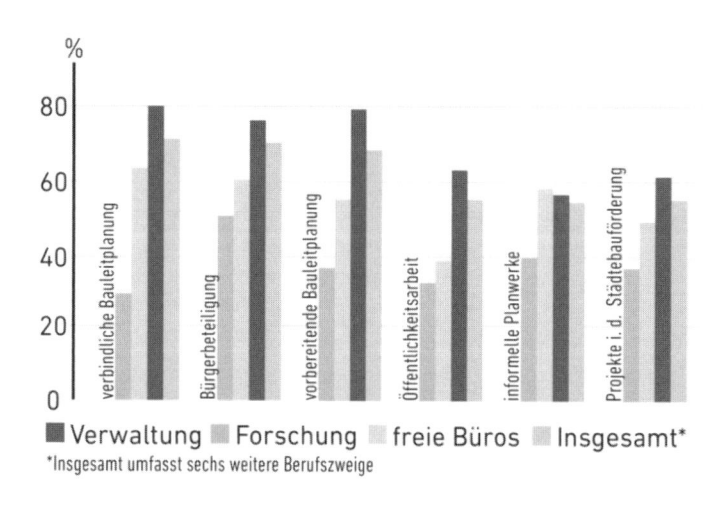

■ Verwaltung ■ Forschung ■ freie Büros ■ Insgesamt*
*Insgesamt umfasst sechs weitere Berufszweige

Gerade in den verschiedenen Ebenen der öffentlichen Verwaltung sind die Aufgabenbereiche gesetzlich geregelt. Da viele (gerade kleinere) kommunale Verwaltungen inzwischen dazu übergegangen sind, einen Teil ihrer Aufgaben – insbesondere was die Durchführung von vorbereitenden Untersuchungen oder die verbindliche Bauleitplanung anbelangt – an freie Büros zu vergeben, verwundert der hohe Anteil der drei Kernaufgaben auch vor dem Hintergrund des großen Anteils kommunaler Verwaltungen am Teilnehmer*innenfeld nicht. Bei der ausdifferenzierten Betrachtung der einzelnen Berufssparten können sich die Aufgabenbereiche allerdings deutlich unterscheiden. Betrachtet man die freien Büros, zeigt sich, dass hier Machbarkeitsstudien zu städtebaulichen Fragestellungen einen größeren Anteil der Aufgaben ausmachen als in anderen Institutionen. Freischaffende Planer*innen zählen besonders häufig städtebauliches Entwerfen und das Entwerfen von Gestaltungskonzepten zu ihren Aufgaben. Etwas außen vor ist die – zwar hinsichtlich der Befragten schwach vertretene, gemäß der Alumni-Befragungen aber als drittgrößtes Betätigungsfeld geltende – Forschung, zu welcher am häufigsten eher in die Zukunft blickende Forschungsprojekte oder die Erstellung von Fachgutachten genannt wurden.

Stadtplanung heute – Stadtplanung morgen.

2.3 ... und Stadtplanung morgen

Die bereits angesprochenen drei planerischen Kernaufgaben werden nach Ansicht der Befragten auch in Zukunft das Hauptarbeitsfeld der Stadt- und Raumplaner*innen bilden – insgesamt wird der größte Teil der bisher bearbeiteten Aufgaben aktuell bleiben. Dennoch ist das Berufsfeld einem stetigen Wandel ausgesetzt, sodass nach Ansicht der Befragten weitere, teils als äußerst schwierig bezeichnete, Aufgaben hinzukommen werden. Hier wurde am häufigsten die Bewältigung des demographischen Wandels genannt, dicht gefolgt von der Energiewende und dem Klimawandel. Die letzten beiden Aufgabenbereiche haben große Überschneidungen, spielt doch bei Themen wie der energetischen Sanierung oder dem Ausbau regenerativer Energien die Anpassung an den Klimawandel eine wesentliche Rolle. Außerdem wurde bei den zukünftigen Aufgaben wiederholt die immer schwieriger werdende Finanzlage der Kommunen genannt. Einige Befragte gaben an, dass die Aufgaben durch immer umfassendere Gesetze und Regelwerke, die steigende Zahl der zu berücksichtigenden Einzelaspekte und den immer eindringlicher werdenden Wunsch nach mehr Beteiligung komplexer, die finanziellen und personellen Ressourcen jedoch immer weiter reduziert werden.

Abbildung 3: Vergleich der häufigsten erwarteten zukünftigen stadt- und raumplanerischen Aufgaben (ISR, 2014)

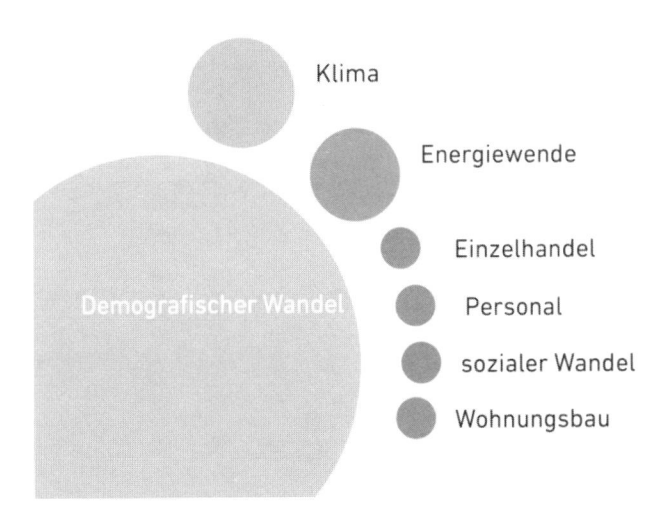

2.4 Anforderungen an die angehenden Planer*innen

Ein weiteres wichtiges Element der Online-Umfrage war die Erhebung der nach Ansicht der Teilnehmenden notwendigen inhaltlichen, methodischen und technischen Qualifikationen, die für die Bearbeitung der planerischen Aufgaben erforderlich sind, sowie die fachliche Qualität der bisherigen Absolvent*innen. Die mit großem Abstand wichtigsten Qualifikationen sind etwa Kenntnisse im Bau-, Planungs- und Bauordnungsrecht sowie theoretische und praktische Erfahrungen in der Projektarbeit, dem städtebaulichen Entwerfen und der strategischen Stadtentwicklung. Das Beherrschen bspw. von Schreib- und Textverarbeitungsprogrammen, Präsentationssoftware und Geoinformationssystemen war ebenso wichtig wie eine gute Rhetorik, das Aufstellen von Bauleitplänen, Kompetenzen in der Präsentation sowie die Kommunikation und Vermittlung von Planung. Sehr geringen Stellenwert maßen die Befragten Kenntnissen in Gebieten wie der Boden- und Immobilienwertermittlung, der Planungstheorie und Soziologie, dem Modellbau, der Sozialforschung und der Umweltprüfung bei.

Abbildung 4: Übersicht der insgesamt zehn wichtigsten thematischen Qualifikationen sowie Wertigkeit dieser in den drei größten Berufssparten (ISR, 2014)

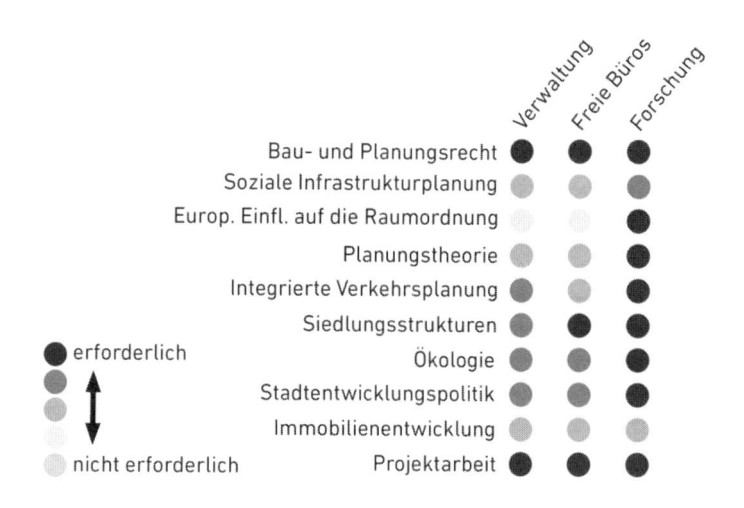

	Verwaltung	Freie Büros	Forschung
Bau- und Planungsrecht	●	●	●
Soziale Infrastrukturplanung	◐	◌	●
Europ. Einfl. auf die Raumordnung	◌	◌	●
Planungstheorie	◌	◌	●
Integrierte Verkehrsplanung	●	◌	●
Siedlungsstrukturen	●	●	●
Ökologie	●	●	●
Stadtentwicklungspolitik	●	●	●
Immobilienentwicklung	◐	◐	◐
Projektarbeit	●	●	●

● erforderlich
◌ nicht erforderlich

Bei einem Abgleich der fachlichen Anforderungen an die angehenden Planer*innen mit den Lehrinhalten der elf grundständigen Planungsstudiengänge im deutschsprachigen Raum ergab sich ein differenziertes Bild. Einerseits

Stadtplanung heute – Stadtplanung morgen.

nehmen etwa Ausbildungsinhalte wie die Projektlehre, die Bestandsentwicklung oder das städtebauliche Entwerfen insgesamt einen hohen Stellenwert ein. Andererseits sind jedoch für die Berufspraxis wichtige Themen wie das Bau- und Planungsrecht im Vergleich in den Lehrplänen eher unterdurchschnittlich repräsentiert. Es gab allerdings auch Themen, welche an den Planungsschulen einen deutlich höheren Stellenwert haben und unverzichtbarer Bestandteil der Ausbildung sowie die Grundlage jedes fundierten planerischen Handelns sind, von den Berufspraktiker*innen jedoch nicht als vorrangig benötigte Qualifikationen eingestuft wurden. Zu nennen sind hier insbesondere die Planungstheorie und das wissenschaftliche Arbeiten. Eine allgemeingültige Aussage hierzu ist jedoch nicht möglich, da sich die einzelnen Studiengänge in einigen Aspekten sehr stark voneinander unterscheiden und sich hier mitunter sehr deutlich voneinander abweichende Schwerpunkte und Profile gebildet haben.

Abbildung 5: Übersicht der insgesamt zehn wichtigsten Lehrinhalte aller elf Planungsschulen sowie Wertigkeit dieser an den fünf ältesten Schulen (ISR, 2014)

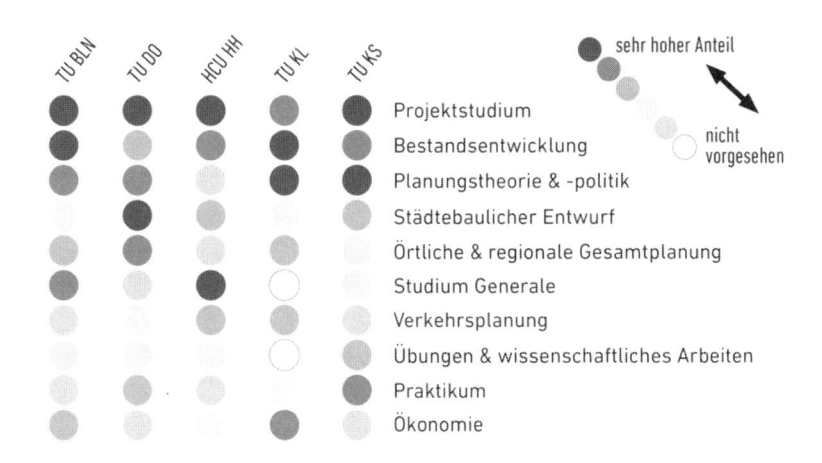

2.5 Bewertung der Absolvent*innen

So fällt auch die Bewertung der fachlichen Eignung der Absolvent*innen je nach Betrachtungsweise ganz unterschiedlich aus. Insgesamt wird diese überwiegend als „sehr gut" bis „gut" bewertet, zwischen den einzelnen Schulen gibt es in weiten Teilen nur minimale Unterschiede. Dieses Bild ist jedoch bei einer nach Art der befragten Institution differenzierten Betrachtung deutlich vielschichtiger. So können etwa die Absolvent*innen einer Planungsschule mit einem betont formalplanerischen Schwerpunkt z.B. in einer auf die öffentlichen Verwaltungen beschränkten Betrachtung besser und jene mit einem eher sozialwissenschaftlichen Schwerpunkt schlechter abschneiden als im Gesamtergebnis der Befragung. Insgesamt betrachtet zeigte sich anhand der Freitextantworten, dass die Qualität der planerischen Ausbildung im deutschsprachigen Raum als den Aufgaben adäquat bezeichnet werden kann, wenngleich eine Vielzahl der Befragten eine stärkere Verzahnung von Lehre und Praxis sowie eine deutliche Ausdehnung der berufspraktischen Elemente in der Ausbildung forderte.

Abbildung 6: Einschätzung der fachlichen Qualität der Absolvent*innen der elf Planungsschulen durch das gesamte Teilnehmerfeld auf einer Notenskala von 1 – sehr gut – bis 5 – mangelhaft (ISR, 2014)

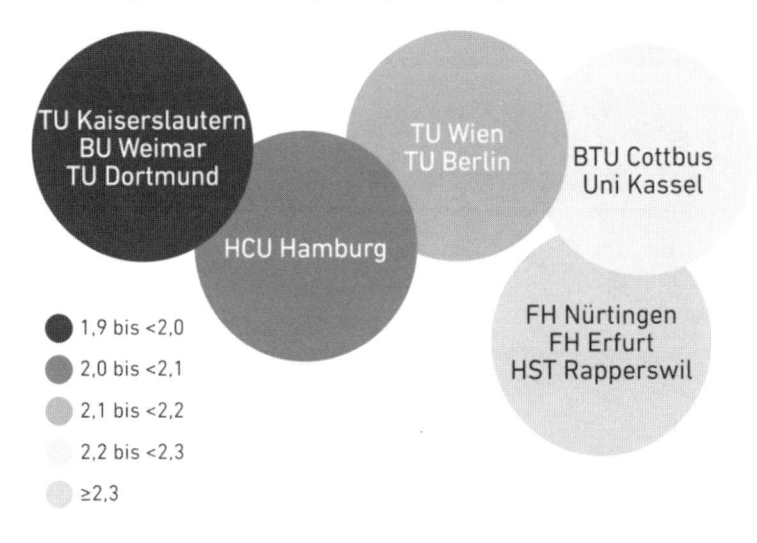

3 Fazit

Die bundesweit erste durchgeführte Analyse des Berufsfeldes zeigte abschließend vor allem eines: Dass die Disziplin der Stadt- und Raumplanung

Stadtplanung heute – Stadtplanung morgen.

ein außerordentlich breites Tätigkeitsfeld ist, welches die Kenntnis, Beherrschung und Zusammenführung einer Vielzahl ganz unterschiedlicher Fachkenntnisse und Kompetenzen erfordert. Sie ist eine Disziplin ohne Status quo, die niemals stillsteht. Sie muss sich laufend weiterentwickeln, sich der aktuellen Entwicklung in Technik, Umwelt und Gesellschaft anpassen, sich ständig um neue Erkenntnisse aus Wissenschaft und Praxis erweitern und überholte Vorstellungen ablegen. Die bestehenden und absehbaren planerischen Herausforderungen wie die Anpassung an den Klimawandel oder die Energiewende, der Umgang mit der sich abzeichnenden Überalterung nicht nur der Bevölkerung, sondern auch der planenden Zunft, aber auch der verstärkte Wunsch der Zivilgesellschaft nach einer stärkeren Beteiligung an grundlegenden planerischen Entscheidungen sind hier nur einige Beispiele für diesen enormen Weiterentwicklungsbedarf. Die Planer*innen müssen sich dabei aber auch mit vielen weiteren Disziplinen abstimmen. Dies gilt nicht zuletzt auch für die Ausbildung, deren Inhalte ebenso laufend zu aktualisieren und zu erweitern sind, ohne hierbei jedoch die planerischen Kernkompetenzen aus dem Blick zu verlieren und ohne sich zu stark auf nur einen bestimmten Blickwinkel zu fokussieren.

Damit die interdisziplinäre Zusammenarbeit mit den Verkehrsplaner*innen, den Bauingenieur*innen, den Geograph*innen und den Architekt*innen reibungslos ablaufen kann, ist es für sie außerdem wichtig, sich fachlich breit aufzustellen. Dabei geht es einerseits auch darum, Generalisten mit partiell vertieftem Expertenwissen zu sein, andererseits ist für sie wichtig, sich mit allen anderen Disziplinen fachlich verständigen und die vielen verschiedenen Richtungen zu einem runden Gesamtbild zusammenfassen zu können. Stadt- und Raumplaner*innen müssen daher ein breites Spektrum an Wissen und Fähigkeiten besitzen sowie vielseitig sein. Wenn es also das jeweilige Projekt oder der aktuelle Arbeitsbereich erfordert, können sie sich, zumindest zu einem gewissen Grad, in die Denkweisen und Notwendigkeiten anderer Akteure hineinversetzen. Nur mit dieser Offenheit sind die Planer*innen dazu in der Lage, „lebenswerte Stadträume" zu schaffen.

Die durchgeführte Analyse zeigte darüber hinaus aber auch: Sowohl die Berufspraktiker*innen als auch die angehenden Stadt- und Raumplaner*innen sind – trotz vereinzelter kleinerer Schwächen in der Ausbildung – schon heute für diese Aufgabe gerüstet. Die Ausbildung von Architekt*innen, Stadt- und Raumplaner*innen sowie Verkehrsplaner*innen ist daher nicht die eigentliche Ursache für die in der laufenden Diskussion, insbesondere in der eingangs zitierten „Kölner Erklärung", kritisierten Missstände, die Kritik diesbezüglich läuft ins Leere.

Statt dessen sollten das hiesige planerische System und die „gesellschaftlichen, wirtschaftlichen, rechtlichen"[7] und politischen Prämissen, welche in die Planung und den Städtebau eingreifen, immer wieder auf den Prüfstand gestellt und den Bedürfnissen ihrer Adressaten angepasst werden. Nur so können die eingangs vermissten „lebenswerte[n] Stadträume"[8] entstehen.[9]

Anmerkung

Dieser Artikel basiert auf den Ergebnissen eines im Wintersemester 2013/2014 am ISR der TU Berlin durchgeführten selbstbestimmten Studienprojektes. Der vollständige Projektbericht und die Einzelergebnisse der Online-Umfrage sind auf den Seiten des Instituts für Stadt- und Regionalplanung der TU Berlin unter der Internetadresse https://www.isr.tu-berlin.de/studie abrufbar.

Literatur

Altrock, Uwe; Burgdorff Frauke; Fingerhuth, Carl; Fritzen, Andreas; Klasen-Habeney, Anne; Krau, Ingrid; Harnack, Maren; Kurth, Detlef; Million, Angela; Nagel, Reiner; Oswalt, Philipp; Overmeyer, Klaus; Pahl-Weber, Elke; Prominski, Martin; Reicher, Christa; Rettich,Stefan; Reuther, Iris; Rieniets, Tim; Schmelzer, Brigitte; Schmidt, Alexander; Simon-Philipp, Christina; Speer, Albert; Stollmann, Jörg; von Lojewski, Hilmar; Zirbel, Michael; zur Nedden, Martin (2014): „100% Stadt – Positionspapier zum Städtebau und zur Städtebauausbildung". http://www.bauwelt.de/themen/100-STADT-2159077.html: 14.1.2016.

Berding, Ulrich; Fehl, Gerhard; Koller, Barbara; Mechtel, Moritz; Schmitt, Gisela; Lehrstuhl für Planungstheorie und Stadtentwicklung der RWTH Aachen (2014): „Kölner Erklärung? Aachener Polemik! ‚Lebendige' Stadt oder ‚toter' Städte-

---

7   Der Bundesfachschaftsrat für Stadt- und Raumplanung (BFSR), 2014: „Der Dialog zuerst! Erfurter Einladung zu einer zu einer neuen Diskussionskultur". Veröffentlicht im November 2014 auf dem PlanerInnenTreffen Erfurt-Weimar 2014. Online verfügbar u.a. unter www.srl.de/dateien/.../de/Erfurter%20Einladung%20zum%20Dialog.pdf, letzter Aufruf am 14. Januar 2016.

8   Vgl. Höing, Mäckler, Neppl, Pesch, Sonne, Vollenweider, Wachten, Walter, Zlonicky, 2014: „Die Stadt zuerst! Kölner Erklärung zur Städtebau-Ausbildung". Veröffentlicht im Mai 2014 über das Institut für Stadtbaukunst der TU Dortmund. Online verfügbar unter http://www.stadtbaukunst.tu-dortmund.de/cms/de/Veranstaltungen/Koelner-Erklaerung/14_07_03_KoelnerErklaerungMai2014.pdf, letzter Aufruf am 14. Januar 2016.

9   Offenlegung: Zwei der AutorInnen dieses Artikels sind MitverfasserInnen der „Erfurter Einladung".

Stadtplanung heute – Stadtplanung morgen.

bau?". www.pt.rwth-aachen.de/files/dokumente/Home/aachenerpolemik.pdf: 14.1.2016.

Der Bundesfachschaftsrat für Stadt- und Raumplanung (BFSR) (2014): „Der Dialog zuerst! Erfurter Einladung zu einer zu einer neuen Diskussionskultur". www.srl.de/dateien/.../de/Erfurter%20Einladung%20zum%20Dialog.pdf: 14.1.2016.

Institut für Stadt- und Regionalplanung der TU Berlin; Bornemann, Laura; Gerloff, Sebastian; Konieczek-Woger, Magdalena; Köppel, Jacob; Schmütz, Inken; Timm, Mario; Wilke, Henry (2014): „Stadtplanung heute – Stadtplanung morgen. Eine Berufsfeldanalyse." //www.isr.tu-berlin.de/studie: 14.1.2016.

Höing, Franz-Josef; Mäckler, Christoph; Neppl, Markus; Pesch, Franz; Sonne, Wolfgang; Vollenweider, Ingemar; Wachten, Kunibert; Walter, Jörn; Zlonicky, Peter (2014): „Die Stadt zuerst! Kölner Erklärung zur Städtebau-Ausbildung". http://www.stadtbaukunst.tu-dortmund.de/cms/de/Veranstaltungen/Koelner-Erklaerung/14_07_03_KoelnerErklaerungMai2014.pdf: 14.1.2016.

Meier, Tobias (2008): „Absolventenstudie 2007/2008". Schwerpunktarbeit im Diplom-Studiengang Stadt- und Regionalplanung am ISR der TU Berlin.

Rezensionen

Schlaffer, Hannelore (2013): Die City. Straßenleben in der geplanten Stadt. Springe: Verlag zu Klampen, 176 Seiten. ISBN: 978-3-86674-188-1. Preis: 18,00 Euro

Verlusterzählungen sind oftmals essentieller Teil einer kulturellen Leistung. Ohne Verlusterfahrungen sind Bela Bartoks Musik, die Verdienste der Brüder Grimm, aber auch beispielsweise „Learning from Las Vegas" von Robert Venturi, Denise Scott Brown und Steven Izenour nicht zu verstehen und nicht zu würdigen. Ohne Verlusterzählungen ist nicht zu begreifen, wie sich parallel zur Industrialisierung Denkmal-, Heimat-, Landschaftsschutzbewegungen entwickelten. Verlusterzählungen wollen etwas von dem, was noch nicht verloren ist, bewahren. Kurzum: Sie sind Teil einer kulturellen Selbstvergewisserung.

Das Essay „Die City. Straßenleben in der geplanten Stadt" von Hannelore Schlaffer ist eine Verlusterzählung. Die Autorin nimmt in ihr das Stadtzentrum ins Visier – die den überregionalen Firmen und Investoren ausgelieferte Stadtmitte, deren Gebäude das individuelle Stadtbild auslösche und einmalige historische Gebäude durch genormte Blöcke ersetze, wie es beispielsweise heißt. (S. 30) Man kann das Buch fast an jeder Stelle aufschlagen, es wird die City von heute beklagt und die alte Stadt als Qualität beschworen, die der heutigen fehle: Die Monotonie des Angebots im Handel werde durch Events im Zentralraum des Centers kaschiert (S. 72), bei der Architektur gehe es mehr um die Selbstdarstellung der Investoren als um die Akzeptanz durch die Bürger (S. 30). Die traditionelle Stadtbeschreibung sei untergegangen, Stadtbild und Stadtleben seien uninteressant geworden für Leute, die schreiben, und so finde die Stadt keinen Weg mehr in die Sprache. (S. 21)

Letzteres ist ein erstaunlicher Befund, der wie vieles in diesem Buch eine gefällig dahin geworfene Behauptung bleibt. So behauptet Schlaffer, es gäbe in der City keine Handwerker mehr. Wo denn die Schmiede seien? (S. 49) Nun, sie sind vermutlich deswegen nicht mehr in der City, weil sie auch sonst am ehesten nur noch in Freilichtmuseen zu finden sind – ihr Fehlen ist also kaum für die City charakteristisch. Nicht nur hier hat man den Eindruck, als wollte es Schlaffer so genau nicht nehmen. Einmal heißt es, dass in der gesamten westlichen Welt städtische Individualität und Tradition „hinweggeplant" werden (S. 18), dann wieder ist die City ein „vorwiegend deutsches Phänomen" (S. 33). Mal wird die Kommerzialisierung beklagt („Alle Wege führen ins Einkaufscenter", S. 67), dann heißt es, Geld und Geist seien aus der City ausgezogen (S. 21), mal geht es tatsächlich um die City, dann um den ubiquitären modernen Lebensstil, zum dem Spargel im Dezember gehört (S. 131).

Und so geht es in einem fort: Schlaffer sucht nach dem, was sie aus den Erzählungen der Vergangenheit kennt, die sie in der Einleitung aufzählt. Sie beklagt den Verlust von Urbanität, nimmt dafür aber nur den Bereich der

Stadt in den Blick, in dem sich dieser Verlust beschreiben lässt. Den Versuch, außerhalb der City oder in ihren Nischen nach Urbanität zu suchen, unternimmt sie erst gar nicht, geschweige denn den, ein Verständnis von Urbanität an neuen Formen, Stadt zu nutzen und in ihr zu agieren, zu entwickeln. Sie trifft ihre Annahmen so, dass sie sich belegen lassen. Dass es ihr um mehr geht, dass sie, wie in der Einleitung verheißungsvoll angekündigt, „die geheime Steuerung alltäglicher Verhaltensweisen" (S. 24) aufspüren möchte, ist nur an wenigen Stellen spürbar – dann, wenn der klagende Duktus aufgehoben wird: „Wer seinem Chef am Imbissstand trifft, begegnet einem besser gestellten Mitmenschen, nicht seinem Vorgesetzten und schon gar keinem Machthaber. (...) In unendlicher Bewegung stellt sich so in der City Tag für Tag aufs Neue solch friedliche Kommunikation her und bestätigt die Demokratie", heißt es an einer Stelle (S. 144 f.). Zu den Massenveranstaltungen der City schreibt sie an einer anderen: „Was da stattfindet, sind Feste des Friedens nach der Beendigung der sozialen Kämpfe des 19. Jahrhundert." (S. 167) Ist es so einfach und ist möglicherweise am Ende doch alles in Ordnung? Warum dann all die Vorwürfe? Wie nun soll denn die bestätigte Demokratie eingeordnet werden? Wurde hier eine Kritik am Bild eines befriedeten Gemeinschaftsidylls, das in der City inszeniert wird, formuliert, oder unternahm die Autorin den Versuch, den Frieden mit einer Entwicklung zu finden, der sie offensichtlich wenig abgewinnen kann?

Und so überrascht es besonders, dass die Friedrich-Ebert-Stiftung Schlaffers Essay mit dem immerhin mit 10.000 Euro dotierten Preis „Das politische Buch 2014" ausgezeichnet hat. In der Jury, mit Personen aus Bibliothekswesen und Buchhandel besetzt, findet sich erstaunlicherweise kein Politikwissenschaftler, geschweige denn eine Persönlichkeit aus Stadtplanung oder Stadtpolitik. „Die politische Dimension des Buches besteht in der indirekten Aufforderung, Ehemaliges als Ehemaliges zu sehen und sich mit Tatsachen zu beschäftigen, auch wenn sie uns nicht unbedingt gefallen", so der Juryvorsitzender Dr. Klaus Hohlfeld. Es ist Sache der Jury, solch indirekte Aufforderung als ausreichend für den Preis zu erachten. Aber wundern muss es schon, dass ein Buch ausgezeichnet wurde, das, abgesehen von Details des Vokabulars wie Handy oder Public Viewing, schon vor 30 oder 40 Jahren hätte geschrieben werden können. „Wir werden durch das Buch von Hannelore Schlaffer sensibilisiert für die Tatsache, dass die traditionelle Vorstellung von einer Stadt, die sich um Kirche, Marktplatz und Rathaus entwickelt hat, nicht mehr der Realität entspricht, uns auch nicht mehr weiterhilft, wenn wir versuchen, die heute bestehende Stadt weiterzudenken", so Hohlfeldt in der Laudatio. Als sei das eine neue und überraschende Erkenntnis. Über die Innenstädte schrieb Werner Durth in „Die Inszenierung der Alltagswelt" etwa 1977: „Im entsprechend zurechtgestutzten Leitbild der Urbanität findet jenes mittelständische Lebensgefühl auch theoretischen Ausdruck, das sich in der städtischen Öffentlichkeit der Einkaufsbereiche, Restaurants, Kinos, Clubs und Theater entfaltet". (S. 161) Es kann auch nicht unwidersprochen bleiben, wenn es in der Begründung der Jury heißt, Schlaffers Essay „verbindet in künstlerisch ausgefeilter Form und Sprache Beobachtung, Definition und Analyse." Eine saubere Begriffsdefinition ist selten zu finden, vor allem aber ist die genaue Beobachtung nichts, dessen sich Schlaffer übermäßig befleißigt hätte. Es gebe in der City keine Gammler mehr, schreibt sie. (S. 49) Einer der Orte, die sie des Öfteren nennt, ist das Einkaufszentrum MyZeil in Frankfurt. Vor diesem Einkaufszentrum sind aber nun wirklich zu jeder Tages- und Nachtzeit Gammler anzutreffen, die beschwipsten Paare, die sie vermisst, findet man dort jedes Wochenende, beklagenswerte Existenzen ebenfalls stets zuhauf. Wie auch immer man das nun bewertet, es ist einfach ärgerlich, wenn behauptet wird, ohne dass vorher hingesehen wurde. Insofern bestätigt Schlaffer den von ihr konstatierten Untergang der Stadtbeschreibung. Sie selbst macht sich nicht die Mühe, derer die Stadtbeschreibung bedarf: wenigstens hin und wieder erst einmal genau zu beobachten, ohne mit vorurteilsgetrübtem Blick nur das wahrzunehmen, was ins bereits gezeichnete Bild passt.

Und so sehr man auch anerkennen mag, dass Übertreibungen eine Methode sind, Entwicklungen sichtbar zu machen, um mit ihnen einen Umgang zu finden, so muss man doch erwarten, dass ein gewisses Maß an Präzision gehalten wird, denn sonst kann aus der Verlusterzählung kein orientierungsstiftender Rahmen werden, der politisch genannt zu werden verdiente. Auch zur Politik, soll sie seriös betrieben werden, gehören die genauen Beobachtungen – nicht zufällig ist die Auseinandersetzung darüber, unter welchen Annahmen sie gemacht werden können und wie sie geordnet werden, prinzipieller Teil politischer Auseinandersetzungen. Es gereicht so auch der Jury nicht zur Ehre wenn sie unter dem Politischen die Beschreibung des Verlusts versteht, dessen man sich schon sicher weiß, bevor man angefangen hat, genau hinzusehen.

Christian Holl

El-Mafaalani, Aladin; Kurtenbach, Sebastian; Strohmeier, Klaus Peter (Hg.) (2015): Auf die Adresse kommt es an... Segregierte Stadtteile als Problem- und Möglichkeitsräume begreifen. Weinheim: Beltz, 371 Seiten. ISBN: 978-3-7799-3293-2. Preis: 39,95 Euro

An Untersuchungen und Veröffentlichungen zu sozialräumlicher Segregation in Deutschland mangelt es nicht, empirische Arbeiten herrschen vor. Meist folgen diese einem spezifischen methodischen und (seltener) theoretischen Ansatz. Die Besonderheit dieses Buchs liegt insofern nicht in seiner weitgehend empirischen Ausrichtung, sondern in der methodischen Öffnung und Vielfalt der Texte. Beim Lesen ergänzen sich die Einsichten vieler Beiträge aus dem Ruhrgebiet, dieser großen Stadtlandschaft mit unzähligen Teilräumen und einem eigenartigen sozialen Süd-Nord-Gefälle.

Die Einleitung der beiden Herausgeber beginnt traditionell: Segregation – als räumliche Ungleichverteilung von Bevölkerungsgruppen zugleich Abbild von Ungleichheiten in Lebenslagen und -formen – wird bestimmt nach sozialen, demographischen und sogenannten ethnischen Indikatoren. Räumliche Konzentrationen finden sich einerseits bei kinderarmen (einheimischen) Ober- und Mittelschichtsgruppen, andererseits bei Bewohnern mit (mehr) Kindern und/oder mit Migrationshintergrund, überwiegend in Armut lebend. Im Weiteren geht es – auch im ganzen Buch – nur um diese letzteren Gebiete. Die vorwiegende Haltung ihrer Bewohner wird schlagend als „Gestaltungspessimismus" charakterisiert (S. 31). Es folgt eine interessante Öffnung: Der dominierende Habitus (nach Bourdieu) der Gebietsbewohner wird umrissen als kurzfristig nutzenorientiert und auf „Eindeutigkeit" (Vermeidung offener Situationen) ausgerichtet – dies sei eine funktional angepasste Bewältigung ihrer „multiplen Knappheit". – Auf den Habitus zielt auch Pauls qualitative Untersuchung aus der Dortmunder Nordstadt und einer verrufenen Straße einer Mittelstadt. Die „Härte" und „Männlichkeit" der jungen Männer, die notfalls mit Gewalt für „Respekt" sorgen, wird inszeniert auf der „Vorderbühne" des Außenraums. So entstehe Kapital im Sinne von Bourdieu, das nur in dieser spezifischen Lebensumwelt von Wert ist. Über die „Hinterbühne" der eigenen Familie wird nichts weiter mitgeteilt. Die befragten Polizisten erfüllt ihr Einsatzgebiet mit Abscheu, gar „Ekel", und zugleich mit Faszination – es sei „tierisch interessant" (S. 68). Aber sie repräsentieren nicht etwa allgemeine Normen und Werte, wie Paul vermeint, sondern, als spezifische Polizei-Kultur, den polaren Widerpart der Jungmänner-Subkultur, welche wiederum nicht mit dem Habitus aller Quartiersbewohner gleichgesetzt werden kann. – Im dritten Beitrag dieses vage „Allgemeine Fragen der Segregationsforschung" betitelten ersten Abschnitts fragt Friedrichs, ob es in sozial gemischten Quartieren nur Normen-Diffusion und schwache soziale Kontrolle gebe. Bekanntlich führt Mischung nicht zur Interaktion zwischen den verschiedenen Gruppen, und also nicht zu einem gegenseitigen Nutzen ihres Zusammenwohnens. Das Verhältnis beider sei zu wenig erforscht, auch bei Armutsgruppen. Er stellt u.a. die interessante Frage: „Wie reagieren einzelne Minoritäten, wenn sie in einem ethnisch stark gemischten Wohngebiet wohnen?" (S. 48)

In Pauls Beitrag werden Schwächen vieler qualitativer Untersuchungen deutlich: das Haften an Gesprächsdetails und Unsicherheiten der Verallgemeinerung. Im Abschnitt „Gefährdungspotentiale und Interventionsinstrumente" zeigen sich dagegen Schwächen quantifizierender Analysen. Der Beitrag von Groos und Kersting über Armut und (Kinder-) Gesundheit erläutert, nach umständlichen Begriffsdefinitionen, zunächst den bekannten Zusammenhang von Transferabhängigkeit, sogenannter ethnischer Zugehörig-

Rezensionen

keit und Schulbildung. Ihre Hauptfrage nach Gesundheit und Segregation wird reduziert auf den Indikator „Körperkoordination", die am ehesten von Kita-Besuch und Nachbarschaft beeinflusst werde – ein von geringen Zahlendifferenzen und einer bescheidenen erklärten Varianz getragenes Ergebnis; innovativ allerdings der selbst entwickelte Indikator „Nachbarschaft" mit seinem Bezug auf Aktionsräume von Kindern. Ähnlich schmal die Einsichten von Baier und Prätor zu Segregation und Delinquenz Jugendlicher. Nach logistischen Regressionen einer Massenbefragung unter Schüler*innen fanden sie signifikante aber mäßige Einflüsse auf Jugendlichen-Normverstöße nicht des Stadtteils oder des Bewohner-Zusammenhalts, sondern nur des Konfliktniveaus zwischen Nachbarn – ein ziemlich tautologisches Ergebnis, das sie teilen mit vorgängigen Untersuchungen, eigenen und anderen. Bei Amling werden aus qualitativen Milieu-Erhebungen drei Typen Jugendlicher entwickelt: Bildungsschwache bzw. -absteigende, die sich auf Abweichung von Normalität und ihr sozial „schwaches" Quartier orientieren; sowie Bildungsaufsteigende, orientiert an Normalität, die Distanz zum Quartier und zu anderen Jugendlichen halten – beide in demselben „sozial schwachen" Gebietstyp anzutreffen; und individualisierte Bildungsetablierte in Gebieten gehobener Milieus. Amling empfiehlt, bei Milieus und nicht bei Quartieren anzusetzen, selbst wenn letztere sich lebensweltlich (hier: über den Berliner Sozialatlas) eingrenzen lassen. – Merchel erörtert, leider abstrakt und in einem sozialadministrativen Jargon, die „Sozialraumorientierung" in der Jugendarbeit. Sie entstand aus dem Versuch, Gebietsressourcen bei „Herkunftsmilieus", Firmen und freien Trägern zu erschließen; nach Merchel kann dies dem Druck stark gewachsener Aufgaben nicht gerecht werden.

Im dritten Abschnitt geht es um „segregierte Gebiete als Chancenräume", und dabei ausschließlich um Schulen und Jugendliche. Hummrich bestimmt (nur theoretisch) Schulformen und -kulturen als „Ermöglichungsstrukturen": Lehrer*innen tragen bei zur Platzierung von Schüler*innen im sozialen Raum entsprechend deren Milieus (insbesondere nach Ethnizität und Geschlecht). – Empirisch wird das von Fölker, Hertel und Pfaff bekräftigt. An der von ihnen untersuchten Schule mit hohen Anteilen (gegenwärtig: 90%) von Schüler*innen mit Migrationshintergrund sind die Lehrer*innen sensibel für Problemlagen, verorten diese aber nur in restringierten Familienverhältnissen – von den Autor*innen sofort als Stereotyp etikettiert (ohne genauer nach realen Familienverhältnissen zu fragen). Die Rolle der Lehrer*innen als Träger schulischer Förderung und von Schule als geschütztem Raum für Integration und Soziabilität v.a. der Mädchen schloss lange eine ernsthafte Mitsprache der Eltern aus. Aktuell wird sie in Frage gestellt von einer wachsenden Zahl von Mittelschichts-Eltern (beginnende Gentrifikation im Quartier!). – Familienpotentiale werden deutlicher in Bieneks reflektiert angelegter Netzwerks-Untersuchung; sie vergleicht eher schwache mit stärker bildungsbeflissenen Hauptschüler*innen. Erstere haben deutlich kleinere und weniger intensive

Netzwerke und Hilfen in Familie, Verwandtschaft und Bekanntschaft, die Leistungsstärkeren sind eingebettet in größere Netzwerke, welche nicht nur Hilfen, sondern Rückhalt und (Bildungs-)Rollenmodelle vermitteln. – Eine Hauptfrage des ganzen Buchs bringen El-Mafaalani und Kurtenbach gut auf den Punkt: Bildungsinvestitionen sind kein Mittel gegen Segregation benachteiligter Schichten! Es gibt durchaus Erfolge, die sich in Bildungsaufstiegen manifestieren – doch die Erfolgreichen ziehen fort, die so geförderten Viertel von „Sitzengebliebenen" erscheinen als politisches Fass ohne Boden. Dies wird etwas provisorisch belegt mit Daten zum Zusammenhang von Arbeitslosenquoten, Gymnasialanmeldungen und Fluktuation, betont wird weiterer Forschungsbedarf. – Sehr anschaulich und wie ein bunter Hund steht dazwischen Dietrichs Beitrag über Gangsta-Rap, durch den sich Rapper authentisch inszenieren als Frankfurter „Ghetto"-Bewohner, gewalttätige Dealer, „stolze deviante Subjekte" mit Gefolgschaft, visuell vor einem Hintergrund von Sozialwohnungsblocks und Bahnhofs-(Rotlicht-)Viertel – und von dicken Autos, die das so erworbene „Subkulturelle Kapital" verkörpern.

Der letzte Abschnitt dreht sich um „Realität und Potentiale ethnischer Segregation". Bukow wirft zunächst, mit der bei ihm gewohnten Verve, anderen Segregationsforschern vor, zum ethnisch aufgeladenen herrschenden Diskurs beizutragen und dies nur vordergründig mit neutralen Begriffen zu kaschieren. Die Globalisierung fördere Mobilität und Diversifizierung und führe besonders im privaten Bereich zu neuen kulturellen Mustern, auch und gerade bei Migrant*innen. Ihre Konzentration in Ankunftsorten und -quartieren sei eine rationale Wahl der günstigsten Anfangslösung. Dieser Anfang werde aber erschwert durch schlechte Versorgung und durch die schwierige Rechtslage, die der (deutsche) „kultur-rassistisch deutende" National- und Kommunalstaat (S. 284) ihnen bereithalte. – Ähnlich argumentiert Yildiz, aber er fokussiert nicht Hegemoniezwänge, sondern die Fähigkeit von Migrant*innen zur Subjektentwicklung. Migration war immer Grundcharakteristikum von Städten, neu erscheine lediglich ihre zunehmende Diversität. Die zweite und dritte Generation entwickle verschiedenste Lebensentwürfe, nabele sich von bisherigen Identitäten ab, und manche reagierten auf Machtverhältnisse mit „ironischer" Selbst-Ethnisierung: Zeit für einen Perspektivenwechsel. – Kurtenbach nähert sich seinem Untersuchungsgebiet, der Dortmunder Nordstadt, faktoren- und clusteranalytisch, wonach nur dieses Viertel in Dortmund als Ankunftsgebiet zu werten sei: Hohe Quoten von Arbeitslosigkeit und Sozialhilfe/SGB II-Abhängigkeit verbänden sich nur hier mit hoher Fluktuation. Die Angebote der dortigen Läden und Dienstleistungen, so die Einsicht aus seinen Gebietsbegehungen, ballten sich an Stellen hoher „Ausländer"-Konzentration, sie kämen der Nachfrage von Neuzuwanderern entgegen, seien zugleich Arbeitsgelegenheiten und Treffpunkte mit der ansässigen überwiegend migrantischen „Sockelbevölkerung". Diese zeige große Offenheit gegenüber den Neuzuwanderern aus dem eigenen Herkunftsland (reichen zum Beleg zwei qualitative Paar-Interviews?); die Frage einer Ausbeutung der Landsleute wird nicht genauer geklärt. – Citlak und Schwegmann betonen, in einer umständlichen Rezeption von Netzwerks-Ansätzen, die Ambivalenz einer „bounded solidarity": Soziale Netzwerke gerade von Migrantengruppen wirken nicht nur stabilisierend und orientierend, sondern auch einengend, je nach örtlicher Ausprägung einer Community. Aus ihren zwei großmaßstäblichen Eltern-Befragungen und zwölf qualitativen Interviews wird aber nur ohnehin Bekanntes deutlich: Die Netzwerke von Familien mit türkischem Hintergrund sind kleiner und familiengeprägter als die deutscher Familien. – Schließlich zeigt Cösters ethnographische Studie über türkischsprachige Bulgar*innen und bulgarische und rumänische Roma im Migranten- und Armutsviertel Duisburg-Marxloh, was eine Öffnung auf qualitative Verfahren hin bringen kann – wohl der schönste Text im Buch, anschaulich und strukturiert zugleich. Präzise wird der soziale Hintergrund im Herkunftsland umrissen; hier wie in der Aufnahme-Stadt erfahren diese ‚Armutszuwanderer' „nahezu ausschließlich Abwehr" (S. 346). Sie zahlen vergleichsweise horrende Mieten für Schrott-Wohnungen. Ihre Einnahmen bestehen aus prekärer Gelegenheitsarbeit – Frauen erhalten allenfalls aus Prostitution eine sichere Bezahlung (v.a. dann, wenn ihre Männer dies sicherstellen) – daneben gibt es nur noch Kindergeld und das Betteln. Für ihre Kinder erwarten sie viel von schulischer Bildung, aber es fehlt ihnen die Fähigkeit zum Umgang mit Bildungsangeboten, ab einem gewissen Alter „verschwinden" v.a. die Mädchen aus dem Unterricht. Und im Quartier werden sie oft Opfer von (auch physischen) Angriffen.

Wenn das Buch den Ausgang von Stromeyers Karriere als Segregationsforscher markiert, ist es ein interessanter Ausgang. Die Beiträge aus quantifizierenden Untersuchungen bringen kaum noch Erkenntnisgewinn, dieser Ansatz scheint ausgereizt, trotz fortentwickelter Analysetechniken. Es geht nicht nur um das bekannte Problem administrativer Gebietsgrenzen – in einigen Städten bieten sich inzwischen immerhin lebensweltliche oder milieubezogene Daten für Gebietsabgrenzungen. Aber die bekannten Datensätze führen zu immer gleichartigen Beschreibungen. Es gibt nur noch kleinere Kontroversen, z.B. die um die Frage, ob es in Gebieten mit großen Anteilen von Bewohner*innen mit türkischem Migrationshintergrund geringere Jugendkriminalität gebe wegen der sozialen Kontrolle der „türkischen Community" (Kunadt 2013), oder ob dies widerlegt werden könne – eine erneute (gegenüber 2006 fast identische) Befragung von Baier und Prätor sollte u.a. nachweisen, dass in (hannoverschen) Stadtteilen mit hohen Anteilen von Bewohnern „türkischer" Herkunft nicht mehr soziale Kontrolle herrsche als in Vierteln mit einer Mehrheit „Deutscher" (was auch niemand behauptet hat).

Die Forschungsfragen von Friedrichs erfordern offenbar neue Ansätze. In theoretischer Hinsicht wird derzeit das Milieukonzept favorisiert. Der Einwand wäre: Wenn man es nicht quantifizierend verkürzen will, ist ein hoher

Erhebungsaufwand nötig, der häufig nicht realisierbar ist. Dennoch: Zur Frage, ob gebietsbezogene Bildungsmaßnahmen soziale Benachteiligungen zu mindern – die Strohmeyer immer wichtig war – bringt auch ein leicht verkürzter Milieuansatz neue Einsichten, soweit dies empirisch mit neuen Methoden (Methodenmix, qualitative oder netzwerksbezogene Erhebungen) verbunden war: die Identifizierung von familiären und Netzwerks-Potentialen, von Zugangshemmnissen oder von struktureller Diskriminierung. Versuche eines Methodenmixes sind nicht immer überzeugend (Kurtenbach; Citlak und Schwegmann), aber hier gibt es noch viele Möglichkeiten. Auch in der segregationsbezogenen Jugendforschung, wo seit langem alles gesagt schien, bringen neue – z.B. milieutheoretische – Ansätze, Erhebungs- und Auswertungsmethoden neue Einsichten z.B. über die Prägung des Quartiersimages durch jugendliche Peergruppen, über deren soziale und/oder herkunftsmäßige Einbettung, über ihre Konkurrenzen. Und Studien wie die über jugendliche Gewalttäter oder über Minderheits-Milieus in der Gebietsbevölkerung bringen endlich Leben und Anschaulichkeit in die Segregationsforschung, die bisher oft so dröge daherkam. Insofern: Ein Segregations-Reader, der Öffnung verheißt und daher empfehlenswert ist.

Literatur:
Kunadt, Susann (2013): Sozialräumliche Determinanten der Jugendkriminalität, in: Oberwittler, Dietrich u.a. (Hg.): Städtische Armutsquartiere – Kriminelle Lebenswelten? Wiesbaden: Springer/VS, S. 141-168

Rainer Neef

Bertels, Lothar (Hg.) (2015): Gotha im Wandel 1990 – 2012. Transformation einer ostdeutschen Mittelstadt. Wiesbaden: Springer VS, 237 Seiten. ISBN: 978-3-658-03684-3. Preis: 29,99 Euro

Der Herausgeber, Lothar Bertels, war bis zu seiner Pensionierung im Jahr 2014 Professor für Stadt- und Regionalsoziologie in der Fakultät für Kultur- und Sozialwissenschaften der FernUniversität Hagen. Zusammen mit Ulfert Herlyn, bis 2002 Professor für Stadt- und Planungssoziologie an der Universität Hannover, unternahm er bald nach der friedlichen Revolution erste empirische Untersuchungen, um den Transformationsprozess in einer thüringischen Mittelstadt im Rahmen einer Langzeitstudie zu untersuchen.

Der erste Band *Stadt im Umbruch: Gotha. Wende und Wandel in Ostdeutschland* (1994) basierte qualitativ wie quantitativ auf einem breiten Methodenprogramm; der zweite Band – *Stadtentwicklung. Gotha 1990-2000* (2002) – behandelte Probleme der Sanierung und Stadtplanung. Der vorliegende dritte und abschließende Band knüpft an zentrale Fragestellungen des ersten Bandes an. Er ist Ulfert Herlyn gewidmet (Herlyn hatte 1967 als Mit-

Rezensionen

arbeiter von Martin Schwonke eine erste Langzeitstudie zu Wolfsburg vorgelegt).

Vorliegender Band umfasst 12 Beiträge – Ulfert Herlyn: Erkenntnisinteresse der dritten gemeindesoziologischen Untersuchung von Gotha; Lothar Bertels: Methodischer Ansatz und Aufbau der Arbeit; Corinna Franiek: Demografie und Stadtentwicklung nach der Wende; Peter Franz: Die wirtschaftliche Basis der Stadt und Region Gotha nach 20 Jahren Transformationsbewältigung; Lothar Bertels: Entwicklung von Erwerbsarbeit und der wirtschaftlichen Lage; Christian Kurrat: Wohnen und Nachbarschaften im Wandel; Lothar Bertels: Zur kulturellen Inwertsetzung der Residenzstadt Gotha; Lothar Bertels: Innerstädtischer Nutzungswandel und Wahrnehmung der Veränderungen durch die Bewohner; Friedrich-Wilhelm Geiersbach: Wandel in Bildern; Lothar Bertels: Biografische Fallstudien; Ulfert Herlyn: Selbstbilder der Ostdeutschen und ihre Fremdbilder der Westdeutschen. Es folgt ein Resümee des Herausgebers.

In seiner Einführung hebt Bertels hervor, das Ziel aller Detailuntersuchungen sei gewesen, auf Gemeindeebene den „Prozess der Umwandlung einer Zentralverwaltungswirtschaft mit staatlicher Planung und Lenkung in eine Marktwirtschaft, die mit Wettbewerb, Konsumfreiheit und bürgerlich-demokratischen Entscheidungsfreiheiten verbunden ist", soziologisch zu dokumentieren. Näher spezifiziert wird das Erkenntnisinteresse im ersten Beitrag von Herlyn. Die beiden vorangehenden Untersuchungen hätten durch die Fülle an Struktur- und Mentalitätsdaten erlaubt, „die heutige Chancenstruktur für die Lebensgestaltung der Bewohnerschaft skizzieren zu können" (S. 30). Zu dieser Chancenstruktur gehört das Problem der Arbeitslosigkeit, die es in der DDR nicht gegeben habe. Die Untersuchungsergebnisse erlaubten zwei Vergleichsmöglichkeiten: zu anderen Städten in der ehemaligen DDR und zu Mentalitätsunterschieden zwischen Menschen aus West- und Ostdeutschland.

Über die Methoden, die in der dritten Untersuchungswelle zur Anwendung kamen, gibt Bertels Auskunft. Neben Expertengesprächen stand eine repräsentative, standardisierte Wiederholungsbefragung im Zentrum, ergänzt durch Intensivinterviews, Nutzungskartierungen, Sekundäranalysen von Dokumenten und eine Foto- und Filmanalyse.

Die grundlegende Frage der zweiten standardisierten Wiederholungserhebung war, wie die Bewohner der Stadt Gotha ihre eigene Situation zwanzig Jahre nach der Wende wahrnehmen und bewerten. Dazu wurden 351 Bewohner telefonisch befragt. Berücksichtigt man, dass es seit der Befragung 1991 einen Bevölkerungsrückgang von 17% gab und die Neigung zum Interview abgenommen hatte, ist das ein erstaunliches Ergebnis. Es zeigt, wie andere Details, dass keine empirische Mühe gescheut wurde, um den Wandel auch auf der Personenebene zu verdeutlichen. Für Expertengespräche standen der Oberbürgermeister und Verantwortliche der Stadtplanung zur Verfügung.

Rezensionen

Im Kapitel über Demografie und Stadtentwicklung von Corinna Franiek wird über Maßnahmen der Stadtentwicklung und Stadtsanierung informiert. Aus Abb. 4.1 ist zwar ersichtlich, dass die Einwohnerzahl Gothas von 1988 bis 2012 um 23% abnahm, aber über die Bezugszahl, die der Einwohner zu den hier relevanten Zeitpunkten, erfährt man nichts. Als Problem für Neu- und Umgestaltungen werden die vielen Wegzüge genannt. Schrumpfung wurde auch als Chance begriffen. Es kam zu einer deutlichen Aufwertung der innerstädtischen Altbaugebiete. Das heutige Stadtbild erinnere immer weniger an die DDR-Vergangenheit.

Die Veränderung des Stadtbildes ist mit einer starken Veränderung der Wohn- und Nachbarschaftsverhältnisse verbunden, über die Christian Kurrat berichtet. Auf dem Gebiet der Wohnungsplanung hatte die DDR große Anstrengungen unternommen, nicht zuletzt deshalb, um durch die Beseitigung „bürgerlicher Wohnviertel" eine neue sozialistische Wirklichkeit zu schaffen. Zur Wohnversorgung gehörte angeblich aber auch, dass die „Menschen in der DDR unabhängig von Klasse und Schicht ihre Wohnungen zugewiesen" bekamen (S. 105). Insgesamt sei die Entwicklung Gothas im Bereich des Wohnens als sehr gelungen zu bezeichnen.

Friedrich-Wilhelm Geiersbach vom Zentrum für Medien und IT an der FernUniversität zeigt den „Wandel in Bildern". In einer Anmerkung wird darauf verwiesen, dass zahlreiche weitere Fotos mit einem Link eingesehen werden können: http://www.fernuni-hagen.de/videostreaming/gotha/ (im Impressum wird, leider nicht explizit genug, auf zwei ausgesprochen interessante DVDs hingewiesen, die im Jahr 2015 veröffentlicht wurden: „Gotha im Wandel 1990-2012. Transformation einer ostdeutschen Mittelstadt". Die DVDs dokumentieren mehrere Interviews).

Was ist über die „kulturelle Inwertsetzung" Gothas zu erfahren? Im entsprechenden Beitrag hebt Bertels einige Aspekte des kulturellen Wandels hervor. Die im Mittelalter gegründete, spätere Residenzstadt habe nach der Wende eine Neupositionierung ihrer wirtschaftlichen und kulturellen Infra- und Angebotsstruktur entwickelt. Die verdrängte Kulturgeschichte wurde wieder lebendig. Vieles konnte restauriert werden, nicht aber das von Karl Friedrich Schinkel entworfene, 1840 erbaute Theater. Im Krieg stark beschädigt, wurde es 1958 gesprengt und abgerissen. An seine Stelle trat ein Wohnhochhaus (die „Wermutsäule" genannt), das „von der Überlegenheit des Sozialismus künden sollte" (zu erinnern ist daran, dass es ähnliche Aktivitäten auch in Westdeutschland gab, hier vor allem, um der aufgestauten Moderne den Weg zu planieren).

Als Fazit hebt Bertels hervor, dass die Wahrnehmung und Wertschätzung der historischen und kulturellen Stadt nach der Wende eine deutliche Aufwertung erfahren habe. „Charakteristisch sind nach unserer Befragung aus dem Jahr 2012 vor allem Schloss mit Orangerie und Park sowie die Altstadt" (S. 137). Die Zahlen der Stadtführungen konnten von 1999 bis 2011 erheb-

Rezensionen

lich gesteigert werden: von etwa 8.500 Teilnehmern auf etwa 13.600 pro Jahr. Für die „kulturelle Inwertsetzung" standen von Bund, Land und Stadt beträchtliche Sondermittel zur Verfügung. „Gotha adelt" war das Motto des 2006 gewählten Oberbürgermeisters – wohl auch eine Anspielung darauf, dass „der" Gotha, das genealogische Handbuch des deutschen Adels, 1763 erstmals in Gotha verlegt, bis heute ein Begriff ist.

Das Resümee des Herausgebers fasst wichtige Resultate der Langzeitstudie mit dem Fazit zusammen, dass der „Aufschwung Ost" auch in Gotha stattgefunden habe. Gotha sei „mehr und mehr eine typisch deutsche Mittelstadt geworden".

Bernhard Schäfers

Läpple, Dieter; Kröger, Sebastian; Peters, Babette; Schreiner, Sarah C. (2015): Kreativer Archipel. Orte der Kreativen in Hamburg und der HafenCity. Materialien zur HafenCity [Bd. 2]. Hamburg: Junius Verlag, 132 Seiten. ISBN: 978-3-88506-486-2. Preis: 24,90 Euro

Schon wieder ein Buch zur kreativen Stadt? Es irritiert auf den ersten Blick, dass 13 Jahre nach dem Erscheinen von Richard Floridas „The rise of the creative class" (Florida 2002) immer noch Publikationen auf den Markt kommen, in denen die Möglichkeiten einer Einbindung von Künstlern und Kreativen in Stadtentwicklungsprozesse ausgelotet wird. Zu viele entweder euphorischen Kreativitätsstrategien oder Floridas Thesen zerreißende Negativszenarien sind seither verfasst worden. Dass zudem ausgerechnet Hamburg Gegenstand der Analyse ist, macht es – angesichts der existierenden Menge an Gutachten, verschiedensten Studienarbeiten, dokumentierten Debatten z.B. im Kontext der IBA und akademischen Studien zur Kultur- und Kreativwirtschaft der Hansestadt – dem Leser nicht einfacher, unvoreingenommen an ein solches Buch heranzugehen. Gleichwohl ist der erstgenannte Autor nun gar nicht dafür bekannt, unreflektiert modischen Themen hinterher zu laufen, sondern steht eher für sorgfältige Analyse von städtischen Funktionssystemen und originelle Zuspitzungen der Befunde. Und schon der erste Satz „Es ist stiller geworden um die ‚kreative Stadt'" lässt aufmerken: Hier sollen noch einmal neue Facetten herausgearbeitet werden, jenseits der mittlerweile entzauberten „Zauberformel" Kreativität.

So ist die Publikation aus mehreren Gründen auch nicht einfach nur eine Studie über Orte der Kreativen in Hamburg. Es entstand aus einem Gutachten, das schon im Jahr 2007 von der HafenCity Hamburg GmbH, jener städtischen Projektgesellschaft, die für die Entwicklung eines der größten und ambitioniertesten innerstädtischen Entwicklungsprojekte der letzten Jahre verantwortlich ist, an das Autorenteam vergeben wurde. Die Aufgabenstellung war, Perspektiven für die HafenCity als Standort für kultur- und kreativwirtschaftliche Nutzungen auszuloten. Die besondere Herausforderung besteht darin, dass das neue Stadtquartier aufgrund seiner extrem hohen Einstiegskosten kaum Spielräume für jene Orte und jene Nutzungen lässt, die normalerweise im Diskurs zur Relevanz von Kultur und Kreativität für Stadtentwicklung im Mittelpunkt stehen. Die ökonomischen Bedingungen der HafenCity-Entwicklungen erlauben im Regelfall nur die Ansiedlung etablierter Unternehmen, vor allem aus der Medien- und Werbewirtschaft. Will man hier auch eine „organische" oder sukzessive Entfaltung kreativ-kultureller Nutzungen anstoßen, so bedeutet das eine Ergänzung des Geschäftsmodells. Und so stellt die Studie im Kern zweierlei dar: a) eine Argumentationsgrundlage für eine partielle Änderung des Geschäftsmodells eines städtebaulichen Großprojekts auf Konversionsflächen im öffentlichen Eigentum. Im Mittelpunkt steht der „Transformationsraum Oberhafen", eine Fläche, die anders als die übrigen Teile des ehemaligen Hafengebiets nicht freigeräumt, verkauft und von Investoren entwickelt wird, sondern auf der die existierenden Lagergebäude als Mietobjekte im Eigentum der Entwicklungsgesellschaft bleiben; und b) ein schönes Beispiel dafür, wie akademische Debatten gewinnbringend in ganz konkrete Stadtentwicklungsprojekte eingebunden werden können.

Rund um diesen Kern beinhaltet das Buch Einiges, das bei einem Werk zur kreativen Stadt zum Standard gehört: die Diskussion der Definitions- und Abgrenzungsproblematik in der Kultur- und Kreativwirtschaft; eine Zusammenfassung der einschlägigen Debatten; Standort- und Netzwerkanalysen von entsprechenden Unternehmen. Allerdings bieten die Autor*innen und Autoren um Dieter Läpple auch Neues und Erhellendes, zum Beispiel eine pointierte Ausgangsthese: Die Bedeutung der Kultur- und Kreativwirtschaft wird – so konstatieren sie – in den bestehenden Arbeiten in der Regel zugleich über- und unterschätzt, ersteres bezogen auf das „direkte Beschäftigungspotenzial" (S. 15); letzteres jedoch mit Blick auf ihre Sektoren übergreifenden Effekte.

Eine weitere Besonderheit besteht darin, dass ein Kapitel die Dokumentation des Auftaktsymposiums zur Entwicklung des Quartiers Oberhafen umfasst, mit einem einleitenden (ins Deutsche übersetzten) Beitrag des Kulturgeografen Andy Pratt und einem anschließenden Streitgespräch zwischen ihm, Dieter Läpple und dem Theatermacher Carl Hegemann. Insbesondere dieses Gespräch zeigt sehr anschaulich, wie bei der Debatte um Kultur und Ökonomie verschiedene schwer mit einander vereinbare Welten aufeinanderprallen. Eine Aussage von Andy Pratt (S. 106) bietet darüber hinaus ein einleuchtendes Beispiel für die Sektoren übergreifende Logik von Kultur und Kreativität: Auch Banken kaufen Kunst und tragen damit zum Bestehen kultureller und künstlerischer Aktivität bei. Gleichzeitig schauen sie, wie auch viele andere Unternehmen, genau auf Kunst- und Kulturproduktion, um ggf.

Rezensionen

alternative Organisationsmodelle zu den überkommenen Großstrukturen fordistischer Konzerne zu entwickeln.

Ebenfalls erhellend ist die Auswertung von Beschäftigtenstatistiken verschiedener kultur- und kreativwirtschaftlicher Tätigkeitsbereiche im Vergleich deutscher Großstadtregionen. Bei aller gebotenen Vorsicht, sich vor dem Hintergrund des sehr fragmentierten Arbeitsmarktes der Kultur- und Kreativwirtschaft zu sehr auf die Statistik der sozialversicherungspflichtig Beschäftigten zu verlassen, zeigen sie doch eines ziemlich deutlich: Hamburgs Ruf als Kreativmetropole basiert immer noch vornehmlich auf der Stärke des Werbearbeitsmarktes, und auch dort haben München und Berlin im neuen Jahrtausend Einiges an Boden gut gemacht. Schade ist, dass die Zeitreihen schon 2006 enden und damit die Entwicklung der letzten 10 Jahre im Verborgenen bleibt.

Schließlich bietet der Titel „kreativer Archipel" eine neue und originelle Perspektive auf das Zusammenspiel von Kreativwirtschaft und Stadt. Beide sind keine Monolithen, sondern hoch differenzierte Systeme, in denen die verschiedenen Bestandteile gleichwohl untereinander in enger Beziehung stehen. Und so bildet sich die Differenziertheit der kulturbasierten Produktion und ihrer ökonomischen oder nicht-ökonomischen Verwertung auch in ganz unterschiedlichen, aber miteinander vernetzten städtischen Orten ab. Einer dieser Orte soll am Rande der Hamburger HafenCity-Entwicklung zukünftig entstehen, mit hohen Erwartungen an seine Rolle im Archipel. Das Narrativ dazu liefert dieses Band in vorbildlicher Weise. Ob die Erwartungen schließlich erfüllt werden, wird erst die Zukunft zeigen.

Literatur:
Florida, Richard (2002): The rise of the creative class - and how it's transforming work, leisure, community and everyday life. New York: Basic Books.

Joachim Thiel

Frank, Sybille; Gehring, Petra; Griem, Julika; Haus, Michael (Hg.) (2014): Städte unterscheiden lernen. Zur Analyse interurbaner Kontraste: Birmingham, Dortmund, Frankfurt, Glasgow. Frankfurt am Main: Campus Verlag, 470 Seiten. ISBN: 978-3-593-50211-3. Preis: 34,90 Euro

Barbehön, Marlon; Münch, Sybille; Haus, Michael; Heinelt, Hubert (2015): Städtische Problemdiskurse. Lokalpolitische Sinnhorizonte im Vergleich. Baden-Baden: Nomos Verlag. ISBN: 978-3-8487-1661-6. Preis: 39,00 Euro

Nach wie vor ist die Frage nach dem „Habitus der Stadt" und der „Eigenlogik der Städte" *en vogue*. In den letzten Jahren hat sich der zunächst als theoretischer Alternativvorschlag zur klassischen „subsumtionslogischen" Stadtsoziologie ausformulierte Eigenlogik-Ansatz auch in der konkreten Forschungspraxis etabliert. Mittlerweile liegen in der im Campus Verlag erscheinenden Darmstädter Reihe „Interdisziplinäre Stadtforschung" zahlreiche Fallstudien vor; als Band 19 dieser Reihe ist 2014 der hier zu besprechende Band „Städte unterscheiden lernen" erschienen. Die Herausgeber*innen Sybille Frank, Petra Gehring, Julika Griem und Michael Haus kommen – und das ist eine Besonderheit des Bandes – aus vier unterschiedlichen Disziplinen, und zwar der Stadt- und Regionalsoziologie, der Philosophie, der anglistischen Literaturwissenschaft und der Politikwissenschaft. Dieser inter- und transdisziplinäre Zuschnitt des Buches verdient große Anerkennung, zumal eine solche Kooperation selbst in dem relativ offenen Feld der Stadtforschung noch lange nicht an der Tagesordnung ist. Insgesamt 17 Autor*innen setzen sich in größeren Forschungsaufsätzen und Forschungsberichten mit Aspekten einer vergleichenden Stadtforschung in Birmingham, Dortmund, Frankfurt und Glasgow auseinander. Untersucht werden innerurbane kulturelle Topographien und Konstellationen städtischer Akteursgruppen, stadtbezogene Tempodiskurse, Stadtmarketingstrategien, Bildtypologien in Internetauftritten und Werbematerial, Versprachlichungen von städtischen Problemlagen, Verwendungsweisen des Stadtnamens, Alltagsroutinen in Friseursalons und andere Momente, in denen sich lokalspezifische Charakteristika verdichten lassen.

Das Forschungsprogramm „Eigenlogik der Städte" ist bei aller Präsenz im derzeitigen Feld der deutschsprachigen Stadtsoziologie nicht unumstritten geblieben; von teils prominenter Stelle sind bedenkenswerte theoretische wie methodologische Einwände erhoben worden.[1] Frank, Gehring, Griem und Haus bezeichnen in ihrer Einführung in den Band die „Eigenlogik" denn auch als „Reizwort" (30) und setzen sich auch mit den Problemstellen dieses Konzeptes auseinander. Davon ausgehend wird das Buch als „Praxistest" (10) des Eigenlogik-Programms positioniert; und tatsächlich ergeben sich aus den interdisziplinären Forschungen aufschlussreiche methodologische Feinjustierungen des Theorieansatzes. So wird einleitend völlig zu Recht gefragt, „welchen Typ von Ergebnissen" Forschungen dieser Art überhaupt generieren können. Es gehe nicht darum, *die* Eigenlogik einer Stadt zu identifizieren, sondern vielmehr darum, nach „signifikante[n] Eigenarten" von Städten zu fragen, „die im lokalen Alltagshandeln wie auch in lokalen Foren oder Arenen (etwa in der Stadtpolitik) auf sachte Weise auch wirksam werden: nicht kausal, wie ja in komplexen sozialen Realitäten nichts nur einfach kausal wirkt, sondern Effekte sinnförmig konditioniert sind [...]" (10). Deshalb waren für die vorliegenden Forschungen auch die „in der Städteforschung etablierten, vorzugsweise quantitativ angelegten Vergleichsdesigns der Sozialwissenschaften durch qualitativ-kulturwissenschaftliche

1 Vgl. dazu u.a. die Diskussionsbeiträge des Sammelbandes Jan Kemper/Anne Vogelpohl (Hg.), Lokalistische Stadtforschung, kulturalisierte Städte. Zur Kritik einer „Eigenlogik der Städte", Münster 2011.

Explorationsverfahren" (9) zu ergänzen. Die Zusammenarbeit zwischen Sozial-, Literatur- und Politikwissenschaften sowie der Philosophie hat diese methodologische Kombinatorik offensichtlich ganz wesentlich gefördert. Ein wichtiger Punkt der einleitenden Bemerkungen bezieht sich auf die inhärente Reflexivität des Forschungsgegenstands Stadt: Städte sind nicht nur „Inkubator[en] generisch sich herausformender Wirklichkeiten", sondern auch „Knotenpunkte von Symbolisierungen und von Selbstsymbolisierungen" (12). So geht es denn auch in mehreren Einzelbeiträgen des Bandes um städtische Selbstthematisierungen: Johannes Marent und Christoph Rosenbusch untersuchen die „Kompaktimpressionen" visueller Stadtrepräsentationen; Ralph Richter behandelt unter dem Titel „Differenzierung inszenieren" Diskurse und Praktiken des Stadtmarketing im Zeichen einer intensivierten Städtekonkurrenz. Mehr noch loten die Kapitel „Namen nennen" (Petra Gehring, Julika Griem), „Städte als Sozialfiguren" (Helmuth Berking, Sybille Frank, Johannes Marent, Ralph Richter) und „Anders als die anderen? Selbstbezug als Städtevergleich" (Marlon Barbehön, Sybille Münch) die reflexive Konstitution städtischer Einzigartigkeiten aus. Andere Beiträge des Bandes setzen sich mit stadtspezifischen Logiken räumlicher und sozialer Gefüge auseinander: Janneke Rauscher und Ralph Richter beleuchten „Orte und Differenzen", Sybille Münch die „Konstellation städtischer Gruppen". Stärker auf diskursanalytische Verfahren stützen sich die Beiträge zu „Wendungen der Dringlichkeit" (Andreas Großmann) und „Leitvorstellungen politischer Handlungsfähigkeit" (Marlon Barbehön), die konkrete lokalpolitische Problemhorizonte von ihrer sprachlichen Repräsentation her aufschließen. Einen empirischen Brennpunkt der vergleichenden Untersuchung der vier ausgewählten Städte bildet schließlich der Frisiersalon, der in zwei Beiträgen ausführlich thematisiert wird. In ihrem Text „Tradition, Zukunft und Tempo im Frisiersalon" erkunden Nina Baur, Linda Hering, Martina Löw und Anna-Laura Raschke in einem kombinierten Forschungsdesign aus Ethnographie und quantitativen Erhebungen den Umgang mit dem Faktor Zeit und das Zeitmanagement in Frisiersalons in Birmingham, Dortmund, Frankfurt und Glasgow. Lars Meier und Julika Griem konzentrieren sich in ihrer kleinen Studie „Beim Friseur in Glasgow" dagegen auf den „Umgang mit sozialen Differenzen" in ausgewählten Glasgower Friseurbetrieben, was vorsichtige Rückschlüsse auf die ortsspezifische Dynamik sozialer Nahbeziehungen erlaubt.

Insgesamt stellt der Band „Städte unterscheiden lernen" einen bemerkenswerten Versuch dar, das Programm der „Eigenlogik der Städte" in konkretere Forschungsdesigns umzusetzen und von dort aus vorsichtig und kritisch zu erproben. Positiv hervorzuheben ist neben der erwähnten *wirklich* fächerübergreifenden Zusammenarbeit der Autor*innen der über weite Strecken sensible Umgang mit den Möglichkeiten und Grenzen „eigenlogischer" Stadtforschung. In der Einführung heißt es dazu: „Man bewegt sich im Komplexen. Als Ganzes sind städtische Verhältnisse niemals überschaubar. Weswegen man [...] die Forschungsmethoden darauf einstellen muss, möglichst geschickt verteilte, in ihren Ergebnissen zu verknüpfende Suchscheinwerfer aufzustellen, um von den ausschnitthaften Belichtungen auf das Ganze, um *pars pro toto* auf durchgehende Muster, auf eine bestimmte Grammatik städtischer Verhältnisse zu schließen" (8-9). Man kann sich sicherlich darüber streiten, ob die Suchscheinwerfer in diesem Fall geschickt genug aufgestellt wurden, um tatsächlich Umrisse lokalspezifischer Grammatiken sichtbar werden zu lassen. Fest steht aber, dass hier ein insgesamt gelungener Versuch vorgelegt wurde, einigen – immer reflexiv konstituierten – Eigenarten der Städte Birmingham, Dortmund, Frankfurt und Glasgow empirisch auf die Spur zu kommen. Mit ihren *„orchestrated methods"* (403), mit ihrer forschungsleitenden Idee der „interurbanen Kontraste" sowie mit vielen interessanten Einzelbefunden eröffnen die Autor*innen in der Tat „einen Forschungspfad, auf dem weiterzugehen sich lohnt und auf dem noch viele Schritte zu tun sind" (410).

Im Gegensatz zur interdisziplinären Zusammensetzung der Herausgeberschaft von „Städte unterscheiden lernen", kommen die vier Autor*innen des zweiten hier zu besprechenden Bandes allesamt aus der Politikwissenschaft. Es ist kennzeichnend für die anwendungsorientierte Tendenz der Darmstädter „Eigenlogik"-Forschung, dass dieser Forschungsansatz auch in der lokalen Politikforschung aufgegriffen wird, um ihn auf „städtische Problemdiskurse" anzuwenden.[2] Marlon Barbehön, Sybille Münch, Michael Haus und Hubert Heinelt haben ihren Band in der Reihe „Modernes Regieren" des Nomos-Verlags publiziert, in dem ebenfalls die Städte Frankfurt, Birmingham, Glasgow und Dortmund untersucht werden – wobei schon der Reihentitel auf die Frage verweist, wie man mittels neuer Einsichten in die Spezifik bestimmter Städte Einfluss auf kommunalpolitische Prozesse im Sinne eines lokalistischen „Regierens" nehmen kann. Einen grundlegenden Versuch in diese Richtung haben bereits 2011 Martina Löw und Georgios Terizakis mit ihrem Eigenlogik-Handbuch für Stadtplanung und Stadtentwicklung unternommen;[3] nun also wurde aus politikwissenschaftlicher Perspektive nachgelegt und ein Forschungsdesign entwickelt, das lokalspezifische Problemhorizonte und Problembewältigungsstrategien in den Blick nimmt.

In ihren Erläuterungen zur „sinnverstehenden Stadt(politik)forschung" beziehen sich die vier Autor*innen auf eine Reihe von Texten, die aus der kulturwissenschaftlichen und soziologischen Stadtforschung gut bekannt sind

---

2 Bisher hat insbesondere Karsten Zimmermann den Eigenlogik-Ansatz für die lokale Politikforschung adaptiert und Überlegungen entwickelt, die auch im vorliegenden Band aufgegriffen werden. Vgl. u.a. Karsten Zimmermann, Eigenlogik der Städte – eine politikwissenschaftliche Sicht, in: Helmuth Berking/Martina Löw (Hg.), Die Eigenlogik der Städte. Neue Wege für die Stadtforschung, Frankfurt am Main/New York 2008, S. 207-230.trgbtdh

3 Martina Löw/Georgios Terizakis (Hg.), Städte und ihre Eigenlogik. Ein Handbuch für Stadtplanung und Stadtentwicklung, Frankfurt am Main/New York 2011.

Rezensionen

– angefangen von den idiographischen Pionierstudien von Richard Wohl und Anselm Strauss über Rolf Lindners Konzeptualisierungen des „Habitus der Stadt" und des „*urban imaginary*" bis hin zu den einschlägigen Beiträgen zur Diskussion um die „Eigenlogik der Städte" (S. 20-25). Die grundlegende Operationalisierung dieser theoretischen Ansätze geschieht – wie schon im oben besprochenen Band „Städte unterscheiden lernen" – mit der gebotenen Vorsicht. So wird festgehalten, „dass mit dem Konzeptbegriff der Eigenlogik keine rationale Gesetzmäßigkeit impliziert wird, die gleichsam automatisch die Prozesse der Sinngebung in einer Stadt in eine vorbestimmte Richtung lenkt. Vielmehr soll der Begriff darauf verweisen, dass sich die allgemeinen Merkmale der Dichte und Heterogenität, die die raumstrukturelle Form der Stadt kennzeichnen, als je ortsspezifische Modi der Verdichtung und Heterogenisierung beschreiben lassen" (24). Es geht mithin darum, die „Institutionen, Prozesse und Inhalte von Lokalpolitik" dezidiert vor dem Hintergrund dieser Ortsspezifik und von lokalen Praktiken „kollektiver Sinngebung" zu betrachten (25), ohne in irgendeiner Weise deterministisch zu argumentieren.

Soweit die Zielmarkierung dieser politikwissenschaftlichen Studie. Doch wie ist ein solches Programm methodisch umzusetzen? In ihrer Einleitung betonen die Autor*innen ihren Anspruch, Konzepte und Erkenntnisse der internationalen Policy-Analyse mitsamt der dort zu beobachtenden „interpretativen Wende" in die deutschsprachige lokale Politikforschung einzuführen (10). Gleichzeitig beziehen sie sich an dieser Stelle auf qualitative Methoden aus dem Arsenal der Sozial- und Kulturwissenschaften. So ist hier von einem umfassenden „interpretative[n] Städtevergleich" (48) die Rede, bei dem aus „post-positivistischer Sicht" versucht wird, „den Forscher zurück ins Feld zu holen", um zu „verstehen, wie sich Bedeutung ‚im Feld' ergibt" (49). Solche Formulierungen wecken gewisse Erwartungen an eine intensiv qualitativ gearbeitete Studie mit ethnographischer Grundierung, die in der Studie in dieser Form leider nicht erfüllt werden. Wenn überdies für die angebotene einleitende Kurzcharakteristik der vier ausgewählten Städte das Konzept der „dichten Beschreibung" (51) in Anspruch genommen wird, dann klaffen methodologischer Referenzrahmen und praktische Durchführung besonders deutlich auseinander. Im empirischen Teil des Buches wird auf zweierlei Materialbestände zurückgegriffen: Zum einen auf Tageszeitungen und Protokolle beschlussfassender Gremien, zum anderen auf Interviews und Gruppendiskussionen mit lokalpolitischen Akteur*innen. In der Auseinandersetzung mit diesen Textsorten dominiert ein diskursanalytischer Zugriff, der auf die „Rekonstruktion der Strukturmuster im Reden über die Probleme dieser Stadt" (63) zielt. In der teilweise etwas gestelzten Wissenschaftssprache der Autor*innen ausgedrückt, soll dadurch eruiert werden, „inwiefern sich mit der städtischen Aneignung der Welt lokalspezifische An- und Ausschlussprinzipien verbinden, die eine Machtwirkung hinsichtlich der Problematisie-

rungspotenziale bestimmter urbaner Phänomene und darauf bezogener Erzählungen entfalten" (63).
Die Struktur des empirischen Teils unterscheidet sich hier stark von der des oben besprochenen Bandes. Vier große Kapitel behandeln die vier untersuchten Städte nach einem einheitlichen Schema; beleuchtet werden – säuberlich nacheinander – die „Konstruktion von Problemursachen und Handlungspotenzialen", die „Konstruktion von lokalpolitischen Handlungssphären", die „Konstruktion von sozialen Gruppen" sowie die „Konstruktion von Zeitlichkeit". Mittels zahlreicher Zitate aus der lokalen und regionalen Presse sowie vereinzelten Interviewpassagen wird ein interessantes und durchaus dichtes Bild lokaler Problemdiskurse und Problemwahrnehmungen gezeichnet, wobei allerdings stellenweise zu sehr pauschalisiert wird und in problematischer Weise Städte als kollektive Akteure auftreten. So ist beispielsweise die Rede vom „Diskurs Frankfurts" (74, 172) und vom „Diskurs Glasgows" (173) sowie davon, dass „sich Frankfurt auf Augenhöhe mit übergeordneten politischen Ebenen wahrnimmt" (99) und „sich auferlegt, stets beide Seiten einer Medaille zu betrachten" (174); an anderer Stelle „feiert Birmingham beständig ein hartes Durchgreifen gegen straffällige Jugendliche als Erfolg" (81). Auf diese Weise wird in der Studie „der Diskurs" einer Stadt weitgehend als homogenes Ganzes aufgefasst, ohne auf innere Brüche und Widersprüche sowie unterschiedliche Sprechpositionen zu achten. Erst recht bei der Beschränkung des Samples auf zwei Tageszeitungen (im Falle Frankfurts und Dortmunds) bzw. nur eine einzige Tageszeitung zwei (im Falle Birminghams und Glasgows) hätten hier nicht allzu schnell solche Schlüsse gezogen werden dürfen.
Die in den Städtekapiteln entwickelten und in einer kurzen Schlussbetrachtung nochmals aufgelisteten Ergebnisse des „interpretativen Städtevergleichs" bleiben leider etwas dünn. Die Untersuchung lokalpolitischer Sinnhorizonte mündet hier lediglich in allgemeine Feststellungen, etwa zu divergierenden Vorstellungen von Stadtgesellschaft oder zu Unterschieden im Diskurs über die Verlaufsgeschwindigkeiten lokaler Problemlösungen. Weitaus interessanter hätten die Ergebnisse ausfallen können, wären sie stärker mit anderen, bereits vorliegenden Befunden zur sozialen Struktur und Stadtkultur der vier untersuchten Agglomerationen verknüpft worden. Zwar beziehen sich Barbehön et al. an einer Stelle auf den breiteren Kontext des interdisziplinären Forschungsprojekts zu Frankfurt, Birmingham, Glasgow und Dortmund und skizzieren davon ausgehend eine Forschungsperspektive, die strukturelle Homologien zwischen verschiedenen städtischen Diskurs- und Handlungsfeldern in den Mittelpunkt der Analyse stellt (177). Allerdings wird diese Perspektive hier nur schwach angedeutet – so wie abschließend auch andere „allgemeine Deutungsangebote" (178) vorgestellt werden, aber kaum in die konkrete Darstellung der Ergebnisse selbst einfließen. Dabei heißt es über den als „naheliegend" gekennzeichneten Rückgriff auf stadtge-

schichtliche Entwicklungslinien: „Gleichwohl ist auf gravierende Probleme historischer Erklärungen zu verweisen, die einerseits letztlich darauf hinauslaufen, dass das, was (wie) kam, so kommen musste, oder andererseits bei (Pfad-)Abweichungen auf Zufall abheben" (179). Die Art und Weise, wie hier mit einem Satz die Notwendigkeit historischen Denkens vom Tisch gewischt wird, bezeichnet die Hauptschwäche dieser politikwissenschaftlichen Diskursanalyse. Sie lässt außer acht, dass die hier aufgegriffene idiographische Richtung der Stadtforschung *im Kern* auf historisch-genetischen Argumentationen aufbaut; der Rückgriff auf Geschichte ist bei der Erklärung „habitueller" oder „eigenlogischer" Strukturen unabdingbar. „Städte als Sinnhorizonte" (17) bilden sich nicht in ein paar Jahren kommunaler Politikberichterstattung heraus; mit einer Diskursanalyse der aktuellen Tagespresse ist es hier keineswegs getan. Der Band „Städtische Problemdiskurse" bleibt für die lokale Politikforschung sowohl vom theoretischen Ansatz wie einigen seiner explorativen Ergebnisse her durchaus interessant; in seiner kultur- und sozialwissenschaftlichen Reichweite aber limitiert er sich – unter anderem durch den Totalverzicht auf eine historische Perspektive – selbst.

Jens Wietschorke

Dokumentation und Statistik

Caroline Baumgart; Stefan Kaup; Frank Osterhage; Karsten Rusche; Stefan Siedentop; Ralf Zimmer-Hegmann

Monitoring StadtRegionen

Das Ziel eines Monitoring von räumlichen Einheiten ist es, für die Leserinnen und Leser in regelmäßigen Abständen einen Überblick über die themenbezogenen Entwicklungen zu bieten, welche sich in einem bestimmten zeitlichen Rahmen in diesen vollzogen haben. Das Jahrbuch StadtRegion führt einen solchen Überblick seit dem Jahr 2001 für ausgewählte stadtregionale Einheiten auf der Grundlage der Kreise und kreisfreien Städte in Deutschland. Seit der Ausgabe 2013/14 ist die Bezugsebene auf die der Städte und Gemeinden gewechselt. In dem hier vorgestellten Monitoring StadtRegionen werden Aspekte behandelt, die insbesondere die Bevölkerungs-, Flächen- und Siedlungsentwicklung sowie die Trends in Arbeitsmarkt- und Sozialstrukturen beinhalten.

Das hier aufgezeigte Monitoring StadtRegionen ist gleichzeitig ein aktiver Bestandteil des Projektes Geomonitoring am Institut für Landes- und Stadtentwicklungsforschung (ILS) in Dortmund und ist auf die Forschungsinhalte des ILS ausgerichtet. Es knüpft an das Leitthema „Neue Urbanisierungsprozesse im europäischen Kontext – Zukünfte des Städtischen" und die zwei Forschungsschwerpunkte „Stadtentwicklung und Mobilität" sowie „Stadtentwicklung und Städtebau" an. Ein inhaltlicher Fokus liegt somit auf der Untersuchung von Prozessen räumlicher und sozialer Mobilität in ihren siedlungsstrukturellen und städtebaulichen Ausformungen und Wirkungen. Das ILS-Geomonitoring besteht aus insgesamt drei unterschiedlichen Modulen. Während das Monitoring StadtRegionen (Modul 1) und das Kommunalpanel (Modul 2) den Aufbau eines multi-thematischen Datensatzes auf unterschiedlichen räumlichen Maßstabsebenen zum Ziel haben, umfasst das dritte Modul den Themenbereich Wanderungs- und Wohnstandortentscheidungen. Übergeordnetes Ziel aller Geomonitoring-Module ist es auf unterschiedlichen räumlichen Ebenen – der Stadtregion, der Städte und Gemeinden sowie untergemeindlichen Raumeinheiten – einen Datenbestand zu schaffen, den es in vergleichbarer Form für Deutschland noch nicht gibt und der neue Möglichkeiten für die empirische Untersuchung von urbanen Entwicklungen bietet.

Im Folgenden wird die Entwicklung der Stadtregionen zwischen den Jahren 2008 und 2013 anhand von den vier folgenden Indikatoren aufgeführt:
- Bevölkerung
- sozialversicherungspflichtig Beschäftigte (am Arbeitsort)
- SGB II-Quote sowie
- Siedlungs- und Verkehrsfläche

Da sich die Darstellung der Entwicklung der Öffentlichen Finanzen als sehr fehleranfällig und nicht stringent erzeugbar dargestellt hat, wurde sie in diesem Jahrbuch 2015/16 nicht mehr berücksichtigt.

Dieser Beitrag ist als Weiterführung der Ergebnisse des Monitorings für das Jahrbuch StadtRegion 2013/14 zu sehen. Der Stützzeitraum der Beobachtung ist dabei um zwei Jahre verlängert worden, die Ergebnisse beziehen sich nun durchgängig auf die Jahre 2008 bis 2013.

1 Ableitung der Stadtregionen

Die hier dargestellte räumliche Entwicklung bezieht sich nicht auf die gesamte Zahl der ca. 11 500 Städte und Gemeinden in Deutschland, sondern auf eine Untermenge in den von den Autoren definierten Stadtregionen. Diese nehmen nur etwa 32 % der gesamten Siedlungs- und Verkehrsfläche des Landes ein, repräsentieren aber 50 % seiner Einwohner.

Das Verfahren zur Regionalisierung und somit auch die Abgrenzung der Regionen selber, wie sie in dem vorangegangen Beitrag zum Monitoring StadtRegionen im Jahrbuch StadtRegion 2013/14 definiert wurden, wird für den aktuellen Beitrag beibehalten. Das Verfahren beruht auf Informationen aus der amtlichen Statistik basierend auf der räumlichen Ebene von Städten und Gemeinden in Deutschland. Dabei nimmt es demographische Aspekte der Siedlungsgrößen und -dichten, funktionale als auch räumliche Verflechtungen auf.

Monitoring StadtRegionen

Abbildung 1: Definition der Stadtregionen

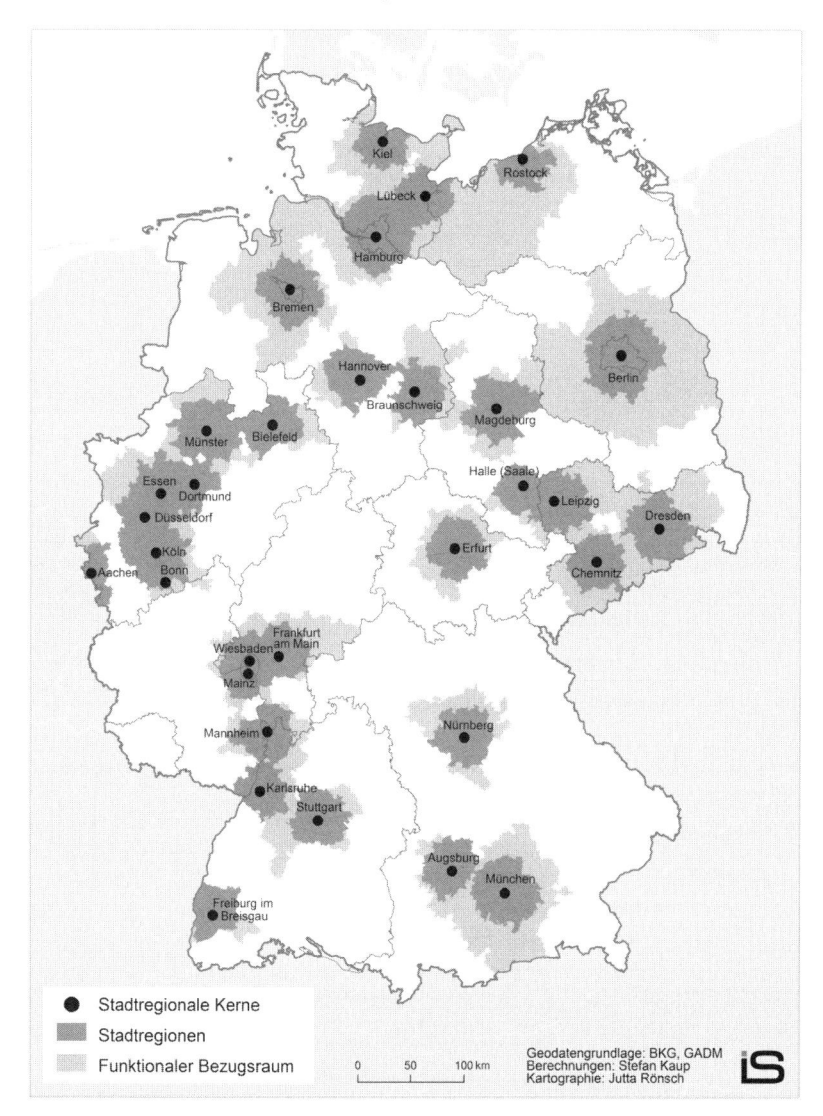

Quelle: Eigene Darstellung, Kartografie: Jutta Rönsch, ILS

2 Bevölkerungsentwicklung

Der demographische Wandel war seit der Jahrhundertwende lange Zeit das dominierende Thema, wenn über die Bevölkerungsentwicklung in Deutschland diskutiert wurde. Zwischenzeitlich hat zudem die Debatte um eine Trendverschiebung in Richtung Reurbanisierung große Aufmerksamkeit erfahren (v. a. Brake, Herfert 2012). Zuletzt war es die Zuwanderung von Flüchtlingen, die sich immer mehr zum beherrschenden Thema entwickelte und von einer breiten Öffentlichkeit erörtert wurde. Bereits in dem bis Ende 2013 reichenden Betrachtungszeitraum dieses Beitrags konnte eine deutliche Zunahme der Zuzüge aus dem Ausland beobachtet werden (Statistisches Bundesamt 2014), die in den folgenden Jahren unvermindert anhalten sollte.

Vorab soll zudem auf die Durchführung des Zensus 2011 hingewiesen werden, der aus methodischer Sicht für eine Analyse der Bevölkerungsentwicklung von großer Bedeutung ist. Mit der Veröffentlichung der Zensus-Ergebnisse wurde eine neue Basis für die Fortschreibung der amtlichen Einwohnerzahlen geschaffen. Die Differenz gegenüber der davor herangezogenen Bevölkerungsfortschreibung war nennenswert: Am Zensusstichtag 9. Mai 2011 gab es in Deutschland insgesamt 1,5 Mio. bzw. 1,8 % weniger Einwohner als angenommen. Die Abweichungen zwischen den alten und neuen Einwohnerzahlen fielen in den Bundesländern und Kommunen dabei recht unterschiedlich aus (Statistisches Bundesamt 2013).

2.1 Bevölkerungsentwicklung in den Stadtregionen

Die Folgen der mit dem Zensus 2011 verbundenen Umstellung zeigen sich deutlich bei der Abbildung 2. Die Darstellung zur Bevölkerungsentwicklung im Fünfjahreszeitraum 31.12.2008 bis 31.12.2013 ist durch einen Bruch in der Zeitreihe zwischen den Jahren 2010 und 2011 gekennzeichnet. Trotz der damit verbundenen Einschränkungen lässt sich erkennen, dass das räumliche Muster der Bevölkerungsentwicklung in den letzten Jahren als „doppelte Zentralisierung" interpretiert werden kann. Erstens hat sich die Gruppe der Stadtregionen insgesamt besser entwickelt als das übrige Bundesgebiet. Zweitens fiel die Bevölkerungsentwicklung in der Summe für die Kernstädte besser aus als für die Umlandgemeinden.

Monitoring StadtRegionen

Abbildung 2: Index-Entwicklung der Bevölkerung im Gesamtvergleich

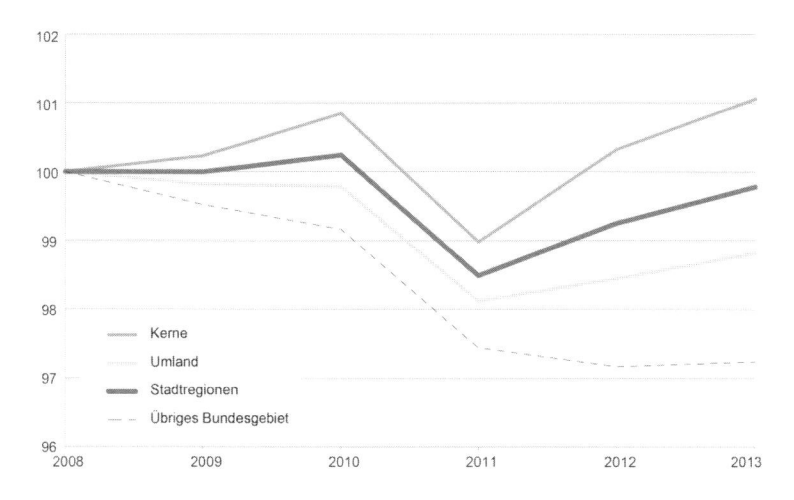

Quelle: Statistische Ämter des Bundes und der Länder – Regionaldatenbank Deutschland (dl-de/by-2-0); eigene Berechnungen

Nähere Erkenntnisse zur aktuellen Entwicklung ergeben sich, wenn die prozentuale Veränderung der Einwohnerzahlen in den einzelnen Jahren des Betrachtungszeitraums in den Blick genommen wird (vgl. Abbildung 3). Die beschriebene „doppelte Zentralisierung" ist sowohl vor als auch nach dem Zensusjahr 2011 ablesbar. Dabei ist der Abstand zwischen den drei betrachteten Raumkategorien – Kerne, Umland, übriges Bundesgebiet – über mehrere Jahre hinweg größer geworden. Vor diesem Hintergrund sind die Zahlen für 2013 bemerkenswert, da sie möglicherweise erste Hinweise auf eine erneute Trendverschiebung liefern. Die bekannte Rangfolge zwischen den Raumkategorien bestand zwar weiterhin, doch fielen die Unterschiede bei der Entwicklung der Einwohnerzahlen in diesem Jahr wieder wesentlich kleiner aus. Erstmals seit längerer Zeit konnten die Kommunen aus dem übrigen Bundesgebiet zusammen leichte Bevölkerungsgewinne erzielen, während sich die Wachstumsrate bei der Gruppe der Kernstädte abgeschwächt hat.

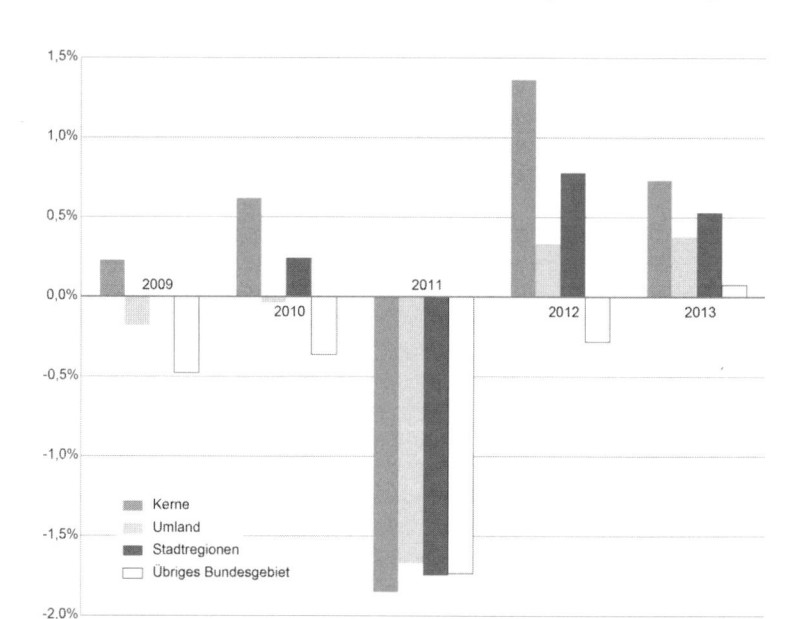

Abbildung 3: Jährliche Veränderung der Bevölkerung im Gesamtvergleich

- Kerne
- Umland
- Stadtregionen
- Übriges Bundesgebiet

Quelle: Statistische Ämter des Bundes und der Länder – Regionaldatenbank Deutschland (dl-de/by-2-0); eigene Berechnungen

Hinter der Betrachtung von verschiedenen Raumkategorien verbergen sich erhebliche regionale Unterschiede bei der Bevölkerungsentwicklung. Die Abbildung 4 zeigt die jährliche Veränderung der Einwohnerzahlen in den Jahren 2012 und 2013 für die 30 betrachteten Stadtregionen. An der Spitze stehen die Regionen München, Leipzig, Berlin und Frankfurt am Main. In diesen Fällen weist die Bevölkerungsentwicklung eine besondere Dynamik auf, da es zu einem Einwohnerzuwachs von mehr als einem Prozent im Jahr gekommen ist. Insgesamt sind die Stadtregionen mit einer positiven Bevölkerungsentwicklung deutlich in der Überzahl. Lediglich die Regionen Halle (Saale), Chemnitz, Magdeburg, Dortmund und Essen haben Einwohnerverluste hinnehmen müssen. Es ist nicht einfach, klare räumliche Muster zu erkennen. Allerdings kann festgestellt werden, dass viele Stadtregionen aus Süddeutschland weit vorne in dieser Rangliste zu finden sind. In Westdeutschland sind es dagegen weiterhin die beiden Stadtregionen aus dem Ruhrgebiet, die hinter der allgemeinen Entwicklung zurückgeblieben sind.

Monitoring StadtRegionen

Unter den ostdeutschen Stadtregionen fallen die großen Unterschiede ins Auge, was die Platzierungen in dieser Auflistung betrifft.

Abbildung 4: Mittlere jährliche Veränderung der Bevölkerung in den Stadtregionen 2012 und 2013

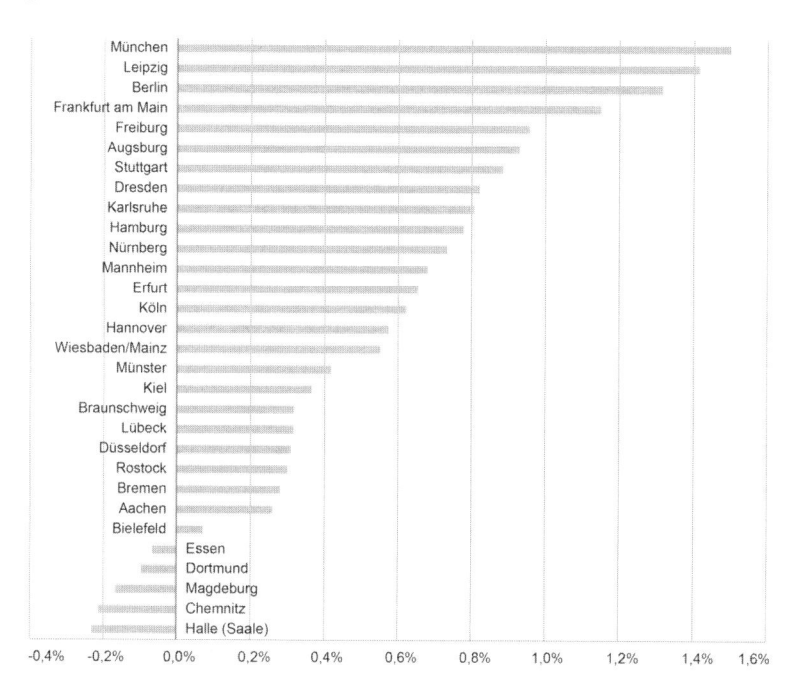

Quelle: Statistische Ämter des Bundes und der Länder – Regionaldatenbank Deutschland (dl-de/by-2-0); eigene Berechnungen

Wenn man die Bevölkerungsentwicklung in den beiden Teilen einer Stadtregion miteinander vergleicht, ergibt sich für die Jahre 2012 und 2013 ein einseitiges Bild: Ohne Ausnahme wiesen die Kerne in allen 30 betrachteten Regionen eine günstigere Entwicklung auf als das Umland (vgl. Abbildung 5). Alle Kernstädte konnten Einwohner hinzugewinnen. Dies traf zwar in 80 % der Fälle auch für das Umland zu, doch bewegten sich die Wachstumsraten stets auf einem niedrigeren Niveau. Die mit Abstand größte Differenz zwischen Kern und Umland bestand in der Stadtregion Leipzig. Besonders groß war der Abstand zudem in den ostdeutschen Regionen Magdeburg und Halle (Saale) sowie in den Regionen Frankfurt am Main und Münster. Andererseits existieren aber auch Stadtregionen mit einer vergleichbar hohen Dynamik in beiden Regionsteilen. Die Stadtregion München kann als ein besonders prägnantes Beispiel genannt werden, bei dem der jährliche Einwohnerzuwachs sowohl im Kern als auch im Umland deutlich über einem Prozent lag.

Abbildung 5: Mittlere jährliche Veränderung der Bevölkerung differenziert nach Kern und Umland 2012 und 2013

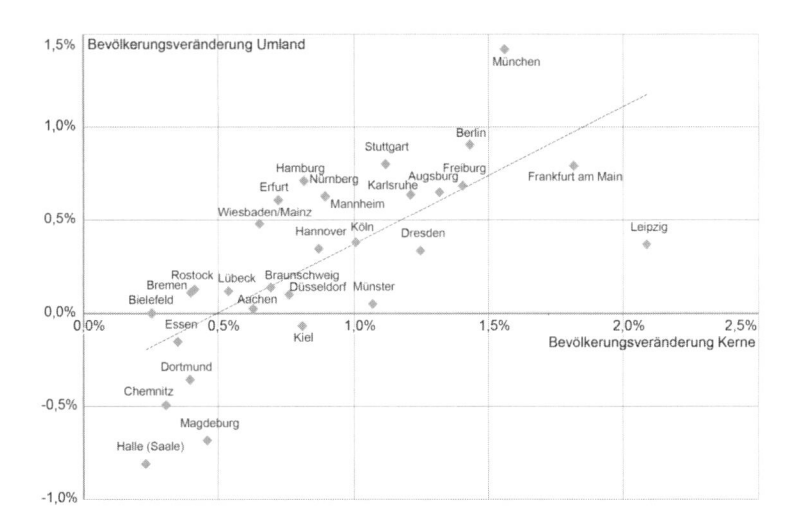

Quelle: Statistische Ämter des Bundes und der Länder – Regionaldatenbank Deutschland (dl-de/by-2-0); eigene Berechnungen

2.2 Natürliche Bevölkerungsbewegung und Wanderungsbewegungen

Bei einer Analyse der Bevölkerungsentwicklung ist es aufschlussreich, zwischen verschiedenen Komponenten zu unterscheiden. Veränderungen bei der Zahl und der Struktur der Bevölkerung ergeben sich aus der natürlichen Bevölkerungsbewegung (Geburten und Sterbefälle) und aus Wanderungsbewegungen (Zuzüge und Fortzüge).

Für die Wanderungssalden der verschiedenen Raumkategorien ist es bedeutsam, dass sich die Wanderungsbilanz Deutschlands gegenüber dem Ausland in den letzten Jahren deutlich verändert hat. In den Jahren 2008 und 2009 war die Zahl der Fortzüge laut Statistik noch größer als die Zahl der Zuzüge. Hierbei muss allerdings beachtet werden, dass die Angaben zu den Fortzügen ab 2008 vorübergehend Melderegisterbereinigungen infolge der Einführung der persönlichen Steuer-Identifikationsnummer umfassen. Trotz

Monitoring StadtRegionen

dieser Einschränkung kann festgestellt werden, dass es seit 2010 zu wachsenden Wanderungsgewinnen gekommen ist. Im Jahr 2013 konnte schließlich ein Plus von rund 429 000 Personen bei den internationalen Wanderungen verbucht werden. Ein Wert, der zuvor letztmals 1993 erreicht wurde (Statistisches Bundesamt 2014).

Abbildung 6: Saldo je 1000 Einwohner bei den Wanderungsbewegungen (Zuzüge-Fortzüge) im Gesamtvergleich

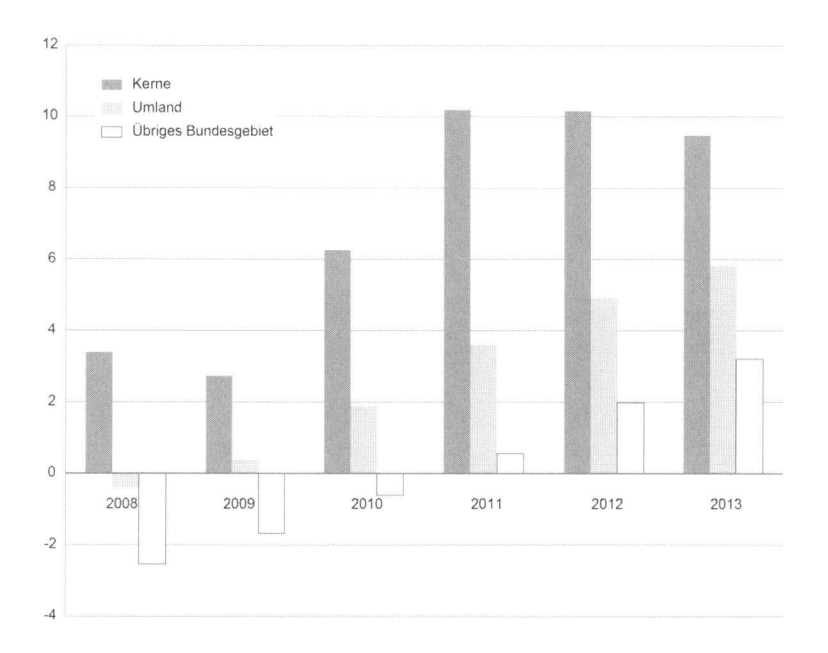

Quelle: Statistische Ämter des Bundes und der Länder – Regionaldatenbank Deutschland (dl-de/by-2-0); eigene Berechnungen

Der Anstieg bei der Zuwanderung aus dem Ausland und die damit verbundenen Wanderungsgewinne Deutschlands haben dazu geführt, dass die Wanderungssalden der drei betrachteten Raumkategorien zum Ende des Fünfjahreszeitraums 2008 bis 2013 insgesamt deutlich positiver ausfallen (vgl. Abbildung 6). Die Rangfolge zwischen den Raumkategorien bleibt dabei in allen Jahren bestehen: Die Kerne weisen die günstigste Bilanz auf, danach folgt das Umland vor dem übrigen Bundesgebiet. Allerdings ist es insbesondere die Entwicklung der Wanderungssalden außerhalb der Stadtregionen, die an dieser Stelle hervorgehoben werden soll. Nach Wanderungsverlusten in den Jahren 2008 und 2009 konnten dort zuletzt wieder nennenswerte Wanderungsgewinne erzielt werden, was angesichts der bestehenden Diskussionen um eine „Landflucht" (empirica 2014) interessant ist. Anders als bei den Wanderungsbewegungen wird bei der natürlichen Bevölkerungsbewegung das Bild durch negative Salden dominiert (vgl. Abbildung 7). Dies betrifft insbesondere die Raumkategorien übriges Bundesgebiet und Umland, für die im betrachteten Zeitraum ein wachsender Sterbefallüberschuss zu beobachten ist. Dagegen hat sich das Geburtendefizit bei der Gruppe der Kernstädte so weit abgeschwächt, dass zuletzt eine ausgeglichene Bilanz vorlag.

Abbildung 7: Saldo je 1000 Einwohner bei der natürlichen Bevölkerungsbewegung (Geburten-Sterbefälle) im Gesamtvergleich

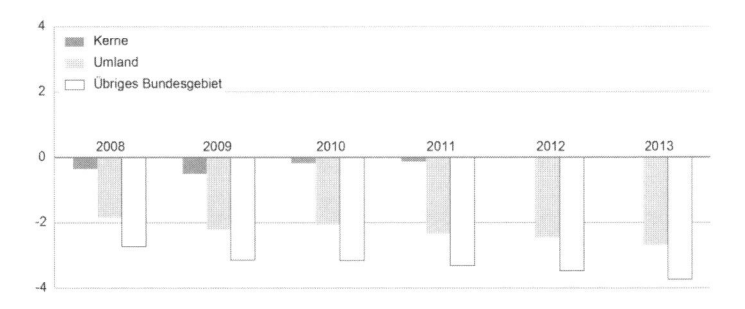

Quelle: Statistische Ämter des Bundes und der Länder – Regionaldatenbank Deutschland (dl-de/by-2-0); eigene Berechnungen

In den Jahren 2012 und 2013 ist bei allen 30 betrachteten Stadtregionen sowohl im Kern als auch im Umland das Saldo bei den Wanderungsbewegungen günstiger ausgefallen als die Bilanz bei der natürlichen Bevölkerungsbewegung (vgl. Abbildung 8). Leipzig konnte – bezogen auf die Einwohnerzahl – die mit Abstand stärksten Wanderungsgewinne erzielen. Es folgen die Kernstädte Augsburg, Frankfurt am Main, Berlin und Karlsruhe – und dazwischen das Umland von München, bei dem die Wanderungsgewinne etwas größer waren als im dazugehörigen Kern. Zu Verlusten bei den Wanderungsbewegungen ist es lediglich im Umland der vier ostdeutschen Stadtregionen Chemnitz, Halle (Saale), Magdeburg und Leipzig gekommen. Ein Plus bei der natürlichen Bevölkerungsbewegung ist im Vergleich dazu weitaus seltener. Insgesamt war dies zehnmal im Kern und zweimal im Umland der Fall. Den höchsten Geburtenüberschuss hat es in den Kernstädten München, Frankfurt am Main und Freiburg gegeben.

Monitoring StadtRegionen

Abbildung 8: Saldo je 1000 Einwohner bei den Wanderungsbewegungen (Zuzüge-Fortzüge) und der natürlichen Bevölkerungsbewegung (Geburten-Sterbefälle) differenziert nach Kern und Umland im Mittel der Jahre 2012 und 2013

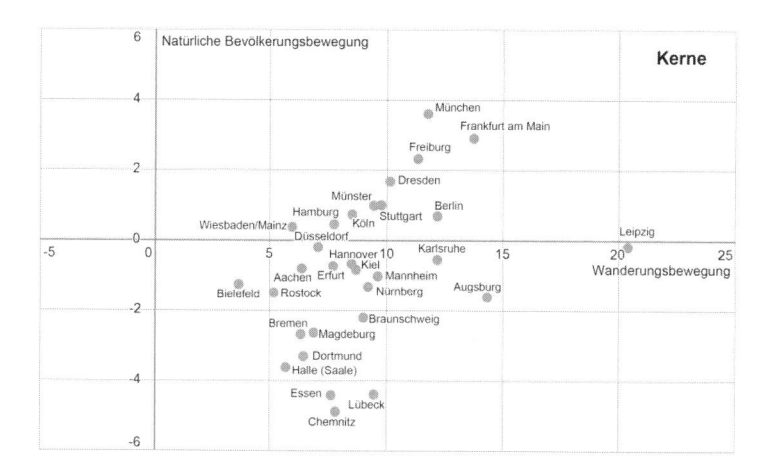

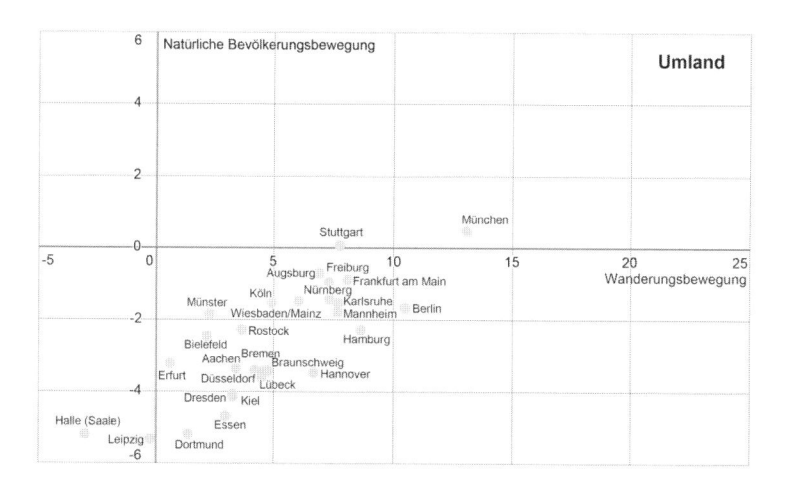

Quelle: Statistische Ämter des Bundes und der Länder – Regionaldatenbank Deutschland (dl-de/by-2-0); eigene Berechnungen

3 Entwicklung der Beschäftigung

Nach der vorangegangenen Darstellung der Bevölkerungsentwicklung untersucht dieses Kapitel die Entwicklung der sozialversicherungspflichtig Beschäftigten in den Stadtregionen Deutschlands. Der betrachtete Zeitraum 2008 bis 2013 ist in der gesamtwirtschaftlichen Entwicklung von der Erholung der deutschen Volkswirtschaft von der Welt- und Finanzmarktkrise, die insbesondere das Bruttoinlandsprodukt im Jahr 2009 hat schrumpfen lassen, gekennzeichnet. Trotz labiler ökonomischer Rahmenbedingungen (z. B. der sogenannten Griechenlandkrise) hat sich die deutsche Volkswirtschaft in den Jahren nach der Krise relativ schnell wieder erholt, sodass bereits im ersten Quartal 2011 das Produktionsniveau der Vorkrisenjahre erreicht wurde. In den Jahren 2011 bis 2013 war die Entwicklung der deutschen Wirtschaft von einem stetigen, leichten Anstieg des Bruttoinlandsproduktes gekennzeichnet, wobei die Wirtschaftsleistung nur leicht von der Entwicklung des Produktionspotentials abwich (Sachverständigenrat 2015: 89f.).

Für die regionale Betrachtung ist es vor diesem Hintergrund interessant, wie sich die Stadtregionen in diesem Umfeld in ihrer Beschäftigtenanzahl entwickelt haben, wie sich die einzelnen Regionen im Vergleich untereinander einordnen lassen und ob Veränderungen eher in den Kernen oder den Umlandgemeinden einer Stadtregion verortet werden können. Zu diesem Zweck werden die sozialversicherungspflichtig Beschäftigten am Arbeitsort (nachfolgend synonym als „Beschäftigte" bezeichnet) betrachtet, da sie im Gegensatz zu den Beschäftigten am Wohnort ein genaueres Bild der Arbeitsmarktlage einer Region aufzeigen.

3.1 Stadtregionen im nationalen Vergleich

In einem ersten Schritt wird in Abbildung 9 die Entwicklung der Beschäftigtenzahlen mit einem Indexwert von 100 im Ausgangsjahr 2008 abgebildet. Hierbei wird die stadtregionale Veränderung getrennt nach Gesamtregion, Kern und Umland dargestellt. Diese Verläufe werden der Entwicklung der Beschäftigten in Gesamtdeutschland (gestrichelte Linie) gegenüber gestellt. Generell lässt sich ein positiver Trend für Deutschland insgesamt und auch für die untersuchten Stadtregionen konstatieren, da die Beschäftigung relativ stabil über die Jahre um etwa sechs bis sieben Indexpunkte zugenommen hat. Der starke Gleichlauf der Entwicklungslinien ist wenig verwunderlich, da die Stadtregionen in 2008 zusammen etwa 53,5 % der Beschäftigten in Deutschland auf sich vereinten. Bis zum Jahr 2013 erhöhte sich dieser Anteil leicht auf 53,7 %. 2008 bis 2009 und am aktuellen Rand 2013 war die Beschäftigungsentwicklung in den deutschen Stadtregionen leicht stärker positiv als der nationale Trend, in den Jahren dazwischen verlief die Entwicklung paral-

Monitoring StadtRegionen

lel. Interessanter sind hier jedoch die relativen Abweichungen der Kern- und Umlandregionen. Die Kerne verlaufen in ihrer Beschäftigtenentwicklung durchweg über dem bundesdeutschen Trend, wohingegen sich die Umlandregionen im Niveau unterhalb dieser Entwicklung befinden.

Abbildung 9: Index-Entwicklung der Beschäftigung im Gesamtvergleich

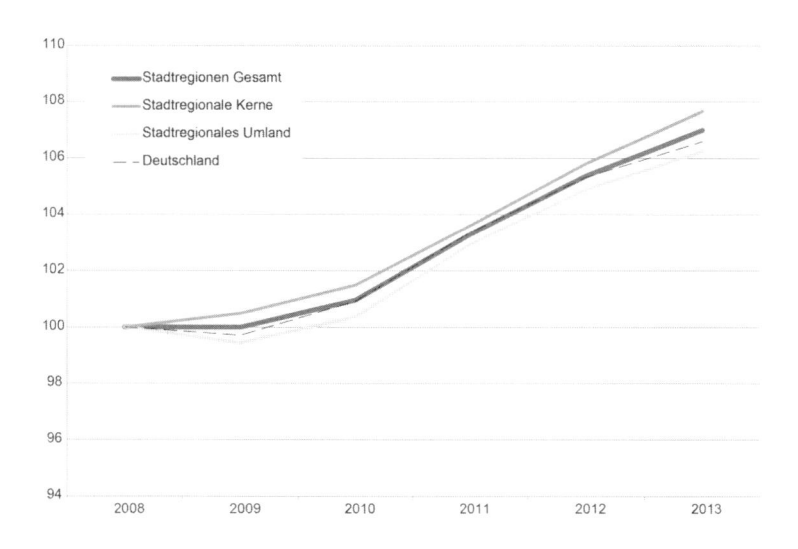

Quelle: Statistische Ämter des Bundes und der Länder – Regionaldatenbank Deutschland (dl-de/by-2-0); eigene Berechnungen

Als Wachstumsträger zeigen die Kerne auch in den Krisenjahren eine positive Beschäftigtenentwicklung, wohingegen die Umlandgemeinden dem deutschen Trend folgend von 2008 auf 2009 Beschäftigung verloren haben. Aber bereits im Jahre 2010 wurde das Niveau von 2008 wieder eingeholt. Die Volatilität in den Wachstumsunterschieden lassen sich also auf die stärker schwankende Beschäftigungsentwicklung in den Umlandregionen zurückführen. In den Jahren 2011 und 2012 scheint das Umland zu Lasten der Kerne an Beschäftigung gewonnen zu haben, da sich der Indexwert des Umlands dem nationalen Trend annähert, die Entwicklung der Kerne allerdings im negativen Sinne ebenfalls.

3.2 Stadtregionen im interregionalen Vergleich

Für einen genaueren Vergleich, wie sich die Entwicklung der Beschäftigten in den betrachteten 30 Stadtregionen im Einzelnen und zueinander darstellt, bildet (vgl. Abbildung 10) die durchschnittliche jährliche Wachstumsrate der Jahre 2008 bis 2013 ab. Die Werte sind absteigend sortiert und der Mittelwert für die gesamtdeutsche Entwicklung (1,3 %) ist als vertikale Hilfslinie eingezeichnet.

Abbildung 10: Mittlere jährliche Veränderung der Beschäftigung in den Stadtregionen

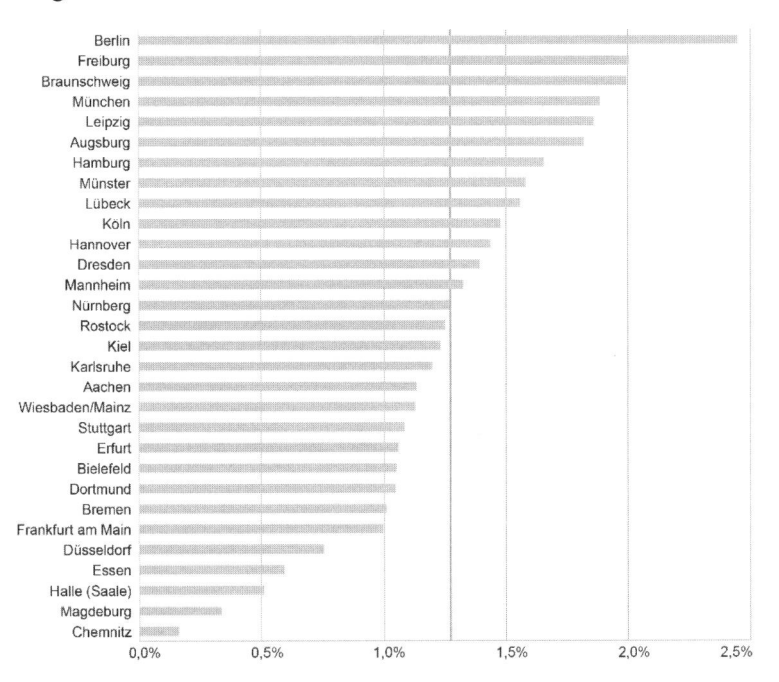

Quelle: Statistische Ämter des Bundes und der Länder – Regionaldatenbank Deutschland (dl-de/by-2-0); eigene Berechnungen

Insgesamt 13 der betrachteten 30 Stadtregionen entwickelten sich in ihrer Beschäftigung stärker positiv als der nationale Durchschnitt. Besonders hebt sich in dieser Betrachtung die Hauptstadtregion Berlin nach oben hin ab. Mit einem deutlichen Vorsprung vor der Region Braunschweig führt sie die Rangliste der Beschäftigungszunahmen an. Bemerkenswert ist weiterhin,

Monitoring StadtRegionen

dass neben den bevölkerungsstarken Regionen Hamburg und München vor allem relativ kleine Stadtregionen wie Augsburg, Freiburg und Münster zu der Gruppe der Regionen mit relativ starkem Beschäftigungsaufbau gehören. Ebenfalls wird deutlich, dass mit Leipzig und Dresden zwei benachbarte Stadtregionen aus den ostdeutschen Ländern zu den Leistungsträgern im Zeitraum 2008 bis 2013 gezählt werden können. Demgegenüber weisen 17 Stadtregionen ein vergleichsweise unterdurchschnittliches Wachstum der Beschäftigung auf. Allerdings sind hier nur die untersten fünf Regionen in Abbildung 10 auffällig weit vom Durchschnitt entfernt. In dieser Gruppe sind Halle (Saale), Magdeburg und Chemnitz als die drei Stadtregionen mit der schwächsten Entwicklung zu identifizieren. Mit Düsseldorf und Essen finden sich hier aber auch zwei Stadtregionen aus dem Kern der Metropolregionen Nordrhein-Westfalens in der Gruppe der letzten Fünf. Da die Erläuterungen hier rein deskriptiv sind, sind die Gründe für die Streuung der Beschäftigtenzunahmen unbestimmt. Inwieweit die Unterschiede auch durch zu erwartende abnehmende Grenzzuwächse bei einem bereits hohen Beschäftigungsstand erklärt werden können, kann nicht weiter untersucht werden.

3.3 Stadtregionen im intraregionalen Vergleich

Für eine Betrachtung der intraregionalen Entwicklungen werden in Abbildung 11 die durchschnittlichen Wachstumsraten der Einzeljahre für 2008 bis 2013 getrennt nach Kernregionen (Abszisse) und Umlandregionen (Ordinate) abgetragen, jeweils in ihrer Abweichung vom Mittelwert über alle Regionstypen.

Caroline Baumgart et al.

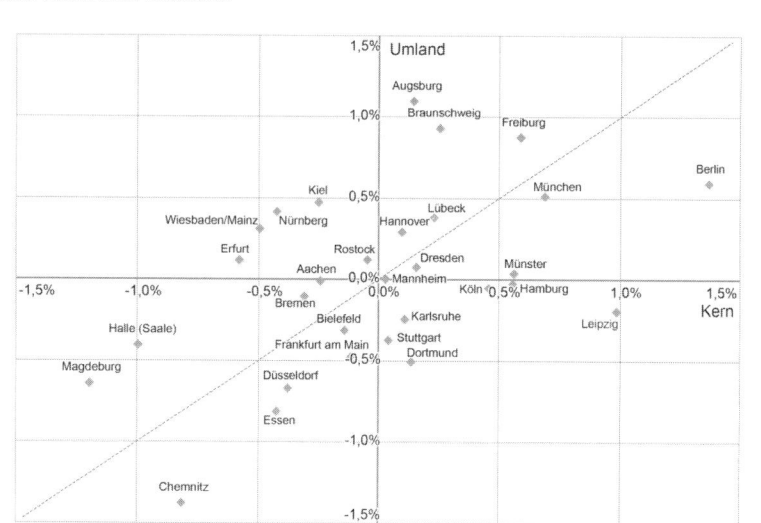

Abbildung 11: Mittlere jährliche Veränderung der Beschäftigung differenziert nach Kern und Umland

```
                          1,5%  Umland
                                Augsburg
                         1,0%   Braunschweig
                                         Freiburg
                                                                    Berlin
                    Kiel  0,5%        München
        Wiesbaden/Mainz Nürnberg  Lübeck
                                 Hannover
             Erfurt    Rostock
                       Aachen      Dresden   Münster
-1,5%    -1,0%      -0,5%  0,0% Mannheim
                          Bremen  0,0%   Köln 0,5% Hamburg  1,0%      1,5%
         Halle (Saale)     Bielefeld  Karlsruhe          Leipzig      Kern
                         Frankfurt am Main  Stuttgart
   Magdeburg                      -0,5%  Dortmund
                            Düsseldorf

                            Essen
                                  -1,0%

                    Chemnitz
                                  -1,5%
```

Quelle: Statistische Ämter des Bundes und der Länder – Regionaldatenbank Deutschland (dl-de/by-2-0); eigene Berechnungen

Eine 45-Grad Linie durch das Koordinatensystem hilft, die intraregionalen Unterschiede zu verdeutlichen. Punkte unterhalb dieser gestrichelten Linie sind Stadtregionen, in denen der Kern stärker an Beschäftigung aufgebaut hat als das Umland, alle Punkte oberhalb sind Stadtregionen mit einem stärkeren Wachstum im Umland. Liegen Punkte entlang der 45-Grad Linie, sind dies Regionen, in denen sich die durchschnittlichen Wachstumsraten gleichen. Interessant sind vor allem auch die Quadranten oben rechts und unten links im Koordinatensystem. Alle Regionen im oberen rechten Quadranten weisen sowohl überdurchschnittliche Wachstumsraten im Kern als auch im Umland auf, während Punkte im unteren linken Quadranten spiegelbildlich durch unterdurchschnittliche Wachstumsraten charakterisiert sind.

Was zunächst bei einer Betrachtung der 45-Grad Trennungslinie auffällt ist, dass sich ein relatives Gleichgewicht einstellt zwischen Stadtregionen mit starken Kernen (16) und starkem Umland (14), mit einem leichten Überhang an starken Kernregionen. Diese Beobachtung deckt sich mit den Erkenntnissen aus Abbildung 29, wo die relative Stärke der Kerne gegenüber dem Umland bereits attestiert wurde, allerdings auch der niedrige Niveauunterschied zwischen diesen beiden Teilregionstypen.

Ein genauerer Blick in die einzelnen Quadranten zeigt vor allem für die Stadtregionen mit den geringsten Beschäftigungszuwächsen (Düsseldorf,

Monitoring StadtRegionen

Essen, Halle (Saale), Magdeburg, Chemnitz), dass in diesen Stadtregionen sowohl Kern- als auch Umlandregionen eine unterdurchschnittliche Entwicklung aufweisen. Hierbei ist in Magdeburg und Halle (Saale) das Umland relativ dynamischer als der Kern, in Düsseldorf, Essen und Chemnitz ist dies umgekehrt. Für die stark wachsenden Regionen ist dies Bild weniger einheitlich, da es sich über mehrere Quadranten des Koordinatensystems verteilt. So lässt sich für Berlin, München und Münster ein überdurchschnittliches Wachstum in Kern und Umland ausmachen, wobei die Kernregionen dynamischer wachsen als das Umland. In Augsburg, Braunschweig und Freiburg sind ebenfalls beide Regionsteiltypen überdurchschnittlich stark, hier überwiegt jedoch die Wachstumsstärke der Umlandregionen. Für Leipzig und Hamburg ist dies allerdings anders strukturiert. Hier entwickeln sich die Umlandregionen eher unterdurchschnittlich, wobei die Kerne wiederum überdurchschnittlich in der Beschäftigung wachsen.

4 Soziale Lage und räumliche Entwicklung

4.1 Einleitung und methodische Anmerkungen

Als neuer Indikator der Entwicklung der Stadtregionen wird im folgenden die Entwicklung der Quote der Bezieherinnen und Bezieher von Grundsicherung für Arbeitssuchende nach dem Sozialgesetzbuch II (SGB II) als eine Komponente der sozioökonomischen Lage der Bevölkerung angesehen. Es wird dabei die Quote, d. h. der Anteil der Personen mit SGB II-Bezug im Verhältnis zur Bevölkerung bis 65 Jahre, betrachtet. Dieses umfasst die erwerbsfähige Bevölkerung einschließlich der Kinder, da diese in den sogenannten Bedarfsgemeinschaften ebenfalls als Personen erfasst werden. Insofern findet hier mit der Betrachtung der Quote auch schon ein Bezug zur Gesamtbevölkerung (bis 65 Jahre) statt.

Die SGB II-Quote gilt im Allgemeinen als ein Indikator bzw. Konzept zur Erfassung von Armutsgefährdung und sozialer Ungleichheit, da SGB II-Bezug als Mindestsicherung das sogenannte Existenzminimum von Personen und Haushalten gewährleisten soll. Ein anderes Maß ist die sogenannte Armutsgefährdungsquote, die das Einkommen von Haushalten abbildet und bei einem Einkommen von weniger als 60 % des Medianeinkommens liegt (relative Armut). Diese Unterscheidung ist an dieser Stelle deswegen von Bedeutung, da sich beide „Armutsindikatoren" insbesondere in den letzten Jahren zum Teil gegenläufig entwickeln. Während die Armutsgefährdungsquote in den letzten Jahren tendenziell gestiegen ist (Der Paritätische Gesamtverband 2015), ist die SGB II-Quote insbesondere im hier betrachteten Zeitraum von 2008 bis 2013 tendenziell gesunken. Als zentrale Erklärung für das Sinken der Quote gilt die relative stabile ökonomische Entwicklung Deutschlands nach der Finanzkrise mit steigenden Beschäftigungszahlen (vgl. Kapitel zur Beschäftigtenentwicklung) und sinkenden Arbeitslosenzahlen. Allerdings führt eine zunehmende Spreizung von Löhnen und Einkommen auch zu einer erheblichen Einkommensungleichheit, die u.a. den Anstieg der Armutsgefährdungsquote erklärt. Außerdem ist zu berücksichtigen, dass Personengruppen, die dem Arbeitsmarkt nicht mehr zur Verfügung stehen, in andere Mindestsicherungsleistungen „rutschen", die hier nicht erfasst werden können. So beobachten wir in dem gleichen Zeitraum einen Anstieg der SGB XII-Quote (Sozialhilfe). Gründe hierfür sind u. a. der demographische Wandel und die umstrittene „Zwangsverrentung" bei SGB II-Beziehern ab 63 Jahren. Aufgrund des demographischen Wandels, des zunehmenden Anteils prekärer Beschäftigung und unterbrochenen Erwerbsbiographien „ist in den kommenden Jahren aber mit einer weiter steigenden Zahl von Beziehern der Sozialhilfe nach dem SGB XII zu rechnen" (Statistische Ämter des Bundes und der Länder 2012: 28). Um einen genauen Überblick über Armut und über das regionsinterne Ausmaß der sozialen Ungleichheit nach Transferzahlungen auf der Ebene der regionalen Anpassungsschichten zu bekommen, „sollten beide Werte (SGB II sowie anderen Mindestsicherungsleistungen und Armutsgefährdungsquote) gemeinsam betrachtet werden" (Niedersächsisches Ministerium für Soziales, Frauen, Familie, Gesundheit und Integration (HSBN) 2012: 17).

4.2 Entwicklung im bundesdeutschen Kontext

Die SGB II-Quote hat sich entsprechend bundesweit von 11,40 % im Jahre 2008 auf 9,56 % (Statistik der Bundesagentur für Arbeit) statistisch „negativ" entwickelt, d. h. sie ist also deutlich gesunken. Wie Abbildung 12 zeigt, ist die SGB II-Quote auch in den Stadtregionen insgesamt deutlich gesunken, allerdings nicht auf dem hohen Niveau wie die bundesdeutsche Kurve.

Monitoring StadtRegionen

Abbildung 12: Index-Entwicklung der SGB II-Quote im Gesamtvergleich

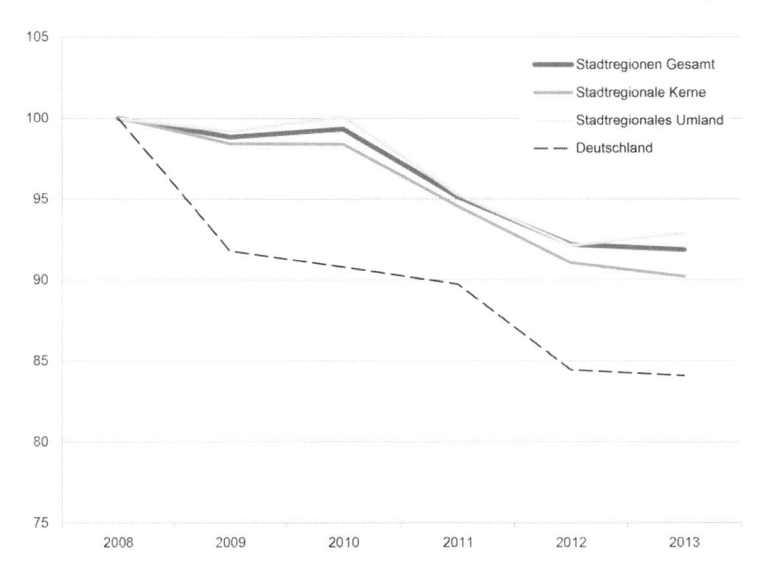

[Diagramm: Liniendiagramm mit Legende "Stadtregionen Gesamt", "Stadtregionale Kerne", "Stadtregionales Umland", "Deutschland"; Y-Achse 75–105; X-Achse 2008–2013]

Quelle: Forschungsdatenzentrum der Bundesagentur für Arbeit im Institut für Arbeitsmarkt- Berufsforschung; Statistische Ämter des Bundes und der Länder – Regionaldatenbank Deutschland (dl-de/by-2-0); eigene Berechnungen

Dabei ist ganz allgemein zu berücksichtigen, dass die SGB II-Quote als „urbanes Phänomen" in Städten und Stadtregionskernen höher ist als im suburbanen und ländlichen Raum, da sich hier armutsgefährdete und benachteiligte Bevölkerungsgruppen stärker konzentrieren. Allerdings zeigt sich im innerregionalen Vergleich über alle Kerne und das Umland, dass sich auch bei diesem Indikator die stadtregionalen Kerne inhaltlich ausgehend von einem höheren Niveau positiver entwickeln als das stadtregionale Umland. So ist für das Umland – bei insgesamt tendenziell fallender Quote – seit 2012 wieder ein leichter Anstieg festzustellen, während die Quote in den stadtregionalen Kernen durchgehend sinkt.

4.3 Entwicklung der Stadtregionen im Vergleich

Wie die nachfolgende Abbildung 13 zeigt, entwickeln sich dabei die Stadtregionen sehr unterschiedlich. Abgebildet sind im Folgenden die durchschnittlichen jährlichen Veränderungen im Zeitraum von 2008 bis 2013.

Abbildung 13: Mittlere jährliche Veränderung der SGB II-Quote in den Stadtregionen

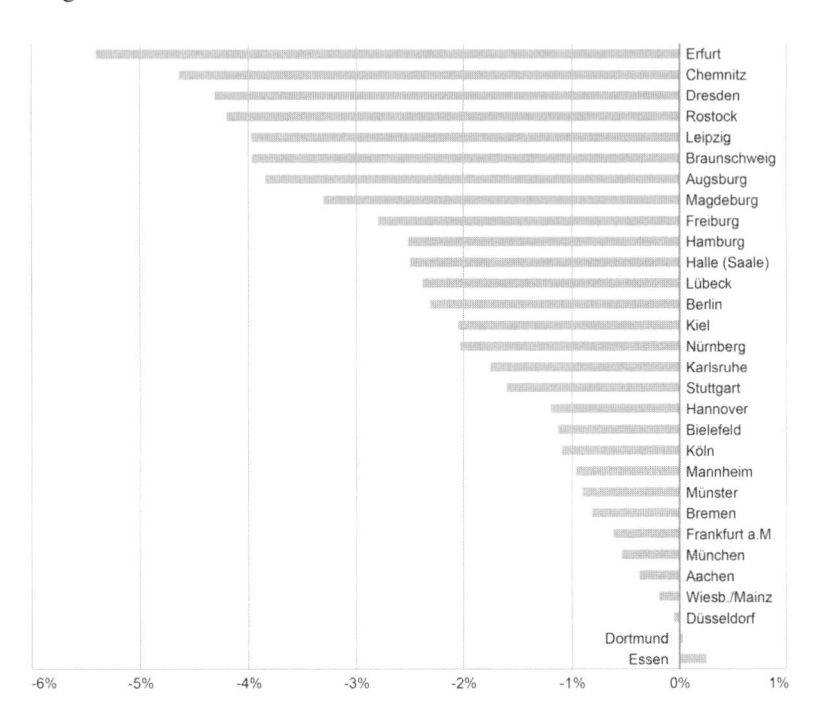

Erfurt
Chemnitz
Dresden
Rostock
Leipzig
Braunschweig
Augsburg
Magdeburg
Freiburg
Hamburg
Halle (Saale)
Lübeck
Berlin
Kiel
Nürnberg
Karlsruhe
Stuttgart
Hannover
Bielefeld
Köln
Mannheim
Münster
Bremen
Frankfurt a.M.
München
Aachen
Wiesb./Mainz
Düsseldorf
Dortmund
Essen

Quelle: Forschungsdatenzentrum der Bundesagentur für Arbeit im Institut für Arbeitsmarkt- Berufsforschung; Statistische Ämter des Bundes und der Länder – Regionaldatenbank Deutschland (dl-de/by-2-0); eigene Berechnungen

Monitoring StadtRegionen

Tabelle 2: Gruppen der SGB II-Entwicklung

	Stadtregion	SGBII-Quote 2013 in Prozent	Ø Jährliche relative Entwicklung der SGB II-Quote 2008-2013 in Prozent	Relative Entwicklung der SGB II-Quote 2008-2013 in Prozent
Gruppe 1	Erfurt	13,09	-5,40	-24,25
	Chemnitz	12,40	-4,64	-21,16
	Dresden	11,70	-4,31	-19,77
	Rostock	14,37	-4,20	-19,32
	Leipzig	15,89	-3,97	-18,35
	Braunschweig	9,36	-3,97	-18,33
	Augsburg	4,79	-3,84	-17,79
	Magdeburg	16,73	-3,30	-15,46
Gruppe 2	Freiburg	5,59	-2,80	-13,22
	Hamburg	10,67	-2,52	-11,96
	Halle	17,64	-2,50	-11,87
	Lübeck	12,16	-2,38	-11,34
	Berlin	18,07	-2,31	-11,02
	Kiel	11,57	-2,05	-9,83
	Nürnberg	7,15	-2,03	-9,75
	Karlsruhe	5,90	-1,75	-8,46
	Stuttgart	5,55	-1,60	-7,75
	Hannover	12,67	-1,20	-5,84
	Bielefeld	9,85	-1,13	-5,52
	Köln	10,89	-1,09	-5,36
Gruppe 3	Mannheim	7,82	-0,96	-4,72
	Münster	7,07	-0,91	-4,45
	Bremen	12,85	-0,82	-4,01
	Frankfurt a.M.	9,65	-0,62	-3,05
	München	4,75	-0,54	-2,67
	Aachen	11,86	-0,38	-1,87
	Wiesbaden/Mainz	8,57	-0,19	-0,95
	Düsseldorf	11,37	-0,05	-0,26
	Dortmund	15,09	0,03	0,14
	Essen	16,40	0,25	1,28

Quelle: Forschungsdatenzentrum der Bundesagentur für Arbeit im Institut für Arbeitsmarkt- Berufsforschung; Statistische Ämter des Bundes und der Länder – Regionaldatenbank Deutschland (dl-de/by-2-0); eigene Berechnungen

Die Entwicklungen können grob in drei Stadtregionsgruppen unterteilt werden und sind in der Tabelle 2 dargestellt: So lassen sich insbesondere in den ostdeutschen Stadtregionen im Zeitraum von 2008 bis 2013 deutliche Rückgänge der SGB II-Quote mit jährlich durchschnittlichen Rückgängen von über 3 % beobachten (Gruppe 1), während v. a. in westdeutschen Stadtregionen die Rückgänge nur moderat (weniger als 1 % Rückgang pro Jahr) ausfallen bzw. in zwei Fällen (Essen, Dortmund) leicht steigen (Gruppe 3). Auffallend ist, dass zwei süddeutsche Stadtregionen jeweils den gegensätzlichen Gruppen angehören. Während der Rückgang in München nur gering ausfällt, ist er in Augsburg deutlich höher. Der Großteil der Stadtregionen bewegt sich im mittleren Bereich (Gruppe 2) mit jährlich durchschnittlichen Rückgängen zwischen 1 und 3 Prozent.

Die Tabelle 2 zeigt die drei Stadtregionsgruppen entsprechend der Größe der jährlichen Rückgänge. Ausgeführt sind zur besseren Orientierung die Gesamtwerte der Entwicklung für den Zeitraum 2008-2013 sowie die jeweilige Quote für das Jahr 2013. Dabei wird deutlich, dass keine Zusammenhänge zwischen dem Niveau der SGB II-Quote und der Dynamik der Entwicklung bestehen. Auffallende hohe Rückgänge finden in Stadtregionen mit hoher und niedriger Quote statt, ebenso wie geringe Rückgänge in Regionen mit einem hohen und niedrigen Niveau stattfinden.

Die Abbildung 14 zeigt nochmal differenziert nach Kernen und Umland die Abweichung der jeweiligen Stadtregion vom Durchschnitt aller Stadtregionen für den gesamten Verlauf von 2008 bis 2013.

Dabei zeigen die Stadtregionen im unteren linken Diagrammbereich die Stadtregionen, in denen sich in den Kernen und im Umland die SGB II-Quoten überdurchschnittlich positiv (statistisch „negativ") entwickeln. Dazu gehören die ostdeutschen Stadtregionen Erfurt, Rostock, Chemnitz, Dresden, Magdeburg, Leipzig und auch Braunschweig. Zu den Stadtregionen in denen sich Kerne und Umland im Vergleich zum Durchschnitt negativ (statistisch „positiv") entwickeln gehören wieder westdeutsche Stadtregionen und auch München im rechten oberen Diagrammbereich. Interessant ist die Entwicklung in Augsburg, in der sich der Kern der Stadtregion deutlich überdurchschnittlich positiv entwickelt, während das Umland im Durchschnitt bleibt. Umgekehrt ist die Entwicklung in Berlin, wo sich das Umland gegenüber dem Kern deutlich überdurchschnittlich entwickelt

Insgesamt zeigt aber die Entwicklung der SGB II-Quote im Zeitverlauf für die meisten Kerne der Stadtregionen eine zum Teil deutlich positivere Entwicklung als das jeweilige Umland (z.B. Frankfurt am Main und Augsburg). Ausnahmen sind Essen, Bremen und Berlin, in denen sich das Umland deutlich besser als die jeweiligen Kerne entwickelt.

Monitoring StadtRegionen

Abbildung 14: Mittlere jährliche Veränderung der SGB II-Quoten vom Durchschnitt der Stadtregionen differenziert nach Kern und Umland.

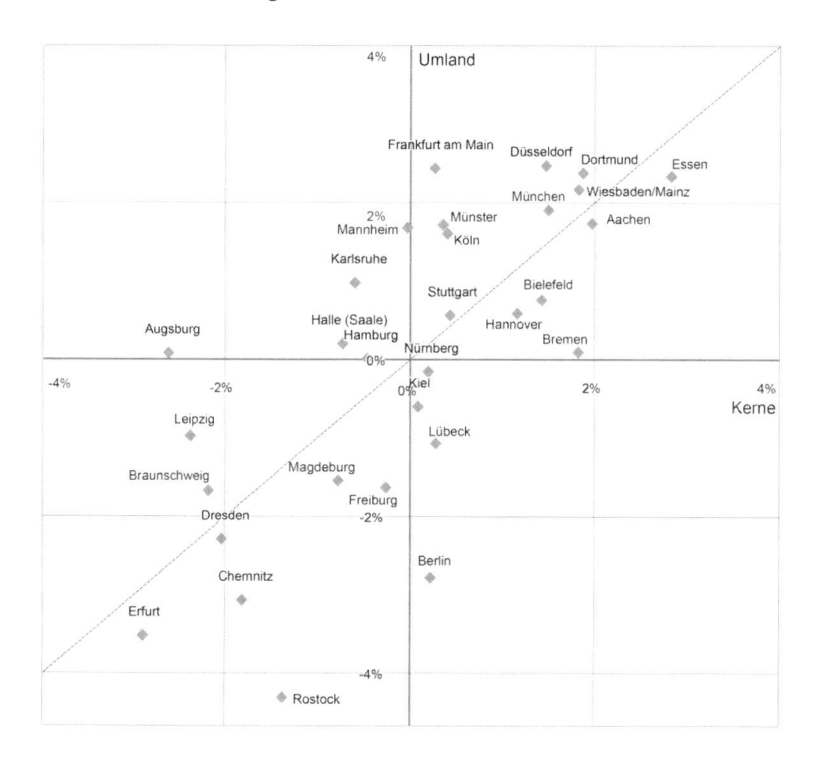

Quelle: Forschungsdatenzentrum der Bundesagentur für Arbeit im Institut für Arbeitsmarkt- Berufsforschung; Statistische Ämter des Bundes und der Länder – Regionaldatenbank Deutschland (dl-de/by-2-0); eigene Berechnungen

5 Siedlungs- und Verkehrsflächenentwicklung

In den deutschen Stadtregionen hat sich die Flächeninanspruchnahme für Siedlungs- und Verkehrszwecke im hier betrachteten Zeitraum (2008-2013) moderat fortgesetzt. Für die Gesamtheit der Stadtregionen betrug die Wachstumsrate 2,6 %, die mittlere Wachstumsrate der einzelnen Regionen lag mit 2,8 % geringfügig höher.

Vergleicht man diese Werte mit der für den gleichen Zeitraum ermittelten Veränderung der Siedlungs- und Verkehrsfläche auf Bundesebene (2,9 %), wird deutlich, dass in den demographisch und wirtschaftlich überwiegend stabilen oder gar wachsenden Stadtregionen eine vergleichsweise ressourceneffiziente Siedlungsweise stattgefunden hat. Dies drückt sich auch in der Entwicklung der Siedlungsdichte aus. Blieb die Anzahl der Einwohner je Hektar Siedlungs- und Verkehrsfläche in den Stadtregionen in den Jahren 2008 und 2013 nahezu konstant (26,3 bzw. 26,2), ist dieser Wert im übrigen Bundesgebiet deutlich gefallen (von 13,2 auf 12,2 Einwohner und damit um fast 8 %).

Tabelle 3: Überblick über zentrale Kenngrößen der Flächennutzung und ihrer Entwicklung im Zeitraum zwischen 2008 und 2013)

Indikator	Stadtregionen	Übriges Bundesgebiet	Deutschland
Veränderung der Siedlungs- und Verkehrsfläche (2008-2013, in %)	2,6	3,0	2,9
Veränderung der Gebäude- und Freifläche (2008-2013, in %)	0,7	2,4	1,8
Siedlungsdichte (2013, Einwohner je Hektar SuV)	26,2	12,2	16,7
Veränderung der Siedlungsdichte (2008-2013, in %)	-0,3	-7,7	-4,4

Quelle: Statistische Ämter des Bundes und der Länder – Regionaldatenbank Deutschland (dl-de/by-2-0); eigene Berechnungen

Die Diskrepanz zwischen den Stadtregionen und dem übrigens Bundesgebiet wird noch deutlicher, wenn die baulich genutzte Fläche, die sog. Gebäudeund Freifläche, betrachtet wird. Diese wuchs in den Stadtregionen zwischen 2008 und 2013 nur um etwa 0,7 %, im übrigen Bundesgebiet dagegen um 2,4 %. In den Stadtregionen wurde der in diesem Zeitraum stattfindende Bevölkerungs- und Beschäftigtenzuwachs im Umfang von knapp 880 000 Einwohnern bzw. 1,9 Millionen. sozialversicherungspflichtig Beschäftigten mit einem Gebäude- und Freiflächenwachstum von lediglich 56 km² bewältigt, was einem Wert von 20 m² je zusätzlichem Einwohner und Beschäftigten entspricht. Offenbar ist es gelungen, das Bevölkerungs- und Beschäftigungswachstum in hohem Maße in den bereits besiedelten Bereich zu lenken und dabei Brachflächen und sonstige Innenentwicklungspotenziale neuen (siedlungsräumlichen) Nutzungen zuzuführen. Im eher ländlich geprägten übrigen Bundesgebiet steht demgegenüber ein Bevölkerungsverlust von 2,1 Mio. Einwohnern einem Gebäude- und Freiflächenwachstum von fast 390 km² gegenüber. Dieser Befund einer weitgehenden Entkopplung des

Monitoring StadtRegionen

Bevölkerungs- und Wirtschaftswachstums von der Flächeninanspruchnahme bestätigt frühere Studien in diesem Themenbereich (Bundesamt für Bauwesen und Raumordnung 2012; BBSR 2012; Siedentop et al. 2009). Auch wenn der Zusammenhang von Siedlungs- und Verkehrsflächenwachstum und Bevölkerungsentwicklung innerhalb der Gruppe der Stadtregionen untersucht wird (vgl. Abbildung 15), stellt sich das Bild eines nur schwachen Zusammenhangs dar. So beträgt der Korrelationskoeffizient zwischen beiden Größen nur 0,17.

Abbildung 15: Mittlere jährliche Veränderung der Siedlungs- und Verkehrsfläche und der Bevölkerung auf Ebene der Stadtregionen

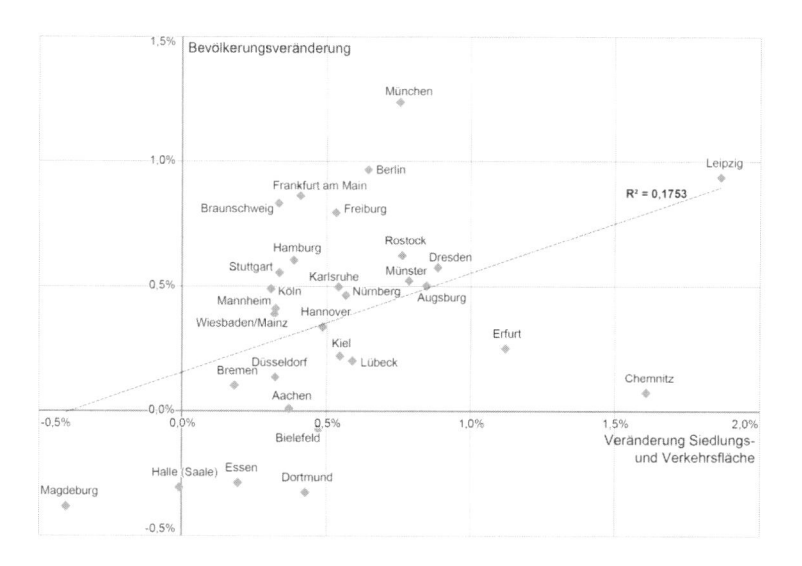

Quelle: Statistische Ämter des Bundes und der Länder – Regionaldatenbank Deutschland (dl-de/by-2-0); eigene Berechnungen

Die demographische Entwicklung ist damit kaum als relevante ursächliche Größe der Flächeninanspruchnahme anzusehen. Eine regionsdifferenzierte Betrachtung zeigt zunächst, dass die Flächeninanspruchnahme in den ostdeutschen Stadtregionen fast doppelt so hoch ausfiel wie in den westdeutschen Regionen. Einem Wert von 2,1 % für die westdeutschen Vertreter steht eine Wachstumsrate von 4,0 % für die ostdeutschen Regionen gegenüber.

Eine derartige Betrachtung steht allerdings unter dem Vorbehalt statistischer Unplausibilität einiger Regionswerte. So lässt sich mit den amtlichen Daten für die Stadtregion Magdeburg ein deutlicher Rückgang der Siedlungs- und Verkehrsfläche (-2,0 %) errechnen. In Leipzig steht im selben Zeitraum ein Wachstum von fast 10 % zu Buche, im Chemnitz waren es über 8 %. Dies erscheint als hochgradig unplausibel und geht mit hoher Wahrscheinlichkeit auf Anpassungen und Bereinigungen der Liegenschaftskataster zurück. Detailursachen liegen u. a. in der Ausdifferenzierung von Erholungsflächen aus vormals unter „Landwirtschaft" geführten Nutzungsarten (wie Gartenland oder Kleingärten) in die Nutzungsartengruppe „Siedlungs- und Verkehrsfläche" oder die Verteilung zuvor nicht weiter untergliederter Flächennutzungen nach Flurbereinigungen (ausführlich hierzu Siedentop/Fina 2010). Auch die Einführung neuer Nutzungsartenkataloge und die diesbezüglich erforderlich Umschlüsselungen einzelner Bodennutzungsarten können zu Einschränkungen der Vergleichbarkeit von für unterschiedliche Zeitpunkte berechneten Indikatorwerten führen.

Aus diesem Grund muss eine regionsspezifische Betrachtung der Veränderungen der Flächennutzung mit großer Vorsicht erfolgen. In Abbildung 16 sind die Regionswerte für die Veränderung der Siedlungs- und Verkehrsfläche im Zeitraum zwischen 2008 und 2013 dargestellt. Deutlich wird, dass die meisten Regionen sich in einem Wertebereich zwischen knapp 2 und 3 % bewegen. Deutlich höhere Wachstumswerte werden für Erfurt, Dresden, Chemnitz und Leipzig ausgewiesen, was jedoch – wie oben ausgeführt – zumindest anteilig mit statistischen Artefakten erklärt werden kann.

Die ebenfalls überdurchschnittlichen Werte für wachstumsstarke Regionen wie Augsburg, München oder Münster erscheinen hingegen plausibel. Eine Betrachtung der Gebäude- und Freifläche als Unterkategorie der Siedlungs- und Verkehrsfläche bestätigt die oben ausgesprochenen datentechnischen Vorbehalte. Hier zeigen sich nicht nur in ostdeutschen Regionen sondern auch in westdeutschen Regionen wie Berlin, Frankfurt am Main oder Wiesbaden unplausible Werte. Eine negative Entwicklung der Gebäude- und Freifläche in der hier beobachteten Dimension (in der Region Frankfurt am Main beispielsweise ein Sprung von 1 400 ha in einem Jahr) erscheint kaum mit realen Veränderungen erklärbar zu sein. Hier sei jedoch angemerkt, dass die amtliche Flächenstatistik in erster Linie die Bodennutzung, nicht die Bodenbedeckung abbildet. Zum Teil lassen sich Sprünge in der Statistik durch Nutzungsänderungen erklären, die nicht mit Veränderung der Bodenbedeckung einhergehen. Ein Beispiel ist die Umnutzung von ehemaligen militärischen Übungsgeländen oder Abbauflächen für Erholungszwecke. Ob dies jedoch die in Abbildung 16 aufgezeigten Ausreißer nach oben oder unten erklären kann, muss an dieser Stelle offenbleiben.

Monitoring StadtRegionen

Abbildung 16: Mittlere jährliche Veränderung der Siedlungs- und Verkehrsfläche in den Stadtregionen

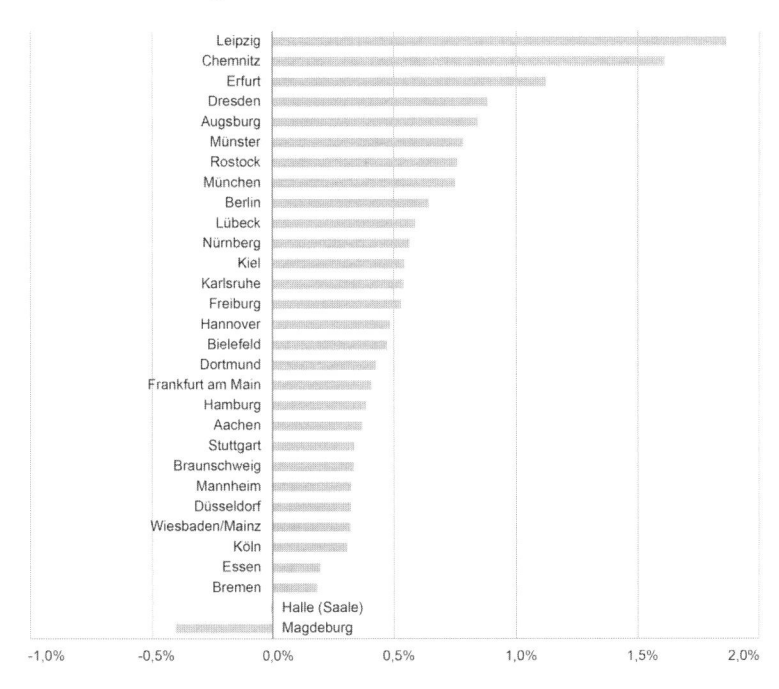

Quelle: Statistische Ämter des Bundes und der Länder – Regionaldatenbank Deutschland (dl-de/by-2-0); eigene Berechnungen

Werden die stadtregionalen Entwicklungen der Flächennutzung nach Kernstadt und Umland differenziert, zeigen sich erwartungsgemäß disparitäre Entwicklungen. So fiel das prozentuale Siedlungs- und Verkehrsflächenwachstum im Umland etwa doppelt so hoch aus wie in den Kernen. Deutliche Reurbanisierungstendenzen – im Sinne einer Konzentration der Bevölkerungsentwicklung auf die Regionskerne – drücken sich in einer zunehmenden Siedlungsdichte der Kernstädte und sinkenden Siedlungsdichten im Umland aus. Die oben angesprochene ressourceneffiziente Siedlungsentwicklung in Stadtregionen geht somit in erster Linie auf einen demographischen und baulichen Verdichtungsprozess in den Regionskernen zurück.

Caroline Baumgart et al.

Abbildung 17: Mittlere jährliche Veränderung der Gebäude- und Freifläche in den Stadtregionen

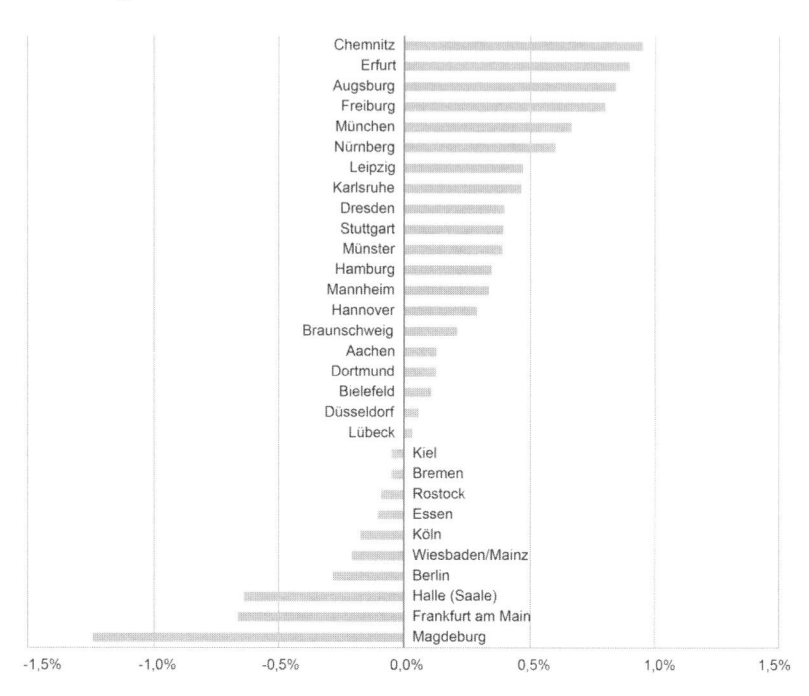

[Balkendiagramm mit folgenden Städten von oben nach unten: Chemnitz, Erfurt, Augsburg, Freiburg, München, Nürnberg, Leipzig, Karlsruhe, Dresden, Stuttgart, Münster, Hamburg, Mannheim, Hannover, Braunschweig, Aachen, Dortmund, Bielefeld, Düsseldorf, Lübeck, Kiel, Bremen, Rostock, Essen, Köln, Wiesbaden/Mainz, Berlin, Halle (Saale), Frankfurt am Main, Magdeburg; Skala von -1,5% bis 1,5%]

Quelle: Statistische Ämter des Bundes und der Länder – Regionaldatenbank Deutschland (dl-de/by-2-0); eigene Berechnungen

In einigen – demographisch besonders wachstumsstarken – Städten wie Münster oder Freiburg ist die kernstädtische Wachstumsrate der Siedlungs- und Verkehrsfläche allerdings höher als im jeweiligen Umlandraum. Dies trifft aber nur auf eine Minderheit der Regionen zu (insgesamt sieben Fälle) und ist vermutlich mit physischen und/oder planungsrechtlichen Grenzen einer expansiven Siedlungstätigkeit zu erklären.

Tabelle 4: Zentrale Kenngrößen der Flächennutzung und ihrer Entwicklung

Indikator	Kern	Umland
Veränderung der Siedlungs- und Verkehrsfläche (2008-2013, in %)	1,6	3,0
Veränderung der Gebäude- und Freifläche (2008-2013, in %)	-0,2	1,0
Siedlungsdichte (2013, Einwohner je Hektar SuV)	40,7	20,5
Veränderung der Siedlungsdichte (2008-2013, in %)	2,3	-2,2

Quelle: Statistische Ämter des Bundes und der Länder (dl-de/by-2-0); eigene Berechnungen

Monitoring StadtRegionen

6 Entwicklung der Indikatoren 2008 bis 2013

Die Entwicklung der Stadtregionen von 2008 zu 2013 weist in allen vier Indikatoren einen positiven Trend auf, der teilweise stärker ausgeprägt ist als die Gesamtentwicklung in Deutschland. Bei der Bevölkerungsentwicklung kann in den letzten Jahren sogar von einer „doppelten Zentralisierung" gesprochen werden. Zum einen hat sich die Gruppe der Stadtregionen insgesamt günstiger entwickelt als das gesamte Bundesgebiet, zum anderen fiel die Bevölkerungsentwicklung in der Summe für die Kernstädte besser aus als für die Umlandgemeinden. Dieser Trend tritt verstärkt in den neuen Bundesländern auf, in denen das Umland eine leichte negative Entwicklung aufweist. Für das Jahr 2013 ergeben sich jedoch möglicherweise erste Hinweise auf eine erneute Trendverschiebung. Erstmals seit längerer Zeit konnten die Kommunen aus dem übrigen Bundesgebiet zusammen leichte Bevölkerungsgewinne erzielen, während sich die Wachstumsrate bei der Gruppe der Kernstädte abgeschwächt hat.

Die Beschäftigungsentwicklung in deutschen Stadtregionen ist von Wachstum gekennzeichnet. Vor allem die Stadtzentren entwickeln sich ebenfalls deutlich stärker als die ohnehin positive Trendentwicklung in der gesamtdeutschen Entwicklung. Im interregionalen Vergleich zeigt sich allerdings eine sehr heterogene Struktur, sodass kein einheitliches Ergebnis über alle Stadtregionen definiert werden kann, sondern sich der Blick in die jeweilige Stadtregion lohnt. Bezüglich des intraregionalen Verhältnisses zeigt sich, dass eine größere Differenz zwischen Kern und Umland in den neuen Bundesländern herrscht. Die SGB II-Quoten gehen von 2008 bis 2013 bundesweit zum Teil deutlich zurück. Das gilt auch fast ausnahmslos für die Stadtregionen. Die quanti-tative Entwicklung stellt sich in den untersuchten Stadtregionen dabei sehr unterschiedlich dar: von einer leichten Zunahme (+1,28 %) in Essen bis Reduzierung der SGB II-Quote um knapp 25 % in Erfurt bzw. einem durchweg sehr hohen Rückgang in den neuen Bundesländern, der sich stark von der Entwicklung der westdeutschen Stadtregionen unterscheidet. Ein prägnanter Trend: In den Kernstädten mit den höchsten Rückgängen der SGB II-Quote sinkt sie ebenfalls deutlich im Umland, z.B. Braunschweig, Dresden und Erfurt. Wobei bei der Betrachtung der Kerne und des Umlands sich in der Mehrzahl der Stadtregionen die Kerne positiver als das Umland entwickeln mit Ausnahme in Essen, Bremen und Berlin.

Die Entwicklung der Siedlungs- und Verkehrsflächen in den ausgewählten Stadtregionen zeigt ebenfalls wie im gesamten Bundesgebiet eine Zunahme der Flächeninanspruchname. Innerhalb der Stadtregionen sind die Kernstädte geprägt durch einen im Vergleich zum Umland effizienteren und geringeren Flächenverbrauch – ein Trend, der in den neuen Bundesländern verstärkt auftritt.

Tabelle 1: Bevölkerung

Stadtregionen	2008	2013	Ø Jährliche relative Entwicklung (geometrisches Mittel) in Prozent	Relative Entwicklung 2008-2013 in Prozent
Aachen	**621.392**	**621.698**	**0,01%**	**0,05%**
Kerngebiet	247.574	241.683	-0,48%	-2,38%
Umland	373.818	380.015	0,33%	1,66%
Augsburg	**638.248**	**654.377**	**0,50%**	**2,53%**
Kerngebiet	266.363	276.542	0,75%	3,82%
Umland	371.885	377.835	0,32%	1,60%
Berlin	**4.165.972**	**4.370.672**	**0,96%**	**4,91%**
Kerngebiet	3.254.313	3.421.829	1,01%	5,15%
Umland	911.659	948.843	0,80%	4,08%
Bielefeld	**1.169.578**	**1.165.287**	**-0,07%**	**-0,37%**
Kerngebiet	327.391	328.864	0,09%	0,45%
Umland	842.187	836.423	-0,14%	-0,68%
Braunschweig	**757.369**	**762.401**	**0,13%**	**0,66%**
Kerngebiet	239.626	247.227	0,63%	3,17%
Umland	517.743	515.174	-0,10%	-0,50%
Bremen	**1.022.342**	**1.027.575**	**0,10%**	**0,51%**
Kerngebiet	542.964	548.547	0,20%	1,03%
Umland	479.378	479.028	-0,01%	-0,07%
Chemnitz	**705.479**	**686.997**	**-0,53%**	**-2,62%**
Kerngebiet	241.123	242.022	0,07%	0,37%
Umland	464.356	444.975	-0,85%	-4,17%
Dortmund	**1.669.949**	**1.642.971**	**-0,33%**	**-1,62%**
Kerngebiet	575.190	575.944	0,03%	0,13%
Umland	1.094.759	1.067.027	-0,51%	-2,53%
Dresden	**960.008**	**987.894**	**0,57%**	**2,90%**
Kerngebiet	500.658	530.754	1,17%	6,01%
Umland	459.350	457.140	-0,10%	-0,48%
Düsseldorf	**1.867.677**	**1.880.409**	**0,14%**	**0,68%**
Kerngebiet	581.233	598.686	0,59%	3,00%
Umland	1.286.444	1.281.723	-0,07%	-0,37%
Erfurt	**505.670**	**512.042**	**0,25%**	**1,26%**
Kerngebiet	199.040	204.880	0,58%	2,93%
Umland	306.630	307.162	0,03%	0,17%
Essen	**3.351.342**	**3.303.523**	**-0,29%**	**-1,43%**
Kerngebiet	572.081	569.884	-0,08%	-0,38%
Umland	2.779.261	2.733.639	-0,33%	-1,64%

Monitoring StadtRegionen

Stadtregionen	2008	2013	Ø Jährliche relative Entwicklung (geometrisches Mittel)	Relative Entwicklung 2008-2013
Frankfurt am Main	**1.903.704**	**1.987.238**	**0,86%**	**4,39%**
Kerngebiet	650.449	701.350	1,52%	7,83%
Umland	1.253.255	1.285.888	0,52%	2,60%
Freiburg	**559.333**	**581.942**	**0,80%**	**4,04%**
Kerngebiet	205.113	220.286	1,44%	7,40%
Umland	354.220	361.656	0,42%	2,10%
Halle (Saale)	**421.473**	**415.079**	**-0,31%**	**-1,52%**
Kerngebiet	229.461	231.565	0,18%	0,92%
Umland	192.012	183.514	-0,90%	-4,43%
Hamburg	**2.655.897**	**2.737.070**	**0,60%**	**3,06%**
Kerngebiet	1690.101	1746.342	0,66%	3,33%
Umland	965.796	990.728	0,51%	2,58%
Hannover	**1.164.903**	**1.184.681**	**0,34%**	**1,70%**
Kerngebiet	505.868	518.386	0,49%	2,47%
Umland	659.035	666.295	0,22%	1,10%
Karlsruhe	**977.317**	**1.001.857**	**0,50%**	**2,51%**
Kerngebiet	285.186	299.103	0,96%	4,88%
Umland	692.131	702.754	0,31%	1,53%
Kiel	**480.551**	**485.886**	**0,22%**	**1,11%**
Kerngebiet	233.695	241.533	0,66%	3,35%
Umland	246.856	244.353	-0,20%	-1,01%
Köln	**2.612.038**	**2.676.591**	**0,49%**	**2,47%**
Kerngebiet	991.845	1.034.175	0,84%	4,27%
Umland	1.620.193	1.642.416	0,27%	1,37%
Leipzig	**835.739**	**865.070**	**0,69%**	**3,51%**
Kerngebiet	494.507	531.562	1,46%	7,49%
Umland	341.232	333.508	-0,46%	-2,26%
Lübeck	**448.415**	**452.954**	**0,20%**	**1,01%**
Kerngebiet	210.997	212.958	0,19%	0,93%
Umland	237.418	239.996	0,22%	1,09%
Magdeburg	**517.403**	**507.624**	**-0,38%**	**-1,89%**
Kerngebiet	226.516	231.021	0,39%	1,99%
Umland	290.887	276.603	-1,00%	-4,91%

Stadtregionen	2008	2013	Ø Jährliche relative Entwicklung (geometrisches Mittel)	Relative Entwicklung 2008-2013
				in Prozent
Mannheim	**1.558.438**	**1.590.652**	**0,41%**	**2,07%**
Kerngebiet	287.936	296.690	0,60%	3,04%
Umland	1.270.502	1.293.962	0,37%	1,85%
München	**2.295.036**	**2.440.454**	**1,24%**	**6,34%**
Kerngebiet	1.316.200	1.407.836	1,36%	6,96%
Umland	978.836	1.032.618	1,08%	5,49%
Münster	**805.461**	**826.645**	**0,52%**	**2,63%**
Kerngebiet	275.948	299.708	1,67%	8,61%
Umland	529.513	526.937	-0,10%	-0,49%
Nürnberg	**1.230.169**	**1.258.934**	**0,46%**	**2,34%**
Kerngebiet	483.566	498.876	0,63%	3,17%
Umland	746.603	760.058	0,36%	1,80%
Rostock	**304.942**	**310.819**	**0,38%**	**1,93%**
Kerngebiet	198.778	203.431	0,46%	2,34%
Umland	106.164	107.388	0,23%	1,15%
Stuttgart	**2.173.699**	**2.234.560**	**0,55%**	**2,80%**
Kerngebiet	577.676	604.297	0,91%	4,61%
Umland	1.596.023	1.630.263	0,43%	2,15%
Wiesbaden/Mainz	**1.135.776**	**1.157.997**	**0,39%**	**1,96%**
Kerngebiet	467.322	478.139	0,46%	2,31%
Umland	668.454	679.858	0,34%	1,71%

Region				
Deutschland	80.478.075	80.767.463	0,07%	0,36%
Alle Stadtregionen	**39.515.320**	**40.331.899**	**0,41%**	**2,07%**
Kerngebiete	16.878.720	17.544.120	0,78%	3,94%
Umland	22.636.600	22.787.779	0,13%	0,67%
SR West	**31.098.634**	**31.675.702**	**0,37%**	**1,86%**
Kerngebiete	11.534.324	11.947.056	0,71%	3,58%
Umland	19.564.310	19.728.646	0,17%	0,84%
SR Ost	**8.416.686**	**8.656.197**	**0,56%**	**2,85%**
Kerngebiete	5.344.396	5.597.064	0,93%	4,73%
Umland	3.072.290	3.059.133	-0,09%	-0,43%

Monitoring StadtRegionen

Tabelle 2: Beschäftigte am Arbeitsort

Stadtregionen	2008	2013	Ø Jährliche relative Entwicklung (geometrisches Mittel) in Prozent	Gesamte relative Entwicklung in Prozent
Aachen	**198.024**	**209.491**	**1,13**	**5,79**
Kerngebiet	110.945	116.389	0,96	4,91
Umland	87.079	93.102	1,35	6,92
Augsburg	**214.321**	**234.566**	**1,82**	**9,45**
Kerngebiet	124.035	132.641	1,35	6,94
Umland	90.286	101.925	2,45	12,89
Berlin	**1.356.797**	**1.531.306**	**2,45**	**12,86**
Kerngebiet	1.081.660	1.228.276	2,57	13,55
Umland	275.137	303.030	1,95	10,14
Bielefeld	**425.729**	**448.551**	**1,05**	**5,36**
Kerngebiet	128.583	135.558	1,06	5,42
Umland	297.146	312.993	1,04	5,33
Braunschweig	**305.310**	**337.015**	**2,00**	**10,38**
Kerngebiet	108.755	116.929	1,46	7,52
Umland	196.555	220.086	2,29	11,97
Bremen	**349.684**	**367.690**	**1,01**	**5,15**
Kerngebiet	239.063	249.968	0,90	4,56
Umland	110.621	117.722	1,25	6,42
Chemnitz	**243.227**	**245.197**	**0,16**	**0,81**
Kerngebiet	106.866	108.959	0,39	1,96
Umland	136.361	136.238	-0,02	-0,09
Dortmund	**495.339**	**521.787**	**1,05**	**5,34**
Kerngebiet	194.965	208.401	1,34	6,89
Umland	300.374	313.386	0,85	4,33
Dresden	**363.945**	**389.959**	**1,39**	**7,15**
Kerngebiet	221.826	237.369	1,36	7,01
Umland	142.119	152.590	1,43	7,37
Düsseldorf	**770.664**	**800.149**	**0,75**	**3,83**
Kerngebiet	358.571	373.679	0,83	4,21
Umland	412.093	426.470	0,69	3,49
Erfurt	**196.508**	**207.110**	**1,06**	**5,40**
Kerngebiet	97.417	100.496	0,62	3,16
Umland	99.091	106.614	1,47	7,59
Essen	**1.028.529**	**1.059.407**	**0,59**	**3,00**
Kerngebiet	213.355	221.812	0,78	3,96
Umland	815.174	837.595	0,54	2,75

Stadtregionen	2008	2013	Ø Jährliche relative Entwicklung (geometrisches Mittel) in Prozent	Gesamte relative Entwicklung in Prozent
Frankfurt am Main	**914.135**	**960.451**	**0,99**	**5,07**
Kerngebiet	487.634	514.794	1,09	5,57
Umland	426.501	445.657	0,88	4,49
Freiburg	**192.737**	**212.851**	**2,01**	**10,44**
Kerngebiet	100.136	109.448	1,79	9,30
Umland	92.601	103.403	2,23	11,67
Halle (Saale)	**150.201**	**154.078**	**0,51**	**2,58**
Kerngebiet	89.714	90.653	0,21	1,05
Umland	60.487	63.425	0,95	4,86
Hamburg	**1.058.182**	**1.148.810**	**1,66**	**8,56**
Kerngebiet	797.514	870.336	1,76	9,13
Umland	260.668	278.474	1,33	6,83
Hannover	**439.734**	**472.208**	**1,44**	**7,38**
Kerngebiet	272.897	291.150	1,30	6,69
Umland	166.837	181.058	1,65	8,52
Karlsruhe	**384.387**	**407.899**	**1,19**	**6,12**
Kerngebiet	154.693	165.135	1,31	6,75
Umland	229.694	242.764	1,11	5,69
Kiel	**151.503**	**161.054**	**1,23**	**6,30**
Kerngebiet	104.460	109.543	0,95	4,87
Umland	47.043	51.511	1,83	9,50
Köln	**945.985**	**1.017.968**	**1,48**	**7,61**
Kerngebiet	456.912	496.182	1,66	8,59
Umland	489.073	521.786	1,30	6,69
Leipzig	**303.947**	**333.303**	**1,86**	**9,66**
Kerngebiet	205.490	228.990	2,19	11,44
Umland	98.457	104.313	1,16	5,95
Lübeck	**136.035**	**146.974**	**1,56**	**8,04**
Kerngebiet	81.197	87.200	1,44	7,39
Umland	54.838	59.774	1,74	9,00
Magdeburg	**190.380**	**193.610**	**0,34**	**1,70**
Kerngebiet	102.833	102.876	0,01	0,04
Umland	87.547	90.734	0,72	3,64

Monitoring StadtRegionen

Stadtregionen	2008	2013	Ø Jährliche relative Entwicklung (geometrisches Mittel) in Prozent	Gesamte relative Entwicklung in Prozent
Mannheim	**585.433**	**625.250**	**1,32**	**6,80**
Kerngebiet	163.618	173.975	1,24	6,33
Umland	421.815	451.275	1,36	6,98
München	**1.069.429**	**1.174.099**	**1,89**	**9,79**
Kerngebiet	686.734	754.269	1,89	9,83
Umland	382.695	419.830	1,87	9,70
Münster	**274.534**	**296.924**	**1,58**	**8,16**
Kerngebiet	136.092	148.554	1,77	9,16
Umland	138.442	148.370	1,39	7,17
Nürnberg	**521.482**	**555.421**	**1,27**	**6,51**
Kerngebiet	268.000	278.637	0,78	3,97
Umland	253.482	276.784	1,77	9,19
Rostock	**108.122**	**115.048**	**1,25**	**6,41**
Kerngebiet	77.287	81.869	1,16	5,93
Umland	30.835	33.179	1,48	7,60
Stuttgart	**929.799**	**981.218**	**1,08**	**5,53**
Kerngebiet	346.433	368.580	1,25	6,39
Umland	583.366	612.638	0,98	5,02
Wiesbaden/Mainz	**386.570**	**408.830**	**1,13**	**5,76**
Kerngebiet	220.369	228.298	0,71	3,60
Umland	166.201	180.532	1,67	8,62
Region				
Deutschland	27.457.715	29.268.918	1,29	6,60
Alle Stadtregionen	14.690.672	15.718.224	1,36	6,99
Kerngebiet	7.738.054	8.330.966	1,49	7,66
Umland	6.952.618	7.387.258	1,23	6,25
SR West	11.777.545	12.548.613	1,28	6,55
Kerngebiete	5.754.961	6.151.478	1,34	6,89
Umland	6.022.584	6.397.135	1,21	6,22
SR Ost	2.913.127	3.169.611	1,70	8,80
Kerngebiete	1.983.093	2.179.488	1,90	9,90
Umland	930.034	990.123	1,26	6,46

Tabelle 3a: Siedlungs- und Verkehrsfläche

Stadtregionen	2008	2013	Ø Jährliche relative Entwicklung (geometrisches Mittel) in Prozent	Relative Entwicklung in Prozent
Aachen	**23.331**	**23.767**	**0,37**	**1,87**
Kerngebiet	6.273	6.329	0,18	0,89
Umland	17.058	17.438	0,44	2,23
Augsburg	**31.289**	**32.635**	**0,85**	**4,30**
Kerngebiet	6.284	6.411	0,40	2,02
Umland	25.005	26.224	0,96	4,88
Berlin	**127.567**	**131.722**	**0,64**	**3,26**
Kerngebiet	62.322	62.625	0,10	0,49
Umland	65.245	69.097	1,15	5,90
Bielefeld	**55.757**	**57.087**	**0,47**	**2,39**
Kerngebiet	10.716	10.970	0,47	2,37
Umland	45.041	46.117	0,47	2,39
Braunschweig	**42.600**	**43.319**	**0,34**	**1,69**
Kerngebiet	8.926	8.999	0,16	0,82
Umland	33.674	34.320	0,38	1,92
Bremen	**59.667**	**60.217**	**0,18**	**0,92**
Kerngebiet	18.897	19.155	0,27	1,37
Umland	40.770	41.062	0,14	0,72
Chemnitz	**33.834**	**36.643**	**1,61**	**8,30**
Kerngebiet	8.317	9.743	3,22	17,15
Umland	25.517	26.900	1,06	5,42
Dortmund	**55.846**	**57.048**	**0,43**	**2,15**
Kerngebiet	16.517	16.823	0,37	1,85
Umland	39.329	40.225	0,45	2,28
Dresden	**40.075**	**41.880**	**0,89**	**4,50**
Kerngebiet	13.101	13.433	0,50	2,53
Umland	26.974	28.447	1,07	5,46
Düsseldorf	**57.890**	**58.833**	**0,32**	**1,63**
Kerngebiet	12.871	13.025	0,24	1,20
Umland	45.019	45.808	0,35	1,75
Erfurt	**28.311**	**29.935**	**1,12**	**5,74**
Kerngebiet	6.872	7.365	1,40	7,17
Umland	21.439	22.570	1,03	5,28
Essen	**98.862**	**99.833**	**0,20**	**0,98**
Kerngebiet	14.227	14.229	0,00	0,01
Umland	84.635	85.604	0,23	1,14

Monitoring StadtRegionen

Stadtregionen	2008	2013	Ø Jährliche relative Entwicklung (geometrisches Mittel) in Prozent	Relative Entwicklung in Prozent
Frankfurt am Main	**55.874**	**57.027**	**0,41**	**2,06**
Kerngebiet	14.305	14.407	0,14	0,71
Umland	41.569	42.620	0,50	2,53
Freiburg	**22.544**	**23.149**	**0,53**	**2,68**
Kerngebiet	4.871	5.038	0,68	3,43
Umland	17.673	18.111	0,49	2,48
Halle (Saale)	**28.515**	**28.504**	**-0,01**	**-0,04**
Kerngebiet	7.197	7.144	-0,15	-0,74
Umland	21.318	21.360	0,04	0,20
Hamburg	**99.372**	**101.308**	**0,39**	**1,95**
Kerngebiet	44.929	45.350	0,19	0,94
Umland	54.443	55.958	0,55	2,78
Hannover	**53.618**	**54.932**	**0,49**	**2,45**
Kerngebiet	13.874	14.015	0,20	1,02
Umland	39.744	40.917	0,58	2,95
Karlsruhe	**36.707**	**37.709**	**0,54**	**2,73**
Kerngebiet	7.986	8.067	0,20	1,01
Umland	28.721	29.642	0,63	3,21
Kiel	**23.602**	**24.253**	**0,55**	**2,76**
Kerngebiet	6.387	6.411	0,08	0,38
Umland	17.215	17.842	0,72	3,64
Köln	**83.481**	**84.778**	**0,31**	**1,55**
Kerngebiet	24.688	24.652	-0,03	-0,15
Umland	58.793	60.126	0,45	2,27
Leipzig	**40.759**	**44.704**	**1,86**	**9,68**
Kerngebiet	14.706	15.526	1,09	5,58
Umland	26.053	29.178	2,29	11,99
Lübeck	**26.351**	**27.136**	**0,59**	**2,98**
Kerngebiet	7.802	7.878	0,19	0,97
Umland	18.549	19.258	0,75	3,82
Magdeburg	**41.829**	**40.990**	**-0,40**	**-2,01**
Kerngebiet	9.386	9.303	-0,18	-0,88
Umland	32.443	31.687	-0,47	-2,33

Stadtregionen	2008	2013	Ø Jährliche relative Entwicklung (geometrisches Mittel) in Prozent	Relative Entwicklung in Prozent
Mannheim	**54.563**	**55.454**	**0,32**	**1,63**
Kerngebiet	8.396	8.430	0,08	0,40
Umland	46.167	47.024	0,37	1,86
München	**65.363**	**67.862**	**0,75**	**3,82**
Kerngebiet	23.192	23.551	0,31	1,55
Umland	42.171	44.311	0,99	5,07
Münster	**45.701**	**47.523**	**0,78**	**3,99**
Kerngebiet	9.669	10.146	0,97	4,93
Umland	36.032	37.377	0,74	3,73
Nürnberg	**44.300**	**45.568**	**0,57**	**2,86**
Kerngebiet	10.958	11.082	0,23	1,13
Umland	33.342	34.486	0,68	3,43
Rostock	**19.578**	**20.334**	**0,76**	**3,86**
Kerngebiet	7.085	7.206	0,34	1,71
Umland	12.493	13.128	1,00	5,08
Stuttgart	**61.102**	**62.139**	**0,34**	**1,70**
Kerngebiet	10.644	10.678	0,06	0,32
Umland	50.458	51.461	0,39	1,99
Wiesbaden/Mainz	**45.872**	**46.612**	**0,32**	**1,61**
Kerngebiet	12.678	12.895	0,34	1,71
Umland	33.194	33.717	0,31	1,58

Region				
Deutschland	**4.713.725**	**4.859.707**	**0,61**	**3,10**
Alle Stadtregionen	**1.504.160**	**1.542.901**	**0,51**	**2,58**
Kerngebiet	424.076	430.886	0,32	1,61
Umland	1.080.084	1.112.015	0,58	2,96
SR West	**1.143.692**	**1.168.189**	**0,42**	**2,14**
Kerngebiete	295.090	298.541	0,23	1,17
Umland	848.602	869.648	0,49	2,48
SR Ost	**360.468**	**374.712**	**0,78**	**3,95**
Kerngebiete	128.986	132.345	0,52	2,60
Umland	231.482	242.367	0,92	4,70

Monitoring StadtRegionen

Tabelle 3b: Gebäude- und Freifläche

Stadtregionen	2008	2013	Ø Jährliche relative Entwicklung (geometrisches Mittel) in Prozent	Relative Entwicklung in Prozent
Aachen	**13.762**	**13.850**	**0,13**	**0,64**
Kerngebiet	3.923	3.901	-0,11	-0,56
Umland	9.839	9.949	0,22	1,12
Augsburg	**17.726**	**18.484**	**0,84**	**4,28**
Kerngebiet	3.948	3.956	0,04	0,20
Umland	13.778	14.528	1,07	5,44
Berlin	**75.563**	**74.501**	**-0,28**	**-1,41**
Kerngebiet	36.834	36.981	0,08	0,40
Umland	38.729	37.520	-0,63	-3,12
Bielefeld	**35.594**	**35.783**	**0,11**	**0,53**
Kerngebiet	6.893	6.940	0,14	0,68
Umland	28.701	28.843	0,10	0,49
Braunschweig	**22.281**	**22.516**	**0,21**	**1,05**
Kerngebiet	4.781	4.835	0,22	1,13
Umland	17.500	17.681	0,21	1,03
Bremen	**35.694**	**35.606**	**-0,05**	**-0,25**
Kerngebiet	11.575	11.488	-0,15	-0,75
Umland	24.119	24.118	0,00	0,00
Chemnitz	**19.950**	**20.913**	**0,95**	**4,83**
Kerngebiet	5.120	5.460	1,29	6,64
Umland	14.830	15.453	0,83	4,20
Dortmund	**34.496**	**34.712**	**0,12**	**0,63**
Kerngebiet	10.194	10.157	-0,07	-0,36
Umland	24.302	24.555	0,21	1,04
Dresden	**23.571**	**24.043**	**0,40**	**2,00**
Kerngebiet	8.125	8.103	-0,05	-0,27
Umland	15.446	15.940	0,63	3,20
Düsseldorf	**34.168**	**34.266**	**0,06**	**0,29**
Kerngebiet	7.245	7.170	-0,21	-1,04
Umland	26.923	27.096	0,13	0,64
Erfurt	**14.179**	**14.825**	**0,90**	**4,56**
Kerngebiet	3.868	4.127	1,30	6,70
Umland	10.311	10.698	0,74	3,75
Essen	**57.867**	**57.569**	**-0,10**	**-0,51**
Kerngebiet	8.108	8.044	-0,16	-0,79
Umland	49.759	49.525	-0,09	-0,47

Stadtregionen	2008	2013	Ø Jährliche relative Entwicklung (geometrisches Mittel) in Prozent	Relative Entwicklung in Prozent
Frankfurt am Main	**32.446**	**32.446**	**-0,66**	**-3,28**
Kerngebiet	8.016	8.016	-2,36	-11,28
Umland	24.430	24.430	-0,13	-0,65
Freiburg	**12.002**	**12.002**	**0,80**	**4,07**
Kerngebiet	2.816	2.816	0,93	4,76
Umland	9.186	9.186	0,76	3,85
Halle (Saale)	**13.120**	**13.120**	**-0,64**	**-3,16**
Kerngebiet	3.379	3.379	0,17	0,86
Umland	9.741	9.741	-0,93	-4,55
Hamburg	**60.722**	**60.722**	**0,35**	**1,74**
Kerngebiet	28.055	28.055	0,34	1,73
Umland	32.667	32.667	0,35	1,75
Hannover	**28.039**	**28.039**	**0,29**	**1,45**
Kerngebiet	7.443	7.443	-0,13	-0,64
Umland	20.596	20.596	0,44	2,20
Karlsruhe	**21.311**	**21.311**	**0,46**	**2,35**
Kerngebiet	4.645	4.645	-0,02	-0,11
Umland	16.666	16.666	0,60	3,03
Kiel	**13.567**	**13.567**	**-0,05**	**-0,24**
Kerngebiet	3.933	3.933	-0,44	-2,16
Umland	9.634	9.634	0,11	0,54
Köln	**48.277**	**48.277**	**-0,17**	**-0,86**
Kerngebiet	13.294	13.294	-0,95	-4,64
Umland	34.983	34.983	0,11	0,57
Leipzig	**22.632**	**22.632**	**0,47**	**2,38**
Kerngebiet	8.393	8.393	0,24	1,23
Umland	14.239	14.239	0,60	3,05
Lübeck	**14.242**	**14.242**	**0,03**	**0,17**
Kerngebiet	4.475	4.475	-0,13	-0,67
Umland	9.767	9.767	0,11	0,55
Magdeburg	**19.043**	**19.043**	**-1,24**	**-6,07**
Kerngebiet	4.452	4.452	0,09	0,47
Umland	14.591	14.591	-1,67	-8,07

Monitoring StadtRegionen

Stadtregionen	2008	2013	Ø Jährliche relative Entwicklung (geometrisches Mittel) in Prozent	Relative Entwicklung in Prozent
Mannheim	**31.173**	**31.699**	**0,34**	**1,69**
Kerngebiet	5.024	5.052	0,11	0,56
Umland	26.149	26.647	0,38	1,90
München	**38.338**	**39.628**	**0,66**	**3,36**
Kerngebiet	14.215	14.176	-0,05	-0,27
Umland	24.123	25.452	1,08	5,51
Münster	**25.421**	**25.919**	**0,39**	**1,96**
Kerngebiet	5.856	5.832	-0,08	-0,41
Umland	19.565	20.087	0,53	2,67
Nürnberg	**25.721**	**26.502**	**0,60**	**3,04**
Kerngebiet	6.678	6.687	0,03	0,13
Umland	19.043	19.815	0,80	4,05
Rostock	**9.265**	**9.223**	**-0,09**	**-0,45**
Kerngebiet	3.724	3.743	0,10	0,51
Umland	5.541	5.480	-0,22	-1,10
Stuttgart	**34.950**	**35.642**	**0,39**	**1,98**
Kerngebiet	6.171	6.200	0,09	0,47
Umland	28.779	29.442	0,46	2,30
Wiesbaden/Mainz	**22.292**	**22.061**	**-0,21**	**-1,04**
Kerngebiet	6.854	6.753	-0,30	-1,47
Umland	15.438	15.308	-0,17	-0,84

Region				
Deutschland	**2.441.619**	**2.490.449**	**0,40**	**2,00**
Alle Stadtregionen	**857.412**	**863.072**	**0,13**	**0,66**
Kerngebiet	248.037	247.590	-0,04	-0,18
Umland	609.375	615.482	0,20	1,00
SR West	**660.089**	**665.804**	**0,17**	**0,87**
Kerngebiete	174.142	172.799	-0,15	-0,77
Umland	485.947	493.005	0,29	1,45
SR Ost	**197.323**	**197.268**	**-0,01**	**-0,03**
Kerngebiete	73.895	74.791	0,24	1,21
Umland	123.428	122.477	-0,15	-0,77

Tabelle 4: SGB II Empfänger

Stadtregionen	2008	2013	Ø Jährliche relative Entwicklung (geometrisches Mittel) in Prozent	Gesamte relative Entwicklung in Prozent
Aachen	**60.902**	**59.309**	**-0,53**	**-2,62**
Kerngebiet	25.713	24.639	-0,85	-4,18
Umland	35.189	34.670	-0,30	-1,47
Augsburg	**30.012**	**25.190**	**-3,44**	**-16,06**
Kerngebiet	21.609	17.593	-4,03	-18,58
Umland	8.403	7.598	-2,00	-9,59
Berlin	**685.410**	**636.845**	**-1,46**	**-7,09**
Kerngebiet	602.137	570.273	-1,08	-5,29
Umland	83.273	66.571	-4,38	-20,06
Bielefeld	**96.929**	**91.359**	**-1,18**	**-5,75**
Kerngebiet	36.988	36.048	-0,51	-2,54
Umland	59.941	55.311	-1,59	-7,72
Braunschweig	**68.154**	**56.035**	**-3,84**	**-17,78**
Kerngebiet	25.567	21.229	-3,65	-16,97
Umland	42.587	34.805	-3,96	-18,27
Bremen	**108.479**	**103.838**	**-0,87**	**-4,28**
Kerngebiet	73.838	73.263	-0,16	-0,78
Umland	34.640	30.575	-2,47	-11,74
Chemnitz	**82.649**	**62.774**	**-5,35**	**-24,05**
Kerngebiet	33.118	26.902	-4,07	-18,77
Umland	49.531	35.872	-6,25	-27,58
Dortmund	**198.438**	**194.775**	**-0,37**	**-1,85**
Kerngebiet	82.477	81.642	-0,20	-1,01
Umland	115.961	113.133	-0,49	-2,44
Dresden	**107.877**	**88.941**	**-3,79**	**-17,55**
Kerngebiet	59.645	51.094	-3,05	-14,34
Umland	48.232	37.847	-4,73	-21,53
Düsseldorf	**168.632**	**168.207**	**-0,05**	**-0,25**
Kerngebiet	63.070	62.594	-0,15	-0,75
Umland	105.562	105.613	0,01	0,05
Erfurt	**69.080**	**52.615**	**-5,30**	**-23,83**
Kerngebiet	30.955	24.341	-4,69	-21,37
Umland	38.125	28.274	-5,80	-25,84
Essen	**425.118**	**424.168**	**-0,04**	**-0,22**
Kerngebiet	81.201	83.944	0,67	3,38
Umland	343.918	340.224	-0,22	-1,07

Monitoring StadtRegionen

Stadtregionen	2008	2013	Ø Jährliche relative Entwicklung (geometrisches Mittel) in Prozent	Gesamte relative Entwicklung in Prozent
Frankfurt am Main	**153.544**	**155.591**	**0,27**	**1,33**
Kerngebiet	70.983	70.408	-0,16	-0,81
Umland	82.560	85.183	0,63	3,18
Freiburg	**29.455**	**26.482**	**-2,11**	**-10,09**
Kerngebiet	16.686	15.843	-1,03	-5,05
Umland	12.769	10.639	-3,58	-16,68
Halle (Saale)	**65.096**	**56.070**	**-2,94**	**-13,86**
Kerngebiet	40.850	35.317	-2,87	-13,55
Umland	24.246	20.754	-3,06	-14,40
Hamburg	**258.772**	**233.620**	**-2,02**	**-9,72**
Kerngebiet	201.063	181.285	-2,05	-9,84
Umland	57.709	52.335	-1,94	-9,31
Hannover	**123.860**	**118.424**	**-0,89**	**-4,39**
Kerngebiet	70.796	69.428	-0,39	-1,93
Umland	53.064	48.995	-1,58	-7,67
Karlsruhe	**50.589**	**47.467**	**-1,27**	**-6,17**
Kerngebiet	20.552	18.899	-1,66	-8,05
Umland	30.037	28.568	-1,00	-4,89
Kiel	**49.069**	**44.282**	**-2,03**	**-9,75**
Kerngebiet	34.698	32.203	-1,48	-7,19
Umland	14.371	12.079	-3,41	-15,95
Köln	**243.012**	**235.535**	**-0,62**	**-3,08**
Kerngebiet	117.803	113.079	-0,82	-4,01
Umland	125.209	122.456	-0,44	-2,20
Leipzig	**125.867**	**106.601**	**-3,27**	**-15,31**
Kerngebiet	84.274	72.331	-3,01	-14,17
Umland	41.593	34.270	-3,80	-17,61
Lübeck	**48.011**	**42.722**	**-2,31**	**-11,02**
Kerngebiet	30.868	28.170	-1,81	-8,74
Umland	17.144	14.552	-3,23	-15,12
Magdeburg	**78.840**	**64.954**	**-3,80**	**-17,61**
Kerngebiet	37.364	32.637	-2,67	-12,65
Umland	41.476	32.317	-4,87	-22,08

Stadtregionen	2008	2013	Ø Jährliche relative Entwicklung (geometrisches Mittel) in Prozent	Gesamte relative Entwicklung in Prozent
Mannheim	**102.446**	**99.263**	**-0,63**	**-3,11**
Kerngebiet	29.716	27.372	-1,63	-7,89
Umland	72.730	71.891	-0,23	-1,15
München	**91.652**	**94.343**	**0,58**	**2,94**
Kerngebiet	71.376	73.446	0,57	2,90
Umland	20.276	20.896	0,60	3,06
Münster	**48.855**	**47.774**	**-0,45**	**-2,21**
Kerngebiet	20.512	20.546	0,03	0,16
Umland	28.343	27.228	-0,80	-3,93
Nürnberg	**77.997**	**71.772**	**-1,65**	**-7,98**
Kerngebiet	49.607	46.264	-1,39	-6,74
Umland	28.391	25.508	-2,12	-10,15
Rostock	**42.719**	**34.952**	**-3,93**	**-18,18**
Kerngebiet	32.120	27.378	-3,14	-14,76
Umland	10.599	7.574	-6,50	-28,54
Stuttgart	**105.441**	**99.677**	**-1,12**	**-5,47**
Kerngebiet	40.633	39.046	-0,79	-3,90
Umland	64.808	60.631	-1,32	-6,44
Wiesbaden/Mainz	**79.584**	**79.957**	**0,09**	**0,47**
Kerngebiet	45.182	45.264	0,04	0,18
Umland	34.402	34.693	0,17	0,85
Region				
Deutschland	**7.440.895**	**6.129.805**	**-3,80**	**-17,62**
Alle Stadtregionen	**3.876.488**	**3.623.542**	**-1,34**	**-6,53**
Kerngebiet	2.151.402	2.022.478	-1,23	-5,99
Umland	1.725.086	1.601.065	-1,48	-7,19
SR West	**2.618.950**	**2.519.790**	**-0,77**	**-3,79**
Kerngebiete	1.230.938	1.182.205	-0,80	-3,96
Umland	1.388.012	1.337.585	-0,74	-3,63
SR Ost	**1.257.538**	**1.103.752**	**-2,58**	**-12,23**
Kerngebiete	920.464	840.272	-1,81	-8,71
Umland	337.074	263.480	-4,81	-21,83

Monitoring StadtRegionen

Literatur

BBSR - Bundesinstitut für Bau-, Stadt- und Raumforschung (2012): Trends der Siedlungsflächenentwicklung. Status quo und Projektion 2030, Bonn: Eigenverlag des BBSR.
BBSR - Bundesinstitut für Bau-, Stadt- und Raumforschung (2012): KOMPAKT 09/2012. Bonn.
BBSR - Bundesinstitut für Bau-, Stadt- und Raumforschung (2015): Raumabgrenzungen. http://www.bbsr.bund.de/BBSR/DE/Raumbeobachtung/Raumabgrenzun gen/raumabgrenzungen_node.html: 12.04.2016.
Berude, Andre (2011): IHK. Wirtschaft. Das Magazin für die Unternehmen in der Region Hellweg-Sauerland, Heft 2.
Brake, Klaus; Herfert, Günter (Hg.) (2012): Reurbanisierung: Materialität und Diskurs in Deutschland. Wiesbaden: Springer VS.
Bundesamt für Bauwesen und Raumordnung (2012): Raumordnungsbericht 2011. Bonn.
Christoph, Bernhard (2015): Empirische Maße zur Erfassung von Armut und materiellen Lebensbedingungen Ansätze und Konzepte im Überblick. IAB Discussion Paper 25/2015.
Der Paritätische Gesamtverband (2015): Die zerklüftete Republik. Bericht zur regionalen Armutsentwicklung in Deutschland 2014. Berlin.
Empirica – Forschung und Beratung (2014): Mietanstieg wegen Wohnungsleerstand! Kein „zurück-in-die-Stadt", sondern „Landflucht" (empirica paper 219). Berlin und Bonn.
Kaup, Stefan; Mayr, Alexander; Osterhage, Frank; Pohlan, Jörg; Rieffel, Philippe, Rusche, Karsten; Wuschansky, Bernd (2014): Monitoring StadtRegionen, in: Roost, Frank; Schmidt-Lauber, Brigitta; Hannemann, Christine; Othengrafen, Frank; Pohlan, Jörg (Hg.): Jahrbuch StadtRegion 2013/2014. Schwerpunkt: Urbane Peripherie. Opladen: Budrich.
Konjar, Miha; Lisec, Anka; Drobne, Samo (2010): Methods for delineation of functional regions using data on commuters. 13th AGILE International Conference on Geographic Information Science. https://agile-online.org/ConferencePa per/CDs/agile_2010/ShortPapers_PDF/93_DOC.pdf: 12.02.2016.
Munz-König, Eva (2013): Armutsgefährdungsquote und Mindestsicherungsquote: Zwei Indikatoren zur Messung monetärer Armut, in: Sozialer Fortschritt-Unabhängige Zeitschrift für Sozialpolitik 62, S. 123-131.
Niedersächsisches Ministerium für Soziales, Frauen, Familie, Gesundheit und Integration (HSBN) (2012): Handlungsorientierte Sozialberichterstattung Niedersachsen Statistikteil. Hannover.
Sachverständigenrat (2015): Jahresgutachten 15/16. Zukunftsfähigkeit in den Mittelpunkt. Paderborn.
Siedentop, Stefan; Fina, Stefan (2010): Datengrundlagen zur Siedlungsentwicklung. Gutachten im Auftrag des Ministeriums für Wirtschaft, Mittelstand und Energie des Landes Nordrhein-Westfalen. Stuttgart: Institut für Raumordnung und Entwicklungsplanung.
Siedentop, Stefan; Junesch, Richard; Straßer, Martina; Zakrzewski, Philipp; Samaniego, Luis; Weinert, Jens (2009): Einflussfaktoren der Neuinanspruchnahme

von Flächen Forschungen [Heft 139]. Bonn: Bundesamt für Bauwesen und Raumordnung.

Statistische Ämter des Bundes und der Länder (2015): Armut und soziale Ausgrenzung. http://www.amtliche-sozialberichterstattung.de/armutsozialeausgrenzung.html: 14.03.2016.

Statistische Ämter des Bundes und der Länder (2012): Soziale Mindestsicherung in Deutschland 2010. Wiesbaden.

Statistisches Bundesamt (Hg.) (2013): Pressekonferenz „Zensus 2011 – Fakten zur Bevölkerung in Deutschland" am 31. Mai 2013 in Berlin.

Statistisches Bundesamt (Hg.) (2014): Pressemitteilung vom 22. Mai 2014 „2013: Höchste Zuwanderung nach Deutschland seit 20 Jahren".

Die Autorinnen und Autoren

M.Sc. Geogr. Caroline Baumgart, Institut für Landes- und Stadtentwicklungsforschung, Dortmund
E-Mail Caroline.Baumgart@ils-forschung.de

Laura Bornemann, Technische Universität Berlin
E-Mail: l.bornemann@isr.tu-berlin.de

Prof. Georg Franck, TU Wien, Fakultät für Architektur
E-Mail: Georg.Franck@tuwien.ac.at

Prof. Dr. Dietrich Fürst, Leibniz Universität Hannover, im Ruhestand
E-Mail: dietrich.fuerst@t-online.de

Sebastian Gerloff, Technische Universität Berlin
E-Mail: s.gerloff@isr.tu-berlin.de

Prof. Dr. Thomas Hengartner, Universität Zürich
E-Mail: thomas.hengartner@uzh.ch

Magdalena Konieczek-Woger, Technische Universität Berlin
E-Mail: m.konieczek@isr.tu-berlin.de

Dipl.-Geogr. Stefan Kaup, Institut für Landes- und Stadtentwicklungsforschung, Dortmund
E-Mail: stefan.kaup@ils-forschung.de

Jacob Köppel, Technische Universität Berlin
E-Mail: j.koeppel@isr.tu-berlin.de

Jan Lange, Humboldt-Universität zu Berlin
E-Mail: jan.lange@posteo.de

M. A. Yuca Meubrink, HafenCity Universität Hamburg
E-Mail: yuca.meubrink@hcu-hamburg.de

Jonas Müller, Humboldt-Universität zu Berlin
E-Mail: jonasmueller@posteo.de

Dipl.-Ing. Frank Osterhage, Institut für Landes- und Stadtentwicklungsforschung, Dortmund
E-Mail: frank.osterhage@ils-forschung.de

Univ.-Ass. Mag. Ana Rogojanu, Universität Wien
E-Mail: ana.rogojanu@univie.ac.at

Dr. Karsten Rusche, Institut für Landes- und Stadtentwicklungsforschung, Dortmund
E-Mail: karsten.rusche@ils-forschung.de

Inken Schmütz, Technische Universität Berlin
E-Mail: i.schmuetz@isr.tu-berlin.de

Dipl.-Ing., Bauassessor Axel H. Schubert, Kanton Basel-Stadt.
E-Mail: schubert.axel@gmx.net

Prof. Dr.-Ing. Stefan Siedentop, Institut für Landes- und Stadtentwicklungsforschung, Dortmund
E-Mail: stefan.siedentop@ils-forschung.de

Dr.-Ing. Christian Strauß, Leibniz-Zentrum für Agrarlandschaftsforschung.
E-Mail: Christian.Strauss@zalf.de

Prof. Dr. Thorsten Wiechmann, TU Dortmund
E-Mail: thorsten.wiechmann@tu-dortmund.de

Mario Timm, Technische Universität Berlin
E-Mail: m.timm@isr.tu-berlin.de

Henry Wilke, Technische Universität Berlin
E-Mail: henry.wilke@berlin.de

Dipl.-Sozialwiss. Ralf Zimmer-Hegmann, Institut für Landes- und Stadtentwicklungsforschung, Dortmund
E-Mail: ralf.zimmer-hegmann@ils-forschung.de

Die Autorinnen und Autoren

Die Rezensentinnen und Rezensenten

Dipl.-Ing. Christian Holl, frei04 publizistik, Stuttgart
E-Mail: Christian.holl@frei04-publizistik.de

Dr. Rainer Neef, Universität Göttingen
E-Mail: rneef@gwdg.de

Prof. Dr. Bernhard Schäfers, Universität Karlsruhe
E-Mail: schaefers.bernhard@gmx.de

Dr. Joachim Thiel, HafenCity Universität Hamburg
E-Mail: joachim.thiel@hcu-hamburg.de

Dr. Jens Wietschorke, Ludwig-Maximilians-Universität München
E-Mail: J.Wietschorke@vkde.fak12.uni-muenchen.de

Ein neuer Blick auf die Stadt

Uwe Prell

Theorie der Stadt in der Moderne

Kreative Verdichtung

2016. 297 S. Kt.
29,90 € (D) | 30,80 € (A)
ISBN 978-3-8474-0503-0
eISBN 978-3-8474-0923-6

Die „Kreative Verdichtung" bildet ein neues Konzept innerhalb der Stadttheorie. Ausgehend von einem Forschungsüberblick erbringt die Untersuchung des Stadtbegriffs die Erkenntnis, dass die Stadt fünf Bedeutungen hat. Vier sind identisch und beschreiben strukturelle Merkmale, die fünfte ein raum- und kulturspezifisches Handeln. Dies führt zu einem neuen Stadtbegriff, der einen holistischen, interdisziplinären Blick auf die Stadt ermöglicht, welcher struktur- und handlungstheoretische Perspektiven verknüpft.

www.shop.budrich-academic.de